AF566119

DELIUS KLASING

Allen Slow-Road-Abenteurern wünsche ich: *bonne route!!!*

Die englische Originalausgabe mit dem Titel
»Take the Slow Road – France«
erschien 2021 bei Bloomsbury Publishing Plc.

Bibliografische Information der Deutschen Nationalbibliothek
Die Deutsche Nationalbibliothek verzeichnet diese Publikation in der Deutschen Nationalbibliografie; detaillierte bibliografische Daten sind im Internet über http://dnb.dnb.de abrufbar.

1. Auflage
ISBN 978-3-667-12238-4
Die Rechte für die deutsche Ausgabe liegen beim Verlag Delius Klasing & Co. KG, Bielefeld.

Aus dem Englischen von Katja Ernst
Lektorat: Katja Ernst, Hanno Vienken
Text und Fotos: Martin Dorey
Illustrationen: David Broadbent
Gestaltung: Austin Taylor
Satz und Herstellung: Axel Gerber
Printed in India 2021

Delius Klasing Verlag, Siekerwall 21, D - 33602 Bielefeld
Tel.: 0521/559-0, Fax: 0521/559-115
E-Mail: info@delius-klasing.de
www.delius-klasing.de

FSC www.fsc.org MIX Paper from responsible sources FSC® C016779

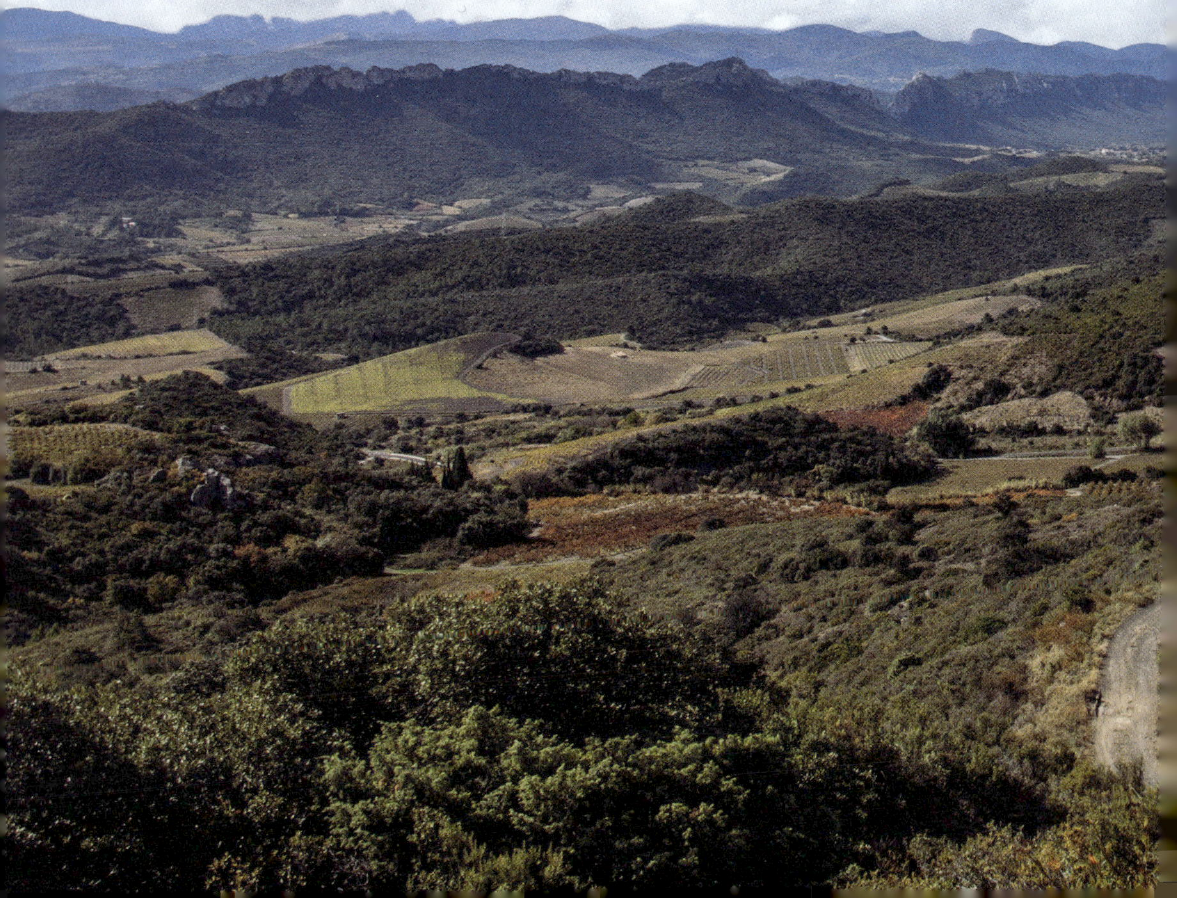

MARTIN DOREY

TAKE THE SLOW ROAD FRANKREICH

INSPIRIERENDE TOUREN DURCH FRANKREICH MIT CAMPINGBUS UND WOHNMOBIL

DELIUS KLASING VERLAG

INHALT

DER NORDEN 57

DER OSTEN 140

DER SÜDEN 222

DIE MITTE 280

DER WESTEN 325

ÜBER DIESES BUCH

Bonjour!

Bienvenue à la route lente!!!!!!

Willkommen in Frankreich

Frankreich verfügt über ein schier unerschöpfliches Reservoir an Attraktionen für Touristen und Entdeckungsreisende, die gern auf dem »Slow Road« unterwegs sind. Es ist das meistbesuchte Land auf diesem Planeten, und dennoch gibt es dort nach wie vor Unmengen an Platz und genügend »langsame Straßen«, die Sie nutzen können.

Von den langen, schnurgeraden Straßen Aquitaniens bis zu den hohen Pässen der Pyrenäen, von den heißen und kurvenreichen Deichen der Loire bis zu den ergreifenden Schlachtfeldern des Ersten Weltkriegs im Wald von Verdun hat Frankreich alles zu bieten.

Was auch immer Ihre Gründe für einen Besuch Frankreichs mit dem Wohnmobil oder dem Campingbus sein mögen, weder werden Ihnen Stellplätze und Übernachtungsmöglichkeiten ausgehen noch interessante Dinge, die man anschauen oder tun kann. Das Land ist auf Sie und Ihre Bedürfnisse eingestellt, egal zu welcher Jahreszeit, und Sie werden dank des Netzes an *aires de camping car* immer einen Platz zum Übernachten finden. Campingplätze gibt es ebenfalls im Überfluss, Sie können unter Tausenden auswählen. Viele Gemeinden betreiben eigene Campingplätze. Das heißt, dass Sie die Wahl haben zwischen großen Anlagen oder der ruhigeren, einfacheren und billigeren Variante. Sie können sogar kostenlos auf den Tausenden von privaten Plätzen des France-Passion-Verbundes übernachten.

Touristenattraktionen und -Hotspots gibt es ebenfalls im Überfluss. Sie können atemberaubend schöne Châteaus besichtigen, Ihre Liebe in Form eines Schlosses an einer Seine-Brücke festschließen, weltbekannte Skipisten herunterbrettern, an Atlantikstränden surfen, auf ehemaligen Schlachtfeldern Geschichte nacherleben, in belebten Urlaubsorten in der Sonne liegen, in privaten Weinbergen verweilen und an einsamen Stränden spazieren gehen.

Wenn Sie diese Dinge lieben, dann ist Frankreich genau das Richtige für Sie.

Klimaneutral reisen

Frankreich hat in den letzten Jahren große Anstrengungen unternommen, um nachhaltiger zu werden. Ich bitte Sie, dies zu unterstützen – und sich dafür zu bedanken, dass sie dort aufgenommen werden –, indem Sie für Aufforstungsprojekte spenden, um Ihren CO_2-Fußabdruck zu reduzieren, während Sie dieses wunderschöne Land entdecken. Wenn man mit dem Campingbus unterwegs ist, erzeugt das unter Umständen zwar weniger Treibhausgase als das Reisen mit dem Flugzeug, aber es verursacht dennoch Emisionen. Nach heutigem Wissensstand sollten wir Klimaneutralität als etwas Unverzichtbares betrachten.

Danke.

Für die Entstehung dieses Buches habe ich etwa 16.000 Kilometer zurückgelegt. Dafür habe ich meinen Beitrag geleistet, indem ich die Pflanzung von 40 Bäumen in Frankreich finanziert habe über **www.reforestaction.com/de/reforestation-france.**

Lassen Sie es langsam angehen. Auf dem Slow Road unterwegs zu sein, bedeutet, in einem Rhythmus zu reisen, in dem man sich mit dem Land, seinen Bewohner und seinen Bräuchen intensiv beschäftigen kann. Fahren Sie also von der *autoroute* ab, und lassen Sie sich ein wenig treiben. Nehmen Sie sich Zeit, und halten Sie auch mal an einer Pâtisserie, genießen Sie ein Glas Rosé, einen *café au lait* oder die Begegnungen mit Menschen.

Es ist jetzt 35 Jahre her, seit ich zum ersten Mal mein Lager in Frankreich aufgeschlagen habe. Auf dieser ersten Reise bin ich mit einem VW Käfer die Westküste hinuntergefahren, um zu surfen. Es war ein tolles Erlebnis, das mein Leben verändert hat. Seitdem bin ich viele Male wieder dort gewesen und Variationen der gleichen Route gefahren, immer auf der Suche nach Rotwein, gutem Essen und – selbstverständlich – einer epischen Brandung.

Als ich für dieses Buch recherchierte, hatte ich das Glück, die ausgetretenen Pfade zu verlassen und so die allerschönsten Orte zu entdecken. Ich war in Gegenden, von denen ich nie gedacht hätte, dass ich jemals dorthin kommen würde, und habe dabei jeden Augenblick genossen. Ich kann Ihnen versichern, dass Frankreich immer noch genauso aufregend ist wie damals im Juli 1985, als ich an einem sonnigen Tag von der Fähre in Roscoff heruntergerollt und nach Süden gefahren bin.

Bonne route!!

Martin

WIE MAN DIESES BUCH BENUTZT

C'est facile!

In den ersten Kapiteln dieses Buches geht es um die Reisevorbereitungen. In diesen Abschnitten möchte ich Sie auf Ihr französisches Abenteuer vorbereiten und Ihnen Details vermitteln: die verschiedenen Arten von Stellplätzen, woran Sie unbedingt denken sollten sowie weitere interessante Informationen, die ich unterwegs zusammengetragen habe.

Sie werden feststellen, dass es in diesem Buch eine Menge Touren gibt. Dabei handelt es sich um meine Empfehlungen: großartige Straßen und Routen, die es zu entdecken gilt. Einige führen über Küstenstraßen, andere durchs Binnenland, wieder andere an Flüssen entlang oder durch die Berge. Einige führen zu uralten Stätten, an historisch bedeutende Orte oder, wie im Fall von Paris, sogar mitten durch die Stadt. Einige Touren sind zum Radfahren geeignet, zum Surfen, zum Snowboarden oder Sightseeing. Und alle sind sehr gut geeignet, um Frankreich kennenzulernen!

Jede Route besteht aus zwei Teilen. Der erste beschreibt das, was ich dort erlebt habe, und soll Ihnen einen Eindruck davon vermitteln, was Sie dort erwartet, und die Beschreibung etwas bunter und persönlicher gestalten. Auch wenn es meine persönlichen Erfahrungen sind, so hoffe ich, dass diese Ausschnitte aus meinen Reiseerzählungen Sie dazu anregen, Ihre eigene Erzählung über Frankreich zu schreiben. Die Begegnungen, die ich auf meinen Reisen hatte, waren selten geplant, außer wenn ich einen Ausflug oder einen Guide gebucht habe, um Ihnen eine bessere Vorstellung von dieser speziellen Route zu vermitteln.

Ich hoffe, dass diese Abschnitte des Buches Sie dazu animieren, direkt online zu gehen und Ihr Ticket nach Frankreich zu buchen.

Im zweiten Teil jeder Route geht es um den praktischen Kram, darum, wie man von A nach B kommt. Er soll Ihnen beim Fahren der Tour helfen und Ihnen vermitteln, was Sie unterwegs erwartet. Nutzen Sie ihn auch dann gern als Ausgangspunkt, wenn Sie sich treiben lassen und lieber auf Ihre Nase oder Ihren Instinkt verlassen möchten. Regeln gibt es keine. Ich bin in den ersten Abschnitten so detailliert wie nur möglich vorgegangen, aber Sie werden dennoch eine gute Landkarte zum Navigieren brauchen.

Die Karten in diesem Buch sollen Ihnen helfen, sich zurechtzufinden, aber nur in einem gewissen Maße. Bitte erwarten Sie nicht, dass diese Karten allein ausreichen, wenn Sie vor Ort unterwegs sind. Ich empfehle Ihnen den *Straßen- & Reiseatlas Frankreich* von Michelin im Maßstab 1:200.000, denn meine Karten sehen zwar hübsch aus, werden aber auf der Reise nicht viel nützen!

Am Ende jeder Tour habe ich ein paar Stellplätze aufgelistet – und Dinge, die man in der Region unternehmen kann. Diese Informationen basieren auf meinen persönlichen Erfahrungen und stellen nicht alles dar, was man in Frankreich sehen oder unternehmen kann, ganz und gar nicht. Also gehen Sie nicht davon aus, dass es sich dabei um das Maß aller Dinge handelt. Weder habe ich sämtliche Touristenattraktionen noch sämtliche Campingplätze besucht.

Zu guter Letzt: Für den Fall, dass Sie nicht über einen Camper verfügen, habe ich auf den Seiten 48/49 Verleihfirmen aufgelistet, bei denen Sie ein Fahrzeug mieten können. Es gibt also keine Entschuldigung, nicht loszufahren.

Wir sehen uns auf der Straße.

WARUM GERADE FRANREICH?

Die Reihe *Take the Slow Road* war bislang nur in Großbritannien unterwegs. Als wir überlegten, welches Land für unseren ersten Streifzug auf dem europäischen Kontinent perfekt sein könnte, mussten wir nicht lange suchen, sondern nur einmal den Kanal überqueren. Frankreich ist ein wunderbares Land zum Reisen. Es ist exotisch, wunderschön, geheimnisvoll und vertraut zugleich. Es verfügt über eine großartige touristische Infrastruktur und heißt jedes Jahr 80 Millionen Besucher willkommen.

Frankreich empfängt auch Hunderttausende (vielleicht sogar Millionen) von Wohnmobil- und Campingbus-Reisenden im Jahr aus ganz Europa. Sie kommen wegen der Kultur, des Wetters, der Lebensart, den Stränden und den guten Bedingungen für einen gelungenen Urlaub. Frankreich verfügt über ein riesiges Netzwerk von Campingplätzen, *aires de camping car* und Tausenden von France-Passion-Stellplätzen, auf denen man kostenlos stehen darf, wenn man sich im Gegenzug für den Weinberg, das Château, die Erzeugnisse oder das Geschäft des Eigentümers interessiert. Das ist ein fairer Tausch. Und, das verspreche ich Ihnen, Sie werden willkommen sein, weil man in Frankreich Ihren Wert – und den der Tourismusindustrie – kennt.

Frankreich hat so viele Gesichter, dass es ebenso viele Gründe für einen Besuch gibt. Es war Schauplatz vieler historischer Ereignisse und hat den Krieg in seinem ganzen schrecklichen Ausmaß gesehen, ebenso wie das Kaiserreich. Es hat Sonnenkönige und Guillotinen gesehen, Glamour und Elend. Es hat Kunst und Architektur von Weltrang hervorgebracht, alte wie neue. Denken Sie nur an Versailles und das Centre Pompidou in Paris. Frankreich hat großartige Städte, Flüsse, Berge und Strände. Wenn Sie mich fragen: Frankreich ist einfach großartig.

Und es ist die Heimat der Franzosen, die stolz, kreativ, leidenschaftlich, witzig, interessant und freundlich sind.

Sie fahren nur manchmal ein wenig zu schnell.

Aber das macht Ihnen doch keine Angst, oder?

Warum sollte gerade ich Sie durch Frankreich führen?

Frankreich und mich verbindet eine lange Geschichte.

Mein erster Campingurlaub (ohne Eltern) fand 1985 statt. Ich hatte gerade meine A-Levels bestanden und wollte mit Freunden auf einen Surf-Trip gehen. Zu dritt brachen wir von Plymouth aus in meinem bis unters Dach vollgepackten VW Käfer auf und machten uns auf die Suche nach Wellen. Unterwegs sammelten wir Paul auf, einen Freund, der eigentlich den Sommer über in der Bar seines Onkels in der Bretagne arbeiten sollte. Wir legten dagegen unser Veto ein und nahmen ihn auf ein dreiwöchiges Abenteuer mit, von dem wir heute noch reden. Es war ein Rausch aus Wein, Campingplätzen, Brandung, Baguettes, Gauloises, fehlgeschlagenen Versuchen, Mädchen aufzureißen, und Sonnenschein. Im folgenden Jahr kehrte ich in der Hoffnung, die tolle Zeit wiederholen zu können, in einem lächerlichen französischen Auto zurück, das allerdings perfekt für das Fahren auf den staubigen Nebenstraßen der Aquitaine geeignet war. Seitdem bin ich immer wiedergekommen.

Zuletzt bin ich im September 2019 die Westküste hinuntergefahren, als Teil dieses Buchprojekts. Während dieser Reise habe ich auch viele neue Orte entdeckt und zum ersten Mal die Corniche Basque gesehen – und geliebt – sowie einen unvergesslichen Trip in die Berge unternommen.

Meine erste Campingreise 1985 war nicht meine erste Erfahrung mit Frankreich. Im Alter von zehn Jahren hatten meine Eltern mich über Weihnachten zu einer französischen

Familie nach Paris geschickt. Ich war völlig überfordert und verunsichert wegen der zu kurzen Badewanne, dem merkwürdigen Essen (sie haben mir wirklich Froschschenkel vorgesetzt) und dem noch merkwürdigeren Käse, lernte aber eine Menge über Resilienz, genauso wie passables Französisch. Später reiste ich mit derselben Familie nach Chamonix und entdeckte die Berge, Mille Bornes (ein klassisches französisches Kartenspiel) und *tarte aux myrtilles* (die sollten Sie unbedingt probieren). Ein Jahr danach war ich zu Gast bei Francis, dem Sohn des alten Brieffreundes meiner Tante Joyce. Wir verstanden uns auf Anhieb, und unsere Freundschaft besteht bis heute. Er hatte großen Einfluss auf mich, und unsere Lebenswege verliefen ähnlich. Wir trafen uns zum ersten Mal seit Jahren, als ich in Paris war, um dieses Buch zu schreiben, und es war fantastisch.

Später, mit Anfang 30, arbeitete ich fünf Monate lang an einem Filmprojekt in Le Touquet – mit französischen Arbeitszeiten, einer französischen Crew und auf Französisch. Während dieses Aufenthalts lernte ich viel über Frankreich. Ich lernte zum Beispiel einen guten Sancerre zu schätzen und Baguette mit Pâté, das wir jeden Tag zum Mittagessen verdrückten. Außerdem genoss ich es, meine freien Tage in den Dünen zu verbringen.

Vielleicht haben Sie ähnliche Verbindungen zu Frankreich. Unsere Länder (Großbritannien und Frankreich) unterhalten seit mehr als 1.000 Jahren enge Beziehungen, was ja auch genauso für Deutschland und Frankreich gilt. Wir waren Feinde und Verbündete, so grundverschieden und uns dennoch so ähnlich. Uns verbinden Elemente unserer Sprachen sowie unserer Sitten und Gebräuche. Sie nennen uns nach unserem Essen »Rosbif«, und wir nennen sie nach ihrem »Frogs«.

Wir sind durch einen Tunnel verbunden und durch ein Meer getrennt.

Sie sind uns ein wenig suspekt, und trotzdem sind wir neugierig auf sie.

Gilt das auch für Sie?

Buchen Sie Ihre Reise jetzt. Wenn es jemals ein Land gab, das sich perfekt für ein Abenteuer auf dem Slow Road eignet, dann ist es Frankreich.

Sie werden es lieben.

UNVERZICHTBARE CAMPINGAUSRÜSTUNG

Mit dem eigenen Fahrzeug reisen

Selbstverständlich benötigen Sie die richtige Ausrüstung. Abgesehen von naheliegendem Zubehör wie Handy-Ladegerät, Kabeln, Surfstick, Spielen und Musik gibt es einige unverzichtbare Dinge, die Sie sich besorgen sollten.

Sicher haben Sie Ihre eigene Liste. Falls nicht, ist hier meine:

Umweltplakette »Certificat Qualité de l'Air« Diese Plakette ist in einigen Städten bzw. Zonen Pflicht. Mehr Informationen dazu finden Sie auf Seite 30. Zu bestellen unter: **www.certificat-air.gouv.fr/de.**

Télépéage-Transponder Nutzen Sie die »t«-Spuren auf mautpflichtigen Autobahnen, ohne anzuhalten. Weitere Informationen auf Seite 28. Zu bestellen unter: **www.bipandgo.com/de/**

CampingCard ACSI Mit dieser Karte erhalten Sie außerhalb der Saison auf Hunderten von Campingplätzen in Frankreich Rabatt. Sie kann auch als Sicherheit auf dem Campingplatz hinterlegt werden, wenn Sie Ihren Ausweis lieber nicht abgeben möchten. Zu bestellen unter: **www.campingcard.com/de.**

Seife Am besten benutzen Sie dafür eine Dose, das ist praktisch und weniger unappetitlich.

Universal-Abflussstöpsel Einige Campingplätze haben keine Stöpsel in ihren Abwaschbecken. Wenn Sie keinen Universalstöpsel haben, können Sie als Ersatz auch den Deckel einer Konservendose nehmen.

Badehosen In allen französischen Schwimmbädern sind für Männer *maillots de bain* vorgeschrieben, das heißt keine Shorts, sondern eng anliegende Badehosen. Man wird sonst nicht hineingelassen. Wenn Sie mich fragen, sind diese Dinger der nackte Horror, aber ein notwendiges Übel, wenn man schwimmen, baden oder sich in Bädern bzw. Pools aller Art amüsieren möchte.

LPG-Adapter Wenn Ihr Wohnmobil oder Campingbus einen fest verbauten LPG-Tank oder -Flaschen hat, müssen Sie diese/n irgendwann wieder nachfüllen. In Frankreich heißt LPG »GPL« oder »Autogas«. Zum Nachfüllen benötigen Sie einen Adapter für Frankreich, wo DISH-Anschlüsse üblich sind. Diesen erhalten Sie zum Beispiel über **www.autogasadapter.de**.

Wenn Sie unsicher sind, konsultieren Sie die Website **www.mylpg.eu/de**. Gaszylinder dürfen nur wiederbefüllt werden, wenn Sie der Norm EN 1949 entsprechen.

LPG-Stationen finden

Alle LPG-Stationen in Frankreich (oder zumindest die meisten) sind auf einer interaktiven Karte auf **www.mylpg.eu/de** verzeichnet. Es gibt auch eine dazugehörige App, die sehr praktisch ist, wenn Sie mal schnell einen Tee kochen möchten.

Schläuche und Universaladapter Vielleicht benutzen Sie gar keinen Schlauch, um Wasser nachzufüllen, sondern haben dafür einen Kanister. Trotzdem ist ein zehn Meter langer Schlauch mit Wasserhahnadaptern sehr praktisch.

In *Camping-car*-Versorgungseinrichtungen kann es manchmal Probleme geben, wenn Sie Wasser nachtanken wollen, weil die Hähne oder Anschlüsse nicht passen. Mit einem Satz Schlauchanschlüssen von Hozelock und einem Universaladapter sind Sie immer auf der sicheren Seite. Außerdem benötigen Sie einen Spezialadapter für Ihren Tank.

Wenn Sie eine tragbare Campingtoilette oder eine fest eingebaute Toilette haben, hilft ein etwa ein Meter langer Schlauch – der getrennt vom Frischwasserschlauch aufbewahrt werden sollte – beim Säubern.

Auffahrkeile und Wasserwaage Sicherlich wissen Sie bereits, dass man schlecht in Hanglage schlafen kann. Vergessen Sie also nicht Ihre Unterleg- und Auffahrkeile, mit denen Sie, bei richtiger Anwendung, wieder in die Gerade kommen. Es ist eine hohe Kunst, ein Wohnmobil auf schiefem Untergrund zu nivellieren, aber der Aufwand

SCHLAUCHZUBEHÖR

- 10 m langer, elastischer Schlauch zum Frischwasserauffüllen
- 1 Satz Wasserhahn-Schlauch-Universaladapter
- 1 m langer Schlauch zum Toilettenleeren

lohnt sich. Sollten Sie Ihre Wasserwaage vergessen haben, tut es auch ein Glas Wasser auf einem Tisch.

NIVELLIERUNGSZUBEHÖR

- Set mit Unterleg- und Auffahrkeilen
- Wasserwaage

Stromkabel und Adapter Wenn Ihr Wohnmobil über Stromanschluss verfügt, benötigen Sie ein dazugehöriges Kabel mit blauem CEE-Stecker bzw. -Kupplung. Die meisten französischen Campingplätze haben CEE-Anschlüsse, doch in der Regel hat einer von zehn Schuko-Steckdosen, weshalb Sie zusätzlich zu Ihrem CEE-Kabel einen entsprechenden Adapter benötigen. Ein circa 25 Meter langes Kabel reicht meist aus, um jeden Stellplatz zu erreichen.

Landkarten, Landkarten, Landkarten Ich habe immer eine Landkarte zum Planen der Route dabei. Und dazu eine Karte der jeweiligen Region, in der ich mich gerade befinde, mit großem Maßstab. So finde ich mich am besten zurecht.
Sie können sich ein ganzes Set mit regionalen Michelin-Karten im Maßstab 1:150.000 anschaffen oder den *Straßen- & Reiseatlas Frankreich* von Michelin im Maßstab 1:200.000, der nur einen Bruchteil des Preises kostet. Letzteren habe ich für die Touren benutzt.

ELEKTROZUBEHÖR

- 25 m langes CEE-Kabel
- Adapter: CEE-Kupplung auf Schuko-Stecker

Bücher, Bücher, Bücher Vergessen Sie nicht Ihre Handbücher mit den *aires* und France-Passion-Stellplätzen. Die folgenden sollten auf keiner Reise fehlen:

- *France Passion* (Bestellung unter **www.france-passion.com/de**)
- *Le guide officiel – Aires de services camping-car* (z. B. bei **www.amazon.de** erhältlich)
- Campingführer

Spezialreiseführer für besondere Interessengruppen sind ebenfalls praktisch. Diese habe ich benutzt:

- Cool Camping (**coolcamping.com**)
- Alan Rogers (**alanrogers.com**)
- Wildschwimmen (**www.wildswimming.co.uk**)
- Surf-Guides von Low Pressure Stormrider (**lowpressure.co.uk**)

Erste-Hilfe-Set Neben Ihren persönlichen Medikamenten sollten Sie natürlich Pflaster und die übliche Erste-Hilfe-Ausrüstung dabeihaben, inklusive Insektenspray, desinfizierende Salbe und Antihistamin, wenn Sie allergisch auf Insektenstiche reagieren.

Wenn Sie Adrenalin-Fertigspritzen oder Notfallmedikamente benötigen, vergessen Sie diese nicht.

Wetterausrüstung Muss ich Sie wirklich daran erinnern? In Frankreich kann es sehr heiß werden! Es kann auch sehr kalt werden. Und manchmal nass. Nehmen Sie Regenkleidung, Sonnenbrille, Sonnencreme, Sonnenhüte usw. mit, je nachdem, zu welcher Jahreszeit Sie unterwegs sind.

Ausrüstung zum Feuermachen In Frankreich ist es größtenteils heiß und trocken. Das heißt, es könnte extrem dumm sein, einfach irgendwo Feuer zu machen. Viele Campingplätze haben spezielle Grillplätze, wo es erlaubt ist, aber auf zahlreichen anderen ist es ganz verboten. Bevor Sie Feuer machen, sollten Sie erst einmal die lokalen Vorschriften in Erfahrung bringen, einen Eimer Wasser bereitstellen und kein Risiko eingehen.

Auf der Website **www.pitchup.com** finden Sie Campingplätze, auf denen Feuermachen erlaubt ist.

Toilettenzubehör Bei uns Briten ist es ein Running Gag, dass die Franzosen (speziell die Männer) überall hinpinkeln. Und das tun sie auch wirklich. Frauen sind da etwas diskreter, haben aber ebenfalls nichts gegen die merkwürdige Angewohnheit, sich in der freien Natur zu erleichtern.

Manchmal findet man Toilettenpapier und anderes an besonders schönen Orten. Bitte machen Sie es nicht noch schlimmer.

Urinieren Sie nicht in weniger als 30 Metern Entfernung von offenen Gewässern, Flüssen oder Bächen. Wenn Sie sich zusätzlich erleichtern müssen, tun Sie es in größtmöglicher Entfernung von Flüssen, Bächen, Gebäuden und Tieren. Vergraben Sie Ihre Exkremente. Benutzen Sie dazu eine Schaufel oder einen Faltspaten.

Wenn Sie eine Toilette haben, benutzen Sie keine giftigen, blauen Chemikalien. Nehmen Sie das grüne Zeug ohne Formaldehyd.

TOILETTENZUBEHÖR

- »Grüne« Chemikalien für die Toilette
- Schaufel, wenn Sie keine Toilette haben
- Billiges Klopapier (löst sich leichter auf)

Französische Toiletten: Papier mitbringen

Manche Leute schrecken voller Ekel vor den altmodischen französischen Toiletten (ein Loch im Boden) zurück. So schlecht sind die aber gar nicht. Man sollte nur an Toilettenpapier denken, da es oft keins gibt. Sogar auf Campingplätzen. Ja, wirklich. Benutzen Sie jedoch auf keinen Fall Feuchttücher, auch nicht die zum Wegspülen. Die lösen sich nicht so gut auf wie Klopapier und verstopfen Toiletten und Rohre.

»Grünes« Zubehör Mit ein paar grundlegenden umweltfreundlichen Verhaltensweisen können Sie Ihren Müll ganz einfach reduzieren. Angesichts dessen, was wir heute über Plastikmüll und die Zerstörung der Umwelt wissen, ist das das Mindeste, was wir tun können. Außerdem muss man dann nicht so oft nach Mülleimern suchen. Die Recyclingmöglichkeiten in Frankreich sind in der Regel okay, aber spezielle Plastiksammelstellen gibt es nicht, sondern gemischtes Recycling.

MEINE WICHTIGSTEN »GRÜNEN« AUSRÜSTUNGSGEGENSTÄNDE

- Grüne Toiletten-Chemikalien
- Wiederverwendbare Kaffeebecher: vermeiden Plastikmüll, oft gibt es auch Rabatt darauf.
- Wasserflaschen: warum Geld für Softdrinks ausgeben, wenn Leitungswasser gut und umsonst ist?
- Wiederverwendbare Einkaufstaschen: Geld sparen und Müll vermeiden, indem man seine eigene Tasche mitbringt
- Wiederverwendbare Beutel: sparen Müll, wenn man loses Obst und Gemüse einkauft – und Platz im Kühlschrank
- Trockenshampoo: verursacht keinen Müll und kann aus Hygienegründen in einer Dose aufbewahrt werden. Reicht ewig und nimmt auch weniger Platz weg
- Tupperware-/Plastik-Boxen: können mitgenommen werden zum Metzger, in Lebensmittelläden und auf Märkte, wenn Sie lokal einkaufen. Das spart Müll. Einige Supermärkte haben sich bereits darauf eingestellt. Es kann mühsam sein, wenn man seine eigenen Verpackungen mitbringt, aber halten Sie durch, es funktioniert. Sagen Sie einfach: »Pas de plastique s'il vous plaît.«

Wenn Sie ein Wohnmobil mieten

Prüfen Sie die Ausrüstungsliste, die Ihrem Fahrzeug beiliegt. Stellen Sie sicher, dass Sie das Allerwichtigste dabeihaben: grüne Toiletten-Chemikalien, einen Schlauch oder eine andere Möglichkeit für die Frischwasserversorgung und Gas zum Kochen. Alles andere – wie Stühle, Tisch, Vorzelt und Dachgepäckträger – sind Extras.

Solange Sie heizen, kochen und essen können, Wasser haben und die Toilette benutzen können, ist alles okay. Alles andere ist nebensächlich. Bedenken Sie nur, dass Schränke und Stauraum begrenzt sind. Nehmen Sie also nur das mit, was Sie auch wirklich brauchen.

WO MAN IN FRANKREICH STEHEN KANN

Frankreich ist bestens auf Camper eingestellt – und besonders auf Campingbus- und Wohnmobilreisende. Es gibt jede Menge Platz und folglich auch jede Menge Plätze zum Übernachten und viele Auswahlmöglichkeiten.

Die Stellplätze in diesem Buch

In diesem Buch finden Sie Listen mit Campingplätzen und Stellplätzen. Dabei handelt es sich um Empfehlungen, basierend auf meinen Erfahrungen, die ich unterwegs gemacht habe, und nicht um eine vollständige Aufstellung. Das heißt auch, dass meine Auswahl nicht unbedingt die besten Stellplätze darstellt, denn ich habe nicht jeden einzelnen Platz in jeder Region selbst besucht. Darum geht es in diesem Buch auch gar nicht.

Wenn Sie einen Stellplatz suchen, können Sie entweder meinen Empfehlungen folgen oder selbst einen finden, indem Sie Reiseführer, das Internet oder Apps nutzen. Frankreich verfügt über viele verschiedene Arten von Campingplätzen, die zu den verschiedensten Arten von Campingurlaubern passen, sodass Sie ganz sicher das finden, was Sie suchen. Ich zum Beispiel gehe nach einem langen Tag im Wohnmobil gern schwimmen. Deshalb suchen wir uns oft Campingplätze mit Schwimmbad, obwohl diese Anlagen nicht immer das ruhige, ländliche Ambiente bieten, das wir schätzen.

Im Voraus buchen?

Bei der von Ihnen geplanten Tour wird es vielleicht nicht möglich sein, im Voraus zu buchen, besonders dann nicht, wenn Sie nicht wissen, wann Sie wo sein werden. Wenn Sie eine Vier- oder Fünf-Sterne-Anlage anfahren möchten, dann wäre es klug, vorab zu buchen, besonders in den Sommermonaten (Juli und August), weil diese dann oft schnell voll sind.

Bei vielen anderen Plätzen, wie zum Beispiel denen von France Passion oder den *aires de camping car*, kann man meist nicht im Voraus buchen. Es gibt jedoch einige private

Anlagen, wie die von **campingcarpark.com** betriebenen, bei denen das möglich ist. Ansonsten kann man nur hinfahren und sein Glück versuchen.

Aires de camping car

sind Stellplätze für Wohnmobile – oft, aber nicht immer, mit Ver- und Entsorgungsstationen –, die von den Gemeinden zur Verfügung gestellt werden. Manchmal sind sie kostenlos, und manchmal befinden sie sich auch in hervorragender Lage. Das ist jedoch nicht immer der Fall; einige sind nicht viel mehr als Parkplätze im Zentrum von Städten und haben keine Versorgungseinrichtungen. Trotzdem sind sie praktisch, wenn man nichts anderes findet, Geld sparen oder sich einfach frei fühlen will. Manchmal, in bestimmten Städten oder Gegenden, wie zum Beispiel an der Côte d'Azur und anderen stark frequentierten Ferienorten, sind sie die einzige Option, wenn Ihr Fahrzeug höher als zwei Meter oder ein Wohnmobil ist. Vielerorts sind Wohnmobile auf Parkplätzen verboten. Außerhalb der Saison sind *aires* oft die einzige Option..

Man erwartet von Ihnen, dass sie Selbstversorger sind, wenn Sie eine *aire* benutzen, das heißt, Sie müssen eine eigene Toilette haben. Sie dürfen keine Stühle oder Tische aufstellen und kein Lager mit Zelt oder Vorzelt aufschlagen, obwohl manche Leute das trotzdem tun.

In Frankreich gibt es etwa 4.000 *aires*. Einige werden von den Gemeinden betrieben, andere von kommerziellen Netzwerken wie **campingcarpark.com**. Den offiziellen Führer *Aires de services camping-car* kann man zum Beispiel bei **www.amazon.de** bestellen (s. o.).

France Passion

ist ein Verbund nur für Mitglieder, bei dem Bauern, Winzer und Handwerker Wohnmobil-Besitzern einen kostenlosen Stellplatz auf ihrem Land zur Verfügung stellen. Im Austausch dafür sollten Sie einfach nur freundlich sein und sich ein wenig erkenntlich zeigen. Man erwartet, dass Sie als Gast Ihre Gastgeber begrüßen und vielleicht auch Geld bei ihnen ausgeben. Das ist alles. Es gibt keine Verpflichtung, aber wenn Sie zum Beispiel neben einer *auberge* übernachten, wäre es unhöflich, dort nicht einzukehren.

Die Mitgliedschaft kostet zurzeit 30 Euro im Jahr. Dafür erhalten Sie einen Etappenführer mit Regionalkarten, eine Einladungskarte und eine Vignette, die Sie bei Ihren Gastgebern vorzeigen können. Unter **www.france-passion.com/de** können Sie Mitglied werden.

Campingplätze

Es gibt in Frankreich mehr als 8.000 registrierte Campingplätze. Sie sind nach einem leicht verständlichen Bewertungssystem klassifiziert, sodass jeder garantiert das Passende findet. Es gibt vier Kategorien:

1 **Freizeit-Campingplätze** Mehr als 50 Prozent der Stellplätze sind an Dauergäste vermietet oder nur saisonal belegt.

2 **Touristik-Campingplätze** Mehr als 50 Prozent der Stellplätze sind für Reisende reserviert.

3 ***Aire-naturelle*-Campingplätze** Kleine Anlagen mit bis zu 30 Stellplätzen auf mindestens einem Hektar Fläche, die über keine festen Unterkünfte – wie Chalets – verfügen. Sie müssen Toiletten haben. Es gibt in Frankreich etwa 1.400 *Aire-naturelle*-Anlagen.

4 ***Camping à la ferme*** Kleine Anlagen, die von Bauern betrieben werden, und maximal sechs Stellplätze haben dürfen. Sie müssen Toilette, Waschbecken und eine warme Dusche sowie Entsorgungsmöglichkeiten vorweisen können und dürfen nur zu bestimmten Zeiten geöffnet sein.

Wildcamping-Etikette in Frankreich

- Bitten Sie den Grundstückseigentümer um Erlaubnis.
- Vergessen Sie nicht, dass es kein Recht auf Wildcamping gibt.
- Machen Sie bei Ihrer Ankunft sauber.
- Machen Sie bei Ihrer Abreise sauber.
- Reisen Sie spät an und früh wieder ab.
- Lassen Sie es nicht so aussehen, als würden Sie ein Lager aufschlagen.
- Respektieren Sie die Einheimischen, und wenn man Sie bittet abzureisen, tun Sie es, ohne sich zu beschweren.
- Fragen Sie Einheimische, Polizei oder Aufseher, ob Sie über Nacht bleiben dürfen.
- Machen Sie sich nicht lustig, wenn jemand sich nicht entgegenkommend zeigt. Seien Sie nett und lächeln Sie.
- Beachten Sie »No Camping«-Schilder.
- Lassen Sie keinen unerlaubten Müll in die Umwelt gelangen.
- Nutzen Sie ökologisch unbedenkliche Flüssigkeiten zum Abwaschen, Waschen und Duschen.
- Lassen Sie keinen Müll liegen.
- Nehmen Sie den Müll von anderen mit.
- Kaufen Sie möglichst vor Ort ein.

Die Sterne-Klassifizierung der französischen Campingplätze

Alle Campingplätze in Frankreich unterliegen einer Prüfung und Sterne-Klassifizierung von eins bis fünf. Details wie Stellplatzgröße, Gemeinschaftseinrichtungen, welche Sprachen gesprochen werden, ob die Rezeption den ganzen Tag besetzt ist, ob sie 24 Stunden geöffnet ist (drei Sterne und mehr) und ob Onlinebuchungen möglich sind, haben alle Einfluss auf das Sterne-Rating. Anlagen mit Schwimmbädern und Freizeiteinrichtungen werden in der Regel höher bewertet (um zum Beispiel fünf Sterne zu bekommen, muss ein Schwimmbad oder See vorhanden sein), und alle Campingplätze mit mehr als zwei Sternen haben WLAN, außer es wird ausdrücklich das Gegenteil erwähnt.

Je mehr Annehmlichkeiten, desto höher ist das Rating. Alle Plätze müssen jedoch über sanitäre Einrichtungen verfügen und bei mehr als zwei Sternen über individuelle Waschkabinen.

Kommunale Campingplätze

Wenn Sie mehr für Ihr Geld wollen, dann ist ein kommunaler Campingplatz wahrscheinlich das Richtige für Sie. Diese Plätze werden von den Gemeinden betrieben und befinden sich oft nah an den lokalen Versorgungseinrichtungen. Sie sind in der Regel gut ausgeschildert.

Wildcamping mit dem Wohnmobil (*camping sauvage*) in Frankreich

Ich habe die Erfahrung gemacht und auch darüber gelesen, dass man in Frankreich keine eindeutige Auskunft zum Thema Wildcamping mit dem Wohnmobil oder dem Campingbus bekommt. Nach französischem Recht ist das Wildcampen (im Zelt) erlaubt, wenn man die Erlaubnis des Grundstückseigentümers eingeholt hat, allerdings ist es in Gegenden von besonderer Naturschönheit verboten, wobei es Ausnahmen gibt: in einigen Nationalparks, in der Nähe der Küste oder dort, wo die Gemeinden das Verbot aufgehoben haben. In diesen Fällen muss die lokale *mairie* Schilder aufstellen.

Nichtsdestotrotz dürfen Wohnmobile entlang der Straße parken – wie jedes andere Auto auch –, und das bietet Spielraum für Interpretationen, wenn Sie verzweifelt eine Bleibe suchen (so ist es mir auch schon ergangen). Seien Sie sich aber darüber im Klaren: In den letzten Jahren ist Frankreich so beliebt geworden, dass man sich einige sehr effektive Methoden hat einfallen lassen, um die Menschen vom Wildcampen abzuhalten. Zudem ist die neu entstandene Infrastruktur – *aires* und Campingplätze – zum Teil auch dazu da, um das Wildcampen und die Unordnung, die es mit sich bringen kann, zu unterbinden. Allerdings weiß ich aus eigener Erfahrung, dass die Franzosen sehr tolerant sind, solange man es nicht übertreibt. Parken Sie dort, wo Sie nicht im Weg stehen. Schilder, die das Übernachtparken verbieten, sollten Sie aber nicht ignorieren. Reisen Sie spät an und früh wieder ab, machen Sie Ordnung, wenn Sie ankommen und wenn Sie wieder wegfahren, dann wird es schon gutgehen. Aber verlassen Sie sich nicht darauf. Sie sollten immer darauf gefasst sein, dass man Sie auffordert wegzufahren, und tun Sie es mit einem Lächeln, ohne sich zu beschweren.

ANREISE NACH FRANKREICH

Frankreich gehört zu Kontinentaleuropa und grenzt auf seiner Ostseite an Belgien, Luxemburg, Deutschland, die Schweiz, Italien und Monaco sowie auf seiner Südwestseite an Spanien und Andorra. Es hat Küsten an Mittelmeer, Atlantik und Ärmelkanal. Frankreich ist Mitglied der EU.

Sie können Frankreich auf der Straße, aber natürlich auch per Zug oder Flugzeug erreichen, falls Sie dort ein Wohnmobil mieten.

Wenn Sie mit dem Zug anreisen und in Frankreich ein Wohnmobil mieten

Frankreich verfügt über ein großartiges Eisenbahnnetz. Wenn man sich genauer damit beschäftigt, bekommt man den Eindruck, dass die Leute hier wirklich dazu gebracht werden sollen, mit dem Zug zu reisen! Das TGV-Netz mit Hochgeschwindigkeitszügen deckt das gesamte Land ab; es ist also eine praktikable Option. Man kann auch für 10 Euro Fahrräder im TGV mitnehmen. Eine französische Bahncard kostet um die 50 Euro und gewährt 30 Prozent Rabatt auf die meisten Zweiter-Klasse-Fahrten.

Wenn Sie in Frankreich ein Wohnmobil mieten, ist die Anreise mit dem Zug eine gute Option, besonders wenn Sie Fahrräder mitnehmen wollen. Sie können außerdem mehr Gepäck mitnehmen als im Flugzeug (und das kostenlos).

Direktverbindungen mit Schnellzügen (TGV, ICE und Thalys)

Mit dem TGV (*»train à grande vitesse«*), ICE oder Thalys erreichen Sie Paris in weniger als vier Stunden von Stuttgart, Frankfurt oder Köln aus. Auch ab Aachen, Augsburg, Berlin, Duisburg, Düsseldorf, Essen, Freiburg, Kaiserslautern, Karlsruhe, Mannheim, München und Saarbrücken bestehen direkte Verbindungen in die französische Hauptstadt.

Von Paris aus können Sie alle Regionen Frankreichs mit dem Zug erreichen.

Auch mit dem **TGV Rhein-Rhône** besteht eine direkte Verbindung von Frankfurt, Mannheim, Karlsruhe und Baden-Baden unter anderem nach Straßburg, Mulhouse, Lyon, Avignon, Aix-en-Provence und Marseille.

Fahrpläne und Fahrkarten Auskünfte zu Zugverbindungen innerhalb Frankreichs sowie ab Deutschland und Fahrkarten erhalten Sie in den Reisezentren der Deutschen Bahn sowie in den Vertragsreisebüros der SNCF in Deutschland oder auf der Website der französischen Bahn (**www.oui.sncf.de**), der Deutschen Bahn (**www.bahn.de**) bzw. von Thalys (**www.thalys.com**). Fahrkarten für die meisten Züge können Sie auch direkt im Internet kaufen und als E-Ticket zu Hause ausdrucken oder sich das Ticket einfach aufs Handy herunterladen.

Neben der BahnCard der Deutschen Bahn (die nur für den deutschen Teil der Fahrt gilt) können Sie auch französische Rabattkarten erwerben unter **de.oui.sncf/de/ermaessigungskarten**.

Fahrradmitnahme im Zug Wenn Sie Ihr Fahrrad demontieren und in einer Hülle (maximal 90 x 120 cm, erhältlich in Sportgeschäften) transportieren, reist es wie ein Gepäckstück in allen Zügen kostenlos mit. Für nicht demontierte Fahrräder gelten je nach Zugart besondere Regeln.

In Regional- (TER-) und Intercity-Zügen (Intercité) ist meist ein Fahrradabteil vorhanden. In diesen Zügen können Sie Ihr Fahrrad kostenlos mitnehmen. In Nachtzügen und dem TGV ist die Fahrradmitnahme reservierungspflichtig und kostet 10 Euro. Es gibt jedoch nur wenige Plätze, und nicht in allen Zügen sind Fahrradabteile vorhanden. Die ICEs, TGVs und Thalys-Züge, die in Deutschland starten, nehmen keine Fahrräder mit. Eine Reise über Straßburg oder Luxemburg ist hier zu empfehlen.

Wenn Sie mit dem Flugzeug anreisen und in Frankreich ein Wohnmobil mieten

Es gibt heutzutage viele praktikable und umweltfreundlichere Alternativen zum Fliegen. Das Zugfahren innerhalb Europas ist einfach und relativ günstig. Das heißt, die Anreise mit dem Zug ist möglich und außerdem sinnvoll – auch für unseren Planeten.

Wenn Sie jedoch trotzdem fliegen möchten: Es gibt 34 internationale Flughäfen in Frankreich, der größte ist Charles de Gaulle in Paris.

Informieren Sie sich vor Ihrer Reise über die neuesten Reise- und Sicherheitshinweise unter:

www.auswaertiges-amt.de/de/ReiseUndSicherheit/frankreich sicherheit/209524.

DAS FAHREN IN FRANKREICH

Anders als uns Briten, dürfte Ihnen das Fahren auf der rechten Seite der Straße keine Schwierigkeiten bereiten. Nur der Fahrstil der Franzosen ist ab und zu etwas gewöhnungsbedürftig, und Sie sollten ein paar Besonderheiten beachten.

Wenn vorhanden, müssen Sitzgurte auch benutzt werden. Als Fahrer sind Sie für alle unter 18-Jährigen im Auto verantwortlich. Kinder unter zehn Jahren dürfen nicht vorn sitzen, außer es sind keine Rücksitze oder kein Platz vorhanden. Kinder unter zehn Jahren und unter 15 Kilogramm müssen einen Kindersitz benutzen.

Die Nutzung eines Handys während der Fahrt ist verboten (außer mit Freisprecheinrichtung). Nach neuerer Gesetzgebung kann der Führerschein eingezogen werden, wenn man erwischt wird. Auf jeden Fall wird ein Bußgeld fällig.

Sie dürfen während der Fahrt weder Kopfhörer noch Headset tragen. Wenn Sie geschnappt werden, ob per Radarfalle oder direkt von der Polizei, drohen ein Bußgeld und Punkte.

Für Alkohol am Steuer gilt ein striktes NON in Frankreich, wie natürlich überall sonst auch, wobei die maximal zulässige Grenze für Privatpersonen bei 0,5 Promille liegt. Das entspricht ein paar bescheidenen Gläsern Wein. Seien Sie allerdings gewarnt: Die Strafe kann extrem hoch ausfallen, wenn Sie einen Unfall verursachen oder mit einem Alkoholpegel von über 0,5 Promille erwischt werden. Für die schlimmsten Vergehen drohen sehr hohe Bußgelder und Gefängnisstrafen.

Die Promillegrenze für Fahranfänger (während der ersten drei Jahre des Führerscheinbesitzes) beträgt 0,2.

Alkoholtests dürfen durchgeführt werden, wenn Sie gegen Verkehrsregeln, wie etwa die Anschnallpflicht, verstoßen.

Dichtes Auffahren und das Überfahren durchgezogener weißer Linien kann ebenfalls bestraft werden..

In bestimmten Fällen **hat die Polizei das Recht, Ihr Fahrzeug zu beschlagnahmen,** wie bei Fahren ohne Versicherungsschutz, Überschreiten der 50-km/h-Grenze bzw. des Tempolimits.

Radarwarnsysteme sind verboten, auch Navis mit Radarwarner, schalten Sie diese Funktion also ab. Außer Navis dürfen keine anderen Geräte an der Windschutzscheibe befestigt sein.

Wissen sollte man auch: **Bußgeldbescheide werden nach Deutschland zugestellt und vollstreckt,** hier gilt jedoch eine Bagatellgrenze bis zu 70 Euro.

Besonderheiten an Ampeln: Bei einer auf Rot geschalteten Ampel mit gelb blinkendem Pfeil ist die Weiterfahrt in Pfeilrichtung erlaubt, der Querverkehr (auch Fußgänger) hat jedoch Vorfahrt.

Die Autobahnen werden in Frankreich fast alle von privaten Gesellschaften verwaltet. Das heißt, dass sie mautpflichtig sind. Sie können die »t«-Spuren (t steht für Télépéage) ohne anzuhalten nutzen, wenn Sie sich einen Transponder besorgen, der online bestellt werden kann (**www.bipandgo.com/de/**). Die Abrechnung der einzelnen Beträge erfolgt über Kreditkarte.

Wenn Sie **Autobahnen meiden** möchten, können Sie das Nationalstraßennetz (Routes Nationales, gekennzeichnet durch ein »N«) nutzen sowie Departmentstraßen (»D«). Manchmal spart es jedoch Zeit und Mühe, wenn man die Autobahn wählt, um an den Anfang seiner geplanten Tour zu gelangen.

***Bis*-Straßen** stellen eine Alternative zu den üblichen, direkteren Verbindungen dar. Sie sind oft landschaftlich schöner und befinden sich abseits der Verkehrsknotenpunkte. Sie können bis-Straßen an der Beschilderung erkennen.

Die Website *»bison futé«* (www.bison-fute.gouv.fr) informiert über die Verkehrssituation und Baustellen in ganz Frankreich und über die Tage, an denen man auf

Unbedingt mitzuführen sind:

- Gültiger deutscher Führerschein für Ihr Fahrzeug
- Das Nationalitätskennzeichen muss am Fahrzeug angebracht oder im EU-Kennzeichen enthalten sein.
- Gültige Zulassungsbescheinigung Teil 1 (bzw. Fahrzeugschein)
- Gültiger Personalausweis, vorläufiger Personalausweis, Reisepass, vorläufiger Reisepass oder Kinderreisepass
- Als Nachweis für eine gültige Kfz-Haftpflichtversicherung reicht das deutsche Kennzeichen. Die Grüne Karte kann aber im Schadensfall helfen.
- Gegebenenfalls Mietwagenpapiere
- Ersatzglühbirnen (bei Ausfall drohen Geldbußen)
- Reflektierende Warnwesten (mit CE-Kennzeichnung) für alle Mitreisenden (Tragepflicht beim Verlassen des Autos bei einer Panne oder einem Unfall außerhalb geschlossener Ortschaften)
- Winterreifen können bei entsprechender Beschilderung im Winter Pflicht sein (Mindestprofiltiefe 3,5 mm). Das gleiche gilt für Schneeketten (Höchstgeschwindigkeit 50 km/h).
- Ein Alkoholtestset (mit französischer NF-Zertifizierung) ist mitzuführen. Dieser ist in Frankreich in Apotheken und an Autobahnraststätten erhältlich.

Frankreichs Straßen besser nicht unterwegs sein sollte. Das sind etwa die **»schwarzen Samstage«** – die Tage, an denen sich viele Franzosen zu Beginn der Sommerferien Anfang August auf den Weg an die Küsten machen.

Abschleppen

Auf französischen Autobahnen sind privates Abschleppen sowie Pannenhilfe – etwa durch einen Automobilclub – strikt verboten. Hilfe wird nur per Notrufsäule angefordert. Bis zum Abschleppen durch den für den Autobahnabschnitt zuständigen Abschleppdienst muss der Wagen durch die Polizei gesichert werden. Alle Insassen müssen das Auto sofort verlassen, gelbe Warnwesten anlegen und sich hinter die Leitplanke begeben. Das Aufstellen eines Warndreiecks ist aus Sicherheitsgründen verboten. Auf anderen Straßen dürfen Fahrzeuge nur über kurze Distanzen und nur nach einem Unfall oder einer Panne privat abgeschleppt werden.

Fahrradträger sind zugelassen und müssen nicht extra gekennzeichnet werden.

Tempolimits in Frankreich

Alle Tempolimits sind wetterabhängig.

ACHTUNG: Bei Überschreitung des Tempolimits um mehr als 40 km/h darf Besitzern eines EU-Führerscheins dieser direkt vor Ort entzogen werden.

Tempolimits, abhängig von Straßentyp und -bedingungen

Straßentyp	Bei guter Sicht	Bei Regen	Bei Sicht unter 50 m
Autobahnen	130 km/h	110 km/h	50 km/h
Schnellstraßen	110 km/h	100 km/h	50 km/h
Landstraßen	80 km/h	70 km/h	50 km/h
innerorts	50 km/h	50 km/h	50 km/h

Tempolimits, abhängig von Straßentyp und Fahrzeuggröße

Straßentyp	Autobahnen	Schnellstraßen	Landstraßen	innerorts
3,5 t	130 km/h	110 km/h	80 km/h	50 km/h
> 3,5 t / < 3,60 m	110 km/h	100 km/h	80 km/h	50 km/h
> 3,60 m	90 km/h	80 km/h	80 km/h	50 km/h

Crit'Air-Umweltplakette

Wenn Sie durch bestimmte französische Städte fahren möchten, benötigen Sie eine Crit'Air-Umweltplakette. Diese erfasst den Schadstoffausstoß Ihres Fahrzeugs. In einigen »Umweltzonen« sind nur bestimmte Fahrzeuge zu bestimmten Zeiten zulässig. Wer keinen Aufkleber hat, riskiert ein Bußgeld von bis zu 135 Euro (wenn er etwa in Paris einen Lkw fährt). Wohnmobile bis 3,5 t, die vor dem 01.01.1997 erstmalig zugelassen wurden, sowie Wohnmobile über 3,5 t, die vor dem 01.10.2001 zugelassen wurden, erhalten keine Plakette und dürfen somit nicht in den Umweltzonen gefahren werden.

Unter 3,5 t gelten Wohnmobile als Pkws, über 3,5 t als Lkws.

Eine ZCR – *zone à circulation restreinte* – ist eine dauerhaft beschränkte Zone.

Eine ZPA – *zone de la protection de l'air* – ist eine vorübergehend beschränkte Zone.

Kaufen können Sie die Plaketten unter: **www.certificat-air.gouv.fr./en/demande**.

Eine vollständige Liste von Städten mit ZCRs finden Sie auf der ADAC-Website: **www.adac.de/reise-freizeit/reiseplanung/reiseziele/frankreich/uebersicht/umweltzonen/**.

Karten lesen: Orientieren Sie sich am Ziel, nicht an der Straßennummer

Kartenleser können fuchsteufelswild werden, wenn sich plötzlich ohne Vorwarnung die Straßennummerierung ändert. In Frankreich passiert das meist an Grenzen von Departements oder dort, wo eine neu gebaute Straße auf die alte trifft. So etwas kann einen ab und zu aus der Bahn werfen – seien Sie also wachsam.

Um Verwechslungen zu vermeiden, ist es daher besser, sich am Ziel zu orientieren, statt an den Straßennummern. Wenn Sie nicht sicher sind, folgen Sie den Schildern, auf denen »*Toutes directions*« (»Alle Richtungen«) steht, bis Sie auf die Route zurückfinden.

Schlussendlich: das Fahren in Frankreich

Das Fahren in Frankreich kann wirklich ein Vergnügen sein. Aber es ist bekanntlich auch unsicher. Und damit meine ich nicht den Standard der Straßen, sondern den Fahrstandard, den einige Franzosen praktizieren – und ihre gelegentlich mangelnde Rücksichtnahme. Ich möchte aber betonen: Schlechte Fahrer sind die wenigsten.

2015 betrug die Zahl der Verkehrstoten in Frankreich 3.092, wobei die häufigste

Todesursache Alkohol war. Führerscheinneulinge waren nach den Betrunkenen die zweitgrößte Gruppe von Leuten, die auf Frankreichs Straßen zu Tode kam. Zum Vergleich: In Großbritannien starben im selben Zeitraum 1.732 Menschen.

Was das heißt? Seien Sie darauf gefasst, dass andere versuchen werden, Sie auf engen Bergpässen in Kurven zu überholen, wenn Sie nicht gerade mit Lichtgeschwindigkeit unterwegs sind. Dass Ihnen im Kreisverkehr die Vorfahrt genommen wird. Dass Sie angehupt werden. Das ist normal. Machen Sie einfach mit und zahlen Sie es den anderen mit gleicher Münze heim (und damit meine ich: gestikulieren und wütende Geräusche machen), wenn es sein muss, aber vergessen Sie darüber nicht Ihre eigenen Sicherheitsmaßstäbe. Fahren Sie vorsichtig und vorausschauend, und wenn jemand auf einer engen Straße zu dicht an Ihnen dranklebt, lassen Sie sich nicht provozieren. Fahren Sie rechts ran, wenn es sicher ist, und lassen Sie ihn passieren.

IST FRANKREICH WOHN-MOBILFREUNDLICH?

Ja, natürlich

Wie ich schon erwähnte, hat Frankreich eine boomende Tourismusindustrie und heißt Wohnmobilisten und Campingbusreisende aus ganz Europa willkommen. Es verfügt über Tausende von Campingplätzen sowie *aires* und France-Passion-Stellplätze, und manchmal findet man auch Plätze zum Wildcampen. Also ja, es ist durchaus wohnmobilfreundlich.

Aires in nicht besonders touristischen Städten stellen eine gute Möglichkeit dar, in den dortigen Läden und Restaurants Geld auszugeben und die Gegend zu erkunden. Das ist etwas sehr Positives.

Manchmal eher nicht

Frankreichs Tourismusindustrie ist jedoch manchmal ein Opfer ihres eigenen Erfolgs. Dort, wo man Wohnmobile früher über Nacht parken konnte, am Meer oder auf Waldparkplätzen, gibt es heute mancherorts Barrieren oder Schilder mit der Aufschrift »Keine Wohnmobile«. Wenn Sie mit Surfern sprechen, die in den 80er-Jahren die Westküste bereist haben, werden die Ihnen tolle Geschichten darüber erzählen, wie sie im Wald übernachtet haben.

Mancherorts fühlt man sich nicht willkommen. Entweder hat jeder Parkplatz eine Höhenbarriere oder man kommt zwar hinein, darf aber nicht bleiben, oder die Plätze sind zu klein. Das kann einem ganz schön auf die Nerven gehen. Es gibt aber fast immer Alternativen. Die Franzosen schätzen Sie, wirklich, sie wollen bloß nicht, dass Sie Ihr Vorzelt, Ihren Tisch und Ihre Stühle an der Promenade von Cannes aufstellen.

Das *aire*-System und die Höhenbarrieren sind dazu da, um das Verhalten von Wohnmobilisten zu kontrollieren. Das hat sicher mit schlechtem Benehmen in der Vergangenheit zu tun, mit zu viel Müll und Unordnung oder einfach zu vielen Wohnmobilen im Lauf der Jahre. Praktisch heißt das, dass Sie vielleicht keinen Parkplatz finden werden, wenn Sie tagsüber irgendeinen Ort besuchen. Das ist zwar ärgerlich, aber andererseits finden Sie in der Nähe meist eine *aire*. Sie müssen vielleicht einen Kompromiss eingehen, wenn Sie eigentlich vorhatten, ein Picknick mit Blick aufs Meer zu veranstalten, aber das sollte doch wirklich kein Problem sein. Und anderswo, wo die örtliche *mairie* die Vorteile einer *aire* in ihrer Stadt begriffen hat, bietet Ihnen das, wie oben schon erwähnt, die Möglichkeit, etwas Neues kennenzulernen, und die Einheimischen können ein wenig an Ihnen verdienen.

Ich gebe zu, dass einige *aires* zweitklassig wirken und sich am Rand von Städten und Dörfern befinden, in Industriegebieten oder auf Parkplätzen. Das ist schade, aber wenn es Ihnen nicht gefällt, dann fahren Sie doch einfach woandershin, wo es schöner ist. Andererseits sind manche *aires* großartig – mit schönem Ausblick und viel Grün – und werden von den Kommunen oder von Privatfirmen betreut. Diese sollte man ansteuern. Die weniger schönen *aires* sind als Alternative zu den Plätzen am Meer da, an denen man nicht stehen darf – ein schlechter Tausch, das gebe ich zu, aber es ist zumindest eine Option.

Verbote umgehen

Wenn Sie Pkw-Parkplätze nutzen möchten, können Sie mit einem kleineren und unauffälligeren Campingbus reisen, um Parkverbote zu umgehen. Es ist überall das gleiche: Wenn Sie sich für ein Wohnmobil entscheiden, das höher, länger oder breiter ist als ein normaler Pkw-Parkplatz, müssen Sie auf Restriktionen gefasst sein. Aus diesem Grund werden Sie in Frankreich einigen Wohnmobilisten begegnen, die mit Fahrrädern, Motorrädern und Kleinstwagen auf Trailern reisen. Dadurch kann man auf einem schönen großen Stellplatz parken und dann per Rad oder Auto in die Umgebung fahren. Wir zum Beispiel nehmen immer Fahrräder mit.

WORAN MAN IN FRANKREICH DENKEN SOLLTE

Französisch sprechen

Vielleicht ist Ihr Französisch nicht besonders gut, aber bitte versuchen Sie, das bisschen, das Ihnen zur Verfügung steht, anzuwenden. Auch wenn Sie Fehler machen – entscheidend ist, dass Sie es zumindest versuchen. Die Franzosen werden es zu schätzen wissen. Sprechen Sie also so gut und so oft es geht Französisch, auch wenn es eine Qual ist.

Französisch ist eine wunderbare Sprache, die Sprache von Dichtern und Denkern, und Frankreich ist eine sehr stolze Nation. Die Franzosen feiern ihre Kultur (wussten Sie zum Beispiel, dass französische Radiostationen mindestens zu 35 Prozent französischsprachige Musik spielen müssen?). Aus Respekt für ein Land, das stolz auf seine Traditionen ist und ein starkes Identitätsgefühl hat, sollten Sie sich wirklich bemühen, Französisch zu sprechen.

Früh aufstehen

In Frankreich beginnt der Tag etwas später, als Sie es vielleicht gewohnt sind, sodass Sie an beliebten Orten zu den Ersten gehören könnten. Vor 9 Uhr morgens dort zu sein, kann besonders im Hochsommer darüber entscheiden, ob Sie einen Parkplatz bekommen oder nicht. In der Provence und im äußersten Süden, sogar im Landesinneren, ist der Morgen möglicherweise die einzig kühle Tageszeit. Im Sommer können die Tage bis in den Abend hinein sehr heiß sein. Wenn Sie also gemäßigte Temperaturen schätzen, sollten Sie die wertvollen Morgenstunden nutzen.

Wenn Sie allerdings tagsüber etwas unternehmen wollen, dann tun Sie es um die Mittagszeit. Die Franzosen machen immer zwischen 13 und 15 Uhr Pause, und währenddessen kann man beispielsweise gut den Tourmalet hochfahren oder schwimmen gehen.

Keine Ahnung von Wein?

Macht nichts! Will man in Frankreich im Supermarkt Wein kaufen, kann sich das als Herausforderung erweisen, da es eine so große Auswahl gibt. Ein einfacher Trick, wie man einen guten preiswerten Wein findet, ist, darauf zu achten, welchen die Einheimischen kaufen. Suchen Sie nach Lücken in den Regalen, und schnappen Sie sich die letzte Flasche. Die Franzosen verstehen etwas von Wein – und von guten Angeboten. Folgen Sie ihrem Beispiel!

Im Restaurant können Sie *un pichet* (ausgesprochen: »pieschee«) Wein bestellen, ein Viertel oder einen halben Liter, wenn Ihnen eine ganze Flasche zu viel ist. Das ist normalerweise der Hauswein, und der ist meist sehr gut.

Nützliches Campingvokabular

Deutsch	**Französisch**
Wohnmobil/ Campingbus	*Autocaravane*
Campingbus	*Camping car*
Stellplatz	*Emplacement*
Verleih	*Location*
Wo kann ich meinen Müll entsorgen?	*Où est la vidange?*
Wo kann ich meine Chemietoilette leeren?	*Où est la vidange des toilettes chimiques?*
Wasser	*L'eau*
Mit Strom	*Avec l'électricité*
Bitte einen Stellplatz für einen Campingbus, zwei Personen und einen Hund, mit Stromanschluss.	*Un emplacement pour un camping car, deux adultes et un chien, avec l'électricité s'il vous plaît*
Wir reisen heute/ morgen ab.	*Nous partons aujourd'hui/demain*
Danke	*Merci*
Was kostet eine Nacht?	*Combien par nuit?*
Recycling	*Recyclage*
Müll	*Les dechets*
LPG	*GPL (ausgesprochen: sche-pe-el)*

Abendessen gehen

Wenn man sich nicht auskennt, ist es oft schwierig, ein gutes Restaurant zu finden. Man kann sich über Tripadvisor informieren oder einfach dorthin gehen, wo es voll ist.

Schauen Sie sich als Erstes die Speisekarte an. Viele Restaurants haben nämlich nur Standardgerichte wie Steak mit Pommes frites, *moules-frites* (Miesmuscheln mit Pommes frites), Pizza oder Salat im Angebot. Wenn Sie vegan oder vegetarisch essen möchten, müssen Sie etwas länger suchen.

Ein gutes Restaurant zu finden, indem man durch die Straßen läuft – das hört sich gut an, ist aber nicht immer so einfach. Die meisten öffnen gegen 19 oder 19:30 Uhr und füllen sich erst gegen 20 Uhr. Wenn Sie sich früh auf den Weg machen, werden Sie sicher einen Tisch finden, aber es ist dann schwer möglich, die beliebten Adressen ausfindig zu machen. Wenn Sie können, warten Sie also, um zu sehen, welche Restaurants sich schnell füllen, und gehen Sie hinein, bevor sie ganz voll sind.

Rauchen

In Frankreich ist das Rauchen in geschlossenen Räumen verboten. Das Rauchverbot wurde in den letzten Jahren auch auf einige Parks und Strände und den öffentlichen Nahverkehr ausgeweitet. Taxis sind allerdings ausgenommen, wenn Fahrer und Passagiere sich einig sind. Es ist auch verboten, im Auto (oder Wohnmobil) zu rauchen, wenn Minderjährige dabei sind.

Man darf aber immer noch unter freiem Himmel rauchen, wie etwa im Außenbereich von Restaurants und Cafés.

Öffentliche Schwimmbäder

Wenn Sie gern schwimmen und männlich sind, vergessen Sie nicht, Ihre eng anliegende Badehose! Bewahren Sie eine im Bus oder Wohnmobil auf. Sie werden sie irgendwann brauchen. Locker sitzende Badehosen (und damit meine ich Shorts bzw. Bermudashorts) sind in Frankreich in öffentlichen Schwimmbädern und Badeanstalten verboten. Sie können auch längere eng anliegende Badehosen tragen, aber keine Shorts.

In einigen Schwimmbädern müssen Leute mit langen Haaren auch eine Badekappe tragen, deshalb sollte man eine solche immer im Wohnmobil haben oder sich im Voraus erkundigen, sonst kann einem der Zutritt verwehrt werden, oder man muss vor Ort eine kaufen.

Warum französische Autofahrer Sie anhupen (und Sie ihnen das nicht übelnehmen sollten)

- Sie fahren zu langsam.
- Der Verkehr staut sich.
- Man überholt Sie und teilt Ihnen mit, dass Sie überholt werden.

Radfahrern Platz machen

Radfahren ist in Frankreich sehr beliebt, und man ist Radfahrern gegenüber sehr tolerant eingestellt. Lassen Sie ihnen genügend Platz, und überholen Sie erst dann, wenn es wirklich sicher ist. Wenn Sie sonntags eine Gruppe von Fahrern sehen, gestatten Sie ihnen, im Pulk zu fahren; solche Clubausfahrten sieht man am Sonntag überall in Frankreich. Es macht ja auch nichts, wenn man sich eine Zeit lang hinter den Fahrern halten muss. Die hinter Ihnen Fahrenden haben mit Sicherheit Verständnis dafür.

FRANKREICH FÜR ANFÄNGER

Dies sind nur die Grundlagen:

- Frankreich befindet sich auf dem europäischen Festland.
- Die Muttersprache von 88 Prozent der Bevölkerung ist Französisch.
- Neueren Studien zufolge geben 30 Prozent der Franzosen an, ein wenig Deutsch zu sprechen, doch nur drei Prozent sagen, dass sie die Sprache gut beherrschen. 39 Prozent der Franzosen hingegen sprechen Englisch. Doch schrauben Sie Ihre Erwartungen nicht zu hoch. Frankreich ist eine stolze Nation, und man wird es dort zu schätzen wissen, wenn Sie wenigstens versuchen, Französisch zu sprechen. Man wird es Ihnen danken – und Ihnen vielleicht sogar Komplimente machen.
- Die Währung ist der Euro.
- Es gilt das metrische Maßsystem.
- Frankreich hat etwa 68 Millionen Einwohner, von denen etwa 2,5 Millionen in der Hauptstadt Paris leben.
- Die Landesfläche beträgt 551.000 Quadratkilometer, ungefähr ein Fünftel der Fläche der EU.
- 25 Prozent der Fläche Frankreichs sind bewaldet.
- Der Montblanc, der höchste Berg Europas, befindet sich in Frankreich.
- Frankreich hat jährlich 82 Millionen Besucher und ist damit das mit Abstand meistbesuchte Land der Welt.
- Frankreich verfügt über rund 30.000 Kreisverkehre. Das wird Ihnen sicher auffallen.
- *Liberté, Egalité, Fraternité* (Freiheit, Gleichheit, Brüderlichkeit) – so lautet das Motto Frankreichs.
- Der Louvre hatte im Jahr 2018 rund zehn Millionen Besucher, viel mehr als jedes andere Museum auf der Welt.
- Die französischen Supermärkte dürfen abgelaufene oder unverkaufte Lebensmittel nicht wegwerfen. Sie müssen an Tafeln gespendet werden.
- Napoleon war größer als der Durchschnitts-Franzose der damaligen Zeit.
- Champagner wurde von den Engländern erfunden.
- Leute, die Frankreich lieben, so wie ich, nennt man Frankophile.

LANDKARTEN

Als ich nach Landkarten für meine Reise gesucht habe, bin ich in die berühmte Londoner Reisebuchhandlung Stanfords gegangen. Nachdem ich endlose Zeit damit verbracht hatte, Michelin-Karten im Maßstab 1:150.000 von praktisch jedem französischen Département herauszusuchen, wurde mir klar, dass mich das Hunderte Pfund kosten würde. Ich legte alle Karten zurück und entschied mich für den *Straßen- & Reiseatlas Frankreich* von Michelin, der leider den Maßstab 1:200.000 hat, aber trotzdem sehr praktisch ist. Er hat eine Spiralbindung und ist damit theoretisch einfacher zu handhaben. Allerdings neigen ringgebundene Karten dazu, irgendwann auseinanderzufallen. Bei meiner ist das passiert. Zum Glück kann man mit einem großen »Briefklemmer« aus dem Büromarkt Abhilfe schaffen und die Benutzerfreundlichkeit erhöhen.

Was ich damit sagen will, ist, dass sich die Seitenzahlen, die ich am Anfang jeder Tour nenne, sich auf den Michelin-Straßen- & Reiseatlas Frankreich beziehen.

Wenn Sie es detaillierter möchten, nutzen Sie Michelin-*Local*-Karten im Maßstab 1:150.000. Die sind praktisch, wenn Sie sich länger in einer bestimmten Gegend aufhalten und mehr Details benötigen. Wenn Sie jedoch ganz Frankreich damit abdecken möchten, erweisen sich diese Karten als extrem teuer.

Für die Hauptroutenplanung benutze ich die Michelin-Nationalkarte im Maßstab 1:1.000.000, mit der man gut planen kann, wie man von einer Region zur nächsten kommt.

Navi

Beim Schreiben dieses Buches hat mir zugegebenermaßen ein Navigationssystem sehr geholfen. Wir haben ein TomTom Go Camper benutzt, das sich als praktisches Werkzeug erwiesen hat. Es war außerordentlich wertvoll, weil es unsere exakte Position bestimmt und dazu Kurven und Hindernisse vorab angezeigt hat. Zur Routenplanung haben wir es nicht benutzt, sondern dafür Karten verwendet.

DAS FRANZÖSISCHE KLIMA

Frankreich hat nicht nur ein Klima, sondern eine ganze Menge davon. Im Sommer ist es verdammt heiß. Im Winter kann es verdammt kalt sein, besonders in den Bergen. Und alles Mögliche dazwischen.

Frankreich – ein großes Land, gesäumt von Bergen auf der einen Seite und Meer auf den übrigen drei Seiten – lässt sich nur schwer auf einen gemeinsamen Nenner bringen. Ich werde es trotzdem versuchen. Für uns Briten, die wir während des Großteils des nassen und windigen Jahres unter einem gemäßigten Atlantikklima leiden, hat Frankreich ein ideales Klima mit angenehm superheißen und schneeigen kalten Abschnitten. Extreme werden allerdings immer mehr zur Norm, daher sollte man sie nicht ausschließen. Nach heißen Tagen gibt es oft starken Regen und Gewitter, sodass man gezwungen ist, im Wohnmobil zu bleiben. Aber genauso schnell hat sich das Wetter am nächsten Tag wieder normalisiert.

Im Westen herrscht ein vom Atlantik beeinflusstes Meeresklima mit milden Wintern und heißen, manchmal feuchten Sommern. Je südlicher man kommt, desto weniger wird das

Wetter vom Nordatlantik beeinflusst. Weiter östlich ist das Wetter mehr vom Kontinentalklima geprägt, das bedeutet heißere Sommer, weniger Regen und kältere Winter. Im Osten sind heißere,

trockenere Sommer und trockenere, kältere Winter zu beobachten.

In den Bergen ist es feuchter und kälter als in Zentralfrankreich, jedoch mit mehr Regen auf der Westseite. Das offenbart sich in den Alpen, wenn man hohe Pässe überquert. Auf der Ostseite sind die Berge manchmal trockener und haben eine niedrigere Baumgrenze.

Weiter südlich iwird das Klima vom Mittelmeer beeinflusst, das heißt die Winter sind mild und die Sommer heiß. Ein kühler Wind aus dem Norden (der Mistral) kann im Winter kalt sein, wenn er das Rhônetal hinunterbläst.

2019 wurde die höchste Temperatur in Frankreich (45,9 Grad) in der Nähe von Nîmes gemessen.

FRANKREICH: HIGHLIGHTS

1 Die Île de Ré per Fahrrad erkunden Die Île de Ré ist fantastisch, aber nicht unbedingt wohnmobilfreundlich, deshalb erkundet man sie am besten mit dem Fahrrad. Fahren Sie vom Campingplatz aus auf autofreien Fahrradwegen zum Restaurant La Cabane de la Patache und nehmen Sie dort ein ausgedehntes Mittagessen im Freien ein. Buchen Sie im Voraus, um sich einen Tisch zu sichern. Danach können Sie an der Plage du Grouin schwimmen gehen.

2 Das Toulouse-Lautrec-Museum in Albi Es steht direkt neben einem der größten Backsteingebäude der Welt, der Kathedrale von Albi, in einer der berühmtesten Städte Frankreichs, von der Sie noch nie etwas gehört haben. Etwa 100 Meter von beidem entfernt befinden sich Wohnmobilparkplätze. Sie können sich also gleichzeitig zwei Arten von Meisterwerken ansehen. Lautrecs Gemälde und Plakate sind großartig. **musee-toulouse-lautrec.com**

3 Kajakfahren auf der Ardèche Es gibt kaum etwas aufregenderes und abenteuerlicheres als eine Kajakfahrt über die Stromschnellen der Ardèche. Wenn viel los ist, hören Sie bereits an den Angstschreien der anderen Paddler, was sich hinter der nächsten Kurve verbirgt. Ein echtes Abenteuer mit Raubvögeln, die am Himmel ihre Kreise ziehen; wenn man Glück hat, sieht man Adler. Noch mehr Wildwasser gibt es in der Verdonschlucht (Gorges du Verdon).

4 Das Citroën-Museum in Castellane Eine Privatsammlung wirklich unglaublicher Fahrzeuge. Alle sind unrestauriert und haben nur wenige Kilometer auf dem Tacho. Vielleicht lässt das auf Besessenheit schließen. Ganz bestimmt sogar. Aber ein Besuch lohnt sich. Hier können Sie unfassbar gut erhaltene Autos bestaunen.. **www.citromuseum.com**

5 Gâteau Pays Basque Dieser gedeckte Kuchen mit Kirsch- oder Vanillecremefüllung ist die Krone des Baskenlandes! Na ja, nicht wirklich, aber Sie dürfen die Region nicht verlassen, ohne ihn probiert zu haben. Das ist einfach Pflicht. Und danach werden Sie sich bestimmt nicht mehr daran erinnern ...

6 Schwimmen im Jura Angesichts seiner zahlreichen Wasserfälle, Seen und Flüsse – die verlockend sind, wenn es im Sommer richtig heiß wird –, ist der Jura sehr gut zum Schwimmen geeignet. Buchen Sie sich einen Stellplatz auf dem Campingplatz am Lac de Narlay, und begeben Sie sich dann hoch zu den Wasserfällen Cascades du Hérisson, wo Sie von (ganz) oben in die Wasserbecken hineinspringen können. Oder schwimmen Sie bei Clairvaux-les-Lacs auf die andere Seeseite und wieder zurück.

7 Champagner-Verkostung Verwöhnen Sie sich in der Region Champagne mit einem Besuch einer der vielen kleinen Champagner-Kellereien. Dort ist man freundlich und aufgeschlossen, sogar uns Wohnmobilisten gegenüber. Wenn Sie dann auf den Geschmack gekommen sind, können Sie sich weiter vorarbeiten zur Avenue de Champagne in Épernay, wo alle großen Namen zu finden sind. Und ziehen Sie sich bitte etwas Anständiges an!

8 Baden in den Pyrenäen In den Pyrenäen gibt es eine Menge Thermalbäder mit heißen Quellen, die das Baden unter freiem Himmel ermöglichen, darunter auch einige absolute Schönheiten. Die Bäder in Loudenvielle erinnern an einen Wasser-

vergnügungspark für Erwachsene, und die Bäder in Cauterets bieten einen fantastischen Blick auf die Berge. Packen Sie Ihre eng anliegenden Badesachen ein!

9 Sich vom Ausmaß des Krieges erschüttern lassen An der ehemaligen Westfront gibt es viele überwältigende Gedenkstätten. Das Canadian National Vimy Memorial zum Beispiel ist monumental. Ein anderes Mahnmal, das in seinem Ausmaß schwer zu übertreffen ist, ist der Ring der Erinnerung neben dem Französischen Nationalfriedhof Notre-Dame-de-Lorette bei Lens. Angesichts der fast 600.000 auf Stahlplatten eingravierten Namen der Gefallenen fällt es schwer, unbeeindruckt zu bleiben. Wenn Sie die Klaustrophobie des Stellungskrieges nacherleben möchten, sollten Sie die Anhöhe von Vauquois (Butte de Vauquois) besuchen, wo die verfeindeten Linien nur 50 Meter auseinanderlagen.

10 Rendezvous mit den großen Meistern Das Musée d'Orsay befindet sich in einem früheren Pariser Bahnhof. Heute beherbergt es Tausende von spektakulären Gemälden und Skulpturen aus der Zeit von 1848 bis 1914, darunter viele der berühmtesten Kunstwerke der Welt. Es gibt nur wenige Museen, in denen man so vielen großartigen Gemälden von Weltrang so nahe kommt. **m.musee-orsay.fr**

11 Die Grande Dune du Pilat erklimmen Europas größte Sanddüne ist riesig. Von oben kann man spektakuläre Sonnenauf- und -untergänge beobachten. Und die Aussicht über das Bassin d'Arcachon nach Cap Ferret und auf den Atlantik ist atemberaubend. Machen Sie sich ein Bier auf, und beobachten Sie, wie die Paraglider geräuschlos unter ihnen entlanggleiten.

12 Leben wie ein König Die Schlösser der Loire sind so ganz anders als die in Kent oder Schottland. Vor allem sind sie keine Ruinen. Sie sind auch nicht kalt und zugig und vermitteln nicht den Eindruck, als sei das 17. Jahrhundert eine Zeit des Elends gewesen. Sie sind herausgeputzt und wunderschön, und sogar die unspektakulärsten von ihnen sind verblüffend verschwenderisch ausgestattet.

13 Wildblumen am Col du Lautaret

Die Straße nach Briançon ist wild und kurvig und bietet eine fantastische Aussicht mit atemberaubendem Bergpanorama. So weit, so gut. Aber wenn Sie im Juli hierherkommen, erleben Sie ein wahres Blumenmeer, das seinesgleichen sucht. Der Col ist weltbekannt für seine alpinen Wiesen. Hier kann man alle Arten von Blumen finden, wie es sie ein paar Tausend Meter tiefer nicht gibt..

14 *Son et lumière* (Ton- und Lichtshow) am 14. Juli

Früher hieß er Tag der Bastille, jetzt nur noch Nationalfeiertag. An diesem Tag feiert man in Frankreich Freiheit, Gleichheit und Brüderlichkeit, und fast überall gibt es irgendeine Art von Feuerwerk. Die Ton- und Lichtshows sind sehr gut, und man sollte sie nicht verpassen

15 Versailles

Meine Güte, dieses Schloss war einst wirklich ein goldener Käfig! Versailles ist ein Juwel und auf eine ganz ostentative Weise verschwenderisch, prunkvoll und gewaltig. Mit riesigen Gemälden, ungeheuren Blickachsen, zu viel Blattgold und Kristallglas und Gebäudeflügeln, die sich in endlose Weiten erstrecken. Leider sieht man auf der Führung nur einen Bruchteil davon, wie es damals wirklich war, aber beeindruckend ist es allemal. Seien Sie früh dort; die Schlangen sind so gewaltig wie der Palast.

chateauversailles.fr

16 Der Schnee

Ich bin kein Ski- oder Snowboardexperte, glaube aber, dass Frankreich diesbezüglich sehr gut aufgestellt ist. Nach meiner Erfahrung ist man auch in den kleinsten Ferienorten hilfsbereit und freundlich. In den Alpen gibt es viele *aires*, und man ist gut auf Wohnmobilisten eingerichtet, das heißt Sie können Ihr Wohnmobilabenteuer auch problemlos mit einem Snowboardabenteuer verbinden. Auch wir hätten das leicht tun können, haben uns aber dagegen entschieden.

17 Die Rosa Granitküste Östlich von Roscoff liegt das Dorf Ploumanac'h, das im Jahr 2015 zum schönsten Dorf Frankreichs gekürt wurde. Dort zu parken, ist furchtbar schwierig, und die Straßen sind eng, aber hinter bretonischen Streifenhemden und mit Schokolade gefüllten Müslischalen versteckt sich ein Areal mit außergewöhnlichem rosa Granit, wo riesige wettergegerbte Gesteinsblöcke, die aussehen wie glitzernde Felstürme, versuchen, das Gleichgewicht zu halten, und kurz davor sind, ins smaragdgrüne Meer zu stürzen. Es gibt dort auch einen Leuchtturm sowie Häuser und Kirchen aus dem gleichen Gestein. Man könnte sagen, dass sich hier das Epizentrum eines wirklich fantastischen Gebietes mit rosa Granit befindet, das Sie unbedingt besuchen sollten.

18 Himmlischer Mont-Saint-Michel Mit seinen himmlischen Turmspitzen und Strebebögen ist der Berg des heiligen Michael ein Schiff aus filigran geschliffenem Granit, das in einem Meer aus Schlick und Wasser segelt. Hier ist es sehr voll, und man fühlt sich zeitweise wie in einem Shrek-Themenpark, aber es ist trotzdem atemberaubend, unglaublich und wunderschön. Der Anblick aus vielen Kilometern Entfernung über die Salzwiesen hinweg wird Sie in seinen Bann ziehen. Man kann ihm einfach nicht widerstehen. Also, fahren Sie hin und essen Sie dort zu Mittag. Bringen Sie es endlich hinter sich..

19 Kommunale Campingplätze Auch wenn viele sicher nicht mit dem Öko-Vibe von Huttopia mithalten können, gibt es keinen Grund, kommunale Campingplätze nicht zu mögen. Fast jede Stadt hat einen. Sie haben oft bis spät im Jahr geöffnet, verfügen über gute, zuverlässige Einrichtungen und sind alle ganz unterschiedlich. Verglichen mit den großen Fünf-Sterne-Anlagen sind sie sehr preiswert. Man zahlt nur ein paar Euro mehr als auf einer *aire*, dafür gibt es aber Ver- und Entsorgungsmöglichkeiten für das Wohnmobil, nette Leute und eine anständige Dusche.

20 Die Höhlenmalereien der Dordogne Die nachgebildeten Malereien in Lascaux sind wirklich etwas Besonderes. Das Gebäude ist ebenfalls etwas Besonderes, und die Art und Weise, wie das alles realisiert wurde, ist auch etwas Besonderes. Man vergisst, dass man es mit Kopien zu tun hat. Vergessen Sie aber bloß nicht, vorab zu buchen, sonst kommen Sie vielleicht nicht hinein, so beliebt ist das Museum.

21 Die fünf Söhne von Carcassonne treffen Diese fünf Burgen sind bemerkenswert, ganz einfach aufgrund ihrer Lage. Sie können den verfallenen Bergfried an einem beliebigen Wochentag »einnehmen«. Haben Sie erst die in den Stein gehauenen Stufen erklommen, die dafür gemacht sind, den Aufstieg so mühevoll wie nur möglich zu gestalten, werden Sie es umso mehr zu schätzen wissen, wenn Sie durch die Zinnen auf die unter Ihnen liegenden Berge spähen können. Von hier aus sieht man Ankömmlinge auf anderthalb Kilometer Entfernung.

EIN WOHNMOBIL ODER EINEN CAMPINGBUS MIETEN

Sie haben kein Wohnmobil? Dann mieten Sie eins.

Auch wenn Sie weder Campingbus noch Wohnmobil haben, müssen Sie keinesfalls darauf verzichten, Frankreich auf dem Slow Road zu bereisen. Ein Fahrzeug zu mieten ist einfach, relativ preiswert, und Sie haben zwei Optionen. Welche ist für Sie die beste?

Im Heimatland mieten

Wenn Sie Ihr Wohnmobil in Ihrem Heimatland mieten, haben Sie die Möglichkeit, das Fahrzeug mit nach Hause zu nehmen und es dort zu beladen und auszurüsten. Außerdem sparen Sie Geld für Flüge, was billiger sein kann, wenn Sie zu mehreren sind.

- Vergessen Sie nicht, dem Vermieter mitzuteilen, wohin Sie fahren, und besorgen Sie sich die richtige Versicherung sowie die richtigen Papiere für Frankreich.
- Denken Sie an eine Reiseversicherung.
- Stellen Sie sicher, dass man Ihnen nicht die gefahrenen Kilometer berechnet.
- Stellen Sie sicher, dass Sie den richtigen Führerschein besitzen.
- Prüfen Sie, ob Sie die richtigen Adapter und Anschlüsse für Frankreich dabeihaben.

Europas größter Anbieter von Wohnmobilen operiert in 15 europäischen Ländern und mehr als 40 Städten (darunter auch viele in Deutschland). Sie Fahrzeuge können beispielsweise auch in Deutschland gemietet und in Frankreich zurückgegeben werden: **www.indiecampers.de**

In Frankreich mieten

Wenn Sie in Frankreich mieten, hat das den Vorteil, dass Sie nicht erst durch Ihr Heimatland – und einen Teil Frankreichs – fahren müssen. Ohne Wohnmobil kommen Sie unter Umständen schneller an Ihr Urlaubsziel und haben dort mehr Zeit, um die dortigen Sehenswürdigkeiten zu entdecken.

- Stellen Sie sicher, dass das Wohnmobil über alles verfügt, was Sie benötigen (Teller usw.), und Sie nichts selbst mitbringen müssen.
- Stellen Sie sicher, dass Sie den richtigen Führerschein besitzen.
- Stellen Sie sicher, dass es Transfers zur und von der Verleihstation gibt.
- Einige Verleihfirmen, wie Hertz, bieten die Möglichkeit, den Wagen an einer Station abzuholen und an einer anderen wieder abzugeben. Hertz hat 25 Verleihstationen in Frankreich. **www.trois-soleils.com**
- Einige Firmen bieten eine europaweite Vermietung in mehreren Ländern an. **www.mcrent.de**

Vergleichsportale durchsuchen

Diese Portale vergleichen Preise und Standorte verschiedener Anbieter, um Ihnen diese Arbeit abzunehmen. Auf Budget Campervans zum Beispiel können Sie alle verfügbaren Verleih-Wohnmobile finden.

- **rentals.budgetcampervans.com/**
- **www.camperdays.de**
- **www.camperscanner.com/**
- **www.campervans.com/**
- **www.autoeurope.co.uk/**

MEINE ZEHN LIEBLINGS-CAMPINGPLÄTZE

Sie suchen einen schönen Campingplatz? Hier sind meine Top Ten. Denken Sie aber daran, dass ich nicht sämtliche französische Campingplätze besucht habe und im Allgemeinen kleinere, unabhängige und ausgefallene Anlagen bevorzuge. Dies ist also keine endgültige, in Stein gemeißelte Liste. Aber sie ist schon mal ein guter Anfang..

Perfekt zum Schwimmen: Camping du Lac de Narlay
Eine tolle Anlage auf einem Hügel, der sanft zum See hin abfällt. Der Lac de Narlay ist ein himmelblaues Wunder – großartig zum Schwimmen und Kajakfahren. Wer einen Stromanschluss wählt, bekommt einen ebenen Stellplatz, ansonsten gilt freie Platzwahl. Näheres auf Seite 180.

2 Perfekt zum Abkühlen an einem heißen Tag: Camping du Brec, Entrevaux

Ein am See gelegener Campingplatz mit einem eigenen Plätzchen am Wasser, das ganz allein den Gästen gehört. Die Besitzer stellen Kajaks und SUPs zur Verfügung, und die Bar ist direkt am Wasser. Die Stellplätze haben eine gute Größe, und es ist richtig nett dort. Wir haben es sehr genossen. Näheres auf Seite 215.

3 Perfekt, um vom Wohnmobil aus direkt ins Meer zu fallen: Le Camp du Domaine, Le Lavandou

Okay, dieser Campingplatz ist groß. Sehr groß. Wenn Sie aber einen Stellplatz am Strand buchen, dann sind sie so nah am Wasser, wie es nur irgend geht. Das ist zwar nicht billig, aber es gibt dort einfach alles, was man braucht, inklusive eines Sonnenschirms. Wenn Sie morgens aufwachen, brauchen Sie nur noch Ihr Badezeug anzuziehen und sich ins Mittelmeer zu stürzen. Sie schwimmen vor dem Frühstück einmal um die Bojen herum und holen sich dann ein *pain* vom Bäcker auf der Anlage. Näheres auf Seite 234.

4 Perfekt, um auf die Gesundheit anzustoßen: Camping d'Épernay

Dies ist einer der schönsten kommunalen Campingplätze, die wir kennengelernt haben. Er liegt direkt am Fluss und verfügt über ein Restaurant, einen Kajakverleih und Sporteinrichtungen. Man ist schnell mit dem Rad in der Stadt – und kann sich dort Schampus hinter die Binde gießen. Außerdem ist der Platz eine gute Ausgangsbasis, um die Champagnerhäuser in der Region zu erkunden. Näheres auf Seite 137.

5 Perfekt, um vorm Frühstück surfen zu gehen: Camping de la Côte d'Argent, Hourtin Plage

Es wird Sie eine Menge kosten, und wehe, wenn Sie nicht im Voraus gebucht haben! Aber abgesehen davon ist dies genau der richtige Campingplatz für alle reisenden Surfer (und ihre Familien), die im Campingbus zu Hause sind und mehr brauchen als einen Parkplatz. Es gibt einen fantastischen Poolkomplex für die Kinder sowie Bars und Ausgehmöglichkeiten für die Eltern. Außerdem sind es zu Fuß nur vier Minuten zum Strand. Perfekt, um frühmorgens surfen zu gehen und danach ein Croissant zu genießen. Näheres auf Seite 370.

6 Perfekt für Paris: CityKamp Paris

Genau genommen gibt es nicht viel anderes zur Auswahl, wenn man Paris mit dem Wohnmobil besuchen möchte. Doch trotzdem findet man in dieser Anlage keine Spur von Vernachlässigung oder Selbstgefälligkeit. Die Stellplätze sind anständig, und mit dem Bus oder der Métro erreicht man schnell die Innenstadt. Wenn Sie die Stadt erkunden wollen, ist dieser Campingplatz genau das Richtige. Näheres auf Seite 120.

7 **Perfekt für Wintersportler:** Camping Huttopia, Bourg-Saint-Maurice

Die Huttopia-Campingplätze sind bewährt, ansprechend gestaltet und haben ein gutes Preis-Leistungs-Verhältnis. Diese Anlage bietet eine Gratis-Busverbindung zur Zahnradbahn nach Les Arcs zu den Skiliften. Sie müssen also nicht selbst über die Gebirgsstraßen fahren. Es gibt einen Trockenraum, einen Supermarkt gegenüber, und die Stadt ist nur eine kurze Fahrt entfernt. Näheres auf Seite 196.

8 **Perfekt zum Wandern und um Naturwunder zu erleben:** Camping La Bergerie, Gavarnie

Diese kleine Anlage ist nicht für riesige Wohnmobile und größere Campingbusse geeignet, doch wenn Ihr Fahrzeug hineinpasst, wird es Ihnen gefallen. Direkt an einem Fluss gelegen, ist es der letzte Campingplatz vor dem Cirque de Gavarnie. Ein wunderbares Fleckchen. Näheres auf Seite 402.

9 **Perfekte Aussicht:** Panorama du Pyla, Pyla

Vielleicht müssen Sie ein wenig manövrieren, um hineinzukommen, aber es lohnt sich. Die Aussicht über die Bucht von Arcachon nach Cap Ferret ist großartig. Die Anlage hat außerdem direkten Zugang zur Grande Dune du Pilat, Europas größter Sanddüne. Es ist also nur ein kleiner Spaziergang hoch zum Gipfel dieses Silizium-Monsters. Es gibt auch einen Pool, Sachen für Kinder und eine Bar, ebenfalls mit tollem Blick. Näheres auf Seite 380.

10 **Perfekt für die Loire:** Camping Chaumont-sur-Loire

Direkt am Fluss gelegen, ist dieser erstklassige Campingplatz auch perfekt für Sonnenuntergänge, heiße Tage und um die Schlösser zu erkunden. Für die Stellplatzvergabe gilt freie Platzwahl, aber das ist ganz nach unserem Geschmack. Seien Sie einfach früh dort, und schnappen Sie sich einen Platz direkt am Fluss. Näheres auf Seite 335.

FRANKREICH *C'EST EXTRA!*

Frankreich ist in vielerlei Hinsicht außergewöhnlich. Etwas, das ich im Laufe der Jahre immer mehr zu schätzen gelernt habe, ist, dass es dort so viele wunderschöne Orte gibt. Einige von ihnen sind von der Regierung mit dem Gütesiegel »Grand Site de France« als außergewöhnlich ausgezeichnet worden, wie etwa Versailles. Und dann gibt es da noch die von der UNESCO klassifizierten Orte, wie Mont-Saint-Michel, die zu den außergewöhnlichsten der Welt gehören. Noch eine Klasse höher angesiedelt sind die World Heritage Sites, wie Carcassonne, die zu den bedeutendsten weltweit gehören, vergleichbar mit den Pyramiden oder Stonehenge.

Und trotzdem hat Frankreich so viele Städte und Dörfer, die kaum erwähnt werden, die in Reiseführern nur mit ein paar Zeilen Erwähnung finden, die einen einzigen Stern im Michelin-Führer erhalten und doch außergewöhnlich schön sind. Wenn sich diese Orte in Großbritannien befänden, würde man sie als Attraktionen allererster Güte ansehen, in einer Reihe mit Dörfern in den Cotswolds, einem Touristenhotspot in Yorkshire oder einer schottischen Goldmine.

Nehmen Sie zum Beispiel Turenne. Mit seiner Burg, die hoch oben auf einem Felsen thront, und Häusern aus cremefarbenen Steinen und mit geometrischen Schieferdächern, die aussehen, als würden sie den Berg hinunterpurzeln, ist es einen Zwischenstopp wert. Als wir dort aufwachten (direkt neben dem Dorf gibt es eine kostenlose *aire*), wurde die Burg von der Morgensonne angestrahlt, während das Tal wolkenverhangen war. Es sah so aus, als würde das Dorf auf einem dunstigen Meer dahintreiben.

Turenne hat ein paar Restaurants, ein Hotel, einige Geschäfte für Touristen, einen Laden mit Kunsthandwerk, eine Apotheke und einen Supermarkt. Der Marktplatz ist von gestutzten Platanen gesäumt, und eine steile, mit Kopfstein gepflasterte Straße führt zur Burg hinauf. Die Autos müssen sich um den Felsen herumschlängeln, vorbei an Festungsmauern und vornehmen alten Häusern, von denen einige restauriert sind, andere nicht. Das alles ist so typisch französisch, wie ich als Engländer es eben beschreiben kann, und so außergewöhnlich schön: Hier aufzuwachen ist fantastisch. Und doch ist dieses Dorf nur eines von vielen hübschen französischen Dörfern.

Und genau das ist das eigentlich Außergewöhnliche.

REGIONALE SPEZIALITÄTEN

Frankreich ist ein großartiges Reiseziel für Leute, die gern essen. Es gibt gute Zutaten im Überfluss, und sogar die Supermärkte verkaufen mehr regionale Produkte als anderswo. Obst und Gemüse sind entsprechend ihrer Herkunft gekennzeichnet. Auch die lokalen Märkte (jede Stadt hat einen; achten Sie auf entsprechende Schilder, wenn Sie hineinfahren) ermöglichen die Versorgung mit lokalen Produkten und regionalen Spezialitäten..

Die meisten Regionen haben irgendein typisches Gericht, Erzeugnis oder eine spezielle Handwerkskunst, die sie auszeichnet, und es gibt in Frankreich etwa 200 Produkte mit geschützter Ursprungsbezeichnung, hier AOP genannt (*appellation d'origine protégée*). Produkte mit dieser Bezeichnung (wie etwa Camembert) dürfen nicht außerhalb der Region hergestellt worden sein, dadurch behalten sie ihren Stellenwert. Das System ist vergleichbar mit der Zertifizierung *appellation d'origine contrôlée*, die für Wein benutzt wird, und schützt den Markt für jedes einzigartige Produkt.

Die jeweilige lokale Spezialität ausfindig zu machen, ist nicht gerade schwer, besonders in der Champagne. Viele Läden sind auf regionale Produkte spezialisiert, besonders in den Touristenzentren, ob es nun Foie gras und Kastanien in der Dordogne sind oder Wein im Elsass. Nach diesen Produkten auf die Jagd zu gehen, macht den Einkauf zum Vergnügen – und den Frankreichurlaub vielseitiger, bunter und schmackhafter!

DER NORDEN

Von den rosa Granitfelsen und Buchten der Bretagne über das Wattenmeer, welches das ätherische Granitschiff Le Mont-Saint-Michel umgibt, bis hin zu den erinnerungsträchtigen Stränden, an denen die Alliierten einst landeten, und den von Kreidefelsen und Feuerstein gesäumten Buchten von Hauts-de-France hat Nordfrankreich viele Gesichter. Auch im Inland gibt es Glanz, Herrlichkeit und Sehenswürdigkeiten, inklusive Paris, dem Nantes–Brest-Kanal und dem mächtigsten aller französischen Flüsse, der Seine.

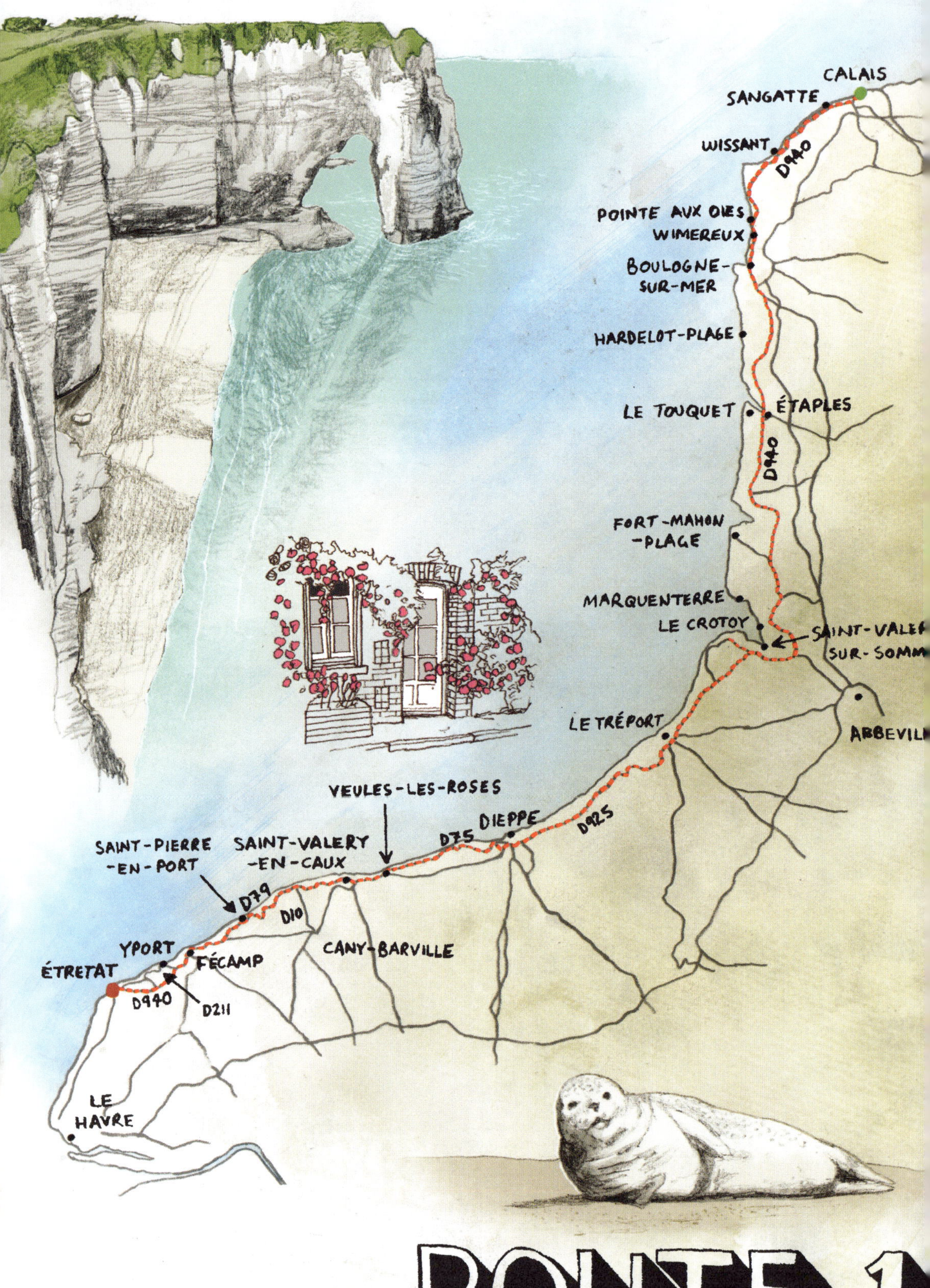

CALAIS
SANGATTE
WISSANT
D940
POINTE AUX OIES
WIMEREUX
BOULOGNE-SUR-MER
HARDELOT-PLAGE
LE TOUQUET
ÉTAPLES
D940
FORT-MAHON-PLAGE
MARQUENTERRE
LE CROTOY
SAINT-VALE
SUR-SOMM
ABBEVIL
LE TRÉPORT
D925
DIEPPE
D75
VEULES-LES-ROSES
SAINT-VALERY-EN-CAUX
SAINT-PIERRE-EN-PORT
D79
D10
CANY-BARVILLE
YPORT
FÉCAMP
ÉTRETAT
D940
D211
LE HAVRE

ROUTE 1

ROUTE 01

CALAIS-ÉTRETAT

DIE KANALKÜSTE

Wenn es Sie interessiert, wie England vor 50 oder mehr Jahren aussah, dann begeben Sie sich zu den Kreideklippen an Frankreichs Kanalküste. Zwischen den weißen Pfeilern aus Fels und Feuerstein finden Sie verschlafene Dörfer voller Blumen, die von Frankreichs berühmtesten Malern und Künstlern geschätzt wurden, und weite Meeresbuchten, in denen sich eine Wattlandschaft voller Meerfenchel offenbart. Hier fährt es sich ganz hervorragend, und diese Tour ermöglicht ein entspanntes Mäandern über die Ebenen oberhalb der Klippen, hinein in üppig bewachsene, waldreiche Täler und an Kiesstrände, die von hohen Kreidesäulen bewacht werden.

AKTIVITÄTEN: **Schwimmen, Wandern, Dörfer und Städte entdecken**

START: **Calais**

ZIEL: **Étretat**

ENTFERNUNG: **276 Kilometer**

ZEIT: **3 oder 4 Tage**

KARTE (SEITE): **2, 6, 11, 10, 20, 19, 18**

Ich stehe vor der Rückseite eines Apartmentblocks an der Strandpromenade von Le Touquet und versuche mich daran zu erinnern, in welchem der Ein-Zimmer-Apartments ich im Jahr 1999 vier Monate verbracht habe. Es war das Jahr der totalen Sonnenfinsternis. Ich erinnere mich an ein großes Fenster, eine winzige Terrasse und den Ausblick auf eine unscheinbare, düstere Seitenstraße sowie einen Teil des Gartens einer ehemals prächtigen Strandvilla. Irgendwann einmal hatte die Villa wahrscheinlich eine tolle Aussicht aufs Meer gehabt, aber der Bau der Apartmentanlage sorgte dafür, dass diese für immer und ewig von tristen braunen Backsteinen versperrt war.

Warum war ich damals hier? 1999 (bevor ich dann feierte, als wäre es das bereits erwähnte Jahr) verbrachte ich einige unangenehme Monate beim Dreh einer TV-Serie mit dem Titel *Monsignor Renard*. Die Rolle des Renard spielte der wunderbare John Thaw (auch als *Inspector Morse* bekannt), und es ging um das von den Deutschen besetzte Frankreich. Die Serie wurde größtenteils in einer Stadt namens Saint-Valery-sur-Somme gedreht. Ich war, zusammen mit dem größten Teil der Crew, in Le Touquet untergebracht, wo es genügend Unterbringungsmöglichkeiten (oder besser gesagt: billige Unterbringungsmöglichkeiten) für uns alle gab. Jeden Morgen gegen 5 oder 6 Uhr erhob ich mein noch weinseliges Haupt, setzte mich ins Auto und fuhr 60 Kilometer, um zahllose Statisten aus der Umgebung sowie unsere englischen und deutschen Schauspieler aufzulesen und durch Maske und Kostüm zu schleusen. An manchen Tagen mussten wir bis zu 100 deutsche Soldaten und Leute aus der Stadt für den Dreh fertigmachen, deshalb blieb mir kaum Zeit, um mich mit der Umgebung zu beschäftigen.

Ich arbeitete von einem Container aus, der auf dem Marktplatz von Saint-Valery stand, fast ohne meine Außenwelt wahrzunehmen – bis auf die wenigen Momente, wenn wir die Statisten in die Stadt brachten. Das versetzte die Einheimischen, die sich noch an die Deutschen erinnern konnten, in Schockstarre, weil ihre Alpträume wieder lebendig wurden. Was sie wohl am Tag der Sonnenfinsternis dachten! Ich erinnere mich an 30 Statisten in deutschen Soldatenuniformen, die Sonnenschutzbrillen trugen, um die Sonne zu beobachten, während die Arbeit ruhte. Es war zeitweise wirklich seltsam, aber sicher nicht so leidvoll wie 1940, als 10.000 alliierte und französische Soldaten hier gefangen genommen und in deutsche Kriegsgefangenenlager gebracht wurden.

Heute, auf meinem Slow-Road-Abenteuer von Calais nach Étretat, bin ich auch gekommen, um mir diesen Teil Frankreichs endlich richtig anzusehen, gewissermaßen unter »friedlicheren Umständen«. Ich möchte die Mohnblumen an den Feldrändern sehen und beobachten, wie der Wind durch den Weizen weht, während ich vorbeifahre, statt mir Gedanken darüber zu machen, ob die Schauspieler pünktlich sind oder ich nicht etwa vergessen habe, den Panzer für den heutigen Dreh zu buchen.

Le Touquet ist schäbiger als in meiner Erinnerung. Es ist nicht so nobel, wie es mir aus der zeitlichen Distanz erschien. Die Altstadt ist zwar hübsch, aber der Strand, der zwischen den Weltkriegen so viele Engländer angezogen hat, ist völlig verbaut und einfach nur hässlich. Die wenigen Strandvillen aus dem 19. Jahrhundert, die zwischen den Wohnblocks überlebt haben, leisten den Horden geschmackloser Touristen noch recht elegant Widerstand, aber ich glaube, eines Tages werden auch sie den Stadtentwicklern zum Opfer fallen. Wir radeln durch die Stadt und dann am Strand zurück durch das am nördlichen Rand der Stadt gelegene Naturschutzgebiet. Hier sieht es ganz anders aus. In den Dünentälern

am Rand des Waldes ist es still und hübsch. Auf der einen Seite befinden sich Meer und Küstenwald – eine struppige Kombination aus Sanddorn und Birken –, während sich auf der Inlandseite Kiefern durchgesetzt haben. Wir radeln auf der hölzernen Promenade zu einem Aussichtspunkt, wo wir das Mündungsgebiet der Somme überblicken können. Eine Robbe dümpelt im Wasser, und das schlickige Watt erstreckt sich in die Ferne. Die *aire* ist ganz in der Nähe, sie grenzt an den Segelclub und ein kleines Restaurant am Fluss. Wir wandern hinunter ins Watt und entdecken dort Meerfenchel – ein hellgrüner Teppich kurzer, kräftiger Sukkulenten. Ich pflücke ein Stück davon ab und probiere es. Ich finde es großartig. Es ist salzig und frisch und schmeckt nach See. Wenn ich nicht schon hier wäre, könnte ich mich mit nur einem winzigen Bissen davon hierher teleportieren.

Als wir in Saint-Valery-sur-Somme eintreffen, erkenne ich es kaum wieder. Es ist voller Touristen und strotzt nur so vor Blumenarrangements. Wir parken außerhalb der Stadt und fahren dann mit dem Rad wieder hinein, am Canal de la Somme entlang. Dabei folgen wir den Schienen der Dampfeisenbahn, die die Stadt mit dem Naturschutzgebiet auf der anderen Seite der Bucht verbindet. Wir fahren am neuen Teil der Stadt vorbei und direkt in die kleine ummauerte Zitadelle hinein.

Sofort bin ich wieder in der Vergangenheit. Wir entdecken den Platz und das Stadttor, durch das all meine Schauspieler damals hindurchgegangen sind. Auch Johanna von Orléans ist durch diese Mauern geschritten, weil sie hier gefangen gehalten wurde, bevor man ihr in Rouen den Prozess machte und sie dann auf dem Scheiterhaufen verbrannte. Der Platz hat sich zum Glück nicht verändert, und die Gebäude – eine zeitlose Mixtur aus Backstein, Feuerstein und Holz – wachen über die darunter stehenden Platanen. Als Lizzy sich hinsetzt, um einen Anruf entgegenzunehmen, habe ich einen Flashback: Auf diesen Stufen habe ich damals gesessen, als das Mädchen, mit dem ich vor meiner Abreise zusammen war, mit mir Schluss machte. Im Ausland an einem Film mitzuarbeiten, hört sich toll an, aber es hat nichts Glamouröses, wenn man nach einer 100-Stunden-Woche verlassen wird, noch dazu in einem fremden Land, und wegen des nächsten Arbeitstages so gestresst ist, dass man ohne eine halbe Flasche Rotwein nicht einschlafen kann.

Wir stellen unsere Räder ab und wandern in die ummauerte Stadt hinein. Es ist genauso, wie ich es in Erinnerung habe. Hier hat Renard einen Hobbit attackiert (oder wenigstens einen Schauspieler, der später einen Hobbit gespielt hat), hier wurde der Hobbit von den Deutschen erschossen, hier wurde dem Mädchen, das mit dem Feind kollaboriert hatte, der Kopf geschoren, hier stand John Thaws Trailer. Hier ist das Café der Résistance, das von der Schauspielerin in mittleren Jahren geführt wurde, in die ich verliebt war. Hier wurde dem deutschen Kommandanten vom französischen Bürgermeister das Rathaus übergeben. Es muss für die Einheimischen zugleich merkwürdig und verwirrend gewesen sein, dass wir hier auftauchten und einen schmerzlichen Teil ihrer Geschichte wieder aufführten. Wenigstens war John Thaw ein perfekter Gentleman.

Wir entfernen uns vom Platz und laufen in das Wirrwarr der Straßen hinein, die die ummauerte Stadt durchziehen. Unter unseren Füßen knirscht der Kies, und die Sonne wärmt uns den Rücken, während ich Teile der Stadt entdecke, die mir vorher nie aufgefallen waren. Gigantische Stockrosen in allen Farben wachsen aus jeder Mauerritze, ebenso Mohnblumen, Gänseblümchen, Salbei und Nachtkerzen. Blumenkästen voller Geranien und Ringelblumen kontrastieren mit den Feuersteinmauern und dem farbigen Fachwerk der kleinen Häuser, deren Hausnummern auf blauen Emailleschildern stehen.

Saint-Valery-sur-Somme ist einfach fantastisch. Wir radeln über Nebenstraßen, dann den Berg hinunter und ins Watt, wo wir ein Restaurant finden, in dem es Mittagessen gibt: riesige Muscheltöpfe und Pommes frites mit Meerfenchel. Wir setzen uns und nehmen uns Zeit, beobachten die Seevögel und die Kinder, die auf einem sandigen Platz Fußball spielen, lassen unsere Blicke über die Flussmündung und die verschiedenen Schichten der Landschaft schweifen. Da ist ein purpurner Schimmer, den kleine Büschel von seltenem niedrigwüchsigem Lavendel erzeugen, eine Schicht von grünem und eine Schicht von hellgelbem Sand vor dem Blaugrün der Flussmündung und dem Blau des Kanals dahinter. Über uns halten die kolossalen Mauern der Zitadelle Wache, wie sie es immer getan haben und immer tun werden. Plus ça change.

DAS FAHREN

Wenn Sie Calais auf der D940 verlassen, kommen Sie durch Blériot-Plage und dann nach Sangatte, bekannt durch das Camp. Die Straße verläuft hier nah am Meer, und der Strand ist hübsch, mit riesigen Buhnen und einem Teppich aus Hornklee, Mohnblumen, Wilder Karotte, Wicken und grau-purpurnen Stranddisteln. Die Straße steigt hoch nach Cap Blanc-Nez und dann nach Cap Gris-Nez sowie zum Leuchtturm. Dieser tolle Straßenabschnitt ist ein guter Beginn für die Reise, und in Richtung Cap Gris-Nez, vor Wissant, ist die Aussicht fantastisch. Südlich der Caps kommen Sie durch einige Ferienorte, bevor Sie einen Halt in Pointe aux Oies einlegen, wo man sehr gut am Strand spazieren gehen und die Kitesurfer beobachten kann. Ein großer Parkplatz ermöglicht einen Stopp zum Mittagessen.

Die Weiterfahrt auf der D940 führt Sie nach Wimereux, vorbei an einem riesigen Bunkerkomplex, der Teil von Hitlers Atlantikwall war, in Terlinctrum und dann nach Boulogne-sur-Mer. Während Sie immer noch der D940 folgen, erreichen Sie südlich von Boulogne ein Gebiet mit Dünen und Küstenwald, durchsetzt von landwirtschaftlichen Flächen. Ein Zwischenstopp in Hardelot-Plage führt Sie durch den Wald zu einem vornehmen und schicken Ferienort mit riesigen Häusern, die zwischen Kiefern stehen.

In Étaples überqueren Sie dann den Fluss und fahren weiter auf der D940 nach Le Touquet oder daran vorbei.

Die *aire* in Le Touquet ist schön, sie liegt außerhalb der Stadt am Fluss, und die Bucht ist hübsch. Wandern Sie durchs Watt und sehen Sie sich den Meerfenchel an, die Salzastern, Strandsoden und vielleicht sogar ein paar Robben im Wasser – eine gute Gelegenheit, um Vorbeikommenden »phoques!« (»Robben«) zuzurufen.

Obwohl es bei einer gehobenen Schicht von Engländern immer noch beliebt ist, wirkt Le Touquet heute ein wenig heruntergekommen. Es gibt zwar immer noch die Versacetragenden, Porsche-Cayenne-fahrenden Männer mittleren Alters mit Pferdeschwanz, aber irgendwie ist der Lack ab. Vielleicht liegt es an der durch Apartmentanlagen verschandelten Promenade. Dazwischen kann man immer noch ein paar alte Villen finden. Wenn Sie sehen wollen, wie es auch hätte laufen können, machen Sie einen Umweg nach Mers-les-Bains, einen kleinen Badeort kurz vor Le Tréport. Dort können Sie einige beeindruckende Beispiele französischer Bäderarchitektur bewundern, die vor dem Abriss bewahrt wurden.

Hinter Le Touquet führt die Straße an einem Vergnügungspark vorbei und durch ein paar weniger interessante Orte, bevor eine andere Art von Küstenlandschaft beginnt. Hier im marais-Hinterland hinter der Grande Dune und dem Vogelschutzgebiet Parc du Marquenterre gibt es Kiesgruben und Seen, hohe Weidenhecken und wogende Gerstenfelder. In Le Crotoy trifft die Straße auf die Somme und folgt dem Nordufer um die Baie de Somme herum, überquert den Fluss und spuckt Sie in Saint-Valery-sur-Somme aus. Wir haben außerhalb am Somme-Kanal geparkt, aber es gibt auch kostenlose Stellplätze in der *aire de camping car*. Die Stadt ist belebt und nicht für Wohnmobile geeignet. Wenn man stattdessen mit dem Rad am Kanal entlang hineinfährt, kann man die tolle Aussicht über die Bucht genießen.

Hinter Saint-Valery führt die D940 weiter in Richtung Le Tréport und Dieppe. Man fährt durch Flachs- und Gerstenfelder, die mit Mohnblumen gesäumt sind. Auch wenn der Weg durch Tréport eine Herausforderung ist – folgen Sie der D940 in die Stadt hinein und wieder hinaus nach Süden, bis Sie auf die D925 stoßen, das nächste wunderschöne Straßenband, das Sie im Nu weiter nach Süden in die Stadt Dieppe bringt. Die D75 führt an der Küste entlang. Sie können ihr bereits ab Dieppe folgen, aber am einfachsten ist es, wenn Sie die Stadt auf

der D925 erst wieder verlassen, nach rechts auf die D153 in Richtung Pourville-sur-Mer abbiegen und dann nach links auf die D75. Diese Küstenstraße ist traumhaft und führt oben über die Kreideklippen, durch wunderschöne bewaldete Täler und verschiedene am Meer gelegene Dörfer. Das letzte davon ist Veules-les-Roses, ein hübscher Ort mit Häusern, die von Glyzinien bewachsen sind. Dort kann man herrlich am Fluss spazieren gehen, und die Strandpromenade ist großartig. Das Dorf beherbergt Frankreichs kürzesten Fluss sowie Beete mit Brunnenkresse, stillgelegte Mühlen und reetgedeckte, von Blumen umgebene Häuschen. Victor Hugo hat sich hier oft aufgehalten.

Hinter dem Dorf führt die D75 wieder zurück zur D925 und nach Saint-Valery-en-Caux (»Saint-Valery in der Kreide«), eine traumhafte Stadt mit einem geschäftigen Yachthafen, Restaurants, einem Strand und einer fantastischen, wenn auch überlaufenen, *aire*. Als wir im Winter dort waren, war sie geschlossen, weil die Brandung über die Strandmauer schlug und die Flut ungewöhnlich hoch war. Wenn Sie Saint-Valery-en-Caux verlassen, bringt die D925 Sie an der Küste entlang nach Cany-Barville, wo Sie nach rechts auf die D10 abbiegen können, die Sie schließlich zur Küstenstraße D79 führt.

Auf ihr geht es in einem fantastischen Auf und Ab hinunter ins landwirtschaftlich genutzte Flachland und durch mit Buchen bestandene Täler, an deren Ende Sie meist Küstendörfer mit herrschaftlichen Strandvillen finden, die aus Feuerstein oder Backsteinen bestehen und mit Schmiedearbeiten und türmchenförmigen Erkern verziert sind. Der Strand in Saint-Pierre-en-Port lohnt einen Zwischenstopp. Dort gibt es einen großen Parkplatz mit Blick auf

STELLPLÄTZE: CAMPING

An dieser Küste gibt es eine große Auswahl an Stellplätzen. Wir waren hier::

Camping Les Mouettes, Veules-les-Roses
Avenue Jean Moulin, 76980 Veules-les-Roses, Seine-Maritime
Internet: vacances-seasonova.com/fr/camping/camping-les-mouettes
Tel.: 0033/2 35 97 61 98

Sehr angenehmer Drei-Sterne-Campingplatz mit benachbarter aire du camping car. 10 Euro/Nacht für die aire inklusive Nutzung von Anlagen, Sanitäreinrichtungen und Pool. Kurzer, steiler Weg ins Dorf mit Restaurants und Strand.

Camping Municipal Étretat, Étretat
69 Rue Guy de Maupassant, 76790 Étretat, Seine-Maritime
Internet: www.campingfrance.com/de/suchen-sie-ihren-campingplatz/normandie/seine-maritime/etretat/camping-municipal42
Tel.: 0033/2 35 27 07 67

Großartiger, weitläufiger kommunaler Campingplatz mit sauberen Anlagen und gutem Zugang zum Dorf, obwohl ein Fahrrad sinnvoll wäre, da der Strand einen Kilometer entfernt ist. Schöne Spaziergänge möglich.

STELLPLÄTZE: *AIRES DE CAMPING CAR*

Sangatte: *Direkt neben dem berüchtigten Camp, aber mit tollem Meerblick und schönen Wildblumen. Die Buchten sind mit Zäunen aus Kastanienholz abgetrennt. Keine Grauwasserentsorgung, nur Mülleimer.*

Le Touquet: *Weitläufig und mit toller Lage am Rand der Flussmündung beim Segelclub. Mit angeschlossenem Restaurant. 17 Euro für 23 Stunden und 2 Euro für Wasser.*

Étretat: *Direkt neben dem kommunalen Campingplatz mit allen Versorgungseinrichtungen.*

Saint-Valery-en-Caux: *Traumhafte Lage zwischen Hafen und Strand, kann aber sehr voll sein. Wir waren im Winter dort, und da gab es viel Platz. Als wir im Sommer kamen, war es gerammelt und ölsardinenmäßig voll.*

Veulettes-sur-Mer: *Großartige Lage direkt neben dem Strand und dem Fluss in diesem netten kleinen Urlaubsort, gleich hinter der »Roten Brücke« (Pont Rouge).*

den Strand (auf dem man leider nicht übernachten darf). Stellen Sie sich die Südküste von Kent oder Sussex vor, bevor die großen Seebäder wie Eastbourne, Hastings und Brighton gebaut wurden, dann haben Sie eine Vorstellung davon. Es ist grün, interessant, hübsch und toll zum Fahren. Mit vielen Haltemöglichkeiten zum Schwimmen, Wandern und Essen.

Die D79 führt zurück auf die D925 und zu einer angenehmen Fahrt den Hügel hinunter nach Fécamp, einem geschäftigen Fischereihafen mit Strandpromenade. Beim Fluss wird die D925 wieder zur D940 und bringt Sie zum letzten Stopp Étretat – es sei denn, Sie möchten sich noch auf eine kurvenreiche Spritztour durch kleine Küstendörfer auf der D211 in Richtung Yport einlassen. In Étretat angekommen, nehmen Sie die D940 in Richtung Zentrum und biegen dann an der Kreuzung links ab zur *aire de camping car* oder zum kommunalen Campingplatz. Wenn Sie aus Versehen nach rechts ins Dorf abbiegen, erwartet Sie ein Albtraum. Glauben Sie mir. Stellen Sie Ihr Fahrzeug ab, steigen Sie aufs Fahrrad und schauen Sie sich die natürlichen Felsbögen an der Steilküste an, die Monet so stark inspirierten, dass er sie oft malte. Zum Glück haben die sich überhaupt nicht verändert. Wie so vieles an dieser Küste.

IN DER NÄHE

Phare du Cap Gris-Nez Ein ziemlicher Newcomer für Leuchtturm-Verhältnisse; die 31 Meter hohe Konstruktion wurde im Jahr 1958 gebaut. Mit großartiger Aussicht nach England und auf die französische Küste.

Musée du Mur de l'Atlantique – La Batterie Todt, Audinghen
Mit Geschützen, die eine Reichweite von 42 Kilometern hatten, war dieser beeindruckende Teil von Hitlers Atlantikwall mehr als dazu in der Lage, über den Kanal zu feuern. Er wurde 1943 errichtet und fiel 1944 an die Kanadier. **www.batterietodt.com**

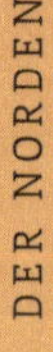

Musée 39-45, Ambleteuse Zwischen Calais und Wimereux gelegen, verfügt dieses Museum über Tausende von Artefakten aus dem Zweiten Weltkrieg, Nachbildungen und mehr als 100 verschiedene Uniformen, alle von Schaufensterpuppen getragen. **www.musee3945.com**

Veules-les-Roses Hier ist Frankreichs kürzester Fluss zu Hause (von der Quelle bis zum Meer sind es nur etwa 1,5 Kilometer). Ein bezauberndes Dorf, das unter anderem von Victor Hugo und den russischen Malern des 19. Jahrhunderts geschätzt wurde. Die Gründe sind offensichtlich: Es ist wunderschön, hat Atmosphäre und mit Glyzinien bewachsene Feuersteinvillen, Mühlräder sowie Beete voller Brunnenkresse. Auch gute Restaurants gibt es hier.

Le Touquet Einst das Mekka der Golf und Glamour liebenden Briten, ist es heute etwas heruntergekommen, aber vielleicht war es das schon immer. Apartmenthäuser aus den 1970er-Jahren säumen die Strandpromenade, Seite an Seite mit den letzten verbliebenen klassischen französischen Strandvillen.

Saint-Valery-sur-Somme Als eine der schönsten Ortschaften an dieser Küste, ist Saint-Valerie ein Kleinod. Die ummauerte Zitadelle ist still und bescheiden, mit schmalen Gassen voller Stockrosen, Nachtkerzen und Mohnblumen, riesigen Festungswällen, authentischen Gebäuden, am Fluss gelegenen Bars und Cafés sowie einer schönen Aussicht über die Somme-Mündung.

Nausicaá, Boulogne-sur-Mer Das größte Aquarium Europas befindet sich hier im Hafen von Boulogne. Es verfügt über Europas größtes Fischbecken mit 58.000 Lebewesen wie Hammerhaien und Mantarochen. **www.nausicaa.fr**

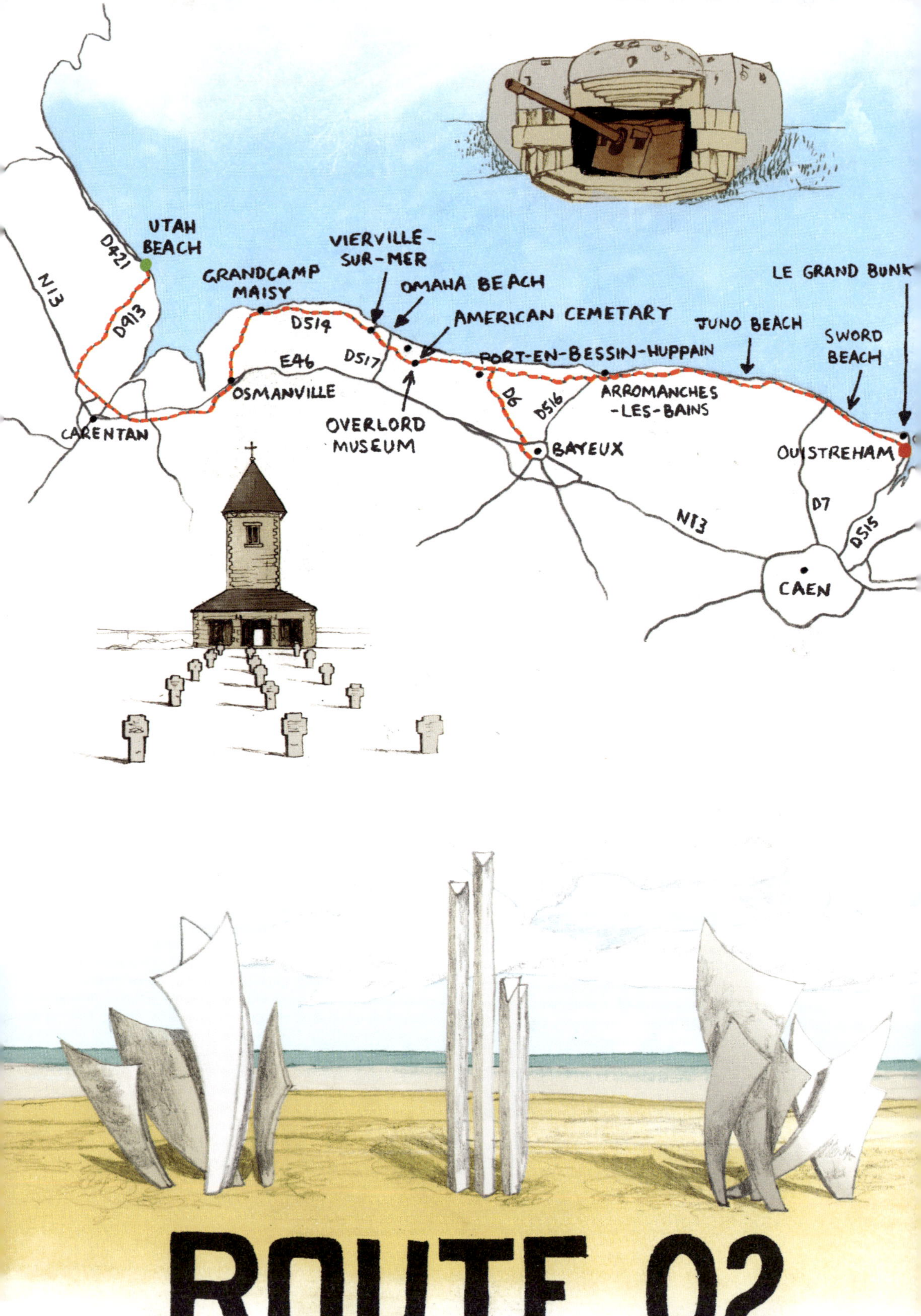
UTAH BEACH
D421
N13
D913
GRANDCAMP MAISY
VIERVILLE-SUR-MER
OMAHA BEACH
AMERICAN CEMETARY
D514
D517
E46
OSMANVILLE
CARENTAN
OVERLORD MUSEUM
PORT-EN-BESSIN-HUPPAIN
D6
D516
BAYEUX
ARROMANCHES -LES-BAINS
JUNO BEACH
SWORD BEACH
LE GRAND BUNK
OUISTREHAM
N13
D7
D515
CAEN

ROUTE 02

ROUTE 02

UTAH BEACH-OUISTREHAM

DIE D-DAY-STRÄNDE IN DER NORMANDIE

Es besteht kein Zweifel daran, dass die Landung der Alliierten in der Normandie am »D-Day« ein gigantisches tod- und freiheitbringendes Unternehmen war. Die Alliierten bauten neue Häfen, brachten Tausende von Männern an Land und begannen den Marsch nach Berlin, um den Zweiten Weltkrieg zu beenden. In den Museen und an den Schauplätzen vor Ort gibt es immer noch viel zu sehen und vieles, das zum Nachdenken anregt. Abgesehen vom Erfolg dieses unvorstellbaren Kunststücks an Planung und infrastruktureller Leistung, lehrt uns die Geschichte hier eine wichtige Lektion, nämlich wie wichtig die Erhaltung des Friedens ist. Zum Wohle aller.

AKTIVITÄTEN:
Aus der Geschichte lernen

START:
Utah Beach

ZIEL:
Ouistreham

ENTFERNUNG:
295 Kilometer

ZEIT:
4 oder 5 Tage

KARTE (SEITE):
32, 33

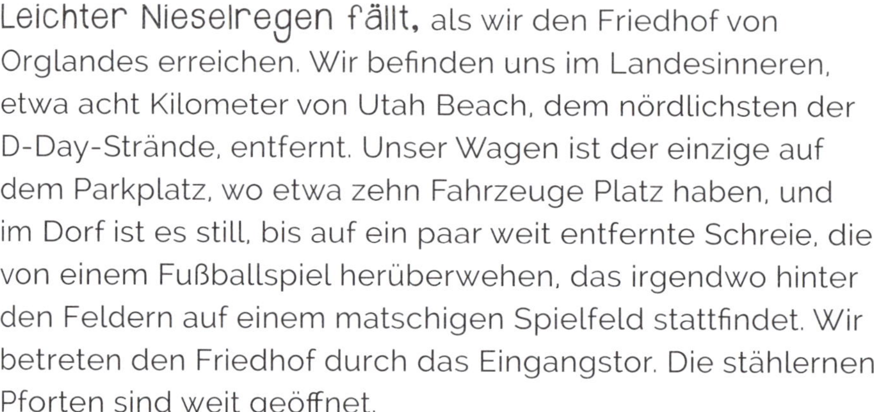

Leichter Nieselregen fällt, als wir den Friedhof von Orglandes erreichen. Wir befinden uns im Landesinneren, etwa acht Kilometer von Utah Beach, dem nördlichsten der D-Day-Strände, entfernt. Unser Wagen ist der einzige auf dem Parkplatz, wo etwa zehn Fahrzeuge Platz haben, und im Dorf ist es still, bis auf ein paar weit entfernte Schreie, die von einem Fußballspiel herüberwehen, das irgendwo hinter den Feldern auf einem matschigen Spielfeld stattfindet. Wir betreten den Friedhof durch das Eingangstor. Die stählernen Pforten sind weit geöffnet.

Lizzy betritt das Gelände und sieht sich um. Der heutige Tag ist so etwas wie der Kulminationspunkt ihrer umfangreichen Recherchen. Sie hat die Chance, Ihrem Großvater zum ersten Mal gegenüberzutreten und ein wenig darüber herauszufinden, was er damals gesehen und empfunden haben mag, doch genau wird sie das nie wissen. In den 75 Jahren, die seit seinem Tod vergangen sind, ist vieles in Vergessenheit geraten. Vieles wurde auch nie bekannt, außer vielleicht den schrecklichen Nachwehen. Und wie soll man sich aus dieser Distanz heraus überhaupt mit den Erfahrungen eines anderen Menschen auseinandersetzen?

Sie biegt nach links ab und geht auf einen kleinen Tisch zu, auf dem ein großer blauer gebundener Einband liegt. Sie öffnet ihn und beginnt, die Seiten umzublättern. Jede einzelne enthält Dutzende von Namen, Daten und Nummern, die auf eine Grabstelle des Friedhofs verweisen. Die Namen sind alphabetisch geordnet. Lizzy schlägt unter »L« nach und findet schließlich Herbert Lindenau, ihren Großvater mütterlicherseits. Sein Todesdatum ist der 10. Juni 1944, vier Tage nach dem D-Day. Es gibt allerdings keine Zuordnung zu einer Grabstelle, nur den Zusatz »unter den Unbekannten«. Wir wissen, dass Herbert am 10. Juni als vermisst gemeldet wurde. Sein Leichnam wurde nie gefunden. Oder er konnte nicht identifiziert werden. Er war Fahrer bei der Marine, und man nimmt an, dass er mit seinem Lastwagen in die Luft gesprengt wurde. Es heißt auch, er habe während der Kämpfe einen Kameraden aus einem Hafenbecken gerettet. Er wurde nach seinem Tod befördert. Niemand kennt die Wahrheit, und trotz vieler Bemühungen, die Lizzy unternommen hat, um Briefe übersetzt zu bekommen, fürchten wir, dass diese nur die offizielle »Nazi-Version« der Wahrheit enthalten.

Wir gehen über den Friedhof. Es ist ein schöner, würdevoller Ort mit großzügig verteilten schwarzen Schieferkreuzen. Es gibt viele Tausende von ihnen, und sie sind vier oder fünf verschiedene Sektionen eingeteilt. Große Bäume stehen zwischen den Reihen: Kastanien und Eichen, die wahrscheinlich schon vorher hier waren.

Es stehen immer sechs Namen auf einem Grabstein. Einige Soldaten wurden noch nicht einmal 20 Jahre alt, und die meisten fielen am 6. Juni oder kurz danach. Viele Grabsteine tragen die herzzerreißende Inschrift »Ein unbekannter deutscher Soldat«. Später lesen wir, dass dies ursprünglich ein Friedhof für Angehörige aller Nationalitäten war, die alliierten Soldaten aber nach dem Krieg umgebettet wurden.

Die sterblichen Überreste der amerikanischen Soldaten wurden in ihre Heimat überführt oder nach Omaha Beach. Es heißt, dass in den Tagen nach dem D-Day etwa 200.000 deutsche Männer und Frauen ihr Leben verloren. Niemand kann das mit Sicherheit sagen.

Lizzy kniet vor einem der Kreuze, die an einen unbekannten Soldaten erinnern. Es könnte ihr Großvater sein. Oder auch nicht. Vielleicht ist er auch gar nicht hier. Der Regen wird jetzt stärker, und die Blätter werden vom Wind aufgewirbelt und zeigen ihre silberne Unterseite. Der Regen tropft von Lizzys Mütze und rinnt in Strömen an den Grabsteinen herunter. Sie beginnt zu weinen.

»Sie haben so weit weg von zu Hause gekämpft. Und wahrscheinlich haben sie nicht einmal an das geglaubt, wofür sie gekämpft haben. Aber trotzdem mussten sie es tun. Vielleicht hatten sie nur noch einander. Vielleicht haben Sie nur ihre Freunde verteidigt.«

Ich weiß, dass Lizzy jetzt auch an das Schreckliche denkt, das auf Herberts Verschwinden am 10. Juni 1944 folgte. Lizzys Mutter verlor mit 14 Jahren ihre Eltern; ihre Mutter war bereits 1943 an Krebs gestorben. Sie lebte danach bei ihren Großeltern, die beide ums Leben kamen, nachdem sie nach Kriegsende von plündernden Flüchtlingen angegriffen worden waren. Sie versteckte sich unterm Bett, als man ihren Großvater in die Hand schoss. Er starb später an seinen Wunden.

Die größte Tragödie des Krieges sind Geschichten wie diese, die sich hinter jedem

Grabstein auf diesem Friedhof verbergen. Und auch hinter allen anderen auf den übrigen Friedhöfen, die sich an dieser Küste befinden. Die meisten Männer, die in Nordfrankreich begraben liegen, waren weit weg von zu Hause. Viele folgten nur ihrer Einberufung, kämpften widerwillig und hatten sicherlich Angst.

Wir fahren nach Utah Beach und verbringen die Nacht in der *aire* direkt hinter den Dünen. Am nächsten Morgen stehen wir bei Tagesanbruch auf und wandern am Strand entlang zum Museum. Der Strand ist flach, nichtssagend und weitläufig. Die Sonne hat keine Kraft, und es regnet leicht, während wir gehen. Wir laufen hinunter ans Meer, das ein paar Hundert Meter von den Dünen entfernt ist. Für die Soldaten, die hier damals an Land gingen, muss es ein weiter Weg gewesen sein, bis sie Schutz fanden. Sie mussten bei Ebbe durchs Wasser waten und dabei Minen, Stacheldraht und Kugeln ausweichen. Wir können das Ausmaß kaum ermessen. Wir finden irgendetwas Metallisches im Sand, es ist verbogen und korrodiert, praktisch unkenntlich. Dann gehen wir ins Museum, wo wir uns die Überreste eines Landungsbootes sowie Panzer und Artilleriegeschütze ansehen – die einträgliche Maschinerie des Krieges. Wir sind nicht gekommen, um den Tod von irgendjemandem zu glorifizieren, indem wir Panzer anstarren, deshalb setzen wir unsere Fahrt an der flachen, leeren und windgepeitschten Küste fort. Die Straße verläuft hinter Utah Beach landeinwärts und folgt der »Voie de la Liberté« (Straße der Freiheit) nach Carentan, um eine große Flussmündung herum und dann in Grandcamp-Maisy zurück ans Meer. Wir fahren so nahe an der Küste, wie es geht, vorbei an Dörfern mit cremefarbenen Häusern, durch Ackerland und an den Promenaden ruhiger Seebäder entlang. Die Küste ist überall voller Erinnerungen an die Vergangenheit, und an jedem Strand gibt es ein Museum, das dem Gedenken derer gewidmet ist, die dort gekämpft haben. In Geschäften sehen wir Postkarten mit Schwarz-Weiß-Fotografien alliierter Soldaten. Auf vielen prangen Überschriften wie »Danke unseren Befreiern«.

Wir befinden uns auf dem Amerikanischen Friedhof. Der Parkplatz ist im Gegensatz zum Deutschen Friedhof riesig, und wir werden zu unserem eigenen Bereich geleitet, der für Wohnmobile reserviert ist. Die Security ist streng, und alles ist sehr gepflegt und geordnet.

Wir nehmen uns Zeit für die Exponate, lesen alles, was es zu lesen gibt, und sind von fast allem gerührt. Es gibt eine Timeline des D-Day aus der Perspektive der Amerikaner und Alliierten, Filme und Fotos mit Details über die Vorbereitung, die unglaubliche zahlenmäßige Größenordnung und die logistischen Probleme, die eine solche Invasion mit sich brachte. Die ganze Zeit über verliest eine ernste Frauenstimme die Namen der 10.000 amerikanischen Armeeangehörigen, die draußen begraben liegen. Dies ist die Konstante, die immer im Hintergrund präsent ist: der Preis an Menschenleben. Ich denke an all die damit verbundenen Geschichten, all den Schmerz, die Sehnsucht und den Verlust. Wie die Leben all der Hinterbliebenen ohne Brüder, Väter, Onkel, Freunde, Großväter aussahen. Egal woher sie kamen, auf welcher Seite sie kämpften und woran sie glaubten – es ist unvorstellbar. Und dennoch: Wenn man auf der Gewinnerseite steht, verehrt die Nation die

Gefallenen als Märtyrer, feiert ihr ruhmvolles Opfer, betreibt einen Heldenkult. Wenn man auf der Verliererseite gekämpft hat, im Namen von Dogmen, an die man vielleicht gar nicht geglaubt hat, leiden die Hinterbliebenen still, voller Scham für das Regime, unter dem man unglücklicherweise gelebt hat.

Lizzys Mutter ging nach England und wurde Krankenschwester. Als sie dann nach Deutschland zurückkehrte, traf sie Lizzys Vater, der dort seinen Wehrdienst ableistete. Als sie älter wurde, besuchte sie den Friedhof in Orglandes und fand den Namen ihres Vaters in dem großen Buch, das am Eingang des grünen Friedhofs liegt, wo die sterblichen Überreste Zigtausender junger Männer begraben sind.

Wo auch immer Herbert Lindenau jetzt liegt – wir hoffen, dass er keine Angst hatte.

DAS FAHREN

Die Strände des D-Day – Utah, Omaha, Gold, Juno und Sword – wurden ausgesucht, weil sie in flachen, weiten Landschaften lagen, wo möglichst viele Fahrzeuge sehr schnell anlanden konnten. Deshalb bietet dieser Teil der Normandie auch keine dramatischen Fahrerlebnisse. Die geschichtlichen Ereignisse gleichen dies jedoch wieder aus. Die Dramatik liegt in der Art der ganzen Unternehmung von damals, in der Kühnheit, der Tapferkeit, dem Grauen und der Tragik einer Welt in Aufruhr. Diese Tour ist durch Relikte und Gedenkstätten gekennzeichnet, durch Museen und das, was von damals übriggeblieben ist. Hitlers Atlantikwall ist eine ewige Konstante: Immer wieder stößt man auf Bunker und riesige Wachtürme. Einige sind Mahnmäler, andere bloß voller Graffitis.

Wir haben unsere Reise in Orglandes begonnen, einem Ort, der früh durch die Alliierten befreit wurde, und wo es einen Deutschen Friedhof gibt.

Von Utah Beach aus nehmen Sie die D421 am Strand entlang bis zum Musée du Débarquement, wo die Straße landeinwärts verläuft und zur D913 wird. Sie führt durch flaches Ackerland neben dem Marais (Marschland) du Cotentin und ein paar Gehöfte und kleine Dörfer, von denen viele so aussehen, als wären sie bereits vor 1945 entstanden. Wenn Sie den Schildern nach Caen und Bayeux folgen, erreichen Sie die E46, die Sie bis hinter Carentan bringt. Bleiben Sie 16,5 Kilometer auf dieser Straße (dabei passieren Sie fünf Kreuzungen), bis Sie in Osmanville den Abzweig nach Grandcamp-Maisy erreichen, von wo aus Sie der D514 zurück an die Küste folgen. Diese Straße wird Sie während des größten Teils der Tour leiten: durch Dörfer und Küstenorte, manchmal über niedrige Klippen oder hinter den Dünen entlang. Sie wird Sie in verschlafene Küstenorte bringen, zu Fischereihäfen und allen bedeutenden Stätten der Normandie. Sie werden kleine Umwege fahren müssen, besonders, um Museen und Strände zu besuchen, aber die sind gut ausgeschildert, und es ist schlecht möglich, sie zu verpassen. Auch Campingplätze gibt es hier, von denen viele nur während der Saison (April–September) geöffnet haben, *aires* sind ebenfalls vorhanden. Für Stellplätze ist also gesorgt. Das Fahren ist angenehm und stellt, wie bereits erwähnt, keine Herausforderung dar, aber darum geht es ja auch nicht.

Hinter Grandcamp-Maisy kommen Sie an der Pointe du Hoc vorbei, wo US-Ranger während der Invasion einen Angriff führten, um eine deutsche Geschützstellung zu erobern, der viele Leben kostete. Von hier aus setzen Sie Ihren Weg fort nach Vierville-sur-Mer (über einen Umweg auf der D517) und nach Omaha Beach, einen acht Kilometer langen Küstenabschnitt mit einer Anhöhe, dahinter Dünentäler und ein niedriges Steilufer, das sich für viele amerikanische Soldaten als tödlich erwies. Am Strand gibt es eine bewegliche Skulptur. Über dem Strand, gleich hinter Vierville, befinden sich der Amerikanische Friedhof und das Overlord Museum. Wenn man weiter an der Küste entlangfährt, ist der nächste Anlaufhafen Port-en-Bessin. Wir sind auf der D6 in Richtung Süden nach Bayeux gefahren, um uns den Teppich anzusehen – die fast 1.000 Jahre alte Version einer anderen Invasion, die in ihrer Brutalität allerdings vergleichbar war.

STELLPLÄTZE: CAMPING

An der Küste der Normandie gibt es viele Campingplätze, von denen die meisten nur während der Saison von April bis Ende September geöffnet haben. Als wir im Oktober dort waren, haben wir auf *aires* gestanden.

STELLPLÄTZE: *AIRES DE CAMPING CAR*

Utah Beach *hat eine kommerziell betriebene aire mit Versorgungseinrichtungen.*

Ouistreham *Die aire befindet sich direkt neben dem Hafen. Auch sie wird kommerziell bewirtschaftet und hat die üblichen Einrichtungen (meist ohne EHU), ist aber nur einen kurzen Spaziergang von der Stadt entfernt.*

Die *aire* in Arromanches *ist gleich neben dem 360-Grad-Kino und bietet eine tolle Aussicht auf die Küste in Richtung Osten und nach Asnelles.*

Nehmen Sie die D6 zurück nach Port-en-Bessin, und fahren Sie auf der D514 weiter nach Osten. In Longue-sur-Mer können Sie einen kurzen Abstecher einlegen und sich die deutsche Artilleriestellung ansehen, die heute immer noch dort steht – ein wichtiger Teil des Atlantikwalls. Ein anderer kleiner Umweg nach Arromanches – wo die Alliierten mit einem sogenannten Mulberry Harbour einen kompletten Anlandungshafen für Tausende

von Soldaten anlegten – vermittelt einen guten Eindruck vom Umfang der Invasion. Eine Abbildung vor dem Museum (auf der Seeseite) zeigt, wie groß er war. Gleich hinter der Stadt, auf den Klippen über Omaha Beach, befindet sich das 360-Grad-Kino und eine *aire* mit fantastischem Ausblick zum Gold Beach. Von hier aus fahren Sie auf der D514 weiter nach Courseulles-sur-Mer (Juno Beach) und dann, auf den letzten Kilometern vor Ouistreham, durch Siedlungen. Es ist eine schöne Fahrt, auf der man viele Strandhütten, herrschaftliche Villen und moderne Häuser sieht, die direkt am Meer oder dahinter liegen: typisch französische Badeorte mit vielen Campingplätzen und dem hier unpassend erscheinenden Atlantikwall-Museum (Le Grand Bunker), einem fünfstöckigen Bunker und ehemaligem Befehlsstand, von dem aus man einen 40 Kilometer weiten Blick über den Kanal »genießt«. Die D514 bringt Sie dann zum Fluss Orne und nach Caen.

IN DER NÄHE

Arromanches 360, Arromanches Ein 360-Grad-Kino, das die 100 Tage des Kampfes um die Normandie zeigt, als Hommage an alle gefallenen Soldaten und auch an die 20.000 Zivilisten, die bei den Kämpfen hier starben.
www.arromanches360.com

American Cemetery, Colleville-sur-Mer Ein wirklich emotionaler Ort mit so vielen Grabsteinen, dass man den Überblick verliert. Interessante Ausstellung beim Eingang. Sauber, gut gepflegt und gut besucht.
www.abmc.gov/normandy

Overlord Museum, Colleville-sur-Mer Artefakte und Bilder erzählen die Geschichte des D-Day und von Omaha Beach. **www.overlordmuseum.com**

Musée du Débarquement, Utah Beach Die Geschichte des D-Day in Utah Beach. Mit einem von wenigen noch existenten B-26-Bombern, der in einem riesigen Hangar rechts auf dem Strand ausgestellt ist. **www.utah-beach.com**

Teppich von Bayeux, Bayeux Eine andere Art von Invasion, die jedoch für die englische Geschichte von großer Bedeutung war und Feudalismus und Aristokratie an Englands Gestade brachte. Großartig, sehr detailliert, sehr witzig und sehr lang. Ein fast 1.000 Jahre altes Meisterwerk. **www.bayeuxmuseum.com**

Überreste eines Mulberry Harbour, Arromanches Der Aufwand, den die Aliierten betrieben, ist unfassbar: Sie brachten ihren eigenen Anlandungshafen mit, weil andere Häfen von den Deutschen zerstört worden waren. Das Museum liegt direkt auf dem Strand. **www.musee-arromanches.fr**

Deutsche Artilleriestellung (*batterie*), Longue-sur-Mer Vier riesige Betonbunker beherbergen vier fest installierte 150-Millimeter-Artilleriegeschütze, die 20 Kilometer weit feuern konnten. Sie erinnern schmerzlich daran, dass Hitler wusste, von woher ihm die größte Gefahr drohte, nämlich von jenseits des Kanals. Sie sind ein eindrucksvoller Teil des Atlantikwalls. Man kann immer noch sehen, wo die Stahlverkleidung der Geschütze von britischen Kriegsschiffen durchlöchert wurde, die diese deutsche Stellung am 6. Juni 1944 beschossen..

Le Grand Bunker (Atlantikwall-Museum) Ein fünfstöckiger Bunker, der als Befehlsstand des Atlantikwalls diente. Einer von Hitlers monolithischen Betonbunkern, mitten im modernen Ouistreham. **museegrandbunker.com**

Route 03

LA PLAGE DES CURÉS
TRÉGASTEL
D788
TRÉGUIER
LÉZARDRIEUX
D789
PLOUBAZLANEC
D65
LANNION
D786
LOCQUIREC
D786
SAINT-QUAY-PORTRIEUX
D767
D6
N12
SAINT-BRIEUC
ERQUY
CAP FRÉHEL
D786
DINARD
SAINT-MALO
D201
D168
SAINT-BRIAC-SUR-MER
DINAN
D155
LE MONT-
SAINT-MICH
D797

ROUTE 03

LOCQUIREC-LE MONT-SAINT-MICHEL

DIE ROSA GRANITKÜSTE

Die Nordküste der Bretagne verfügt über eine spektakuläre Landschaft. Hier ist es wie in Cornwall, nur besser. Wettergegerbter rosa Granit sorgt für tolle Fotos, abgelegene Strände bieten Einsamkeit, und Saint-Malos Mauern verströmen Stil, während Le Mont-Saint-Michel den Gipfel erhabener Schönheit erklimmt. Diese Küste bietet unendlich viel Abwechslung: Man kann in schicken Urlaubsorten abhängen, wandern, Rad fahren und surfen.

ATTRAKTIONEN: **Strände, Sehenswürdigkeiten, Steinformationen**

START: **Locquirec**

ZIEL: **Le Mont-Saint-Michel**

ENTFERNUNG: **295 Kilometer**

ZEIT: **4 oder 5 Tage**

KARTE (SEITE): **72, 73, 78, 79, 80**

An einem frühen Morgen im Oktober gehen wir in Roscoff von Bord. Es dauert nicht lange, da nur eine Handvoll von Reisenden auf dieser Route unterwegs sind. Zu Hause in England gelten Covid-Beschränkungen. Das heißt, dass wir uns nach unserer Rückkehr für zwei Wochen in Quarantäne begeben müssen. Das ist okay für uns. Nach einem arbeitsreichen Sommer in Cornwall sind wir froh, mal rauszukommen.

Wir reisen nach Osten in Richtung Morlaix. Es ist ein schöner Tag, und die Sonne strahlt bedrohlich, während wir die D786 entlangrollen. Wir biegen in Lanmeur ab und fahren in Richtung Locquirec, das wir als Startpunkt dieser Tour festgelegt haben. Wir waren schon einmal hier und erinnern uns an einen fantastischen Campingplatz, Camping du Fond de la Baie, der direkt am Strand liegt. Ein super Start.

Als wir einen der Strände des Ortes erreichen, führen wir eine Diskussion über das Wetter; es soll sich bald ändern, und nun ist die Frage, ob wir jetzt ins Meer gehen, während es noch schön ist, oder das gute Licht für Fotos nutzen sollten. Die Wellen sind gut, sie brechen sich sauber am Sandstrand, und ein paar Einheimische sind im Wasser. Ich bin dafür, es bei den Fotos drauf ankommen zu lassen und lieber ins Meer zu gehen, und ich bin leicht verstimmt, weil meine Entscheidung, die Surfboards zu Hause zu lassen, sich rächen könnte. Wenigstens haben wir Bodyboards im Schrank des Wohnmobils (die nehmen nur wenig Platz weg), also besteht doch noch Hoffnung auf einen Ritt.

Wir verlassen Locquirec auf der Corniche de l'Armorique, die uns auf eine Halbinsel führt, vorbei an Stränden und Sommerhäusern, Kiefern und Dünen. Wir fahren auf den Parkplatz an der Plage des Curés und schauen zum flachen, unberührten Sandstrand hinunter.

Am Ufer bricht sich eine kleine Welle, und es ist niemand sonst am Strand, nur ein paar Wohnmobile stehen auf dem Parkplatz. Wir halten, springen fast in unsere Neoprenanzüge und rennen den steilen Pfad zum Ufer hinunter. Das Wasser ist warm, und die Wellen sind kraftvoll und sauber, der Wind ist ablandig und sorgt dafür, dass sie gut laufen.

Vier Frauen in kurzen Neoprenanzügen folgen uns zum Strand hinunter. Sie waten parallel zum Strand durchs Wasser, das ihnen bis an die Knie reicht, machen Fotos und albern herum. Als sie zum zweiten Mal an uns vorbeigehen, erwischt Lizzy gerade eine Welle, ganz bis zum Strand, bis zu ihnen. Sie fragen, woraus das Board bestehe. So eins hätten sie noch nie gesehen. Lizzy erklärt, dass es altmodische Boards aus Cornwall sind, die man in den 1960er- und 1970er-Jahren benutzt habe, bevor Polystyrol als nicht recycelbare Alternative zu Bootsbau-Sperrholz die Oberhand gewonnen habe. Die Frauen lächeln und gehen weiter. Jedes Mal, wenn sie wieder an uns vorbeikommen, beobachten sie, wie wir die Wellen reiten. Wir überlegen, sie zu fragen, ob sie es mal ausprobieren wollen, aber dann verschwinden sie selbst in der Brandung und schwimmen in die offene See hinaus. Dann kommen sie wieder aus dem Wasser heraus und trocknen sich ab.

Wie vorhergesagt, kommt der Regen, als wir den Strand gerade verlassen wollen. Er schlägt aufs Dach, während wir Lannion erreichen, um auf der Corniche Bretonne weiterzufahren, der Straße, die über 48 Kilometer, bis nach Perros-Guirec, der Rosa Granitküste folgt. Der Regen lässt nach, als wir in Ploumanac'h haltmachen, dem selbst ernannten »französischen Dorf des Jahres 2015« – ein absolutes Muss an dieser Küste. Auf der Suche nach einem Parkplatz kurven wir ein paarmal durchs Dorf und stellen uns vor, wie voll es hier im August sein muss. Wie in vielen anderen sehr beliebten Orten auch, befindet sich der Parkplatz für *camping cars* etwas außerhalb, deshalb setzen wir uns auf unsere Fahrräder und fahren ins Dorf, wir halten uns in Richtung des Leuchtturms, der aus rosa Granit besteht. Als wir die Küste erreichen, schließen wir die Räder ab und gehen über den Sentier des Douaniers (einen Küstenwanderweg) zum Strand. Hier wird uns klar, warum der Ort so beliebt ist: Der rosa Granit ist einfach fantastisch.

Riesige Felsblöcke haben sich durch die Witterung in glatte Gebilde verwandelt, die aussehen wie Skulpturen von Henry Moore. Dort, wo Wasser und Wind in Tausenden von Jahren Furchen, Mulden und Rinnen in den Fels gegraben haben, sind Formationen entstanden. In einer solchen Umgebung bin ich noch nie gewesen. An einigen Stellen sehe ich Gesichter im Fels, an anderen aufgeschichtete Felstürme, die anscheinend auf nur einem oder zwei kleinen Punkten balancieren. Sie sehen aus, als ob man sie ganz leicht mit einer Hand umstoßen könnte, und doch wirken sie gleichzeitig so massiv und unbeweglich. Die Farbe des Felses, ein rötliches Rosa mit Partikeln von funkelndem weißem Quartz und dunklen Klecksen, teilweise mit einer graugrünen Flechte überzogen, kontrastiert mit dem milchig-grünen Meer und Flecken von torfig-violetter Heide sowie gelbem, mit Ginster überzogenem Untergrund. An wieder anderen Stellen sieht der Fels aus wie von Disney entworfen, so perfekt ist er.

Als der Regen zurückkehrt – diesmal schüttet es –, suchen wir Schutz unter einem riesigen vorspringenden Felsblock, der aussieht, als würde er jeden Moment umkippen. Das Wasser strömt vom Felsen vor uns herunter, sodass wir uns vorkommen wie hinter einem Wasserfall. Wir beobachten, wie die Leute zurück zu ihren Autos rennen, sich, wie wir, unter Felsen verstecken oder den Guss unter riesigen wasserdichten Capes und Schirmen grinsend über sich ergehen lassen. Als der Regen nachlässt, sodass wir wieder herauskönnen, funkeln die Felsen wie teure Granitarbeitsplatten, so als hätte Henry Moore Küchen entworfen.

Wir verbringen diese Nacht am Meer; unser Wohnmobil schaukelt auf einem verlassenen Kai in Tréguier im Wind. Wenn wir aus dem Seitenfenster schauen, können wir nur Wasser sehen und wie der Wind die sprühende Gischt aufpeitscht. Als wir aufwachen, erscheint es uns unmöglich, dass die Bretagne so grau ist, wenn man bedenkt, wie wir sie am Tag zuvor erlebt haben.

Der Granit wird dunkler und trüber, als wir uns in Richtung Osten aufmachen und über Seitenstraßen zum Leuchtturm und zu den versteckten Stränden von Cap Fréhel, durch Dinard und dann weiter nach Saint-Malo fahren. Die Küste ist gebrochen

und verschachtelt, und wir haben das Gefühl, als könnten wir hinter jeder Ecke etwas Neues entdecken. Es ist eine Küstenlinie scheinbar endloser Möglichkeiten. Während an einem Strand eine tosende Brandung herrscht, kann es am nächsten ganz ruhig sein.

Wir halten in Saint-Malo, dessen Mauern aus dunklem Granit gebaut sind, genauso wie das von Vauban entworfene Fort, das auf einer kleinen Insel hinter einem gelben Sandstrand steht. Wir fahren mit den Rädern über geometrisch angelegte Plätze, durch kleine Gassen mit Kopfsteinpflaster und an schicken Läden mit gestreiften Hemden und Strohhüten vorbei, bis wir die Mauern erreichen. Von hier aus können wir den Küstenverlauf sehen: Er ist mit schwarzen Granitbrocken gesprenkelt, zwischen denen grüne Fahrrinnen für die Schiffe verlaufen, die hier im Hafen anlegen wollen. Diese Küste unterscheidet sich stark von der Rosa Granitküste und ist ihr doch so ähnlich. Es ist ein Wechsel von Stimmung und Farben, der dennoch aufregend und lebendig ist.

Vor Saint-Malo fahren wir wieder auf die Route de la Baie und folgen der Küste am Damm entlang, der am Rand der Bucht von Mont-Saint-Michel die Salzmarschen vom urbar gemachten Ackerland trennt. In der Ferne wird unser Ziel zu einem Wegweiser, den wir nicht ignorieren können – auch wenn er sich in 20 Kilometern Entfernung mitten in der Bucht befindet. Le Mont-Saint-Michel ist immer noch so beeindruckend wie damals, als ich ihn als kleines Kind zum ersten Mal gesehen habe. Er erhebt sich in den Himmel wie ein Schiff, das in einem leuchtenden Watt voll hellgrünem Meerfenchel gestrandet ist, wobei seine vergoldete Turmspitze die Wolken durchstößt. Er ist atemberaubend, und trotz der Touristenbusse und der maskentragenden Menschenmassen bin ich einfach überwältigt. Der Kontrast zwischen der Turmspitze sowie den gezackten Umrissen der Gebäude, mit denen der Felsen bebaut ist, und den sanften, natürlichen Linien der Flüsse, der Flecken von Weideland und der kleinen Inseln im Mündungsgebiet drum herum könnte nicht größer sein. Es ist kein Wunder, dass man den Mont-Saint-Michel einst als Darstellung

LA VIEILLE AUBERGE

des Himmels auf Erden betrachtet hat, als etwas, das dem Himmel am nächsten kam, ohne dass man selbst dort gewesen sein musste. Wie Pilger nehmen wir die *navette* (den Shuttlebus) vom Parkplatz aus, wandern durch die Straßen und stehen mit offenem Mund vor dieser Architektur, beeindruckt von der Leistung und der Hingabe, die darin ihren Ausdruck finden.

Wir gehen über den Damm zurück zum Wohnmobil, wobei wir uns aus der Entfernung noch einmal umdrehen, um sicherzugehen, dass die Insel noch da ist. Tatsächlich schwebt sie immer noch über der Bucht hinter uns, aber man kann es kaum glauben. Sie ist einfach perfekt. Ich mache schätzungsweise alle 100 Meter ein Foto von ihr, um ganz sicherzugehen.

Es gibt sie wirklich.

DAS FAHREN

Starten Sie in Locquirec, einem fantastischen Badeort östlich von Morlaix. Um dorthin zu gelangen, nehmen Sie in Lanmeur die D64, nachdem Sie die D786 verlassen haben. Zunächst kommen Sie an ein paar Stränden vorbei, bis Sie von Westen her ins Dorf hineinfahren. Bleiben Sie auf dieser Straße, fahren Sie an der Bucht und am Campingplatz vorbei, und folgen Sie der Küste weiter zur Corniche de l'Armorique – einem großartigen kurvigen, engen, kieferngesäumten Straßenabschnitt mit ein paar Haltemöglichkeiten für Strandspaziergänge. An der Plage des Curés gibt es Parkmöglichkeiten für Wohnmobile. Die Corniche bringt Sie in Saint-Efflam wieder auf die D786 zurück, die dort nah am Wasser verläuft. Unglaublich. Fahren Sie weiter bis nach Lannion, wo Sie den Fluss überqueren. Wechseln Sie dann auf die D788 und biegen Sie nach links ab, um der Küste zu folgen – und den Wegweisern nach Trébeurden (D65). Folgen Sie den Schildern zur Corniche de Pors Mabo, um zur Pointe de Bihit zu gelangen, durch die Stadt zu cruisen und die Strände zu erreichen. So stoßen Sie wieder auf die D788 in Richtung Trégastel und auf die Corniche Bretonne (an der Rosa Granitküste), vorbei an der Île-Grande, an Trégastel, Ploumanac'h und Perros-Guirec. Dann geht es auf der D6 weiter.

STELLPLÄTZE: CAMPING

Es gibt reichlich Campingplätze an der bretonischen Küste. Wir waren hier:

Camping du Fond de la Baie, Locquirec
Route de Plestin, 29241 Locquirec, Finistère
Internet: www.campinglocquirec.com
Tel.: 0033/2 98 67 40 85

Sie werden kaum einen Campingplatz in besserer Lage finden, besonders wenn Sie einen Stellplatz auf der Strandseite bekommen. Nur ein paar Schritte, und Sie sind am Sandstrand. Ein Spaziergang bei Ebbe am Strand entlang führt Sie ins Dorf zu Läden und Restaurants. Wunderschön.

Camping de L'Aumône
Domaine de l'Aumône, Alms, 35120 Cherrueix, Ille-et-Vilaine
Internet: www.camping-de-laumone.com
Tel.: 0033/2 99 48 84 82

Ich mag originelle Campingplätze, und dieser gehört dazu. Er ist 16 Kilometer von Mont-Saint-Michel entfernt, hat einen Pool und ein paar Glamping-Elemente, sieht aber ansonsten aus wie vor 20 Jahren. Die Bar im Château erinnerte mich an die 1980er-Jahre. Es gibt hier auch eine aire. Und einen beheizten Pool. Ich fand es toll.

Die D6 bringt Sie landeinwärts zur D786 in Richtung Tréguier und dann weiter nach Lézardrieux und Paimpol. Es gibt auf dieser Route vielfältige Möglichkeiten für Abstecher zu Stränden, Aussichtspunkten und Dörfern in den Mündungsgebieten der Flüsse Trieux und Jaudy.

Kurz vor Lézardrieux überqueren Sie auf der D786 eine wunderschöne Hängebrücke. Direkt hinter der Brücke geht es links ab auf die Route de Saint-Julien, die Sie nach Paimpol bringt (dort gibt es eine *aire*), durch die Stadt (folgen Sie der Ausschilderung nach Abbaye de Beauport und Saint-Quay-Portrieux) und weiter auf die D786, die Küstenstraße. Folgen Sie dieser an der Küste entlang, bis sie bei Saint-Brieuc auf die N12 stößt. Um die Stadt zu durchqueren, nehmen Sie die N12 und folgen Sie dann für etwa zehn Kilometer der Ausschilderung nach Saint-Malo und Rennes bis zum Abzweig der D786 nach Pléneuf-Val-André. Biegen Sie hier ab und folgen Sie der Straße in Richtung Dinard und Saint-Malo. Sie wird bei Erquy vorübergehend zur D34. Biegen Sie auf die D34 ab, und folgen Sie der Ausschilderung zum Cap Fréhel auf einer beeindruckenden Straße, die

durch Kiefernwälder und an schönen Sandstränden vorbei auf eine Landzunge hinausführt, die bald wild wird und mit Heide und Ginster bedeckt ist. So gelangen Sie zum Leuchtturm und dann weiter zum Fort La Latte, bevor es auf die D786 zurückgeht, zu einem sehr schönen bewaldeten Abschnitt, der bei Port à la Duc auf die Küste stößt. Fahren Sie auf

STELLPLÄTZE: *AIRES DE CAMPING CAR*

Pointe de Bihit *hat drei Wohnmobil-Stellplätze auf dem Parkplatz mit Blick auf eine hübsche Bucht in der Nähe der Corniche de Pors Mabo.*

Tréguier *hat eine schöne aire am Fluss, die von Pappeln umgeben und nur einen kurzen Spaziergang von der Altstadt entfernt ist.*

Die *aire* in Beauvoir *nahe Mont-Saint-Michel ist groß und schön angelegt mit Waschmaschine und Strom. Sie dürfte dem Berg am nächsten gelegen sein.*

La Bidonnière *ist ebenfalls in der Nähe von Mont-Saint-Michel und bietet eine Aussicht auf den Berg sowie Duschen, Toilette und Strom.*

der D786 weiter bis nach Ploubalay, und folgen Sie dann der Ausschilderung nach Dinard à la Côte. Diese Straße führt Sie durch Saint-Briac-sur-Mer (schicke Häuser, schöne Strände und ein Golfplatz) und auf einem großartigen Straßenabschnitt an der Küste entlang, der Sie durch Dinard bringt und auf der Hauptstraße (jetzt: D168) wieder zurück, dann über den Staudamm des Gezeitenkraftwerks in La Richardais und weiter nach Saint-Malo.

Sich in Saint-Malo zurechtzufinden, ist ein wenig heikel, aber folgen Sie einfach der Ausschilderung ins Zentrum, dann erreichen Sie schließlich den Hafen und, über eine Brücke, die Stadtmauer (sehr beeindruckend). Parkmöglichkeiten für große Fahrzeuge gibt es auf dem Quai Duguay-Trouin. Wenn Sie auf dem Quai Duguay-Trouin stadtauswärts fahren, biegen Sie links ab und folgen Sie den Schildern nach Le Mont-Saint-Michel (D201). So gelangen Sie zur Strandpromende von Saint-Malo und in Richtung Pointe du Grouin. Dieser Straßenabschnitt ist fantastisch und führt Sie auf die D76 nach Cancale und dann auf die D155, die Route de la Baie. Sie müssten den Mont jetzt sehen können, wenn Sie über die Salzwiesen schauen. Biegen Sie in Le Vivier-sur-Mer links ab auf die D797. Die Straße folgt dem Damm und führt an wunderschönen Windmühlen, Bauernhöfen und Dörfern vorbei, um sich dann landeinwärts in Richtung Pontorson zu wenden und zur Straße nach Mont-Saint-Michel hinaus.

IN DER NÄHE

Mont-Saint-Michel Das UNESCO-Weltkulturerbe ist eine äußerst beliebte Attraktion und wirklich ein Wunder. Sie müssen ihn einfach gesehen haben, wenn auch nur seinen Anblick über die Salzmarschen hinweg. Im Ort gibt es zentnerweise gestreifte Hemden, Schalen mit Ihrem Namen drauf, Kühlschrankmagneten und Dreamcatcher. Sie können an einer geführten Wattwanderung teilnehmen oder für ein paar Euro (11 Euro pro Person) die Abtei besichtigen. Es gibt hier auch richtige Nonnen, denn die Insel ist immer noch ein heiliger Ort der Reflexion und Pilgerstätte. Ein Parkplatz mit 4.000 Plätzen bietet genug Platz für alle. Ein Gratis-Bus bringt Sie auf die Insel, Sie können aber auch zu Fuß gehen (etwa 30 Minuten). Wohnmobile dürfen hier rund um die Uhr parken.
www.bienvenueaumontsaintmichel.com

Saint-Malo Die ummauerte Stadt ist beeindruckend, und es gibt viel darin zu entdecken, zum Beispiel ihren berühmten Fisch und ihre Meeresfrüchte, den Strand und die zahlreichen Pommes-frites-Stände. Die NAVIRE LE FRANÇAIS, ein ehemaliges Antarktis-Expeditionsschiff, liegt vor der Stadtmauer vor Anker. Bei Ebbe entsteht ein riesiger Meerwassersee. Viele Restaurants und Cafés.
www.saint-malo-tourisme.com

Gezeitenkraftwerk in La Richardais Wenn man auf der D168 von Dinard nach Saint-Malo fährt, überquert man das erste Gezeitenkraftwerk der Welt. Es ist so alt wie ich und war 45 Jahre lang auch das größte Gezeitenkraftwerk der Welt. Heute wird es von der EDF-Gruppe betrieben, die auch kostenlose Führungen anbietet. **www.edf.fr/en/the-edf-group/industrial-provider/renewable-energies/marine-energy/tidal-power**

Die Rosa Granitküste Zwischen Lannion und Perros-Guirec gelegen, findet man an der Rosa Granitküste Gesteinsformationen, Buchten, kleine Inseln und Strände aus rosa Granit und Farben, die es kaum woanders gibt. Der Küstenwanderweg Sentier des Douaniers folgt der gesamten Küste und macht sie zum beliebten Wandergebiet. Wegen der geschützten Buchten ist die Gegend auch gut zum Kajakfahren und SUPen geeignet. Der Leuchtturm von Ploumanac'h ist ein Highlight. **www.bretagne-reisen.de**

Cap Fréhel Es ist eine wunderschöne Fahrt zu dieser fantastischen Landspitze, unterwegs kommt man an Stränden vorbei, und am Ende steht ein Leuchtturm, den man besichtigen kann. Ein Halt lohnt sich – zum Surfen, wenn es stürmisch ist, oder um die Papageientaucher beim Brüten zu beobachten. Tolle Landschaft voller Heide und Ginster. **www.dinan-capfrehel.com/de/unsere-ferienregion/unumgangliche-sehenswurdigkeiten/cap-frehel-grandioses-naturschutzgebiet/**

Fort La Latte Diese Burg aus rosa Granit, die auf einem Kap östlich von Cap Fréhel steht, ist eine der meistbesuchten Burgen der Bretagne. Fantastische Lage. **www.dinan-capfrehel.com/de/unsere-ferienregion/unumgangliche-sehenswurdigkeiten/fort-latte-die-eindruckswolle-festung-am-meer/**

ROUTE 04
PORT-LAUNAY
N164
NANTES-BREST-CANAL
D41
D72
D1
D764
D767
D2
BRÉHAN
PONTIVY
QUIMPER
D778
JOSSELIN
D4
MALESTROIT
D764
LORIENT
VANNES
REDON
E3
D164
NORT-SUR-ERDRE
NANTES

ROUTE 04

NORT-SUR-ERDRE-PORT-LAUNAY

DER NANTES-BREST-KANAL

Der Nantes–Brest-Kanal wurde 1858 eröffnet. Er wurde als Binnenroute für den Schiffsverkehr zum Schutz vor britischen Seeblockaden gebaut. Mit 360 Kilometern Länge und 238 Schleusen gilt er als größtes französisches Ingenieursprojekt des 19. Jahrhunderts. Einige Abschnitte sind immer noch schiffbar, aber heute ist die Gegend um den Kanal hauptsächlich eine Touristenregion, wo man Boot fahren, angeln, Rad fahren, wandern und die Natur beobachten kann. Wer dem Kanal nordwärts folgt, erlebt ein echtes Slow-Road-Abenteuer, das viele Möglichkeiten bietet, sich auf den engen Straßen zu verirren.

AKTIVITÄTEN: Natur, Wandern, Radfahren

START: Nort-sur-Erdre

ZIEL: Port-Launay

ENTFERNUNG: 340 Kilometer

ZEIT: 3 Tage

KARTE (SEITE): 147, 126, 125, 102, 101, 77, 76, 75

Wir parken auf der *aire de camping car* in Gouarec, einer der vielen fantastisch gelegenen *aires* am Nantes-Brest-Kanal, die wir bisher auf unserer Reise von Nort-sur-Erdre hierher entdeckt haben. Hier haben wir einen Platz gefunden, der nur ein paar Meter vom Wasser entfernt ist. Das Wetter ist stürmisch mit Regenschauern, und die gelb gewordenen Blätter der Eschen entlang des Kanalufers wehen auf die Fahrbahn und in den Camper hinein, als wir die Tür öffnen, um auszusteigen.

Wie laden die Räder ab und fahren für ein paar Stunden in die Umgebung, entdecken den Lac de Guerlédan, kommen an der eigenartig rekonstruierten Ruine der Abbaye de Bon-Repos vorbei, die während der Französischen Revolution zerstört wurde, um uns dann »landeinwärts« zu wenden und über ein paar wunderbar grüne kleine Straßen auf einer Route des französischen Radsportverbandes (Fédération Française de Cyclisme) zurückzufahren. Das Fahrrad ist eine ideale Möglichkeit, um den Kanal zu entdecken, da ein Großteil des Treidelpfades zur EuroVelo-Route 1 von Roscoff nach Hendaye gehört. Obwohl die Route, auf der wir hierhergekommen sind, dem Kanal dicht folgt, ihn regelmäßig kreuzt und einige fantastische Plätze am Ufer sowie manchmal auch einen guten Blick darauf bietet, hat man vom Treidelpfad aus wirklich die allerbeste Perspektive.

Unser Fahrradausflug, obwohl nur etwa 30 Kilometer lang, ist wunderschön und macht wirklich Spaß. Wir kommen dabei an einigen der 238 Schleusen sowie an Cafés und Wehren vorbei.

An diesem Abend, nach dem Essen, beschließen Lizzy und ich, als letzte körperliche Betätigung vor dem Zubettgehen einen Spaziergang auf dem Treidelpfad zu machen, und zwar in die unserer Fahrradtour entgegengesetzte Richtung. Es dämmert, als wir auf den Treidelpfad hinaustreten, niemand sonst ist in der Nähe. Durch teilweise zugezogene Vorhänge sehen wir die flackernden Fernseher anderer Camper, die sich bereits für die Nacht in ihren Wohnmobilen eingeschlossen haben, während wir an ihnen vorbei ans Ufer gehen.

Am Kanal ist es totenstill, und wir können nur das entfernte Tuckern eines Traktors in einem Feld irgendwo in der Nähe hören – und das gelegentliche Rauschen des Windes in den Zweigen. Jeder neue Windstoß bringt einen Schwall von Blättern mit, die auf der Oberfläche des dunklen, stillen Wassers landen und langsam mit der Strömung wegtreiben.

Während wir gehen, sehen wir Fledermäuse umherfliegen. Zuerst nur kleinere, wie die zu Hause in Cornwall – nichts Ungewöhnliches –, aber dann fällt mir eine größere auf, die mindestens doppelt so groß ist wie die anderen. Zumindest glaube ich, dass sie größer ist als eine durchschnittliche Fledermaus. Im Dämmerlicht ist das schwer zu beurteilen.

Wir sehen ein paar mehr von den größeren – was meine Vermutung bestätigt – und dann noch mehr, je weiter wir gehen. Wir versuchen sie zu beobachten, so gut wir können, aber sie fliegen sehr schnell und flattern dabei umher, sodass es schwerfällt, mit ihnen Schritt zu halten. Wir können nicht viel mehr tun, als in den Himmel zu starren und ihre Umrisse zu verfolgen, während sie vorbeifliegen. So große Fledermäuse haben wir noch nie gesehen.

Wir gehen weiter und kommen an einem Feld vorbei, das sich auf der anderen Seite befindet, wo sich Nebel auf das Gras herabgesenkt hat. Unsere Bewegungen schrecken ein Reh auf, es springt in die Luft und huscht umher, um in einer Hecke zu verschwinden. Wieder haben wir einen flüchtigen, aufregenden Blick auf etwas Wunderbares erhascht. Wir gehen weiter am Ufer entlang, bis es so dunkel ist, dass wir unter den Bäumen fast nichts mehr erkennen können. Das Einzige, was uns leitet, ist der noch helle Himmel und seine Reflexion auf dem Wasser.

Wir drehen um und gehen zum Camper zurück, wobei wir ein paar Enten aufschrecken, die sich mit einem Rauschen aus dem Wasser erheben und sich einer Gruppe ihrer Artgenossen anschließen, die gerade über uns hinwegfliegen, wahrscheinlich zu ihren Schlafplätzen. In der Stille können wir das Ploppen von Eicheln hören, die ins Wasser fallen und

von den Eichen stammen, deren Äste über den Kanal ragen. Wir sprechen leise, denn wir wollen den Zauber nicht brechen.

Während wir uns dem Camper nähern, kommen wir an einen Abschnitt, wo sich der Kanal zweiteilt und breit und still daliegt. Da bemerke ich einen Schatten auf dem Wasser, ein paar kleine Wellen deuten darauf hin, dass sich dort etwas bewegt hat. Nur ist unklar, was – es ist weder eine Ente noch ein Schwan zu sehen. Neugierig versuche ich, die Wellen mit meinem Blick zu verfolgen. Sie bewegen sich auf ein Areal zu, in dem sich der Himmel im Wasser spiegelt, und jetzt kann ich sehen, dass es keine Ente ist, sondern ein Otter, dessen Kopf so gerade eben aus dem Wasser herausguckt. Dann taucht er unter, und die Wellen verschwinden. Ich fordere Lizzy flüsternd auf, stehenzubleiben und sich das anzusehen. Als der Schatten wieder lautlos an der Wasseroberfläche auftaucht, können wir ihn etwas besser erkennen. Von da, wo ich stehe, glaube ich zu sehen, dass er für einen Moment still auf dem Rücken liegt, sich dann umdreht und wegbewegt. Wir gehen so leise, wie wir nur können, auf dem Treidelpfad neben ihm her. Es wird immer schwieriger, ihn in der Dunkelheit auszumachen, aber als er den Teil des Wassers überquert, auf dem sich der Himmel spiegelt, können wir seine

Silhouette besser erkennen. Nach ein paar Minuten verschwindet er in der Uferböschung, und das Wasser beruhigt sich und wird wieder spiegelglatt.

Am nächsten Morgen wachen wir vor Sonnenaufgang auf und kehren zum Treidelpfad zurück. Fast augenblicklich sehen wir die gleichen verräterischen Wellen und können den Kopf des Otters ziemlich genau erkennen, wie er still durchs Wasser gleitet. Wir folgen ihm, während er flussaufwärts schwimmt und dann am selben Platz wie gestern Abend am Ufer verschwindet. Dann glauben wir, ihn wiederzusehen, nur scheinen es dieses Mal zwei Otter zu sein. Das ist schwierig zu beurteilen. Obwohl es schon heller wird, herrscht immer noch Dämmerlicht, und man kann sich nicht sicher sein, ob es Realität oder Täuschung war. Die dunklen Schatten am Ufer zu beobachten – oder es zumindest zu versuchen –, fühlt sich ein wenig wie ein Traum an. Ich bin nur halb wach und kann nicht gut genug sehen, um genau zu erkennen, was es ist.

Dann nehmen wir eine andere Art von Wellen wahr, die sich auf dem Wasser ausbreiten. Einer der Otter schwimmt vom Ufer weg und dreht eine kleine Runde, bevor er wieder in der Böschung verschwindet. Die Wellen breiten sich aus und verschwinden auf der wie Glas erscheinenden Wasseroberfläche. Wir hören das Ploppen von Eicheln, die ins Wasser fallen, und Vogelgezwitscher, während die Nacht sich zurückzieht und der Tag über dem Kanal anbricht.

Wir bleiben stehen und warten zehn, 15 oder vielleicht 20 Minuten lang, aber es gibt keine weiteren Bewegungen mehr, bis auf einen springenden Fisch und ein gelbes Blatt, das vorbeischwimmt. Der Gesang der Vögel schwillt zu einem Chor an, während die Blätter von den Bäumen fallen. Ein Entenschwarm zieht über uns vorbei. Der Tag beginnt am Nantes-Brest-Kanal.

DAS FAHREN

Als Erstes möchte ich Sie bitten, meine Fahranweisungen diesmal nicht zu genau zu befolgen, denn ich möchte, dass Sie sich bei dieser Tour »abseits der Piste« bewegen und am Nantes–Brest-Kanal ihre eigene Urlaubsgeschichte schreiben. Warum? Weil es viele Möglichkeiten gibt, ihn kennenzulernen, und viele enge Straßen, die ihm folgen – viele davon ohne Namen –, und es würde mich viele Buchseiten kosten, um das alles für Sie aufzuschreiben. Im Folgenden beschreibe ich Ihnen eine Route, die dem Kanal auf größeren Straßen folgt, ihn immer wieder überquert und alle wichtigen Punkte ansteuert. Ich verstehe sie nicht als endgültige Route, sondern mehr als Ausgangspunkt.

Starten Sie also in Nort-sur-Erdre. Es ist der erste bedeutende Halt am Kanal außerhalb von Nantes, und kann leicht über Nantes' Ringstraße erreicht werden, über die A11 oder die A811 und dann die D178.

Verlassen Sie Nort-sur-Erdre auf der D164 westwärts in Richtung Blain. Ein paar Kilometer außerhalb der Stadt überqueren Sie zum ersten Mal den Kanal – yippie! –, fahren dann auf seiner Südseite entlang und kreuzen ihn noch einmal vor Blain. Bleiben Sie auf der D164, verlassen Sie Blain und fahren Sie dann in Richtung Redon. Hier kommt flaches *marais*-Gebiet, und die Straße verläuft gerade auf Redon zu. Der Kanal mäandert ein wenig, fließt südlich von Redon in die Vilaine und setzt sich dann nordwärts fort. Wenn Sie Redon erreichen – kurz vor der Stadt biegen Sie nach links auf die D775 ab –, überqueren Sie den Fluss und fahren Sie am Kanal entlang, dort, wo sich beide treffen. Hier befindet sich der

Yachthafen. Überqueren Sie also den Fluss (die Straße wird hier wieder zur D164), und fahren Sie dann geradeaus weiter, folgen Sie den Schildern zum »Piscine« (links geht es zur D775 nach Vannes). Fahren Sie weiter am Kanal entlang, am Bahnhof vorbei, dann macht die Straße einen Knick nach rechts und noch einen Knick nach rechts, und sie erreichen eine T-Kreuzung, wo Sie auf der D65 weiter geradeaus fahren, bis zu einem Kreisverkehr. Nehmen Sie die Ausfahrt, die zur D764 nach Reilhac und Malestroit führt. Folgen Sie dieser Straße! Sie führt vor Malestroit erst sehr nah und dann direkt am Kanal entlang. An der Kreuzung biegen Sie nach rechts ab und überqueren die Kanalbrücke, folgen Sie der Beschilderung zur D764 in Richtung La Gacilly und Josselin. Bleiben Sie auf der D764, überqueren Sie hinter Malestroit noch einmal den Kanal (die Straße wird zur D4) und fahren Sie dann weiter nach Josselin.

Josselin ist wirklich hübsch, aber für Wohnmobile nicht gut geeignet, weil sie auf allen Parkplätzen verboten sind, außer dem in der Rue Saint-Martin (Parking Saint-Martin) im Norden. Wenn Sie doch hier parken wollen – der beste Weg zu diesem Parkplatz führt über die D4 über zwei Kreisverkehre zur D724. Folgen Sie dann der Beschilderung »vers N24«, und dann, nach einem Kreisverkehr, nehmen Sie die D724 in Richtung Ploërmel zum nächsten Kreisverkehr. Biegen Sie nach rechts zum Parkplatz ab.

Um wieder auf den richtigen Weg zu kommen und dem Kanal weiter zu folgen, fahren Sie auf der D4 nach Josselin, passieren Sie zwei Kreisverkehre, biegen Sie nach rechts ab auf die D724 zur N24 und dann am nächsten Kreisverkehr auf die D764 nach Lorient und Pontivy. Nach etwa einem Kilometer biegen Sie nach rechts ab auf die D778 nach Rohan, um wieder dem Verlauf des Kanals zu folgen. Folgen Sie der D778 nach Les Forges (etwa neun Kilometer), und biegen Sie dann nach links auf die D12 ab und nach ein paar Kilometern noch einmal nach links auf die D2. Folgen Sie der D2 durch offenes Land und Ackerland bis

nach Rohan hinein. In Rohan folgen Sie dem Kanal, der sich links von Ihnen befindet, dann überqueren Sie ihn wieder (die *aire* ist links), die Straße macht eine Kurve nach rechts, bevor Sie an den Dorfplatz kommen. Biegen Sie nach links ab, wobei Sie der Ausschilderung zur D11 nach Pontivy folgen. Der überdachte Marktplatz befindet sich zu ihrer Rechten. Fast sofort kommen Sie wieder an eine Kreuzung. Biegen Sie nach rechts ab auf die D125 nach Saint-Gouvry. Diese kleine Straße führt am Dorfplatz vorbei (rechts von Ihnen) und aus dem Dorf hinaus, an einem sehr schönen Park und einem kommunalen Campingplatz vorbei und dann über Land, durch Ackerland und Wald. Sie fahren über die D768 und erreichen dann Bel-Air, wo Sie an eine Kreuzung kommen. Biegen Sie nach links ab auf die D768B in Richtung Pontivy. Diese Straße führt nach Pontivy und am Kanal entlang, der sich rechts unter Ihnen befindet.

Sie kommen an einen Kreisverkehr, auf dem eine große Weide steht. Biegen Sie hier rechts ab und überqueren Sie den Kanal, wobei Sie der Ausschilderung nach Guingamp folgen. Dies ist die D767. Folgen Sie ihr in Richtung Mûr-de-Bretagne. Wenn Sie ins Dorf kommen, bleiben Sie auf der D767, und wechseln Sie dann auf die N164 in Richtung Brest. Dies ist eine Hauptstraße, die am Lac de Guerlédan vorbeiführt. Verlassen Sie die N164 bei der zweiten Ausfahrt, die Sie auf die D5 führt. Am Kreisverkehr bei der Ausfahrt folgen Sie der D5 in Richtung Rennes und fahren Sie weiter nach Gouarec (die *aire* befindet sich hinter der Brücke rechts). Folgen Sie weiter der D5 bis Silfiac und dann der D764 (die später zur D31 wird), indem Sie rechts nach Silfiac abbiegen. Diese Straße führt durch eine herrliche Heidelandschaft mit Birken und Eichen und dann nach Rostrenen. Folgen Sie im Dorf der Beschilderung zur N164 nach Quimper, Brest und Carhaix-Plouguer. Fahren Sie auf der N164 bis zur Kreuzung mit der D769 (etwa 22 Kilometer) und folgen Sie dann, beim ersten Kreisverkehr hinter der Ausfahrt, der Beschilderung nach Morlaix. Fahren Sie den Hügel

hinunter und folgen Sie dann, beim nächsten Kreisverkehr, der D769 unter der Hauptstraße hindurch nach Süden (in Richtung Lorient). Biegen Sie nach 1,5 Kilometern nach rechts auf die D82 ab. Diese Straße führt am Kanal entlang, durch Saint-Hernin, nach Spézet und dann nach Châteauneuf-du-Faou (in Spézet wird die Straße zur D117).

Verlassen Sie Châteauneuf-du-Faou auf der D72, und folgen Sie der Beschilderung nach Quimper (biegen Sie beim Dorfplatz nach links ab oder, wenn Sie den Abzweig verpassen, folgen Sie der Beschilderung »Toutes directions« zur Ringstraße, bis Quimper und die D72 ausgeschildert sind). Folgen Sie der D72 stadtauswärts. Sie fahren durch eine hübsche Landschaft – auf einer tollen Straße, die von Bäumen geschützt ist, aber den Blick auf die Montagnes Noires (die Schwarzen Berge) im Süden freigibt. Sie überqueren wieder den Kanal. Dann, gleich dahinter, nehmen Sie rechts den mit C1 ausgeschilderten Abzweig nach Saint-Thois – eine kleine Straße, die am Kanal und an einigen tollen Picknickplätzen entlangführt und sich in Richtung Châteaulin schlängelt. Diese Route ist ziemlich chaotisch, aber sie vermittelt Ihnen einen Eindruck davon, wie es wäre, wenn Sie dem Kanal so nah wie möglich folgen würden. An der ersten Kreuzung wenden Sie sich nach rechts und fahren durch Keriok, an der nächsten Kreuzung geht es nach links in Richtung Gouézec und dann in Gouézec nach rechts auf die D41.

(Sie können auch auf der D72 weiterfahren und erst später auf die D41 abbiegen, aber dieser kleine Umweg erspart Ihnen eine Extraschleife und führt sie ganz nah an den Kanal heran – die Beschreibung hat mir allerdings Kopfschmerzen bereitet!)

STELLPLÄTZE: *AIRES DE CAMPING CAR*

Hier gibt es toll gelegene *aires*:

Redon *(direkt am Yachthafen)*

Nort-sur-Erdre

Malestroit *(großer Parkplatz, Läden und Restaurant in der Nähe)*

Gouarec *(direkt am Kanal)*

Josselin *(Place de Saint-Martin)*

Rohan *(am Kanal/Yachthafen)*

Fahren Sie auf der D41 (und dann auf der D770) nach Châteaulin hinein; auf dem letzten Kilometer vor der Stadt führt die Straße am Kanal entlang. Wenn Sie Châteaulin erreichen, überqueren Sie den Kanal und folgen Sie ihm dann weiter (immer noch auf der D770) aus der Stadt hinaus nach Port-Launay und bis zur Schleuse. Dies ist ein wunderschöner Kanalabschnitt mit direkt am Wasser gelegenen Häusern, vertäuten Booten und einer angenehm ruhigen Atmosphäre. Fahren Sie unter dem Viadukt hindurch, und folgen Sie weiter der Straße. Halten Sie dann kurz hinter dem Wendekreis auf dem kleinen Parkplatz an. Ungefähr an dieser Stelle ist der Kanal dann kein Kanal mehr und fließt bald ins Meer. Dies ist also der perfekte Ort, um eine Pause einzulegen und sich voller Freude an die schönen Erlebnisse an Frankreichs größtem künstlich angelegtem Wasserweg zu erinnern.

IN DER NÄHE

Château de Josselin Eine Schönheit mit vielen Türmchen am Ufer des Kanals – sowohl Festung als auch ein Wunder der Renaissance. Très joli.
www.chateaudejosselin.com

Abbaye de Bon-Repos Kunst, Künstler und Son-et-Lumière-Shows sind mittlerweile an der Tagesordnung in dieser zum Teil restaurierten, am Kanal gelegenen Abtei. Einst war sie ein Ort der inneren Einkehr für Zisterziensermönche.
www.bon-repos.com

Lac de Guerlédan Der größte See der Bretagne wurde künstlich angelegt und wird vom ersten Betondamm Frankreichs gehalten. Er ist ein beliebter Ort für Wassersportler und Angler, genauso wie für Wanderer und Radfahrer, die in der Umgebung viele Wege finden.
www.lacdeguerledan.com

ROUTE 05

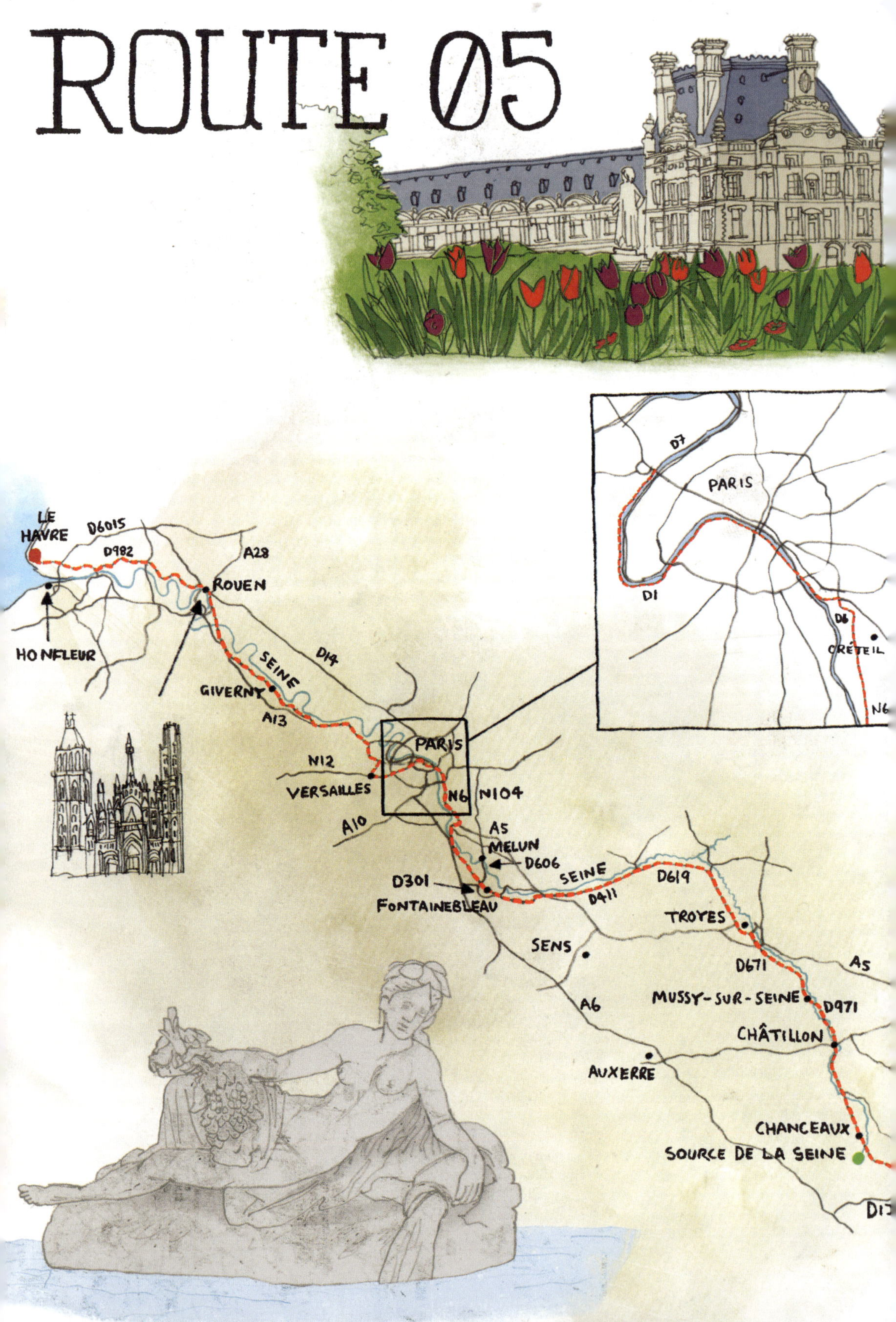
D7
PARIS
D1
D6
CRÉTEIL
N6
LE HAVRE
D6015
D982
A28
ROUEN
HONFLEUR
D14
SEINE
GIVERNY
A13
N12
PARIS
VERSAILLES
N6
N104
A10
A5
MELUN
D606
D301
FONTAINEBLEAU
SEINE
D411
D619
TROYES
SENS
D671
A5
MUSSY-SUR-SEINE
D971
A6
CHÂTILLON
AUXERRE
CHANCEAUX
SOURCE DE LA SEINE
DIJ

ROUTE 05

SOURCE DE LA SEINE-LE HAVRE

EIN WOHNMOBIL IN PARIS

Von ihrer Quelle auf einem Hochplateau nördlich von Dijon bis zum Meer bei Le Havre legt die Seine eine 772 Kilometer lange Strecke zurück. Dabei durchströmt sie wunderschöne Landschaften, hübsche Städte sowie die vielleicht großartigste Stadt überhaupt, Paris, und bietet dabei die Möglichkeit, die Stadt auf eine Art und Weise zu sehen, die den meisten Leuten Angst macht. Wer um alles in der Welt würde es wagen, mit dem Wohnmobil ins Zentrum von Paris zu fahren? Wir! Ja, wirklich.

AKTIVITÄTEN: Paris entdecken

START: Source de la Seine

ZIEL: Le Havre

ENTFERNUNG: 255 Kilometer

ZEIT: 4 oder 5 Tage

MAP (SEITE): 159, 138, 115, 114, 90, 89, 88, 58, 57, 36, 35, 34

Ludwig XIV. persönlich hätte sich das Szenario an der Quelle der Seine nicht besser ausdenken können: In einer kleinen Grotte wacht die üppige, barbusige Göttin Sequana über das ausströmende Wasser. Sie wird durch einen Metallzaun geschützt, damit sie unbehelligt von Besuchern ins Wasser spähen kann. Vielleicht zählt sie sogar die Münzen im Wasser, das in diesem abgelegenen Pariser Außenposten unter einem Kalkstein hervorquillt.

1864 beanspruchte die Stadt Paris das Land um die Quelle herum für sich, ebenso wie die Grotte, die vom Pariser Architekten Victor Baltard gebaut worden war, um die bescheidenen Anfänge von Frankreichs längstem Fluss zu würdigen. Das Wasser der Seine wird seit langer Zeit als lebens- und gesundheitsspendend angesehen. Das Becken mit dem klaren Wasser, das von den sieben hier entspringenden Quellen gefüllt wird, ist früher Gegenstand von Ritualen gewesen.

Heute jedoch sieht es hier ziemlich unspektakulär aus, abgesehen von der Statue in der Grotte. Das Wasser ist kalt und klar, bemerke ich, als ich mich so nah wie möglich an die Quelle knie, um meine Flasche zu füllen. Ich koste davon. Es ist süßlich und frisch, ohne den Nachgeschmack, den man oft bei Leitungswasser findet oder wenn eine Flasche zu lange im Wagen gelegen hat. Ich fülle die Flasche bis zum Rand und schraube den Deckel drauf. Mein Plan, das Wasser bei Le Havre ins Meer zu gießen, liegt noch ein paar Tage und ein paar Hundert Kilometer entfernt. Aber vorher müssen wir noch durch Paris navigieren, was ein richtiges Abenteuer werden wird.

Wer um alles in der Welt würde freiwillig mit einem großen Campingbus mitten durch Paris fahren?

Diese Frage stelle ich mir, als wir einige Tage später den Wald von Fontainebleau verlassen, um den letzten Teil unserer Tour in Angriff zu nehmen; wir wollen ein paar Tage auf dem Campingplatz Huttopia im Bois de Boulogne verbringen. Die Straßen sind voll und die Vorstädte von Paris ein wenig verwirrend. Wir kämpfen uns durch – gegen große Lastwagen und Busse und gegen Fahrer, die anscheinend nicht in der Lage sind, hinter uns zu bleiben, obwohl der Verkehr sich nur langsam fortbewegt und sie sowieso keine Chance haben, irgendwohin zu kommen. Wir befinden uns auf der D6, einer Schnellstraße, die durch die halbindustriellen Vororte führt, und suchen nach der D19, ebenfalls eine Schnellstraße, die uns hoffentlich auf die Südseite der Seine bringen wird. Wir überqueren den Fluss, biegen nach rechts auf eine Straße ab, die zur Hälfte aufgerissen ist, und befinden uns jetzt glücklicherweise direkt am Fluss. Wir fahren unter dem Boulevard Périphérique durch (der Ringautobahn und Grenze der Innenstadt), und – *oh là là* – schon sind wir im Zentrum von Paris.

Plötzlich haben wir das Gefühl, dass wir auf dem richtigen Weg sind. Wir sehen die Französische Nationalbibliothek zu unserer Linken und auf der anderen Seite des Flusses Ciné Cité, das Filmproduktionszentrum. Dann scheint es so, als würden wir durch ein Filmset fahren, wo sich Mopeds zwischen Autos durchschlängeln, Sirenen nutzlos heulen, gut gekleidete Menschen vor uns an Übergängen die Straße überqueren und große Autos mit verdunkelten Fenstern versuchen, uns die Vorfahrt zu nehmen.

Das macht Spaß, und ich weiß, dass wir, solange wir auf dieser Strecke bleiben und uns mit dem Strom auf dieser Seite des Flusses fortbewegen, auch ankommen werden. Ich würde sogar behaupten, dass es kein Problem ist. Es geht zwar nur langsam voran, aber dadurch haben wir in unserem Campingbus Logenplätze: Wir passieren das Skelett der Kathedrale von Notre-Dame, den Louvre auf der anderen Seite des Flusses, das Musée d'Orsay zu unserer Linken, gefolgt von der offenen Fläche um den Invalidendom und

dann schließlich, als Höhepunkt, den Eiffelturm. Wir fahren nur wenige Meter an seinen riesigen Pfeilern vorbei und halten extra an einer roten Ampel, um eine optimale Aussicht zu genießen. Wir versuchen, vom Camper aus Fotos zu machen, sind aber zu nah dran, um den ganzen Turm aufs Bild zu bekommen. Dann schaltet die Ampel auf Grün, und wir müssen weiter. Wir folgen weiterhin dem Fluss, fahren durch eine Reihe von Unterführungen, an grünen Inseln und Hausbooten vorbei, während wir dem Bogen nach Süden folgen, vorbei an der Ringautobahn und am Stade Français in Richtung Bois de Boulogne und Pont de Puteaux, den wir überqueren, um zum Campingplatz CityKamp – unserem Domizil für die nächsten zwei Nächte – zu gelangen. Er befindet sich am Flussufer, und von unserem Stellplatz aus können wir das rasch vorbeifließende Wasser sehen.

Wir stellen den Camper ab und machen uns auf den Weg, um die Stadt zu erkunden, treffen einen alten Freund und lassen die Tatsache auf uns wirken, dass wir uns in einer der großartigsten Städte der Welt befinden. Hier zu sein, fühlt sich wie ein Erfolg an, dabei war es ganz unkompliziert: immer geradeaus fahren, dem Fluss folgen, und schon hat man es geschafft.

An diesem Abend erwartet uns ein fantastisches Essen in einem Restaurant am Louvre, mit Francis, meinem Brieffreund aus Teenagerzeiten, der jetzt ein bekannter TV-Regisseur ist. Er ist noch genauso witzig und nett, wie ich ihn in Erinnerung habe, und wir tauschen unsere Erinnerungen an die alten Zeiten hier in Paris und zu Hause in England aus. Wir erinnern uns daran, wie schön es damals war, als wir Teenager waren, und wie sehr dieser einfache Schüleraustausch vor fast 35 Jahren unser beider Leben geprägt hat. Francis setzt uns am Bois de Boulogne ab. Die Fahrt dorthin ist eine Wiederholung der Tour von damals, als ich ihn zum ersten Mal traf: Paris bei Nacht im Auto. Diesmal kennt er den Weg, und wir kommen nur einmal am Eiffelturm vorbei.

Am nächsten Tag beschließen wir, ganz auf Tourismus zu machen und ein paar Sehenswürdigkeiten zu besuchen. Wir nehmen den Bus vorm Campingplatz, steigen in die Métro um und verlassen diese an der Place de la Concorde in Richtung Louvre. Wir laufen zum Eiffelturm (ohne nach oben zu fahren), betrachten im Musée d'Orsay ein paar

Stunden lang die Gemälde aus der zweiten Hälfte des 19. Jahrhunderts (Renoir, Picasso, van Gogh: unglaublich; ausnahmsweise stiehlt das Gebäude den Bildern nicht die Show – nun ja, fast) und bringen uns dann im Centre Pompidou in der Sammlung für moderne Kunst auf den neuesten Stand der Dinge. Am Ende sind wir erschöpft davon, aber ganz erfüllt von Paris, vom Kaffeetrinken in den Tuilerien und dem Betrachten seltener und wunderschöner Dinge. Berühmte Gemälde versetzen mich regelmäßig in Ehrfurcht, und ich empfinde es immer als aufregend, wenn mir so viele der bekanntesten Kunstwerke der Welt an einem Ort begegnen. Lohnt es sich, dafür nach Paris zu fahren? *Bien sûr.*

Ein paar Tage später treffen wir bei Sonnenuntergang in Le Havre ein – am Vorabend des Tages, an dem Ciara, das größte Sturmtief des Jahres 2020, hier eintreffen wird. Wir parken am Meer und begeben uns mit unserer Flasche Seine-Wasser ans Ufer. Im Gegenlicht der untergehenden Sonne gieße ich das Wasser auf den Sand und verhelfe ihm so zu einer leichten Reise ins Meer. Hier endet wieder einmal ein Slow-Road-Abenteuer; morgen müssen wir die Fähre zurück nach Hause nehmen.

Mein Handy meldet sich in meiner Tasche. Es ist jemand von Brittany Ferries. Unsere Fähre soll wegen des Sturms früher ablegen und später ankommen. Toll. Stundenlang auf einem Schiff im Sturm auf See. Wir setzen uns in den Camper und buchen um auf Le Shuttle, die früher nach Calais abfahren. Wir verbringen die Nacht an einem Kai in Saint-Valery-en-Caux, wo uns der starke Wind und das Klappern Hunderter Masten im Yachthafen in den Schlaf wiegen. Ein schöner Platz zum Übernachten. Und so ganz anders als Paris. Ach, Paris!

DAS FAHREN

Die Quelle der Seine erreichen Sie über ein paar kleinere Straßen, nachdem Sie zwischen Dijon und Troyes von der D971 abgefahren sind. Von der Quelle kommend, biegen Sie nach rechts und dann noch einmal nach rechts auf die D103C ab, eine wunderschöne Straße, die von der Hochebene herunter- und am Oberlauf des jungen Flusses entlangführt, vorbei an einem kleinen, künstlich angelegten Wasserreservoir (Étang de Grillande) und in ein hübsches offenes Tal hinein, das von Windrädern, dem Fluss und seinen sanft abfallenden Ufern umrahmt wird. Die D103C führt Sie in Chanceaux auf die D971, wo Sie links nach Paris abbiegen müssen!

Nach ein paar Schlenkern durch das Seine-Tal in Courceau, nimmt die Route einen stetigen geradlinigen Verlauf und folgt dabei dem Fluss durch offenes Ackerland auf typischen französischen Straßen – ein paar Alleen mit schönem Ausblick, ruhige Dörfer –, bis Sie Saint-Marc-sur-Seine erreichen, wo sich die Straße auf den letzten Kilometern vor Châtillon-sur-Seine wieder dem Fluss nähert: ein kurviger, hübscher Abschnitt. Wenn Sie Châtillon nordwärts verlassen, im Moment noch auf der D971, müssen Sie der Ausschilderung nach Troyes folgen, während der Straßenname sich in Mussy-sur-Seine in D671 ändert. Glücklicherweise bleibt er bis nach Troyes derselbe. Sie fahren unter der E54 durch, bevor

Sie auf die Ringstraße (D610) kommen, wo Sie sich in Richtung Nogent-sur-Seine oder Fontainebleau halten müssen, es sei denn, sie beabsichtigen in Troyes einen Zwischenstopp einzulegen (was Ich Ihnen empfehle!).

Die Ringstraße D610 führt um die Stadt herum und dann auf die D619, eine große Straße mit langen geraden Abschnitten, die durch meist flaches Ackerland führt, wobei die Landschaft um die Seine als weites bewaldetes und sumpfiges Hinterland zu Ihrer Rechten liegt. Nehmen Sie in Nogent die D951, die dann zur D411 wird, in Richtung Fontainebleau. In Montereau-Fault-Yonne sind wir auf das Nordufer gewechselt und haben die D39 direkt an der Seine entlang genommen. Biegen Sie dazu am Kreisverkehr links ab (auf die D1403, wobei Sie der Ausschilderung nach »Montereau centre« folgen), und nehmen Sie die D605 in die Stadt. Sie fahren dabei an der Yonne entlang, einem der Nebenflüsse der Seine, und in die Stadt hinein, wo Sie zwei Brücken überqueren, eine über die Yonne und eine über die Seine, dort, wo die beiden sich treffen. Biegen Sie direkt nachdem Sie die Seine überquert haben nach links ab und fahren Sie am Fluss entlang auf die D39. Diese Straße folgt dem Fluss so nah es geht und verlässt den Uferbereich nur, um ein paar Fabriken und Häusern auszuweichen.

In Saint-Mammès gibt es eine Brücke über den Fluss (die D40E2). Nehmen Sie sie, und biegen Sie dann direkt rechts auf den Quai de la Seine ab und um die Ecke auf den Quai du Loing. Dieser tolle kleine Abschnitt führt an Hausbooten vorbei, einem Yachthafen und riesigen Binnenschiffen, die den Kanal befahren. Es ist eng, aber interessant und eine nette

Abwechslung vom Herumspurten mit 65 km/h. Der *quai* führt Sie zu einer Linkskurve (die Straße geradeaus ist keine Durchfahrtsstraße) und dann zu einer Kreuzung, wo es rechts auf die D40E2 geht, die kurz darauf zur D218 wird. Dies ist wieder ein reizvoller Abschnitt, der schließlich über eine Brücke führt (schöne Aussicht und ein fantastisch aussehendes Restaurant – wenn Sie parken können) und dann am Kanal entlang, bis Sie an einen Kreisverkehr kommen, wo Sie rechts über eine mit Kopfstein gepflasterte Brücke in die Stadt abbiegen können (D302) und dann durch ein Tor in einem Turm ins Innere der Stadtmauer gelangen. Große Wohnmobile könnten hier Schwierigkeiten bekommen. In diesem Fall empfehle ich, beim Kreisverkehr links abzubiegen und der D302 zu folgen, bis Sie zur D606 kommen, wo Sie rechts abbiegen müssen.

In der Stadt treffen Sie auf ein Einbahnstraßensystem. In dieser Situation kann sich die Anspannung zwischen Fahrer und Navigator erhöhen. Aber die Stadt ist hübsch und die Straße sind eng, wobei es durch die überhängenden mittelalterlichen Gebäude auch noch malerisch wird, um nicht zu sagen heikel. Folgen Sie der D104, bis Sie an eine Kreuzung mit der Rue des Fosses kommen (die mit »Toutes directions« ausgeschildert ist). Folgen Sie dieser, und Sie gelangen an einer großen begrünten Kreuzung wieder auf die D302. Biegen Sie links ab, und folgen Sie der D302 ein paar Kilometer durch die hübschen Vororte, an den Bahngleisen vorbei und durch weitere grüne Vororte, bis Sie auf die D606 stoßen, wo Sie die Campingbusfraktion wieder einholen, die sich die Fahrt durch Montereau erspart, aber die damit verbundene Aufregung (und Schönheit) verpasst hat.

Die D606 führt Sie in den Wald von Fontainebleau, einen riesigen Laubwald, der sich um die Stadt und das Schloss Fontainebleau herum erstreckt. Die »Route Ronde«, die D301, ist großartig und legt sich wie ein Ring um den Wald herum. Sie führt an den wunderschönen Schluchten Gorges de Franchard und Gorges d'Apremont vorbei, die bei Spaziergängern und Wanderern beliebt sind. Sie fahren auch unter dem riesigen restaurierten Aquädukt hindurch, das Paris mit Wasser versorgt.

Am Ende der Route Ronde kommen Sie an einen großen Kreisverkehr, wo D607 und D142 aufeinandertreffen. Hier haben Sie die Wahl: Entweder folgen Sie der D142 nach Melun und fahren dann weiter auf der D605, der A5 und der N6; oder Sie nehmen die D607 in Richtung Paris und dann die N7 und die N104, um die A5 und die D6 zu erreichen. Wie auch immer, in jedem Fall müssen Sie zur D6 gelangen, einer verkehrsreichen Schnellstraße, die Sie direkt ins Herz von Paris bringt und Sie – nach der Überquerung der Seine bei Alfortville, um weiter auf die D19 zu gelangen – direkt ans Südufer der Seine bringt, wenn Sie gleich nach der Brücke rechts abbiegen. Genau dort beginnen Sie nämlich Ihre verrückte, unglaubliche Fahrt durchs Zentrum.

Die Straße, die am südlichen (linken) Seine-Ufer entlangführt, ist die D19.

Während Sie den Fluss immer zu Ihrer Rechten behalten, folgen Sie ihm durch die Stadt. Ab und zu kommen Sie an Unterführungen, die unter Verkehrsknotenpunkten an Brücken durchführen. Wenn Sie ihnen folgen, spart das Zeit, wenn nicht, sehen Sie mehr von der Stadt. Genießen Sie es. Nicht viele Leute haben in ihrem Leben die Möglichkeit, das zu erleben, und es ist wirklich aufregend, die ikonischen Sehenswürdigkeiten dieser beeindruckenden Stadt zu entdecken.

Wenn Sie am Eiffelturm vorbeigefahren sind, bleiben Sie auf derselben Straße und behalten Sie den Fluss zu Ihrer Rechten. Die Straße ist größtenteils eine Einbahnstraße,

STELLPLÄTZE: CAMPING

Es gibt viele Campingplätze entlang der Seine, aber für einen Paris-Aufenthalt kommt nur CityKamp Paris infrage:

CityKamp Paris
2 Allée du Bord de l'Eau, 75016 Paris
Internet: www.campingparis.fr
Tel.: 0033/1 45 24 30 00

Am Ufer der Seine im Bois de Boulogne gelegen – nur einen Katzensprung von den Sehenswürdigkeiten entfernt. Buchen Sie im Voraus, um Enttäuschungen zu vermeiden. Sogar im Februar war es voll!

STELLPLÄTZE: *AIRES DE CAMPING CAR*

Es gibt ein paar *aires* auf dieser Tour, wenn auch nicht viele. Wir waren hier::

Saint-Valery-en-Caux: *Direkt am Meer, im Hafen. Bei schlechtem Wetter geschlossen. Kostenlos.*

Sombernon: *Zur Quelle der Seine ist es nur eine kurze, aber schöne Fahrt über das Plateau de Langres. Kostenlos, mit Flot-Bleu-Anlage..*

Nogent-sur-Seine: *Ein paar Plätze außerhalb des kommunalen Campingplatzes direkt neben einem Sportzentrum, Schwimmbad, Skatepark und dem Fluss, mit Ver-/Entsorgungseinrichtungen. Kostenlos.*

solange Sie also weiter Ihre Reiserichtung beibehalten, kann nichts schiefgehen!! Sie kommen durch Vororte, an Hausbooten und grünen Inseln vorbei, bis Sie unter der Rue Périphérique (Ringautobahn) durchfahren und die Straße zur Schnellstraße (D7) wird, begrenzt von den üblichen Platanen und gelegentlich einer Zementfabrik oder einem gläsernen Bürogebäude. Folgen Sie der D7 in einem großen Bogen nach Süden und dann nach Norden, bis Sie auf die D104 und zum Pont de Puteaux gelangen, wo Sie rechts abbiegen müssen, sobald Sie das gegenüberliegende Ufer erreicht haben. Die D1 führt Sie zum Camping de Paris.

Vom Camping de Paris hinaus nach Versailles zu gelangen, ist etwas komplizierter, aber okay. Es ist gut ausgeschildert. Biegen Sie an der Ausfahrt des Campingplatzes nach rechts ab, und folgen Sie der D1 bis zur ersten Brücke, Pont de Suresnes, der N185. Diese wird zur D985 und bringt Sie auf die D907, die wiederum auf die D182 und dann auf die D185 nach Versailles führt.

Von Versailles an die Küste

Die D186 führt an der Vorderseite des Schlosses von Versailles vorbei. Es ist also einfach, sie zu finden und dann auf ihr nach Osten in Richtung Saint-Germain zu fahren, bis sie die A13 kreuzt. Folgen Sie der A13 nach Westen in Richtung Vernon bis zur Ausfahrt 13. Diese kleine Abkürzung führt Sie aus den Vororten heraus, an der Seine entlang bis hinter Mantes-la-Jolie und weiter auf die D113 (in Richtung Vernon), die in Bonnières-sur-Seine zur D915 wird. Die D915 verläuft direkt neben der Seine und unter hohen Felswänden nach Vernon, wo es wieder eine Namensänderung in D6015 gibt. Folgen Sie ihr in Richtung Rouen und nach Rouen hinein. Bevor Sie die Stadt erreichen, kommen Sie an einen Straßenabschnitt, der unterhalb eindrucksvoller weißer Felswände verläuft und eine großartige Aussicht über den Fluss bietet. Die kleine Kirche Chapelle Saint-Adrien wurde teilweise in den Fels hineingebaut.

Wenn Sie der D6015 folgen, kommen Sie direkt ins Herz von Rouen und können den Anblick der prächtigen Kathedrale genießen, sollten Sie sich für einen Zwischenstopp

entscheiden. Ansonsten führt die Straße Sie direkt auf die D982 und in den Wald von Roumare, der den Großteil einer Flussbiegung bedeckt. Sie umgehen die Biegung, indem Sie über die Böschung fahren und auf einer herrlich kurvigen Strecke Saint-Martin-de-Boscherville ansteuern, um danach wieder am Fluss entlangzufahren und ihm ein paar Kilometer dicht zu folgen, bis die Straße eine weitere Flussbiegung überquert. Dies ist ein sehr schöner Abschnitt, der durch den Pont de Brotonne noch eindrucksvoller wirkt, eine 1,2 Kilometer lange Hängebrücke (die erste ihrer Art), unter der Sie hindurchfahren.

Die D982 führt Sie nach Le Havre und wird während der letzten Kilometer zur A131. Hier können Sie durchs Zentrum fahren, am Yachthafen vorbei und weiter auf die D6015, um den Strand zu erreichen.

IN DER NÄHE

Paris

In Paris gibt es eine Menge zu sehen, zu hören, zu tun (oder bleiben zu lassen), zu kaufen und zu erleben – und Dinge, die einen zum Lächeln bringen. Als Großstadt verfügt Paris über Museen, Sehenswürdigkeiten, Kunstgalerien, Restaurants, Geschäfte und Sportstätten. Ich kann in diesem Buch natürlich nicht alles aufzählen. Das Erlebnis besteht darin, selbst dort zu sein. Trotzdem habe ich unten aufgeschrieben, was mir zu meinen Lieblings-Sehenswürdigkeiten eingefallen ist.

Musée d'Orsay Dieses Museum ist eine Schatzkiste mit Gemälden, Skulpturen und Möbeln aus der zweiten Hälfte des 19. Jahrhunderts. Es befindet sich in einem alten Bahnhof – das Gebäude ist also eine Attraktion für sich. Das Café ist auch nicht schlecht. **m.musee-orsay.fr/de**

Centre Pompidou Ein Kulturzentrum, dessen Inneres nach außen gekehrt ist: Gänge und Rolltreppen befinden sich auf der Außenseite und bieten einen großartigen Blick über die Stadt. Es beherbergt eine unglaubliche Sammlung moderner Kunst sowie Kinos, kulturell genutzte Flächen und Ausstellungen. **www.centrepompidou.fr**

Außerhalb von Paris

Troyes Eine hübsche kleine Stadt an der Seine mit einer wunderschönen Kathedrale, einem Haufen toller mittelalterlicher Fachwerkhäuser, einigen interessanten Geschäften und einem verrückten Museum, das mir am besten gefallen hat.

Musée des Beaux-arts de Troyes (Kunst und Archäologie)
Treten Sie ein, und lassen Sie sich von Schätzen jeglicher Art beeindrucken. Hier stehen Sie einer außergewöhnlichen Sammlung ausgestopfter Tiere (mit einem Zebra und einem lustigen fetten Schnabeltier) Aug in Auge gegenüber und sehen römische und neolithische Kostbarkeiten, Steinmetzarbeiten von der Kathedrale und einen Haufen wunderschöner, leuchtender Renaissance-Gemälde, zum Beispiel eine Kopie der Mona Lisa (sie müssen also nicht in Paris dafür Schlange stehen).
www.musees-troyes.com/beaux-arts-archeologie

Kathedrale von Troyes Im gotischen Stil zwischen dem 13. und dem 17. Jahrhundert erbaut, ist sie ein Wunder aus Stein und Blattgold mit bunten Glasfenstern und einem ganzen Raum voller faszinierender Reliquien. Ich liebe Kathedralen, nicht weil ich religiös bin, sondern weil sie damals den Höhepunkt von Architektur und menschlicher Schaffenskraft darstellten. **de.troyeslachampagne.com**

Champagne Wenn Sie der Seine folgen, kommen Sie durch den Süden der Region Champagne. Hier gibt es zahlreiche Möglichkeiten, Champagnerhäuser und -erzeuger zu besuchen. Mein Favorit ist die Domaine de Foolz. Keine Ahnung, wie das Zeug schmeckt – mir gefiel einfach der Name.

Kathedrale von Rouen Die Kathedrale mit dem höchsten Kirchturm Frankreichs wird oft als Meisterwerk der Gotik gepriesen und hat in den vergangenen Jahrhunderten viele Künstler inspiriert, allen voran Claude Monet, der sie unter verschiedenen Lichtverhältnissen gemalt hat. Im Innenraum leiten die Säulen des Kirchenschiffs das Auge des Betrachters direkt in den Himmel. Filigran anmutende Steinpfeiler lassen das Gebäude federleicht aussehen, so groß war die Kunst von Rouens Steinmetzen.
www.cathedrale-rouen.net

FISMES
LIMÉ
N31
D386
D14
A4
REIMS
D980
D1
D951
PARC NATUREL RÉGIONAL DE LA MONTAGNE DE REIMS
ROMERY
HAUTVILLERS
DIZY
DORMANS
D222
D3
D1
MARNE
CHÂTEAU-THIERRY
ÉPERNAY
D18
D10
AVIZE
D951
OGER
MONMORT-LUCY
VERTUS
D39
D373
N4
SÉZANNE
D951
D373
VILLENAUXE-LA-GRANDE
MOET

ROUTE 06

ROUTE 06

FISMES-VILLENAUXE-LA-GRANDE

DIE CHAMPAGNE

Die Champagne gilt als Inbegriff französischer Lebensart. Wohin man auch schaut, erstrecken sich Weinreben in die Ferne und bedecken den kreidehaltigen Boden mit einem hellgrünen Teppich, unterbrochen von Dörfern mit champagnerfarbenen Häusern, dunklen Kirchturmspitzen und lehmfarbenen Dächern. Die Straßen schlängeln sich durch die Hügel, und jeder Weinkeller ist voller unbezahlbarer Jahrgänge. Man könnte mehrere Wochen hier verbringen, ohne alle Weingüter besucht zu haben.

AKTIVITÄTEN: Radfahren, Champagner, das ländliche Frankreich entdecken

START: Fismes

ZIEL: Villenauxe-la-Grande

ENTFERNUNG: 206 Kilometer

ZEIT: 3 oder 4 Tage

KARTE (SEITE): 41, 61, 60, 90

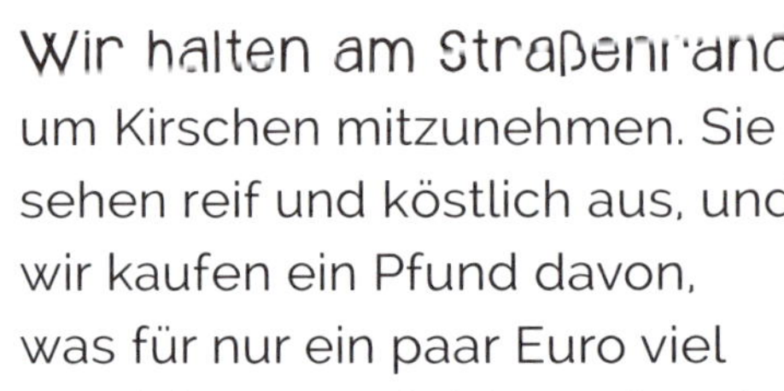

Wir halten am Straßenrand, um Kirschen mitzunehmen. Sie sehen reif und köstlich aus, und wir kaufen ein Pfund davon, was für nur ein paar Euro viel aussieht. Das Mädchen, das sie verkauft, ist etwa 20 Jahre alt und hat Tattoos und Piercings. Sie füllt die Kirschen in eine Papiertüte und fragt, woher wir kommen. Wir antworten. Sie nennt uns *vacationistes*, ein Ausdruck, der mir gefällt. Sie fragt uns, wohin wir fahren, und scheint ein wenig enttäuscht, dass wir nach Épernay wollen, um Champagner zu probieren. Sie sagt, es gebe in dieser Region so viel mehr als nur die bekanntesten Spezialitäten, und erzählt uns von einer Höhle mit *coquillages* in Fleury-la-Rivière. Ganz ehrlich, ich weiß nicht, was sie mir da gerade erzählt hat, weil mein Französisch der Geschwindigkeit und den Bedeutungsnuancen der alltäglichen Konversation nicht immer gewachsen ist. Beim Wegfahren schlagen wir das Wort also nach. Es bedeutet »Muscheln«. Jetzt schwant mir etwas, und ich beschließe, später darauf zurückzukommen. Für mich sind es Begegnungen wie diese, die ein Slow-Road-Abenteuer so interessant machen – einen Weg zu finden und ihm zu folgen.

Wir verfolgen weiter unsere Route, schlängeln uns durch wunderschöne Dörfer und halten, um Fotos von den üppig grünen Weinreben zu machen, die sich wie eine Schraffur über die

sanft geschwungenen Hügel ziehen. Wir bleiben links der Marne, eines Nebenflusses der Seine, während wir in Richtung Épernay, dem historischen Zentrum der Champagne, fahren. Die Farbe des Wassers ist ein durchsichtiges Blaugrau, zweifellos gefärbt von der Kreide, die der Fluss durchschneidet.

Im Tal schlängelt sich der Fluss durch reifende Getreidefelder mit Bäumen, Wildblumen und Gestrüpp an den Rändern. Weiter oben an den Hängen, wo das *terroir* am besten ist, beginnen die Weinberge. Wir halten an, um Fotos zu machen, und mir fällt auf, dass die Trauben immer noch klein sind. Es ist noch etwas zu früh, nehme ich an. Wo wir auch hinkommen, scheint fast jedes Haus, jeder Hof und jedes Gebäude mit dem Champagnergeschäft zu tun zu haben, und man bietet uns überall Weinproben, Verkauf direkt vom Erzeuger und Weinkellerbesichtigungen an. Wir halten uns zurück, sind ein wenig eingeschüchtert vom Klang des Namens und dem guten Ruf des Getränks. Die Dörfer sind gepflegt, offensichtlich wohlhabend, und die Autos auf den Höfen sind die neuesten Modelle, anders als in anderen Gegenden Frankreichs, die wir bereist haben.

Wie campen auf dem kommunalen Campingplatz von Épernay und steigen auf unsere Räder, um in die Stadt zu fahren. Bevor wir aufbrechen, schicke ich eine E-Mail an La Cave aux Coquillages und bitte um einen Besichtigungstermin in der Hoffnung, dass wir uns die Muscheln ansehen können, was auch immer es damit auf sich haben mag.

Die Avenue de Champagne ist nur eine kurze Fahrradfahrt vom kommunalen Campingplatz an der Marne entfernt, auf einem Abschnitt der Grünen Route, einem Fahrradweg abseits der Straße. Die Avenue ist einer der Höhepunkte eines Champagnebesuchs, und ich

verstehe jetzt, warum. Ich hätte nie gedacht, dass ich das mal über eine Straße sagen würde, aber sie ist kunstvoll gepflastert mit blassgelbem Kalkstein und kontrastierenden dunklen Kopfsteinen. Kleine, geformte Eiben und einige eingestreute Gingkos sowie exotische Bäume, vielleicht Paulownien, stehen auf dem Bürgersteig. Lizzy nimmt ein paar Samen mit, um das später zu überprüfen.

Ich fühle mich unangemessen gekleidet, als wir an den schmiedeeisernen Toren der Champagnerhäuser vorbeifahren. Alle sind sie hier, in ihrer ganzen Pracht. Hinter den schwarzen Toren – auf denen die Namen in Goldbuchstaben prangen – stehen elegante Mini-Châteaus und Villen. Das Besucherzentrum von Moët & Chandon ist das größte von allen und verströmt Wohlstand, Stil und Opulenz.

Wir entdecken ein etwas weniger herrschaftliches Château mit einer Bar vorn auf dem mit Kopfstein gepflasterten Hof, die in einem Airstream-Caravan untergebracht ist, und finden, dass dies mehr unsere Kragenweite ist. Wir bestellen zwei Gläser rosa Champagner, der uns um 18 Euro ärmer macht, aber sein Geld wert ist. Wir sitzen in der Sonne und schlürfen unseren Champagner, während unsere verdreckten Räder am Tor lehnen. Der erwartete leichte Rausch setzt ein, und wir haben das Gefühl, dass wir nun in der Champagne angekommen sind. Ein paar weitere Fahrradfahrer in vollem Bike-Outfit treffen zur Verkostung ein, zweifellos

CHAMPAGNE
8cl
CHAMPAGNE TASTING
WITH THE WINEMAKER
Antiques
Boutique
Entre Cave & Jardin
Cave Dom Pérignon
A. Boquet.Pr
Rue
Dom
Pérignon

fühlen sie sich von unserer Gegenwart und der weniger gehobenen Atmosphäre angezogen. Durch unser schmuddeliges Äußeres fühlen sich alle eingeladen.

Am nächsten Tag erhalten wir eine Nachricht von der Cave aux Coquillages: Sie haben freie Plätze für die Führung um 17:30 Uhr. Da wir uns in der Post-Covid-19-Ära befinden, müssen wir während des gesamten Besuchs Masken tragen.

Wir verlassen Épernay und fahren in die Hügel hinein. Während wir durch die Weinberge nach Fleury-la-Rivière hinaufsteigen, kommen wir wieder an wunderschönen Dörfern vorbei. Das Weingut sieht gehoben aus – allerdings nicht vergleichbar mit dem, was wir auf der Avenue de Champagne gesehen haben –, und der Eingang erinnert mehr an eine Universitätsbibliothek als eine schicke Kellerei. Schaukästen zeigen Champagnerflaschen und riesige fossile Meeresschnecken – zweifellos die fraglichen Muscheln. Wenn ich »riesig« sage, meine ich mindestens einen halben Meter lang. Ich setze meine Brille auf, um sie mir genauer anzusehen, aber wegen der Maske beschlägt sie.

Wir werden in einen Vorraum gebeten, wo wir Schuhüberzüge anziehen müssen. Einige Leute in unserer Gruppe – die mit den kleinsten Füßen – müssen Wäscheklammern benutzen, damit sie passen. Wir sehen aus wie eine Horde Touristen, die auf die Frage, ob ein Arzt anwesend sei, ihrer Pflicht nachkommen und sich in den OP begeben.

Wir betreten das Kellergewölbe, das höchstens zehn Grad kalt ist, und beginnen mit unserer Tour, die uns Millionen von Jahre zurückführt in eine Zeit, als die Champagne noch ein tropisches Meer war.

Wir müssen die Kommentare aus einem Buch ablesen, das man uns gegeben hat, weil die Führung auf Französisch stattfindet. Es ist faszinierend.

Ich hatte gedacht, dass das Gewölbe nur aus ein paar Räumen bestehen würde, aber es geht weiter und weiter, vorbei an Muscheln, Haizähnen, Weichtieren und Seeigeln, alle Millionen von Jahre alt. Unser Guide zeigt uns halb freigelegte Muscheln, die aus den Wänden herausgucken, und Schichten voller winziger Muscheln. Je weiter wir kommen, desto interessanter wird es, bis wir in einen Raum kommen, der voller gigantischer Muscheln ist. Sie sind beeindruckend und sehen aus, als hätte jemand sie gestern am Strand aufgesammelt.

Wir erfahren, dass das Gewölbe zum Teil Weinkeller und zum Teil Ausgrabungsstätte ist. Der Besitzer ist sowohl Fossilienexperte als auch Weinbauer. Er versteht die Beziehung zwischen dem Geschmack der Champagnertrauben, die wenige Meter über unseren Köpfen wachsen, dem Fels und der Erde, die diese bemerkenswerten Geheimnisse bergen. Wir befinden uns im Herzen des *terroir* und verstehen langsam mehr, als wir bei einer Weinprobe hätten lernen können. Die Fossilien, die Landschaft, die Kreide und die Kohlensäure stehen offensichtlich in einer Wechselbeziehung zueinander – das eine existiert nicht ohne das andere.

Wir verlassen das Gewölbe über ein Laboratorium mit wunderschönen handgefertigten Glasschaukästen, die die schönsten Exemplare der Tausenden von Muscheln enthalten, die in den Kellern gefunden wurden, von den kleinsten bis zu den größten.

Von hier aus ist es nur ein kurzer Weg zur Probierstube, die aussieht wie ein sehr schickes Pub. Man serviert uns ein Glas Champagner, der von dem Hügel stammt, unter dem wir gerade entlanggewandert sind. Durch die Kohlensäure hindurch schmecke ich die Geschichte, das Jod, die Kreide, die Trauben und den Sonnenschein. Seine Entstehung hat Millionen Jahre gedauert, und er schmeckt hervorragend. Wir kaufen ein paar Flaschen für einen feierlichen Anlass. Als wir zum Camper zurückkehren, wandern sie sofort in den Kühlschrank. Man weiß ja nie. *Santé*!

DAS FAHREN

Wenn Sie Alkohol trinken möchten, empfehle ich Ihnen, einen verlässlichen Fahrer auf diese Reise mitzunehmen. Sie können dann den ganzen Tag von einem Champagnerproduzenten zum nächsten zuckeln. Dabei würden sie langsam betrunken werden und sich immer leichter von Ihrem hart verdienten Geld trennen. Wenn Sie das tun möchten, brauchen Sie noch nicht mal eine Landkarte. Um die Orientierung zu vereinfachen, sind in der Champagne nämlich eine Reihe von Routen ausgeschildert, die kreuz und quer durch die Hügel zu praktisch jedem hier ansässigen Weingut führen. So kann man die Region sehr gut kennenlernen, noch dazu auf schönen Straßen. Für unsere Reise haben wir eine Route durch die gesamte Region gewählt, die Marne hinauf und wieder zurück, und uns dabei nach den schönsten Straßen umgesehen. Wir sind auf der N31 westlich von Reims in Fismes gestartet, einem kleinen Dorf in der nordwestlichen Ecke der Champagne. Es ist der erste Ort, den Sie erreichen, wenn Sie von Westen in die Region kommen. Fast augenblicklich tauchen die Weinberge vor Ihnen auf, wenn Sie der RD386 über Land nach Südosten in Richtung Épernay folgen. Die ganze Zeit über sehen Sie Weinberge und Dörfer, bis Sie den Bois de Courtain erreichen und dann die Forêt de la Montagne de Reims westlich umfahren, wobei die Straße zeitweise durch dichten Wald führt.

Wenn Sie schließlich den Wald verlassen, fahren Sie bei Romery über die Kuppe eines Hügels und sehen zum ersten Mal das Marne-Tal vor sich liegen, kurz vor Hautvillers,

einem bei Touristen beliebten Dorf, das oberhalb von Épernay liegt. Halten Sie hier an, und verschaffen Sie sich einen Überblick über das Ausmaß der Region: Ringsumher gibt es nichts als Weinberge.

Auch Hautvillers ist einen Zwischenstopp wert. Es ist ein beliebter Ort für Champagnerverkostungen, zum Essengehen oder um das Grab von Dom Pérignon, dem Mann, dem die Erfindung des Champagners zugeschrieben wird, zu besuchen. Es gibt auch einige vernünftige Parkmöglichkeiten für Wohnmobile. Die D386, auf der Sie gekommen sind, führt Sie den Hügel hinunter in Richtung Épernay sowie zur D1 nach Dizy.

Von hier aus können Sie in die Stadt fahren, ihr Lager auf dem *camping municipal* (an der D301, die sich westlich an die D1 anschließt) aufschlagen oder auf der D1 nach Westen weiterfahren, um die Route fortzusetzen. Dazu biegen Sie an der Kreuzung mit der D386 in Dizy rechts ab.

Die D1 führt Sie am Nordufer der Marne entlang durch eine Reihe von Dörfern und kleinen Städten, vorbei an Champagnerhäusern und -erzeugern. Sie ist sanft geschwungen und bietet gelegentlich eine Aussicht auf den Fluss und die dahinter liegende Gegend, während man durch wunderschöne Weinberge fährt. Seien Sie auf langsam fahrende Traktoren gefasst, die für die Arbeit zwischen den Reben modifiziert wurden – und reichlich Wildblumen an den Rändern der Nutzflächen. Dort können Sie auch Rosen entdecken, die als Frühwarnsystem für die Reben angepflanzt wurden, weil sie anfälliger für die gleichen Parasiten und Pilze sind als die Reben. Wenn die Rosen befallen werden, sind als Nächstes die Reben dran. Dieses Wissen ist für den Weinbau von unschätzbarem Wert!

STELLPLÄTZE: CAMPING

Es gibt reichlich Campingplätze in dieser Region. Wir waren hier:

Camping d'Épernay, Épernay
Allée de Cumières, 51201 Épernay, Marne
Internet: www.epernay.fr/hotel-restaurant/camping-municipal
Tel.: 0033/3 26 55 32 14

Épernays kommunaler Campingplatz ist hervorragend. Er liegt am Ufer der Marne, hat gut bemessene Stellplätze und freundliches Personal. Er ist eine gute Basis für diese Tour, weil Sie von hier aus sowohl Épernay erkunden als auch die Tour fahren können. Außerdem gibt es hier einen Kajakverleih und ein kleines Restaurant.

STELLPLÄTZE: *AIRES DE CAMPING CAR*

Saint-Imoges: *Eine schöne aire mit Rasen- und Asphaltstellplätzen und guten Serviceeinrichtungen, neben einem Wald mit Seen gelegen. Ein gutes Restaurant ist zu Fuß erreichbar: Le Bois Joli (www.le-bois-joli.com).*

In Dormans wird die D1 kurz zur D320 und verbindet sich dann für kurze Zeit mit der D6. Biegen Sie nach rechts auf diese ab und bald darauf, in Trélou-sur-Marne, nach links auf die D320. Jetzt fahren Sie am Fluss entlang nach Barzy-sur-Marne, wo Sie nach links auf die D3 (ausgeschildert nach Château-Thierry) abbiegen. Überqueren Sie in Château-Thierry den Fluss, und fahren Sie auf der D1003 auf der Südseite des Flusses nach Épernay zurück. Bei Courthiézy wird die D1003 zur D3. Diese ist schneller als die D1, auf der Sie gerade unterwegs waren, aber sie bietet Spielraum für Abstecher, falls Sie der Champagner-Route folgen möchten. Wenn Sie die D222 nach Oeuilly nehmen, führt diese Sie in die Hügel hinein, wo es schöne Ausblicke und Weinberge gibt, und schließlich zurück auf die D3 nach Épernay.

Der nächste Teil der Reise geht von Épernay in den Süden, führt wieder durch Weinberge und endet schließlich gerade außerhalb der Region in Villenauxe-la-Grande. Die Fahrt lohnt sich wirklich, denn sie umfasst ein paar großartige gerade Straßenabschnitte im *marais* sowie kurvige Abschnitte durch die Weinberge. Wenn Sie Épernay auf der D951 in südlicher Richtung verlassen und der Ausschilderung nach Sézanne folgen, kommen Sie an einer Reihe von Kreisverkehren vorbei. Wenn Sie an den mit einem Mitsubishi-Händler und fünf Abfahrten kommen, nehmen Sie die D40 nach Avize. Diese wird natürlich innerhalb der nächsten paar Kilometer ihren Namen wechseln und zur D10 werden. Folgen Sie ihr durch die verschlafenen Champagnedörfer Cramant, Avize und Oger. Wir haben in Oger, beim Weingut Jean Milan, haltgemacht und an einer Weinprobe teilgenommen, was sehr nett war.

Die Aussicht, die man in diesen Dörfern genießt, ist jeweils sehr unterschiedlich, da man jetzt das offenere Marne-Tal in Richtung Châlons-en-Champagne überblickt. Biegen Sie in Le Mesnil-sur-Oger nach rechts auf die D9 ab. Folgen Sie der Ausschilderung nach Bergères-lès-Vertus. Wenn Sie dieses Dorf erreichen, biegen Sie nach rechts ab auf die D933 und dann nach links auf die D39, eine hübsche Straße, die in den *marais* und in offenes Ackerland hineinführt und nach Broussy-le-Petit und Sézanne ausgeschildert ist. Sie sehen mehr Weinreben vor sich, während Sie sich Sézanne nähern und Hänge, bevor Sie in die kleine Stadt hineinfahren. Folgen Sie in Sézanne der D373, verlassen Sie den Ort und biegen Sie dann nach rechts ab auf die D951, die nach Nogent-sur-Seine ausgeschildert ist. Diese Straße führt am Waldrand entlang und bietet immer noch eine gute Aussicht auf das Marne-Tal. Schließlich fahren Sie einen steilen Hügel hinunter und erreichen dann Villenauxe-la-Grande, eine verschlafene und sehr hübsche Stadt mit einem schönen Marktplatz. Damit lassen Sie die Champagne hinter sich. Trotzdem findet man in diesem Ort eine Reihe von Champagne-typischen Häusern. Setzen Sie Ihre Fahrt nach Nogent-sur-Seine fort, um ins Seine-Tal zu gelangen.

IN DER NÄHE

»Grüner Route« entlang der Marne Dieser designierte Fahrradweg verläuft größtenteils abseits der Straßen an der Marne entlang – von Épernay aus in beide Richtungen. Gut geeignet für weitere Weinproben ohne Auto (oder auch nur für eine Fahrradtour).

Avenue de Champagne, Épernay Auf dieser prächtigen Allee finden Sie alle großen Namen und auch den Airstream-Trailer von Champagne de Vignerons in Nummer 17. Dieser Verband lokaler Weinbauern bietet Verkostungen ab 8 Euro pro Glas an.

Kathedrale von Reims (Notre-Dame de Reims), Reims Der Ort, an dem alle französischen Könige gekrönt wurden, und ein großartiges, gefeiertes Beispiel der Hochgotik, das durch Revolution und Krieg beschädigt wurde. **www.cathedrale-reims.com**

La Cave aux Coquillages, Fleury-la-Rivière Diese wunderbare Grabungsstätte ist eine Fundgrube für Paläontologen und hat auch Champagnerliebhabern etwas zu bieten. Führungen durch das Gewölbe, Grabungsarbeiten und Verkostungen – alles an einem Ort. Bravo! **www.geologie-oenologie.fr**

Weingut Jean Milan, Oger Angesichts eines kleinen Museums und freiem Eintritt in die Weinkellerei ist dies ein guter Platz für Anfänger. Unsere Berührungsängste wurden zerstreut, und schließlich haben wir ein paar Flaschen Champagner gekauft. Wohnmobile dürfen hier zeitweise übernachten. Erkundigen Sie sich. **www.champagne-milan.com**

DER OSTEN

Ostfrankreich ist eine Region der Grenzen und Patts. Folgt man dem Verlauf der Westfront, begibt man sich auf eine emotionale Reise durch die Geschichte. Dann schließt sich das einst umkämpfte Elsass an und eine Reise durch dessen himmlische Weinberge. Weiter im Süden bildet der wunderschöne, unterschätzte Jura ein unverrückbares Hindernis, das wir ebenso überqueren wie die mächtigen, unbezähmbaren Alpen.

ROUTE 07

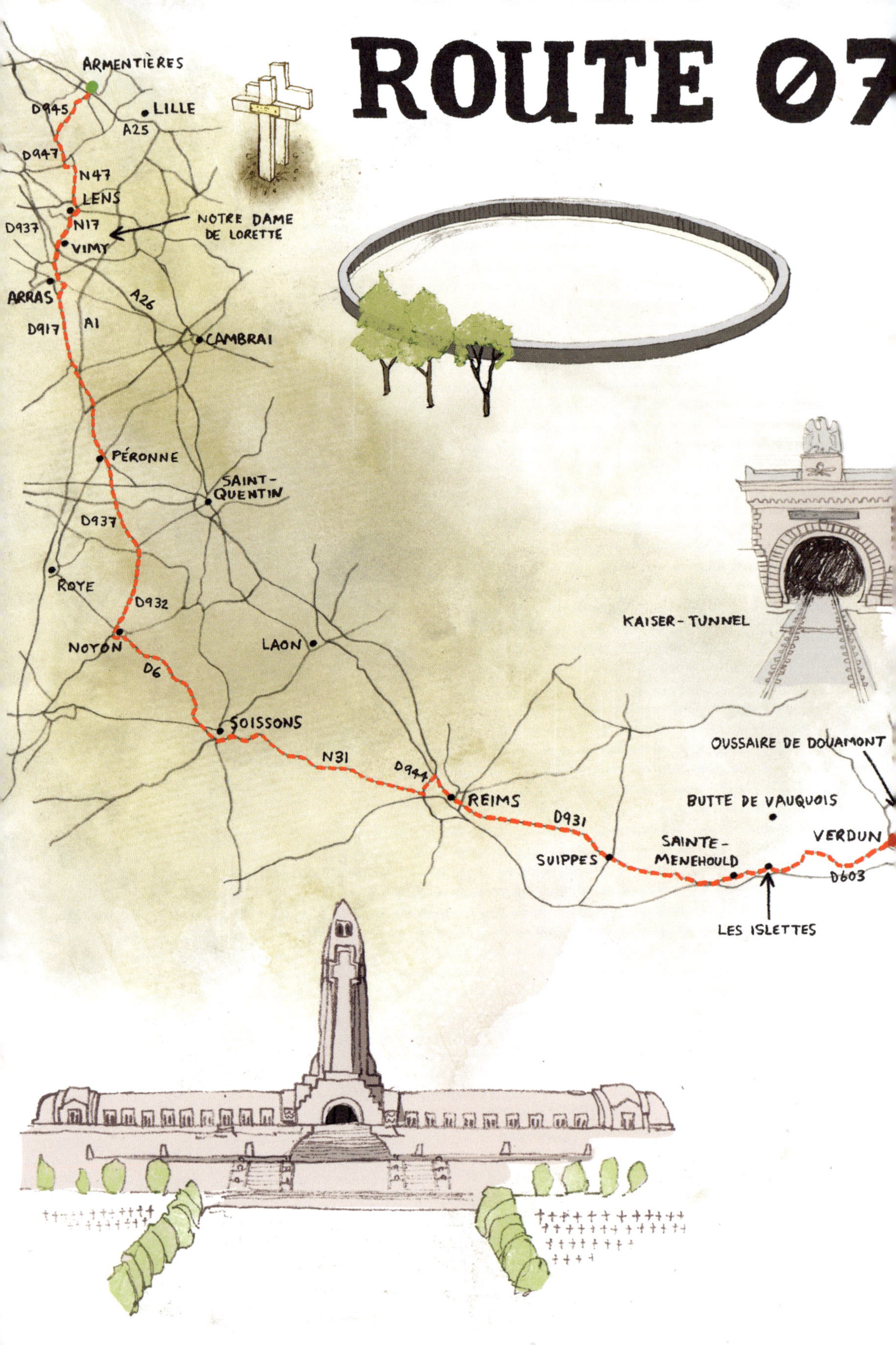

ARMENTIÈRES
LILLE
D945
A25
D947
N47
LENS
N17
D937
NOTRE DAME
DE LORETTE
VIMY
ARRAS
A26
D917
A1
CAMBRAI
PÉRONNE
SAINT-
QUENTIN
D937
ROYE
D932
NOYON
LAON
D6
KAISER-TUNNEL
SOISSONS
OUSSAIRE DE DOUAMONT
N31
D944
REIMS
BUTTE DE VAUQUOIS
D931
VERDUN
SAINTE-
MENEHOULD
SUIPPES
D603
LES ISLETTES

ROUTE 07

ARMENTIÈRES-VERDUN

DIE WESTFRONT

Von 1914 bis 1918 wurden Grenzen durch Frankreich gezogen. Dank politischer Rücksichtslosigkeit und Überheblichkeit wurde das nordöstliche Viertel des Landes unvermittelt zum Kriegsschauplatz. Ein Patt – die Tatsache, dass sich die Westfront über Jahre hinweg nur meterweise bewegte – hatte zur Folge, dass wir heute eine Spur von Armentières nach Metz verfolgen können, die dem ungefähren Verlauf der Front entspricht. Diese Reise führt daran entlang und erlaubt es Ihnen, unveränderte Schützengräben zu betreten, das Ausmaß der Zerstörung zu sehen und einige der ergreifendsten Gedenkstätten zu besuchen. Stellen Sie sich auf eine emotionale, schockierende, überwältigende und wunderschöne Tour ein.

AKTIVITÄTEN:
Den Horror des 1. Weltkriegs ein begreifen

START:
Armentières

ZIEL: Verdun

ENTFERNUNG:
400 Kilometer

ZEIT:
4 oder 5 Tage, wenn Sie alles sehen wollen

KARTE (SEITE):
8, 13, 23, 39, 40, 41, 42, 43, 44

Es ist der Abend unseres ersten Tages, an dem wir der Westfront so nahe wie möglich folgen. Es ist bitterkalt, die Wolken bewegen sich schnell und bringen alle Arten von Wetter mit, das sich rasch verändert: von Sonne zu Regen sind es oft nur Augenblicke.

Die Sonne scheint, als wir am Canadian National Vimy Memorial auf der Vimy-Höhe, oberhalb der Ebenen von Pas-de-Calais, eintreffen. An dieser Stelle fand eine grausame Schlacht statt, in deren Verlauf die vereinten kanadischen Truppen die Anhöhe einnahmen und dabei 10.000 Soldaten verloren. 4.000 deutsche Soldaten wurden während der Kämpfe gefangen genommen, wie viele dabei fielen, ist unbekannt.

Wir nähern uns der Anhöhe aus der nördlich gelegenen Ebene. Von den Siedlungen und gepflügten Feldern am südlichen Rand von Lens geht es steil nach oben, wir durchqueren das Dorf Givenchy-en-Gohelle und einige offene Felder und erreichen den Wald.

Wir parken und gehen auf die Gedenkstätte zu, die mit ihren beiden riesigen weißen Kalksteinsäulen in der Spätnachmittagssonne leuchtet. Wir sind hingerissen von der Größe des Denkmals, das zwischen 1930 und 1936 errichtet wurde und 1936 bei seiner Einweihung 50.000 Pilger anzog. Als wir näherkommen, fällt uns auf, dass der Untergrund zu beiden Seiten des breiten Weges, der zur Gedenkstätte führt, uneben und von tiefen Kratern

durchzogen ist, einige davon ein paar Dutzend Meter breit. Andere sind nur wenige Meter breit: die Schützenlöcher der Kämpfe vom April 1917. Mit gewaltigen vereinten Kräften eroberten damals alle kanadischen Einheiten die Stellungen der Deutschen, die sich auf der Anhöhe verschanzt hatten. Von dieser Landschaft haben wir in unserem Reiseführer gelesen: Die Vertiefungen zwischen den Wellen sind Bombentrichter, die man nach Ende des Krieges so belassen hat, genauso wie Kilometer von Tunneln und unterirdische Munitionslager, die wir von hier aus nicht sehen können. Schafe bewegen sich frei über die für diese Gegend typische Kraterlandschaft. Niemand sonst könnte das Gras gefahrlos pflegen.

Anders als das Land auf der Ebene unter uns, das gepflügt wurde, um es wieder nutzbar zu machen, hat man dieses Land hier absichtlich unangetastet gelassen, zum Gedenken an die Kämpfe. In den 100 Jahren, die seit dem Ende des Krieges vergangen sind, musste das Leben in Frankreich weitergehen, deshalb wurden Felder, die früher genauso aussahen wie dieses Gebiet hier, wieder einer friedlichen landwirtschaftlichen Nutzung zugeführt. Abgesehen von den Zugangsstraßen und dem Gebiet vor und hinter dem Denkmal, hat man das Land hier auf der Vimy-Höhe weitgehend sich selbst überlassen. 1924 wurde das Gebiet von der französischen Regierung wieder mit Kiefern aufgeforstet, einige Ahornbäume ausgenommen, die von der kanadischen Regierung gepflanzt wurden. Die Bäume, die alle ungefähr die gleiche Größe haben, was ja nicht verwunderlich ist, wachsen in den Bombentrichtern und überall um die Gedenkstätte herum, außer dort, wo die Sichtlinien des Denkmals gerade Alleen bilden, die etwa 50 Meter breit sind und in Richtung Westen verlaufen.

Der Anblick der Krater bewegt mich sehr. Ich weiß, dass dies hier eine geschützte Landschaft ist, die 100 Jahre später nicht mehr wiedergeben kann, wie groß das Grauen damals wirklich war, aber sie gibt mir eine Vorstellung von der Totalität der Zerstörung. Nirgends war man vor dem Beschuss sicher, den Geschossen und Granaten, und zum Überleben gehörte unglaublich viel Glück. Es war eher unwahrscheinlich, dass man überlebte. Ich frage mich, wie es mir als 18-Jährigem unter diesen Umständen ergangen wäre. Hätte ich angesichts der totalen Zerstörung Hoffnung gehabt? Hätte ich die mentale Stärke gehabt, Tag für Tag weiterzumachen? Wenn das Umherwandern in dieser Landschaft irgendetwas bei mir auslöst, dann ist es Dankbarkeit, dass ich niemals so etwas tun musste. Und auch die Hoffnung, dass wir daraus gelernt haben und es nie wieder geschehen wird (obwohl einige sehr schnell vergaßen).

Wir streifen durch die Anlage, während die Sonne sich senkt, ein Regenschauer über uns hinwegzieht und auf der Ebene in Richtung Lens ein Regenbogen erscheint. Der grüne, vom Gegenlicht durchströmte Wald sieht am späten Nachmittag wunderschön aus.

Wir verlassen die Gedenkstätte schweigend und fahren in Richtung Notre-Dame-de-Lorette, dem französischen Mahnmal, das sich ein paar Kilometer westlich der Vimy-Höhe befindet. Die Sonne begleitet uns, als wir den Camper am Straßenrand stehen lassen, aussteigen und zum Ring der Erinnerung gehen. Wir betreten den Ring, ein Denkmal für die in diesem Gebiet gefallenen Soldaten, über einen kurzen Tunnel. Als wir im Innern der ellipsenförmigen Anlage ankommen, sehen wir sie zum ersten Mal ganz deutlich. Sie ist etwa drei Meter hoch und wird durch versetzt stehende Stahlplatten begrenzt. Das Einzige, was mir als Vergleich dazu einfällt, ist der Luftfilter eines Autos. Aber das ist natürlich eine Untertreibung; sie ist riesig. Viele Paneele glänzen wie Gold, als die Sonne ihre letzten Strahlen auf sie wirft.

Auf jedem Paneel sind 1.200 Namen eingraviert. Es gibt insgesamt 500 davon. Das heißt, dass man hier 600.000 Namen findet, in alphabetischer Reihenfolge. Sie sind weder nach militärischem Rang noch nach Land oder Gefolgschaft geordnet, sodass jeder Name genauso viel Gewicht und Bedeutung hat wie jeder andere auch. Es sind zu viele Namen, als dass man sie alle lesen könnte, also suchen wir nach unseren eigenen. Meiner, Dorey, steht auch da, genauso wie der von Lizzy, Lindenau, der deutsche Familienname ihrer Mutter. Ich mache Fotos, damit ich nicht vergesse, meine Mutter zu fragen, ob einer von den Doreys hier mit uns verwandt sein könnte, aber ich bezweifle es. Lizzy tut das gleiche. Wir wissen, dass ihr Großvater mütterlicherseits 1945 in einem Panzer starb, doch darüber hinaus wissen wir wenig. Aber das ist auch gar nicht so wichtig. Wir sind noch immer mit diesem Verlust verbunden, dem Verlust einer Generation von Jungen und Männern aus ganz Europa und dem Commonwealth. Er schmerzt. Und jetzt fühlen wir ihn stärker als jemals zuvor. Wir haben das Schlachtfeld gesehen, jetzt sehen wir den menschlichen Tribut.

Es ist fast unmöglich zu ergründen und noch schwieriger zu akzeptieren, wie groß das verlorene Potenzial ist, das die Kämpfe im Pas-de-Calais (und an der gesamten Westfront) verursacht haben. Was hätte aus uns, als Menschheit, werden können, hätten ihre Weisheit, ihre Hoffnung und ihre Intelligenz überlebt.

Langsam gehen wir um das gigantische Denkmal herum, sprachlos angesichts des Grauens, das wir heute gesehen haben, bis die Sonne untergeht und die Namen in der Dunkelheit verschwinden – aber nur kurzzeitig, bis die Scheinwerfer des Denkmals angehen und den Platz mit künstlichem weißem Licht fluten.

Es ist dunkel, als wir zum Camper zurückgehen, um uns einen Platz zum Übernachten zu suchen. Wir werden von den Glocken von Notre-Dame-de-Lorette überrascht, der Basilika, die über den französischen Nationalfriedhof wacht, der sich an den Ring der Erinnerung anschließt. Er ist geschlossen, und so können wir nur über das Tor des Friedhofs spähen, des größten seiner Art, wo die sterblichen Überreste französischer Gefallener liegen. Hier befinden sich die Gräber von mehr als 40.000 französischen Soldaten.

Ein paar Tage später fahren wir an einer weiteren strategisch wichtigen Anhöhe entlang, die sich zwischen den Flüssen Aisne und Ailette befindet. Die Route ist als Chemin des Dames bekannt (benannt nach den Töchtern Ludwigs XV., Adélaide und Victoire, die im 18. Jahrhundert hier entlanggereist sind) und Schauplatz einer der schlimmsten militärischen Niederlagen Frankreichs während des Ersten Weltkriegs. Beim Versuch, die Anhöhe von den Deutschen zurückzuerobern, erlitten die Franzosen fast eine Viertelmillion Verluste in nur ein paar Tagen. Es ist eine wunderschöne Straße mit großartiger Aussicht über die darunterliegenden Flusstäler. Während wir uns dem Aussichtspunkt Craonne am Ende der Fahrt nähern, bemerken wir direkt unter der Straße Erdarbeiten im Wald. Wir beschließen, uns das anzusehen, und wenden den Camper, um einen Platz zum Halten zu finden. Wir finden eine kleine Parkbucht, stellen den Wagen ab und laufen über die Straße, steigen über die Leitplanke und dann einen matschigen Abhang hinunter in den Wald hinein. Sofort befinden wir uns in etwas, das, so nehmen wir an, nur die Überreste eines deutschen Schützengrabens sein können. Wir sehen, wie er sich parallel zur Straße in beide Richtungen schlängelt. Wir wissen, dass unter uns Niemandsland war, also muss dies die deutsche Frontlinie gewesen sein. Obwohl der Graben jetzt überwuchert ist – ohne den Schutz durch die Bäume hätte man einen großartigen Blick auf die französischen Linien im Tal. Während wir am Schützengraben entlanglaufen, sehen wir, dass der Boden teilweise aufgewühlt wurde, wahrscheinlich von Souvenirjägern. In Abständen sieht es so aus, als hätte jemand dort gegraben. An einer Stelle können wir in der zerwühlten Erde ein großes zylindrisches Metallobjekt erkennen – vielleicht eine Mine, ein Blindgänger. Wir bedecken es rasch, denn wir nehmen an, dass die Souvenirjäger es mitgenommen hätten, wenn es harmlos wäre. Es erinnert uns daran, dass die französische Regierung nach dem Krieg an der ehemaligen Front »rote Zonen« eingerichtet hat, an den Stellen, die als unsicher galten. Das Land, auf dem wir uns befinden, wäre als Ackerland unbrauchbar, also hat man es so belassen, mit allem, was darin war – als Mahnmal des sinnlosen Abschlachtens, das hier stattfand.

Brauchen wir noch mehr Beweise, um uns in unserer Entschlossenheit zu bestärken, ein friedliches Leben zu führen?

Ich finde ein Stück Stacheldraht, das mehr als 100 Jahre lang im Gestrüpp verborgen war, und stecke es ein, als Mahnung, die mich daran erinnern soll, dankbar für alles zu sein, was ich genießen darf. Ich darf hierherkommen und mir alles ansehen, mit unserem Camper, gesund und mit einer intakten, vom Krieg weitgehend verschonten Familie. Ich beschließe, mich dafür einzusetzen, dass es so bleibt.

DAS FAHREN

Wir beginnen unsere Reise in Armentières, verlassen die Stadt auf der D22 in Richtung Süden und biegen dann hinter der autoroute nach rechts ab auf die D22B, die bald zur D171 wird. An dieser Straße finden Sie Schilder, die den Weg zum Friedhof in Fromelles weisen, und, an der Kreuzung mit der D947, das Neuve-Chapelle Memorial, auch bekannt als Indian Memorial, die einzige Gedenkstätte für die 4.700 Inder aller Religionen, die ihr Leben beim Kampf in Frankreich verloren.

Biegen Sie nach links auf die D947 ab, wobei Sie am Portugiesischen Friedhof vorbeikommen, und fahren Sie weiter nach Lens, das Sie auf der N17 verlassen. Biegen Sie hinter Lens, auf der N17, nach rechts ab auf die D51, um zum Canadian National Vimy Memorial zu gelangen. Fahren Sie auf demselben Weg zurück, und biegen Sie nach rechts auf die D51 ab, um nach Notre-Dame-de-Lorette und zum Ring der Erinnerung zu kommen.

Die D937 führt Sie in Richtung Süden nach Arras, wo Sie die N25 nehmen können und dann die D60 durch die Stadt, um zur D919 zu gelangen, eine hübsche Straße, die durch eine wunderschöne Landschaft führt, vorbei am Serre Road Cemetery No. 1, wo Sie vielleicht den Bauern finden, der Ihnen den Trailer von Lady Henderson präsentiert zeigen kann, einem Film mit Judi Dench, der hier gedreht wurde. Es gibt viele Friedhöfe auf dieser Tour. Fahren Sie weiter und biegen Sie nach links ab auf die D938 nach Albert. Sie befinden sich jetzt im Departement Somme und können einen Blick auf den gleichnamigen Fluss erhaschen, wenn Sie auf der D938 bleiben und in Richtung Péronne weiterfahren.

Folgen Sie hinter Péronne der D1017 in Richtung Süden nach Roye und dann der D934 nach Noyon. Nehmen Sie von Noyon aus die D1032 nach Süden, und folgen Sie dann der Ausschilderung zur Clairière de l'Armistice (Lichtung von Rethondes) entlang der D165

sowie der D130 durch Choisy-au-Bac zur Clairière de l'Armistice, dem Ort, an dem 1918 der Waffenstillstand unterzeichnet wurde und wo Hitler Frankreich 1940 zur Kapitulation zwang.

Von hier aus kann man leicht die N31 erreichen, eine gerade Straße, die auf den ersten Kilometern durch den Wald führt und Sie dann durch eine Reihe von Dörfern nach Soissons bringt. Nehmen Sie im Zentrum von Soissons die D925, um die Stadt zu verlassen, und folgen Sie dann dem Fluss Aisne bis nach Vailly-sur-Aisne. Die D15 führt Sie aus dem Dorf heraus und dann auf einen Hügel in Richtung dem Chemin des Dames (D18), eine 30 Kilometer lange Route, die oben auf einer Anhöhe verläuft. Auf der D18 kommen Sie hinunter nach Corbeny, wo diese auf die D1044 trifft, eine der Hauptrouten nach Reims. Nach dem malerischen Chemin des Dames kommt jetzt eine lange gerade, ziemlich uninteressante Strecke, aber am Wegesrand gibt es Friedhöfe. Durch Reims zu fahren, ist ein wenig knifflig; folgen Sie der D944 um die Stadt herum und dann stadtauswärts, bis Sie auf die D931 kommen, eine lange, gerade, mit Friedhöfen gespickte Straße, die Sie nach Suippes bringt, auf die D3 und nach Sainte-Menehould. Wenn Sie Lust auf ein alkoholisches Getränk haben: Sie befinden sich jetzt in der Champagne!

Direkt hinter Sainte-Menehould, in La Islettes, sind wir nach links abgebogen und der D2 gefolgt, einer hübschen, zum Teil von Wald gesäumten Straße, die durch ein Flusstal nach

STELLPLÄTZE: *AIRES DE CAMPING CAR*

Parc du Cam, Péronne: *Schöne aire an einem hübschen Ort hinter einem Museum.*

Soissons: *Eine aire am Fluss mit ein paar Plätzen am kopfsteingepflasterten Ufer.*

Ailette: *Am See neben einem Center Parc gelegen. Schöne Spaziergänge und Fahrradtouren durch den Wald sowie am See entlang zur Abbaye de Vauclair sind möglich.*

Clermont-en-Argonne: *Eine fantastische aire an einem Gemeindezentrum im Forêt Domaniale de Haute Chevauchée mit Duschen, Toiletten und Strom. Eine meiner Lieblings-aires. Etwa 12 Euro pro Nacht. 7 Euro für die Grauwasserentsorgung.*

Le Nefour führt, und dann der D67 zur D38C (die Sie zu einer *aire de camping car* bringt), um zum Kaiser-Tunnel und zu den Schützengräben im Wald zu gelangen. Hier gibt es einen unglaublich großen Krater, der von einer einzigen Mine herrührt. Fahren Sie denselben Weg zurück auf die D67, die dann wie durch ein Wunder zur D38 wird, und weiter nach Osten in Richtung Verdun. Direkt an der D38 befindet sich die Butte de Vauquois, ein von Kratern zerfurchter Hügel. Ein Besuch lohnt sich. Folgen Sie weiter der D38, und fahren Sie nicht nach Verdun hinein. Wenden Sie sich nach links auf die D115, und nehmen Sie dann die D964 (nach rechts), um schließlich nach links auf die D913 zum Ossuaire de Douaumont abzubiegen. Es ist eine schöne Route durch Ackerland und Wald, die dann auf einer kurvigen Straße den steilen Hügel zum Beinhaus hinaufsteigt.

Das Beinhaus ist beeindruckend, und die Fahrt durch den Wald von Verdun schön; ein großartiger Abschluss für diese Tour. Es gibt kaum Orte, die einen so ergreifenden Endpunkt für eine Reise abgeben.

Man könnte sein ganzes Leben damit verbringen, sich all die Mahnmale, Schlachtfelder und Gedenkstätten an der ehemaligen Westfront anzusehen. Unser Reiseplan enthielt verhältnismäßig wenige davon. Trotzdem hatten wir nach einer Woche das

IN DER NÄHE

Die Gedenkstätten, Friedhöfe und Museen des Ersten Weltkriegs an der ehemaligen Westfront sind zahlreich. Darum herum gibt es so etwas wie eine Tourismusindustrie für Reisende, die kommen, um die Schauplätze zu besichtigen. Ich habe unten die Orte aufgelistet, die ich besucht habe, als ich für dieses Buch recherchierte. Das heißt aber nicht, dass dies alle sind, die es gibt. Dafür müsste man ein eigenes Buch schreiben, und solche Bücher gibt es auch bereits. Und selbst die können nicht alles berücksichtigen. Es gibt also noch viel Platz für Ihre eigenen Entdeckungen, wenn Sie selbst vor Ort sind.

Notre-Dame-de-Lorette und der Ring der Erinnerung, Vimy-Höhe Man kann diesen Ort kaum beschreiben, aber ich werde es trotzdem versuchen. Er ist zugleich ergreifend, wunderschön, beängstigend und gewaltig. Wenn es jemals einen Grund gab, gegen den Krieg einzutreten, dann sind es diese 600.000 Namen, die auf 500 Stahltafeln eingraviert sind. Die Gedenkstätte befindet sich neben dem Französischen Nationalfriedhof, wo die sterblichen Überreste von 40.000 Soldaten liegen, zusammen mit der Asche von Holocaust-Opfern. Ein Besucherzentrum erzählt etwas über die Geschichte. **memorial1418.com**

Canadian National Vimy Memorial, Vimy-Höhe Ein riesiges und bewegendes Denkmal für die kanadischen Soldaten, die auf der Vimy-Höhe gefallen sind, und auch für die Hinterbliebenen, die den Verlust von so vielen jungen kanadischen Männer zu beklagen haben. Es ist gigantisch, der Anblick ist unglaublich, und die Wälder sind sowohl wunderschön als auch erschreckend anzusehen, angesichts all der erhaltenen Krater ringsumher. **www.vimyfoundation.ca**

Musée Somme 1916, Albert Ein unterirdisches Museum, das der Schlacht an der Somme von 1916 gewidmet ist, in Albert. **www.musee-somme-1916.eu**

L'Historial de la Grande Guerre, Péronne Bewacht von den zinnenbewehrten Türmen der Burg von Péronne, beherbergt dieses moderne Museum auf dem Wasser Tausende von Alltagsgegenständen, die die Schlacht an der Somme in einen sozialgeschichtlichen Kontext rücken. **www.historial.fr**

Clairière de l'Armistice, bei Compiègne Die Waldlichtung, auf der sich zwei Bahnlinien trafen, sodass der Frieden in einem einzelnen Eisenbahnwaggon besiegelt werden konnte. Ein ähnlicher Waggon ist im Museum zu sehen, und die Gleise gibt es immer noch. Ein bewegender Ort. **www.musee-armistice-14-18.fr/**

Abbaye de Vauclair, Ailette Die im Wald gelegenen Ruinen einer Abtei, umgeben von Schützenlöchern und Kratern, die teilweise in etwas Positives verwandelt wurden, etwa in einen Schutz für Heilpflanzen im Kräutergarten. Die Abtei wurde 1917 zerstört, vergessen und schließlich 1966 wiederentdeckt. Sie wird immer noch restauriert. Von der *aire* in Ailette gut mit dem Fahrrad erreichbar (am See entlang).
www.ailette.org/Abbaye-de-Vauclair

Chemin des Dames und Drachenhöhle Der Chemin des Dames, ein Weg über die Ebene, der auf dem Rücken der bedeutenden Anhöhe zwischen den Flüssen Aisne und Ailette verläuft, stellte die Frontlinie dar. Darunter befindet sich die Drachenhöhle, in der deutsche Truppen 1917 vor der Schlacht an der Aisne Schutz vor starkem Beschuss suchten. Nach der Schlacht waren 271.000 französische Soldaten entweder gefallen, verletzt oder vermisst. **www.chemindesdames.fr**

Butte de Vauquois Ein außergewöhnlicher Ort etwa 20 Kilometer westlich von Verdun, der einmal ein Dorf auf einem Berg war. Heute, wie seit dem Ende des Krieges, ist es eine von riesigen Kratern überzogene, völlig zerfurchte Anhöhe. Hier waren die französischen und deutschen Linien nur 50 Meter voneinander entfernt, also versuchten sie, einander zu vernichten, indem sie Minen unter den Stellungen des anderen platzierten. Manche enthielten bis zu 60 Tonnen Sprengstoff, wodurch der Hügel aussieht, als wäre er buchstäblich zerrissen worden. Es gibt Führungen durch die unterirdische Welt der Bunker am ersten Sonntag jeden Monats (außer im Januar) sowie donnerstags im Juli und August. **butte-vauquois.fr**

Ossuaire de Douaumont, Douaumont Ein riesiges Denkmal und Beinhaus mit den sterblichen Überresten von 130.000 unbekannten Soldaten, die man nach dem Waffenstillstand von den Schlachtfeldern aufgesammelt hat. Davor befindet sich ein Friedhof mit weiteren 15.000 Gefallenen. Von allen Soldatenfriedhöfen ist dies vielleicht der beeindruckendste. Oder der deprimierendste – je nachdem, wie man es betrachtet. **www.verdun-douaumont.com**

Mémorial de l'Armistice, Compiègne Die Waldlichtung, wo Marschall Foch und Admiral Wemyss als Repräsentanten der Alliierten sowie Staatssekretär Erzberger als Repräsentant Deutschlands sich in einem Eisenbahnwaggon trafen, um den Waffenstillstand zu unterzeichnen. Diesen Ort suchte sich auch Hitler für die Kapitulation Frankreichs 1940 aus. Ein besonderer historischer Ort, wo man einen Waggon, der identisch mit dem Original ist, besichtigen kann. **armistice-museum.com**

Kaiser-Tunnel und Schützengräben, Varennes-en-Argonne
Der Tunnel ist geschlossen, aber die Schützengräben im Wald mit vielen gesicherten unterirdischen Kavernen sind interessant. Hier hat man Gelegenheit zu sehen, wie der Nachschub funktionierte und wie die Gräben miteinander verbunden waren. Der Krater ist unglaublich.
www.tracesofwar.com/sights/51379/der-kaiser-tunnel-north-entrance.htm

N4
STRASBOURG
RIVER RHINE
D1420
MOLSHEIM
A352
A35
D500
D35
OBERNAI
D426
BARR
D425
D5
ANDLAU
EICHHOFFEN
D35
D1422
D1083
CHÂTEAU DU HAUT-KOENIGSBOURG
SCHERWILLER
D159
KINTZHEIM
D468
D424
BERGHEIM
RIBEAUVILLÉ
D1B
RIQUEWIHR
N83
D10
COLMAR
ROUTE 08

ROUTE 08

STRASSBURG-COLMAR

ROUTE DES VINS D'ALSACE

Wenn Sie einer ausgeschilderten Route durch die Weinbauregion Elsass folgen, können Sie von Stadtmauern umgebene Ortschaften mit Fachwerkhäusern und Kopfsteinpflasterstraßen besuchen und direkt beim Winzer erstklassige Weine probieren. Sie können auch zwischen den Reben spazieren gehen, von denen die Trauben stammen, die Sie gerade in flüssiger Form zu sich genommen haben, den Unterschied zwischen den sonnigsten Hängen herausschmecken – und das leicht angesäuselte Gefühl genießen, das Wein verursacht, wenn man ihn auf nüchternen Magen trinkt. Doch bevor es losgeht: Legen Sie fest, wer fährt.

AKTIVITÄTEN: Wein trinken natürlich

START: Straßburg

ZIEL: Colmar

ENTFERNUNG: 100 Kilometer

ZEIT: 2 bis 3 Tage

KARTE (SEITE): 97, 121

Wir wollen von Straßburg aus nach Süden in Richtung Jura und Alpen aufbrechen. Aber etwas, das auf der Rückseite der Landkarte stand, die uns die Concierge auf dem Huttopia-Campingplatz gegeben hat, leitet uns zu den Ausläufern der Vogesen und eröffnet uns eine verlockende Möglichkeit.

Die Karte ist stümperhaft gemacht, lockt uns aber in Richtung Molsheim, wo wir auf der Route des Vins d'Alsace (Elsässer Weinstraße) weiterreisen könnten. Das klingt gut. Die Entscheidung, unsere Reisepläne umzuwerfen und auf einem anderen Weg in die Alpen zu reisen, fällt uns nicht schwer. Wir lenken den Camper nach Westen, cruisen in Richtung Stadt und fragen uns, was uns dort erwartet. Da keine Straßennummern auf der Karte verzeichnet sind, wissen wir nicht, wo wir langfahren müssen.

Wir treffen in Molsheim ein und probieren ein paar Straßen aus in der Hoffnung, über einen Wegweiser oder ein Straßenschild zu stolpern. Bevor wir uns zu sehr verzettelt haben, entdecken wir schließlich ein braunes Schild mit einer Traube und nehmen die Verfolgung auf. Wir hoffen, dass es uns früher oder später ein paar interessante Sehenswürdigkeiten offenbaren wird. Wir wollen ja sowieso nach Süden.

Was wir nicht wissen, ist, dass die Elsässer Weinstraße bei Weinkennern und Liebhabern schöner Landschaften äußerst bekannt und beliebt ist. Sie schlängelt sich durch die der Sonne zugewandten Ausläufer der Vogesen oberhalb des Rhein-Tals. Schnell wird klar, dass wir hier etwas ganz Besonderes erleben, während wir uns langsam daran gewöhnen, nach den braunen Schildern Ausschau zu halten und der D35 folgen, an der sich die Route anscheinend orientiert.

Zwischen Siedlungen schlängelt sich die Straße um die Ausläufer der Hügel herum und an den Weinbergen vorbei, die hier anscheinend jeden verfügbaren Meter einnehmen. Sie ziehen sich von der Baumgrenze bis in die Ebene hinunter und markieren einen Streifen, der, so nehmen wir an, wohl das perfekte *terroir* zwischen Berg und Fluss darstellt.

In Dambach-la-Ville parken wir außerhalb der Stadtmauer und gehen über einen Schotterweg und eine Fußgängerbrücke in die Altstadt. Bald befinden wir uns in einer engen Straße, in der Fachwerkhäuser mit Fensterläden stehen. Es ist still, weil Mittagszeit

ist, aber auch, weil wir Januar haben. Es ist sehr frisch, und der Himmel über uns ist blau. Es weht kein Lüftchen, und obwohl es nur wenige Grad warm ist, ist das nicht so unangenehm wie zu Hause. Es ist eine angenehme Kälte. Wir gehen weiter.

Jedes Haus ist in einem anderen Pastellton gestrichen, der mich an Eiscremesorten erinnert. Wir entdecken Pistazie, Pflaume, Orange und kaugummiblau gestrichenen Putz zwischen den schwarzen Fachwerkbalken der jahrhundertealten Gebäude. Einige, das können wir an den Daten auf den Balken erkennen, stammen aus dem 13. Jahrhundert und viele andere aus dem 16. und 17. Jahrhundert. Die oberen Etagen hängen über die Straße und machen die Gassen enger, je höher man nach oben schaut. Es ist außergewöhnlich schön hier – eine Stadt wie eine Pralinenschachtel, wie in einer Dickens-Verfilmung oder wie *Shreks* Disneyversion einer mittelalterlichen Stadt. Man macht sich auf Heugabeln gefasst. Zwischen den Häusern entdecken wir enge, kopfsteingepflasterte Gassen, die zu Weinstuben, Bars und Geschäften führen. Und je länger wir uns umsehen, desto mehr wird uns klar, wie sehr hier alles auf das Weingeschäft ausgerichtet ist. In jedem zweiten Haus werden Weinproben angeboten, und man kann den Wein direkt vom Erzeuger kaufen. Außerhalb der Stadtmauer fällt uns auf, dass die Weinberge bis direkt an sie heranreichen. An einigen Stellen, wo die Mauer geschleift wurde, ranken sie sogar bis in die Stadt hinein. Die meisten Weinkeller haben heute geschlossen. Als wir einen finden, der geöffnet ist, nehmen wir die Gelegenheit wahr und kehren ein. Es ist nicht besonders voll, und wir werden von einem jungen Mann begrüßt, der »*bonjour*« sagt. In gebrochenem Französisch fragen wir, ob wir Wein probieren dürften. »Natürlich«, sagt er und geleitet uns in einen Keller im Hinterhof, ein dunkles, schummrig beleuchtetes

Gewölbe, in dem eine kleine Bar zwischen Fässern steht. Wir sprechen über Wein und unsere diesbezüglichen Präferenzen, und er bietet uns ein paar Sorten zum Probieren an. Ich komme mir ziemlich unwissend vor, obwohl ich Wein liebe, und suche nach Worten, um zu ergründen, was wir da trinken. Einer der Weine, ein Riesling, der trocken ist und nach Äpfeln schmeckt, findet unseren Zuspruch. Der Mann zeigt uns auf einer Karte, woher er kommt; es ist nur wenige Meter von hier entfernt, am Rand des Ortes. Der andere, ein Pinot noir, stammt von etwas weiter weg, den Hügel hinauf. Er sei süßer, sagt der Mann, wegen der Lage. Er habe mehr Sonne abbekommen.

Wir kaufen ein paar Flaschen und schlendern dann sehr zufrieden durch die kopfsteingepflasterten Straßen zurück. Wir haben uns überwunden und unsere Chance genutzt. Wir haben die Weinroute jetzt wirklich »geschmeckt«, obwohl wir noch ein paar Tage auf dieser kurvigen, aufregenden Straße unterwegs sein werden. Und wir haben das Gefühl, dass wir uns den Rest des Weges und das, was er uns noch bringen wird, verdient haben.

Wir verbringen die Nacht auf einer *aire* bei Ribeauvillé und decken uns auf dem Markt mit Vorräten ein, kaufen einen »Kougelhopf« (Gugelhupf) und genießen noch ein paar Spaziergänge zwischen den Mauern des Ortes.

Riquewihr ist ein unfassbar perfektes Städtchen mit Kopfsteinpflaster, nur wenigen Autos und allen Eiscreme- und Sorbetfarben auf den verputzten Flächen der Fachwerkhäuser. Es ist, als würde Brillux einen Eisladen betreiben. Hölzerne Fensterläden mit ausgeschnittenen Herzen stehen im frühen Morgenlicht weit offen, und aus den Fenstern hängen zum Lüften ausgebreitete Betten. Die Einheimischen schlendern umher und tauschen mit Freunden und Nachbarn Höflichkeiten aus. Orte wie dieser sind wirklich herzerfrischend – wie ein zum Leben erwachter deutscher Weihnachtsmarkt ohne den Plunder. Oder wie ein Dorf aus einem Grimm'schen Märchen ohne die böse Fee. Oder wie *Die Trapp-Familie* ohne Gesang. Oder wie *Shrek* ohne den Gestiefelten Kater. Und es ist weder eine Heugabel noch eine

fette Gans in Sicht, außer einer riesigen Keramikversion vor einem Geschäft, das *foie gras* verkauft. Und sogar das klingt zu sehr nach Märchen, um wahr zu sein.

Aber es ist natürlich wahr. Und wir sind hier, um es zu genießen.

DAS FAHREN

Die einfachste Art, um von Straßburg aus die Elsässer Weinstraße zu erreichen, ist, auf der A35, die dann zur A352 wird, nach Molsheim zu fahren. Nehmen Sie an der Anschlussstelle 11, wo die D500 nach Molsheim führt, die D500 nach Süden in Richtung Obernai. Verlassen Sie die Straße an der ersten Ausfahrt, und wechseln Sie dann beim Kreisverkehr auf die D35. Sofort bemerken Sie, dass Sie sich aus der Ebene wegbewegen und ins hügelige Vorland des Elsass kommen. Sie sehen überall Weinberge, und bald fällt Ihnen auf, dass hier jeder freie Zentimeter von Weinreben bedeckt ist. Folgen Sie weiter der D35 und dem braunen Schild mit der Traube und der Aufschrift »Route des Vins d'Alsace«.

Sollten Sie die Route aus den Augen verlieren, ist das kein Grund zur Panik. Fahren Sie einfach weiter, bis Sie wieder darauf stoßen – oder auf die D35. Das kann bei Städten mit Umgehungsstraßen der Fall sein oder einfach so passieren. Keine Sorge. Sie werden bald wieder auf den richtigen Weg kommen.

Der erste Teil der Reise führt durch eine Reihe kleiner Dörfer, unter anderem Rosheim, Boersch, Ottrott, Heiligenstein und Barr, wo die D35 eine Zeit lang zur D425 wird und

dann bei Eichhoffen ihren Namen wieder zurückbekommt. Fragen Sie mich nicht, warum das so ist, ich habe keine Ahnung, aber in Frankreich ist das manchmal so. Ich nehme an, es hängt damit zusammen, dass manchmal Straßen neu gebaut und verlegt und die Namen entsprechend angepasst werden.

Dass die Namen deutsch klingen, hängt damit zusammen, dass das Elsass bis 1918, als es gemäß dem Versailler Vertrag an Frankreich zurückfiel, von Deutschland annektiert war. Im Grunde ist die Geschichte des Elsass sowieso eine Geschichte von Annektionen, Unabhängigkeit und Tausch zwischen verschiedenen Reichen und Ländern, und es war sowohl französisch als auch deutsch und manchmal beides. In römischer Zeit wurde die fruchtbare Erde der Region zum ersten Mal für den Weinbau genutzt.

Hinter Eichhoffen kommen Sie durch Itterswiller, Nothalten und Blienschwiller, bevor Sie Dambach-la-Ville erreichen, einen wunderschönen, von einer Stadtmauer umgebenen Ort mit vielen Winzern und Restaurants. Auf der Landstraße gibt es Parkmöglichkeiten. Wie so oft in Touristenorten, sind Wohnmobile in der Stadt nicht erlaubt. Dies hat wohl mit dem großen Ansturm zu tun und weniger mit der Größe Ihres Wohnmobils, aber die mit Kopfstein gepflasterten und engen Gassen wären sowieso ein Albtraum zum Fahren. Also halten Sie sich besser an die Vorschriften!

Die D35 führt Sie weiter durch die Weinberge, während sie sich nach Süden schlängelt und Scherwiller sowie Châtenois passiert und dann Kintzheim, wo Sie nach rechts auf die D159 abbiegen und der Ausschilderung zum Château du Haut-Kœnigsbourg folgen können. Dabei fahren Sie auf einer kurvigen Straße mit vielen Serpentinen hoch in die Berge zum Château. Hier betreten Sie ein Märchenland ganz nach der Vorstellung des deutschen Kaisers Wilhelms II., der es zwischen 1900 und 1908 in seiner gegenwärtigen Form restaurieren ließ. Vorher war die im Mittelalter gebaute Burg viele Jahre lang eine Ruine gewesen. Die Burg ist eine beliebte Attraktion, deshalb sollten Sie früh dort sein (oder spät, so wie wir), um den Horden von anderen Touristen aus dem Weg zu gehen. Es ist überwältigend, und der Ausblick ist fantastisch. Man kann die bewaldeten Gebirgsausläufer über den Weinbergen perfekt erkennen.

In Kintzheim stoßen Sie wieder auf die D35 und werden in Orschwiller von einer erneuten Änderung des Straßennamens überrascht: Die D1B veranstaltet fast augenblicklich ein Kurvenfestival, bringt Sie nach Saint-Hippolyte und beschreibt dann in der Mitte des Ortes eine eigenartige scharfe Linkskurve, bevor sie weiter nach Bergheim und schließlich nach Ribeauvillé führt, das einen Zwischenstopp wert ist, weil es so aussieht wie eine Stadt aus

STELLPLÄTZE: CAMPING

Huttopia Camping de Strasbourg, Straßburg
9 Rue d l'Auberge de Jeunesse, 67200 Strasbourg, Bas-Rhin
Internet: www.camping-strasbourg.com
Tel.: 0033/3 88 30 19 96

Das ganze Jahr über geöffnet und gut gelegen für die Stadt sowie die Elsässer Weinstraße. Mit Schwimmbad und allem, was man von einem Campingplatz erwartet: gute Duschen, Ver- und Entsorgung, Strom.

STELLPLÄTZE: *AIRES DE CAMPING CAR*

Es gibt überall in dieser Region *aires*. Wir waren hier:

Ribeauvillé: *An der D416 im Westen der Stadt auf einem alten Campingplatz gelegen, war es hier schön ruhig. Kostenlos. Es gibt eine Flot-Bleu-Entsorgungsanlage (2 Euro).*

einem Mittelalter-Vergnügungspark, nur dass sie »funktionsfähig« ist. Wirklich *Shrek*-lich schön!

Wenn Sie weiter nach Süden fahren, kommen Sie durch Zellenberg, Mittelwihr, Bennwihr und Riquewihr (an der D32), wo der große Parkplatz außerhalb der Stadt am besten zum Parken geeignet ist, da in den Stadtmauern nur wenige Autos erlaubt sind. Sie würden wohl ohnehin nicht durchpassen.

Hinter Bennwihr macht die D1B an einem Kreisverkehr einen Rechtsknick und führt hinter Sigolsheim in die Hügel hinein. Geradeaus geht es auf der D10 weiter in die große mittelalterliche Stadt Colmar, die das Ende der Weinstraße markiert.

IN DER NÄHE

Château du Haut-Kœnigsbourg, Orschwiller Fantastische Aussicht, fantastische Burg. Die Antwort des Kaisers auf Disneyland, auf einem Felsen.
www.haut-koenigsbourg.fr/en

Winzer Die meisten Leute kommen zum Weintrinken hierher. In fast allen Orten gibt es überall verstreut Winzer, bei denen man einige Weine verkosten und noch einige mehr zu vernünftigen Preisen kaufen und direkt mitnehmen kann. Viele Winzer sind unabhängig, was perfekt ist.

Dörfer Die Dörfer bzw. kleinen Städte der Weinregion sind märchenhaft, dazu gehören unter anderem Obernai, Riquewihr, Ribeauvillé und Barr. Einfach parken, spazieren gehen und die Atmosphäre aufsaugen!

Straßburg Die Stadt ist nur einen Katzensprung von der Elsässer Weinstraße entfernt und eignet sich hervorragend für einen Stopp. Es ist eine wunderschöne Stadt, die um Flüsse und Kanäle herum gebaut ist, mit einer spektakulären Kathedrale und tollen Einkaufsmöglichkeiten. Der Campingplatz Huttopia ist nur eine kurze Fahrradfahrt vom Zentrum entfernt.

Musée d'Art Moderne et Contemporain, Straßburg
Ein riesiges Museum für zeitgenössische Kunst mit Tausenden Exponaten von allen möglichen namhaften Künstlern. Es reicht aus, sich die ständige Sammlung anzusehen, man muss nicht unbedingt eine andere Ausstellung besuchen. Toll, wenn Sie Kunst lieben. Oder, wenn Sie nicht so viel mit moderner Kunst anfangen können: ein verwirrender Tag voller Mysterien. **www.musees.strasbourg.eu/musee-d-art-moderne-et-contemporain**

Colmar gilt als »Frankreichs Märchenstadt«, was bedeutet: Wenn Sie Fachwerkhäuser in allen möglichen Farbschattierungen sehen möchten, brauchen Sie nur hier halt zu machen, das genügt. »Klein Venedig« ist als Inbegriff der Perfektion berühmt, und das Musée Bartholdi ist das frühere Zuhause des Mannes, der die Freiheitsstatue erschaffen hat.
www.tourisme-colmar.com/de

BESANÇON
N57
D67
N83
ORNANS
GORGES DE NOUAILLES
DÉSERVILLERS
D41
SOURCE DE LA LOUE
D492
D472
D72
SALINS-LES-BAINS
LEVIER
ARBOIS
PONTARLIER
D467
N5
D471
D5
CHAMPAGNOLE
LAC DE NARLAY
N5
D437
D39
D27
D326
D678
CASCADES DU HÉRISSON
CLAIRVAUX-LES-LACS
D27
D118
D470
D118
SAINT LUPICIN
D436
PARC NATUREL RÉGIONAL DU HAUT-JURA
D124
BELLEYDOUX
SAINT-GERMAIN-DE-JOUX
GENEVA
D1084
A40
BELLEGARDE-SUR-VALSERINE
ROUTE 04

ROUTE 09

BESANÇON-BELLEGARDE-SUR-VALSERINE

DER JURA

Der Jura liegt nordwestlich der Alpen und ist der kleinere und weniger dramatische Bruder des großen Gebirges, derjenige, der nicht auf der Schauspielschule war und dort gefeiert wurde, sondern jemand, der ein durchschnittlicher Schüler war und dann sein eigenes Ding gemacht hat. Das ist ihm allerdings ganz hervorragend gelungen. Der Jura ist überwältigend und hat viel zu bieten, aber nur in kleinen Portionen, verglichen mit, sagen wir mal, dem Montblanc. Was er sehr gut kann, sind offene Wiesen, Wälder, kurvige Straßen, schöne Dörfer und herrliche Seen. Öffnen Sie das Fenster, um die Grillen zirpen und die Kuhglocken bimmeln zu hören. Die Hügel sind lebendig.

AKTIVITÄTEN: **Baden, Picknicken, Wasserfälle und Flüsse entdecken**

START: **Besançon**

ZIEL: **Bellegarde-sur-Valserine**

ENTFERNUNG: **250 Kilometer**

ZEIT: **4 oder 5 Tage**

KARTE (SEITE): **162, 180, 179, 196, 197, 214, 215**

Der Tag fängt gut an. Heute ist unser zweiter Morgen auf dem Campingplatz in Chalezeule in der Nähe von Besançon. Wir finden ihn so großartig, dass wir uns entschlossen haben, mit der Tradition zu brechen und zwei Nächte zu bleiben, um die Stadt zu erkunden und einiges an Arbeit für zu Hause zu erledigen, solange wir noch WLAN haben. Es bedeutet auch, dass wir heute früh aufbrechen. Wir kommen aber nicht weit.

Etwa 50 Meter von unserem Stellplatz entfernt gibt es ein Freibad mit einem Sportzentrum. Es öffnet um 10:30 Uhr, deshalb bleibt uns Zeit, um zu frühstücken, aufzuräumen, die überall verstreuten Sachen wegzupacken (warum sieht es nach nur zwei Nächten immer so chaotisch aus?) und den Camper bereit zu machen. Nachdem wir ein paar Jahre regelmäßig darin gereist sind und Übung haben, geben wir uns 30 Minuten, um das alles zu erledigen. Die Bordtoilette und den Grauwassertank zu entleeren und Frischwasser aufzufüllen, ist zu einem notwendigen Ritual geworden. Da wir sicher sind, es schnell erledigen zu können, haben wir Zeit, uns in die Sonne zu setzen und unser Frühstück zu genießen. Es ist ein schöner Tag mit tiefblauem Himmel, fast keinem Wind und ohne Wolken. Der Fluss ist nur ein paar Hundert Meter entfernt, und das steile abfallende Tal, das südlich von uns liegt, bietet uns auf einer Seite dichten Wald. Darüber ist nur herrlicher Himmel zu sehen.

Das Schwimmbad ist praktisch ausgestorben, als wir, kurz nachdem es aufgemacht hat, aus der Umkleidekabine kommen. Das Wasser hat ein perfektes Schwimmbadblau, die weißen Betonwände reflektieren helles Licht und werfen es in unsere Gesichter. Ich gehe am tiefen Ende ins Wasser. Es ist kalt, aber nicht unangenehm; eine gute Temperatur zum Schwimmen. Vom Wasser aus scheint das Ende des Pools sehr weit weg zu sein, obwohl es nur 50 Meter sind. Ein so großes Schwimmbad bin ich nicht gewohnt, schwimme aber mit kräftigen, gleichmäßigen Zügen los. Mein übliches Schwimmpensum liegt bei 400 Metern als Übung für den Test, den ich am Ende jedes Sommers absolviere, um mein Rettungsschwimmerabzeichen aufzufrischen. Ich messe meine Zeit nie, weil ich jedes Mal denke, dass ich ohnehin zu langsam bin, bemühe mich aber, so schnell wie möglich zu sein. In diesem Schwimmbad brauche ich anstelle er üblichen 16 nur acht Bahnen zu schwimmen, aber es kommt mir mehr vor.

Als Nächstes erwarten mich die Sprungbretter. Das Tauchbecken ist leer (auch ein Grund, früh hier zu sein), und das Wasser ist spiegelglatt. Es ist so glatt, dass ich es beim ersten Eintauchen kaum auf mich zukommen sehe. Ich tauche tiefer, als ich vorhatte, und brauche einige zusätzliche Schwimmzüge, um wieder an die Oberfläche zu kommen, was mich überrascht. Springen war nie meine starke Seite, aber wenigstens habe ich keinen Bauchplatscher gemacht.

Als wir uns wieder abgetrocknet und umgezogen haben, brechen wir vom Campingplatz auf und steuern den Camper in Richtung Jura. Wir umgehen die Stadt, indem wir über eine Seitenstraße auf dem gegenüberliegenden Flussufer fahren. Fast augenblicklich wird es atemberaubend. Die Straße folgt dem Fluss etwa fünf Kilometer und versorgt uns mit einem fantastischen Ausblick auf das sich langsam bewegende Wasser zu unserer Rechten. Links neben der Straße befindet sich ein steiler, bewaldeter Abhang mit einigen Häusern. Wir kommen durch Kleingartenanlagen und eine Reihe von kleinen Siedlungen.

Oft ist der Fahrradweg alles, was uns vom Wasser trennt. Obwohl es hier ländlich wirkt, bringt uns die Straße sehr rasch zu Besançons Zitadelle, dreht dann scharf ab und führt uns aus dem Stadtgebiet weg in die Hügel hinein. Einfach so. Nach ein paar Kilometern steigt die Straße an, und schon befinden wir uns hoch oben im Jura. Wir fahren durch Waldstücke und offene Wiesen ohne Hecken oder Zäune, außer den Begrenzungen durch Wildblumen zwischen den Feldern.

Unser zweites Bad des Tages findet an der Quelle des Flusses Lison statt, einem schönen Fleckchen in den Bergen. Der Fluss entspringt aus einer hohen Kalksteinklippe, die aus einer Kaverne gespeist wird, und fließt zunächst in eine Reihe von Becken und dann über einen Wasserfall in einen tiefen Teich. Wir gehen in die Kaverne, zum höchsten Punkt des Wasserfalls, um uns die Gesteinsspalte anzusehen, aus der das Wasser austritt. Das Wasser ist ganz klar, und wir können tief in das Becken hineinschauen. Tiefer in der Spalte ist es tiefschwarz.

Wir gehen wieder hinunter zum Becken unter dem Wasserfall und ziehen unsere Schwimmsachen an. Einige Leute picknicken hier und genießen die Sonne, die an ein paar Stellen durchscheint. Lizzy watet ins Wasser, bis es ihr an die Hüften reicht, und springt dann vorwärts hinein, wobei Sie einen raschen, panischen Schwimmzug macht – wie jemand, der auf wirklich kaltes Wasser trifft. Anstatt infolge des Kälteschocks kräftig einzuatmen, sollte man schnell ausatmen, um der Reaktion des Körpers entgegenzuwirken. Wenn ich sie so ansehe, spüre ich, dass ihr kalt ist. Tja, das ist ganz natürlich. Wir waren ja gerade in der Höhle, aus der das Wasser herauskommt. Jetzt bin ich dran. Es ist kalt. Wirklich kalt. Ich möchte mich nicht festlegen, was die Temperatur angeht, würde aber sagen, dass es weniger als zehn Grad sind – ungefähr die Temperatur, die das Meer zu Hause in Cornwall an Weihnachten hat. Ich pruste, während ich mich hineinstürze, und tauche lieber ganz unter, als den vorsichtigeren Schwimmzug zu wählen. Als ich hochkomme, pruste ich wieder. Verdammt, ist das kalt!!! Ich schwimme in den Teich hinaus, will unterhalb des Wasserfalls schwimmen, aber es

ist so kalt, dass ich umdrehe und mich an Land begebe. Als ich aus dem Wasser heraussteige, kribbelt meine Haut. Das liegt am kalten Wasser. Wenn der Blutfluss – der vorübergehend umgeleitet wurde, um die lebenswichtigen Organe zu schützen – in die Haut zurückkehrt, rast er vor Hitze und Serotonin und guten Vibes. Wenigstens glaube ich das. Das Schwimmen im kalten Wasser gibt mir ein gutes Gefühl, zumindest hinterher.

Später am Tag, nach einer spektakulären Fahrt durch Schluchten, Wiesen und Dörfer, erreichen wir den Lac de Narlay, einen wunderschönen, durchsichtig blauen See, der von Wald und Schilf umgeben ist. Unser Campingplatz bietet eine der wenigen Zugangsmöglichkeiten. Campingbusse, Zelte und Wohnmobile stehen auf einem engen Streifen, der den Hügel hinunter zum Seeufer führt. Dort gibt es einen kleinen Strand, der aus einer Kalksteinplatte besteht. Wir stellen den Camper ab und laufen zum See hinunter. Die Leute dort schwimmen, springen, SUPen und fahren Kajak. Vor jedem Zelt und jedem Wohnmobil steht irgendeine Art von Wasserfahrzeug: ein aufblasbares SUP, ein Kajak oder eine Luftmatratze. Ich sehe Einhörner, Hummer und Krokodile. Wir ziehen unser Schwimmzeug an und testen das Wasser. Im Vergleich zum Wasserfall ist es warm, und ich brauche nicht einmal halb so lang, um unterzutauchen. Das liegt zum Teil daran, dass die Kalksteinplatte ins tiefe Wasser abfällt, sodass ich gar nicht anders kann, als zu tauchen. Ich tauche auf und schwimme hinaus, weg vom Ufer, schaue zum Campingplatz und zurück zu den Leuten, die an diesem warmen Spätnachmittag eine Abkühlung genießen. Wir fotografieren mit einer wasserdichten Kamera und versuchen, den Rest der Menge auszublenden, damit es so aussieht, als hätten wir den ganzen See für uns gehabt.

Am nächsten Morgen wachen wir bei Sonnenaufgang auf und steigen aus dem Camper. Dabei versuchen wir, so leise wie möglich zu sein, damit wir den See ganz für uns haben. Das ist angesichts der Schiebetür nicht einfach. Wir gehen in Richtung Seeufer. Als

die Sonne ihren täglichen Lauf hinter den Bäumen beginnt, steht das Licht fast horizontal und ist tieforange gefärbt. Niemand außer uns ist wach, und der Campingplatz wirkt friedlich. Die Handtücher von gestern sind über die Zeltleinen drapiert. Kaltes Grillgut steht verlassen herum. Einhörner und Krokodile liegen in der kalten Morgenluft schlapp vor den Zelten und haben Luft verloren. Eine plötzliche Bewegung auf einem Baum offenbart uns ein rotes Eichhörnchen, das vor uns wegspringt. In der Ferne hören wir Kuhglocken läuten.

Als wir den See erreichen, beleuchtet die Sonne den über dem Wasser aufsteigenden Morgennebel von hinten. Ich mache ein paar Fotos, aber das Wasser ist einfach zu verlockend. Es ist immer noch niemand zu sehen, deshalb nutzen wir unsere Frühaufsteher-Privilegien, ziehen uns rasch aus und verschwinden leise im Wasser. Es ist wärmer als die Luft, deshalb dampft es leicht. Wir schwimmen ein bisschen, lachen leise und schauen zurück zum immer noch schlafenden Campingplatz. Als wir aus dem Wasser herauskommen, lässt uns die Kälte des frühen Morgens zittern, und wir ziehen uns rasch wieder an.

Wir gehen wieder den Hügel hinauf zum Camper und setzen den Wasserkessel auf.

An diesem Tag unternehmen wir eine Wanderung zu den Cascades du Hérisson, einem vier Kilometer langen Flussabschnitt mit einer Reihe von beeindruckenden Wasserfällen. Es ist voll, als wir dort ankommen, überall sind Menschen. Am ersten Wasserfall, der eine gigantische Höhe hat, gibt es besonders viele Besucher, die Selfies und sonstige Fotos machen und auf den Felsen herumklettern. Wir setzen unseren Weg fort, der oberhalb

des ersten Wasserfalls entlanggeht und dann über eine Reihe von Pfaden und Stufen ein steiles Tal hinaufführt. Wir erreichen eine zweite Gruppe von Wasserfällen in einer riesigen, ausgehöhlten Felsnische von gewaltiger Höhe. Der Weg führt uns an der Seite der Nische hoch, einen engen Pfad entlang bis nach oben, wo es einen weiteren kurzen, aber breiten Wasserfall gibt. Unter ihm befindet sich ein tiefes Becken. Das Wasser hat den Kalkstein ausgehöhlt und dabei eine wellenartige Höhle hinter dem Wasserfall geschaffen. Als wir uns ausziehen, halten sich zwar einige Gruppen von Leuten hier auf, aber im Wasser ist niemand. Jetzt heißt es mutig sein, also waten wir hinein, tauchen unter und schwimmen dorthin, wo das Wasser ins Becken hineinstürzt, kommen hinter dem Wasservorhang wieder hoch und klettern dann auf einen schmalen Felsvorsprung, von wo aus wir beobachten können, wie

die Menge uns mit offenem Mund anstarrt. Unser Bad hat eine Kettenreaktion ausgelöst, und wir sehen jetzt Kinder und Väter, die sich ebenfalls ausziehen und unbedingt hineinwollen. Wir machen Fotos und genießen es, hinter einem Wasserfall zu stehen. Dann steigen wir heraus und lassen uns von der Sonne trocknen. Als wir aufbrechen, hat es einen regelrechten Ansturm gegeben. Der Ort wimmelt nur so von Menschen, und wir fragen uns, wie es hier aussehen würde, wenn wir nicht schwimmen gewesen wären.

An diesem Abend erreichen wir Clairvaux-les-Lacs und schlagen unser Lager auf einem Campingplatz direkt am See auf. Das Wasser ist türkisblau, und wir können es nicht erwarten hineinzugehen. Wir schnappen uns unsere Schwimmbrillen, ziehen uns rasch im Camper um und waten hinein. Im Vergleich zu den Wasserfällen ist es wunderbar warm. Wir schwimmen ans gegenüberliegende Ufer, das etwa 300 Meter entfernt ist. Es dauert nicht lang. Als wir die andere Seite erreichen, setzen wir uns für einen Augenblick auf einen Holzsteg und schauen zurück zum Campingplatz und dorthin, wo unser Bus steht. Oberhalb des Campingplatzes sehen wir Wald. Links das Dorf und den Kirchturm. Rechts erstreckt sich der See.

Über uns ist nichts als blauer Himmel.

DAS FAHREN

Der Jura eignet sich wunderbar zum Fahren. Es kann haarige Situationen geben, aber insgesamt ist es idyllisch, wenn man erst mal das Hochplateau erreicht hat. Im hohen Wiesengras gibt es nur wenige Hecken und stattdessen Begrenzungen aus Wildblumen, sodass man erkennen kann, wie die Landschaft sich als gewellter Grasteppich hebt und senkt. Bäume sind im Überfluss vorhanden, und es gibt Flecken von dichtem, unberührtem Mischwald an den steilen Hängen.

Wir sehen Drachen in den Himmel emporsteigen und Bussarde auf Beutejagd. Die Geräusche der Insekten sind manchmal ohrenbetäubend laut. Und immer ist da das Geläute der Kuhglocken im Hintergrund.

Wir beginnen unsere Tour am Campingplatz in Besançon und nehmen die D411 auf dem gegenüberliegenden Flussufer zur D404 und N57, die steil aus der Stadt weg in die Hügel hineinführt, in Richtung Südosten und Valdahon. Nach einigen Kilometern geht es rechts ab nach Ornans auf die D67 – eine schöne Straße, die durch offene Wiesen und kleine Dörfer führt und Ihnen sofort eine Vorstellung davon vermittelt, was noch kommt. Folgen Sie der D67 durch Ornans und eine fantastische Schlucht bei Nouailles. Wenn Sie auf die Kreuzung mit der D41 treffen, folgen Sie der Ausschilderung zur Source de la Loue, dem ersten Wasserfall. Es gibt viele Wanderwege in der Gegend, die am Fluss (unterhalb der Quelle befindet sich ein Becken zum Wildschwimmen) entlangführen oder oberhalb, über der riesigen Kaverne, aus welcher der Fluss entspringt. Setzen Sie Ihre Fahrt auf der D41 durch offenes Grasland mit bewaldeten Hängen fort. Biegen Sie in Levier, an einem großen Kreisverkehr in der Mitte der Stadt, nach rechts ab auf die D9. Es ist der erste Abzweig, und das Schild ist schlecht zu erkennen! Diese Straße ist kurvig, bietet aber eine fantastische Aussicht nach Westen, bevor Sie Déservillers erreichen.

STELLPLÄTZE: CAMPING

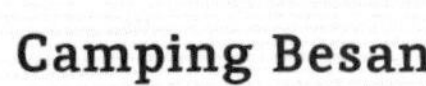

Camping Besançon
12 Route de Belfort, 25220
Chalezeule, Doubs
Internet: campingdebesancon.com/de/homepage/
Tel.: 0033/3 81 88 04 26

Sehr praktisch für Besançon, da der Campingplatz nur fünf Kilometer auf einem schönen Fahrradweg von der Stadt und der Zitadelle entfernt ist. Schönes Freibad nebenan.

Camping du Lac de Narlay
1 Coin d'en Haut, 39130 Le Frasnois, Jura
Internet: www.camping-narlay.com
Tel.: Nur Online-Buchung

Tolle Anlage mit netten Besitzern. Buchen Sie im Voraus; es ist oft voll. Stellplätze mit Strom sind terrassiert, ansonsten freie Platzwahl. Direkter Zugang zum Lac de Narlay.

Camping le Grand Lac/ Camping Grisière
Chemin du Langard, 39130
Clairvaux-les-Lacs, Jura
Internet: www.camping-grandlac.com
Tel.: 0033/3 84 25 22 14
Internet: www.la-grisiere.com
Tel.: 0033/3 84 25 80 48

Großartiger Campingplatz am Ufer des Grand Lac in Strandnähe. Es gibt auch ein Schwimmbad. Viel Schatten unter altem Baumbestand und geräumige Stellplätze.

Le Relais de l'Éventail, Cascades du Hérisson
Lieu-dit Val-Dessus, 39130 Doucier, Jura
Internet: www.relais-de-leventail.com
Tel.: 0033/3 84 25 71 59

Gut geeignet für einen frühmorgendlichen Ausflug zu den Cascades du Hérisson, um den Massen zu entgehen; direkt neben dem Hauptweg zu den Wasserfällen gelegen.

STELLPLÄTZE: *AIRES DE CAMPING CAR*

Es gibt viele *aires* in der Gegend um Salins-les-Bains, Ornans und Clairvaux-les-Lacs.

Der Jura wurde anscheinend nicht durch Höhenbegrenzungen auf seinen Parkplätzen verschandelt. Infolgedessen haben wir ab und zu wildcampende Wohnmobile gesehen, besonders an Seen und Flüssen. Nehmen Sie Rücksicht, räumen Sie Ihren Müll weg, und genießen Sie es.

Gleich hinter dem Dorf befindet sich eine Kreuzung. Biegen Sie nach links ab auf die D492 in Richtung Salins-les-Bains und Source du Lison (nehmen Sie dorthin die D103). Ab und zu fällt die Straße zu beiden Seiten steil ab, aber sie ist toll zu fahren. Die D492 führt Sie nach Salins-les-Bains, einen Kurort mit Salzmuseum und Salzwasser-Thermalbad (das, als wir dort waren, wegen Covid-19 geschlossen war, sonst wären wir reingegangen!). Biegen Sie in der Stadt nach links ab auf die D472, und nehmen Sie dann die D467 nach Champagnole, das in einer tiefen Senke liegt, und für einen kurzen Abschnitt die N5, die Sie durch eine großartige Schlucht und dann auf die D75 zum Lac de Narlay führt. Der Campingplatz – und die Straße, die weiter zum See führt – liegen rechts an einer kleinen Straße. Fahren Sie auf der D75 weiter, bis Sie einen Abzweig nach rechts erreichen, wo die Cascades du Hérisson ausgeschildert sind, die D39. Bald darauf kommt ein Parkplatz für Besucher der Wasserfälle, von wo aus Sie ans Kopfende der Schlucht gelangen. Folgen Sie der Straße etwa 15 Kilometer, um die Straße zum Besucherzentrum am Fuß der Schlucht zu erreichen (D326). Die Straße zum Wasserfall ist fantastisch, ein wunderschöner See verläuft zum Teil neben ihr. Der See hat wieder diese erstaunliche alpine Farbe: ein durchsichtiges Türkis.

Nachdem Sie sich den Wasserfall angesehen haben, biegen Sie am Ende der D326 nach links ab und dann wieder nach links auf die D27. Diese führt sie auf die D678 und nach Clairvaux-les-Lacs. Die Campingplätze am Seeufer liegen an der D118, der Straße, die Sie als Nächstes für

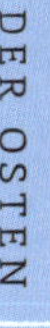

die Weiterfahrt nach Saint-Lupicin nehmen müssen. Es ist eine fantastische kurvenreiche Gebirgsstraße durch den Wald von Les Piards, die ab und zu eine schöne Aussicht bietet.

Die D118 ist eine wunderbare Straße, wie sie typisch für den Jura ist. Sie verläuft durch Wiesen, an bewaldeten Berghängen entlang und führt auch durch eine Reihe von Dörfern – Étival und Les Crozets –, in den Parc naturel régional du Haut-Jura sowie in weit geöffnete Hochtäler. Biegen Sie in Saint-Lupicin nach links ab auf die D470 in Richtung Saint-Claude. Hier haben Sie die Chance, tief in die Täler unter Ihnen zu schauen, bevor Sie auf die Kreuzung mit der D436 stoßen. Biegen Sie nach links in Richtung Saint-Claude ab, und fahren Sie in die Stadt hinein. Biegen Sie dann nach rechts ab auf die D124 nach Belleydoux. Diese Straße führt Sie an der Seite eines Berges entlang und auf einen Pass hinauf, den Col de la Croix de la Serra, der nicht besonders hoch ist, aber trotzdem eine gute Aussicht bietet. Die Straße ist teilweise von Bäumen gesäumt, und man kommt an einigen versprengten Häusern und Bauernhöfen vorbei sowie ein paar hübschen kleinen Wiesen mit bimmelnden Kühen und Mädesüß am Straßenrand; es ist eine richtige Gebirgsstraße. Sie schlängelt sich ohne viel Aufhebens stetig zum Pass hinauf und dann wieder hinunter. Wir haben in Belleydoux die D33 genommen und sind einer bewaldeten Straße gefolgt, die an einem fantastischen, durch eine Schlucht verlaufenden Fluss entlangführte. Wir landeten in Saint-Germain-de-Joux, einem kleinen Dorf am Ende der D124 (die zur D33 wird, dann zur D13 und schließlich zur D55). Hier treffen Sie auf die D1084, die Hauptstraße zwischen Nantua und Bellegarde-sur-Valserine. Biegen Sie nach links in Richtung Bellegarde ab, wo Sie zum ersten Mal die Rhône sehen.

Und wieder ist ein Slow-Road-Abenteuer zu Ende.

Flora im Jura

Im Jura wachsen Wilder Salbei, Rittersporn, Betonien, Skabiosen, Nieswurz, Mädesüß, Glockenblumen und Klappertopf am Straßenrand und auf den Wiesen, ebenso Mohnblumen.

Im Wald gibt es Haselnuss- und Schneeballsträucher, Eichen, Buchen und Lärchen. Beim Wandern durch die Schluchten können Sie Wilde Himbeeren und Wilde Johannisbeeren finden.

Alternatives Ende

Wenn Sie auf dieser Tour einen authentischen Eindruck von der Bergwelt bekommen wollen, können Sie Ihre Fahrt von Saint-Claude aus auf der D436 fortsetzen, die sich in den Skiort Mijoux hinaufschlängelt. Von dort aus folgen Sie der sehr schönen D991 durch Lélex nach Bellegarde-sur-Valserine.

IN DER NÄHE

Citadelle de Besançon, Die Zitadelle von Besançon thront stolz über der Stadt und ist ein Meisterwerk der Militärarchitektur des 17. Jahrhunderts, gebaut von Sébastien Le Prestre de Vauban, mit großartigem Ausblick. Es lohnt sich, die darunterliegende Stadt zu erwandern, und auch der Fluss ist sehr schön. Sehr fahrradfreundlich; ein fantastischer Off-Road-Radweg führt zum Campingplatz. **www.citadelle.com**

Cascades du Hérisson Eine Reihe spektakulärer Wasserfälle in einem wunderschönen Tal auf einem vier Kilometer langen Flussabschnitt mit einigen beeindruckenden Felsnischen. Eine schöne Wanderung, aber leider oft überfüllt. Tolle Wildschwimmmöglichkeit an einem der Wasserfälle.
www.regiondeslacs.fr/les-cascades-du-herisson.htm

Source de la Loue Ein Wasserfall entspringt aus einer Höhle in einer Kalksteinnische. Sehr beeindruckend. Wildschwimmen flussabwärts möglich. Tolle Wandermöglichkeiten in der Umgebung.
www.bourgognefranchecomte.com/sit/source-de-la-loue-7

Source du Lison Aus einer Felsnische mit einem tiefen Höhlensystem entspringt ein beeindruckender Fluss und Wasserfall. Großartige Wildschwimmmöglichkeit im sehr kalten Wasser, und Sie können in die Höhle hinter dem Wasserfall hineingehen.
www.bourgognefranchecomte.com/sit/source-du-lison-7

Thermes Salins, Salins-les-Bains Salzwasser-Thermalbad im Herzen von Salins-les-Bains. **www.thermes-salins.com**

ROUTE 10
D902
COL DE L'ISERAN
ALTITUDE: 2770 m
14 BONNEVAL-S-ARC
33 LANSLEBOURG
VAL D'ISERE 17
Bg St MAURICE 50
LAC LÉMAN
THONON-LES-BAINS
D902
GENEVA
MORZINE
BONNEVILLE
CLUSES
D1205
A40
PASSY
SAINT-GERVAIS -LES-BAINS
CHAMONI
ANNECY
D902
D1212
N205
MONT BLANC
D218B
LES SAISIES
UGINE
BEAUFORT
D925
ALBERTVILLE
BOURG-SAINT -MAURICE
N90
N90
MOÛTIERS
VAL-D'ISÈRE
CHAMONIX

ROUTE 10

THONON-LES-BAINS-VAL-D’ISÈRE

WINTER IN DEN ALPEN

Die Route des Grandes Alpes zu fahren, ist immer lohnenswert, besonders wenn Sie eine winterliche Spritztour planen und dabei einige klassische Wintersportorte besuchen möchten. Leider muss man die Route im Winter schon in Val-d’Isère abbrechen, wegen des Schnees, aber deshalb enttäuscht sie nicht, ganz im Gegenteil. Sie ist eine wirklich atemberaubende Bergstrecke, die durch wunderschöne Landschaft führt.

AKTIVITÄTEN: Wintersport

START: Thonon-les-Bains

ZIEL: Val-d’Isère

ENTFERNUNG: 255 Kilometer

ZEIT: 4 Tage (oder mehr, wenn Sie Ski fahren möchten)

KARTE (SEITE): 198, 216, 217, 234, 235

In der Nacht war es windig mit etwas Regen und Sturmböen, die uns seit den frühen Morgenstunden wachgehalten haben. In der ersten Nachthälfte haben wir gut geschlafen, nachdem wir uns am Abend zuvor von der Terrasse eines Thermalbads aus den Genfer See angeschaut hatten. Nach kurzer Fahrt sind wir hier in Anthy-sur-Léman in der Schweiz gelandet, wo wir uns in einer *aire* zur Ruhe gelegt haben, nur ein paar Meter vom Seeufer entfernt.

Trotz des Nordwindes und der Warnungen einiger Reisender, im Morgengrauen baden gehen zu wollen, packen wir frühmorgens und machen uns auf in Richtung Thonon-les-Bains, um Vorräte zu besorgen, LPG zu tanken und dann die D902 in Richtung Morzine in Angriff zu nehmen – die nächste Etappe eines winterlichen Slow-Road-Abenteuers, in dessen Verlauf wir das Snowboarden erlernen wollen. Wir folgen der Route des Grandes Alpes, die wir allerdings in Val-d'Isère werden verlassen müssen, denn wir wollen lieber nicht versuchen, den 2.770 Meter hohen Col de l'Iseran zu überqueren, der um diese Jahreszeit geschlossen ist.

Es ist etwa 11 Uhr, als wir an der Dranse de Morzine entlang losfahren, einem Fluss, der durch eine Schlucht fließt. Nachdem wir Thonon verlassen haben, beginnt die Straße fast augenblicklich, sich durch die Bäume zu schlängeln. Als wir nach ein paar Kilometern wissen, dass wir auf dem richtigen Weg sind, halten wir an einem Rastplatz, um den Wasserkessel anzuwerfen und zu Mittag zu essen – Baguette mit Pâté, das wir mit Tee herunterspülen. Wir sehen Regentropfen auf der Windschutzscheibe und freuen uns, dass wir den Komfort im Camper genießen dürfen. Dann wird der Regen zu Hagel, und der Himmel verdunkelt sich. Der Hagel wird zu Schneeregen und dann zu Schnee, während wir schnell alles einpacken und wieder losfahren. Uns ist bewusst, dass wir jetzt in die Berge kommen, wir haben aber die Schneeketten noch nicht ausprobiert, und mittlerweile schneit es heftig.

Wir kriechen durch die Schlucht und erreichen Pied de la Plagne, kurz vor Morzine, wo die Straße über eine Reihe von engen Kurven in Richtung unseres ersten Stopps Les Gets ansteigt. Während wir durch die Kurven navigieren und es immer heftiger schneit, können wir das Tal unter uns nicht mehr erkennen. Als wir bergaufwärts ins Dorf hineinschleichen, stellen wir fest, dass sich der Schnee hier schon eine Weile angesammelt hat. Sofort kommt man sich vor wie in einem Skifilm, in dem es praktisch völlig weiß ist. Die Menschen laufen in Skikleidung mit Skiern über der Schulter herum und bewegen sich mit behelmten Köpfen ungelenk in ihren Skischuhen, während ihnen die dicken Flocken auf die Schultern fallen. Hier lag schon vorher Schnee, wie wir erkennen können, aber jetzt, als wir in einer steilen Seitenstraße nach dem Haus unseres Freundes suchen wollen, bedeckt Neuschnee die Straße. Wir biegen in die Straße ein, fahren den Hang hinauf und versuchen unser Glück. Es ist steil, und die Räder drehen durch, wodurch wir in irgendeine Auffahrt hineinrutschen, also wenden wir lieber und fahren vorsichtig zurück. Wir beschließen, die *aire* zu suchen, die sich am Ende des Dorfes in Les Perrières befindet.

In der *aire* gibt es bereits einen ganz schönen Haufen Schnee – und auch ein paar Wohnmobile. Einige sind von tiefem Schnee bedeckt, sie müssen also schon länger hier sein. Wir fahren hinein und suchen uns einen relativ schneefreien Platz; jemand muss ihn vor Kurzem verlassen haben. Wir besetzen den Platz, befestigen eine Abdeckung an der Windschutzscheibe, stellen die Heizung an und begeben uns dann hinaus in den Schnee, um unsere Freunde zu suchen.

Sie schlagen uns vor, mit der Seilbahn auf den Mont Chéry zu fahren, von wo aus man einen guten Blick auf das Dorf habe. Es dauert nur ein paar Minuten, bis wir oben sind, wo es ein Restaurant gibt. Einige Leute fahren mit Skiern zurück nach unten zu den Liften, aber nicht sehr viele. Es ist windstill, und die Ruhe ist unheimlich. Große Flocken fallen leise vom grauen

Himmel herunter, landen überall, türmen sich, weigern sich zu schmelzen. Wir bestellen Bier und heiße Schokolade an der Bar und setzen uns ans Fenster.

Als wir unsere Getränke ausgetrunken haben und nach draußen treten, liegt der Schnee so hoch, dass er unsere Stiefel bedeckt. Unsere Freunde führen uns vom Lift weg über die Piste und durch die Bäume zu einem Pfad, der um den Berg herumgeht. Die Kinder rennen davon, werfen sich in die tiefsten Schneewehen und rutschen mit kleinen Plastiktabletts unterm Hintern den Abhang hinunter.

Während wir gehen, sind wir völlig gebannt von der Landschaft und dem Schnee. Für uns, die wir gewohnt sind, uns auf Meeresspiegelniveau zu bewegen, ist dies eine völlig neue Welt.

Ich fühle mich ähnlich wie damals, als ich vor vielen Jahren zum ersten Mal am Times Square aus einem Taxi gestiegen bin: Es ist surreal, schön, vertraut und doch so anders als alles, was ich vorher erlebt habe.

Unsere Freunde sind aufgeregt wegen des Neuschnees, weil sie sich auf eine Tiefschneetour am nächsten Tag freuen. Das klingt gut, aber wir lehnen das Angebot ab, uns von den steilsten Hängen abseits der Pisten herunterzustürzen, und beschließen stattdessen, uns lieber vom Lift an der Anfängerpiste absetzen zu lassen, wo wir unsere Snowboardlektionen fortsetzen wollen.

Die *aire* in Les Gets ist zum Snowboarden und Skifahren perfekt gelegen. Wenn Sie dazu in der Lage sind, eine rote Piste zu bewältigen, können Sie im Wohnmobil Ihre Ausrüstung anlegen und dann nach weniger als 50 Metern den nächsten Lift erreichen, der Sie rasch nach Chavanne und zum Tapis de Mappys (einem beliebten Teppichlift) bringt, wo Sie direkt bei den Skischulen und den Anfängern landen. So wie wir.

Wir haben viel Spaß auf den Anfängerpisten und genießen das Gefühl von Pulverschnee unter unseren Boards (und Hintern). Der Traum, auf Schnee zu surfen, ist für uns wahr geworden!

Ein paar Stunden reichen uns, dann kehren wir ins Dorf zurück, wo wir unsere Freunde auf ein Bier treffen und Neuigkeiten austauschen. Das ist wieder so ein surrealer Moment: Ich tue etwas, was ich noch nie zuvor getan habe, und trotzdem kommt es mir so vertraut vor. Wir beobachten, wie die letzten Skifahrer nach Hause kommen, mit ihren Skiern fast in die Bar

hineinfahren und ihren Tag bei einem Bier ausklingen lassen, so wie wir es auch tun. Es ist ein sprichwörtliches Ritual, und jetzt mache ich es zum ersten Mal selbst. Ich bin total begeistert.

Wir nehmen den falschen Bus zurück zum Camper, aber das macht nichts. Lizzy und ich haben uns auf dieses großartige Slow-Road-Abenteuer im Schnee eingelassen und sind verliebt: in die Berge, ins Snowboarden und ineinander. Was für ein Glück es doch ist, hier zu sein und durch Frankreich zu fahren! Da macht es uns nichts aus, dass der Bus uns auf eine Spritztour durch die kleinen Straßen an den Hängen in und um Les Gets mitnimmt. Es macht uns nichts aus, dass die Straßen eng und abschüssig sind. Alles ist neu, unglaublich und atemberaubend schön.

Schließlich setzt uns der Bus an der *aire* ab. Wir hängen unsere nassen Sachen ins Bad, drehen die Heizung hoch und machen es uns gemütlich für eine weitere Nacht mit Schneefall. Kurz vor Tagesanbruch liegt die Temperatur bei minus 5,5 Grad, und wir müssen für unseren Tee Schnee schmelzen, weil der Wassertank über Nacht eingefroren ist. Kein Problem. Wir können sowieso nirgends hinfahren, also brechen wir wieder zu den Anfängerpisten auf.

Skifahren und Skipässe

Dies ist kein Buch übers Skifahren, aber wenn Sie vom Wohnmobil aus Snowboarden oder Skifahren möchten, können die Regeln in einem Skiort verwirrend sein. An jedem Lift bzw. jeder Skistation finden Sie eine *caisse* (Ticketschalter), wo Sie einen Skipass für die Pisten und Lifte kaufen können. Die Leute dort sind normalerweise sehr hilfsbereit und sprechen Englisch (falls Ihr Französisch nicht so gut ist).

Skipässe sind mancherorts für Anfänger billiger und gelten dann nur für die Lifte an den Anfängerpisten. Es werden Tages-, Halbtages- und sogar Zwei-Stunden-Tickets angeboten. Wenn Sie auf der Durchreise sind und mal kurz Skifahren möchten, bevor sie weiterfahren, reichen ein paar Stunden. Benutzen Sie die (manchmal verwirrenden) Ortskarten, um herauszufinden, wo Sie hinmöchten und welche Lifte Sie dazu benutzen müssen.

TIPP: Wir haben ein wenig recherchiert, bevor wir losgefahren sind, und uns gebrauchte Snowboards und Stiefel bei eBay besorgt. So hatten wir die Ausrüstung immer dabei, falls wir unterwegs einen guten Platz zum Snowboarden finden sollten, und haben auch die Verleihgebühr gespart.

DAS FAHREN

Die Route des Grandes Alpes ist eine offizielle Touristenstraße, die von Nord nach Süd verläuft: von den Gestaden des Genfer Sees bis ans Mittelmeer. Dieser Route ist die Tour de France schon ein paarmal gefolgt, da sie einige der hohe Alpen-*cols* miteinbezieht, so auch den Col de l'Iseran, den höchsten Bergpass Europas, der gleich hinter Val-d'Isère liegt.

Nehmen Sie von Thonon-les-Bains aus die D902 in Richtung Morzine. Diese schöne, offene Straße folgt der Dranse de Morzine, einer langen Schlucht mit einem reißenden eisblauen Fluss, und hat ein paar enge Kurven, Tunnel und steile Abgründe. Sie ist gut für Fahrer geeignet, die mit Abgründen ihre Schwierigkeiten haben, da man sich aufs Fahren konzentrieren muss, anstatt aus dem Seitenfenster auf den Fluss hinunterzuschauen. Die Straße fängt direkt vor dem Abzweig nach Morzine an, eine Reihe von Haarnadelkurven zu beschreiben, und steigt mit jeder Kurve höher und höher, bis sie in Les Gets ein Hochplateau erreicht. Hinter Les Gets versinkt die Straße in der bewaldeten Schlucht zwischen Les Perrières und Taninges, um am Berghang über Cluses wieder aufzutauchen und dann auf die Talsohle abzufallen (wobei sie eine tolle Aussicht bietet). Dort trifft sie auf die *autoroute* A40 sowie die viel attraktivere D1205. Die beiden Straßen verfolgen fast dieselbe Linie, bis nach Sallanches, wo die D1205 durch eine seelenlose Ebene mit Einkaufskomplexen und Supermärkten führt. Das ist jedoch immer noch besser, als auf der Autobahn zu fahren, und bietet Gelegenheit, die Vorräte aufzustocken. In Marlioz l'Abbaye führt Sie die D1205 entweder auf die N205 oder auf die D902 nach Saint-Gervais-les-Bains sowie auf die Route des Grandes Alpes.

Als interessanter Umweg bietet sich die N205 nach Chamonix an – eine außergewöhnliche Straße, die sich zweiteilt, wenn sie die steile Schlucht hinaufklettert, die Chamonix von der Talsohle trennt. Wenn Sie nach Chamonix hineinfahren, kommen Sie über den Viaduc des Égratz, eine riesige Betonkonstruktion mit fantastischem Ausblick ins Tal. Wenn Sie wieder hinunterfahren, folgen sie der – vermutlich – alten Straße, die kurvig ist und sich am Verlauf der steilen Felswände orientiert. Chamonix muss man einfach gesehen haben, und sei es auch nur, um einen Blick auf den Montblanc und die Aiguille du Midi zu werfen. Es gibt dort eine Seilbahn, die Sie auf die Spitze der Aiguille du Midi in 3.842 Metern Höhe bringt.

Wenn Sie von der D1205 auf die D902 wechseln, führt die Straße in einer großen Schleife aus der Talsohle heraus in die prächtige Stadt Saint-Gervais-les-Bains, einen Skiort und Haltestation einer anderen Straße, der Route de Baroque, auf der Sie eine Reihe von Barockkirchen besuchen können. Die Église Saint-Gervais et Saint-Protais de Civaux ist eine dieser Kirchen. Ihre Lage auf einem Felsvorsprung über einer tiefen Schlucht zwischen der alten Teufelsbrücke (Pont du Diable) und der neuen Straßenbrücke ist spektakulär, ebenso wie der kunstvolle Altar. Der Ausblick von der Teufelsbrücke ist beeindruckend. Die *aire de camping car* ist in der Nähe und eine Übernachtung wert.

Hinter Saint-Gervais-les-Bains verbindet sich die D902 mit der D1212, der Straße, die Sie durch Megève in Richtung Albertville führt. Diese großartige Straße führt durch ein fantastisches Hochtal mit Skipisten zu beiden Seiten. Wir haben in Praz-sur-Arly einen Zwischenstopp zum Snowboarden eingelegt. Der dortige Campingplatz, Camping Pres d'Arly, hat das ganze Jahr über geöffnet, und die Snowboard-Bedingungen sind ideal für Anfänger – ein toller Stopp zum Boarden, wenn man dort vorbeikommt.

Hinter Flumet folgt die D1212 der Schlucht Gorges de l'Arly; zumindest als wir dort waren, war dieser Straßenabschnitt wegen Steinschlag geschlossen. Wenn Sie also eine viel interessantere Route suchen, die noch dazu ebenfalls der Route des Grandes Alpes folgt, nehmen Sie die D218B in Richtung Les Saisies. Sie ist großartig und führt in die Berge zu einem Hammer-Skiort auf dem Col des Saisies in 1.659 Metern Höhe. Uns gefiel es dort so gut, dass wir an der *aire* Halt gemacht haben, in dem fantastischen Schwimmbad baden waren und auf den sanft abfallenden Hängen Snowboard gefahren sind. Es war unser absoluter Lieblingsort.

STELLPLÄTZE: CAMPING

Camping Huttopia, Bourg-Saint-Maurice
Route des Arcs, 73700 Bourg-Saint-Maurice, Savoie
Internet: europe.huttopia.com/site/camping-bourg-saint-maurice
Tel.: 0033/4 79 07 03 45

Ganzjährig geöffnet. Beliebt bei Wohnmobilisten. Gratis-Bus zur Zahnradbahn für Skifahrer. Trockenraum. Supermarkt nebenan.

Camping Pres d'Arly, Praz-sur-Arly
229 Route des Thouvassières, 74120 Praz-sur-Arly, Haute-Savoie
Internet: www.campinglespresdelarly.com
Tel.: 0033/6 10 44 02 33

Das ganze Jahr geöffnet. Skilifte in Laufweite. Perfekt für Sommer- und Winterabenteuer.

STELLPLÄTZE: *AIRES DE CAMPING CAR*

Es gibt viele *aires* auf dieser Route. Im Winter sind sie oft die einzige Option, abgesehen vom Wildcamping, da geöffnete Campingplätze selten und weit verstreut sind. Wir waren hier:

Anthy-sur-Léman: *Ein paar Plätze am See, nur wenige Meter vom Ufer entfernt. Kostenlos.*

Les Gets: *Schöne* aire *bei den Skiliften in Les Perrières mit einer Flot-Bleu-Entsorgungsanlage in der Nähe (2 Euro). Zahlung im Rathaus, etwa 15 Euro pro Nacht.*

Saint-Gervais-les-Bains: *: Großartige* aire *oberhalb des Flusstals und in der Nähe der Eislaufbahn sowie einer guten Pâtisserie. 7 Euro für 24 Stunden.*

Conflans: *Direkt unter der alten Stadtmauer gibt es einen ebenen Parkplatz mit gutem Blick auf Albertville und Platz für ein paar Wohnmobile. Kostenlos.*

Hinter dem Col des Saisies führt die D216B rasch über eine Reihe von Kurven und Serpentinen in den Wald hinunter bis nach Beaufort, wo sie sich für eine wunderschöne Bergtour nach Albertville mit der D925 verbindet.

Leider müssen Sie für den nächsten Abschnitt der Reise eine Schnellstraße benutzen, aber auch diese verfügt über eine tolle Aussicht und andere Highlights. Sie befinden sich schließlich in den Alpen und sind von ihnen umgeben. Steile Felswände auf der Ostseite (zu Ihrer Linken) enden abrupt auf dem Grund des Tales und bieten einen Blick in abgelegene Täler mit Wasserfällen.

Nehmen Sie in Moûtiers die N90 in Richtung Bourg-Saint-Maurice, eine viel befahrene, aber schöne Straße. Sie folgt dem Lauf des Flusses Isère, allerdings hoch über der Talsohle, und bietet eine großartige Aussicht, während sie sich zur Stadt hochschlängelt. Bourg-Saint-Maurice ist der Stopp für Les Arcs; es gibt dort eine Zahnradbahn, die zum Retorten-Skiort hochfährt. Von hier aus gibt es eine kostenlose Busanbindung zu den vier Resorts: Arc 1600, 1800, 1950 und 2000. Diese schöne Stadt ist der letzte Stopp des TGV aus Paris und deshalb beliebt bei Skifahrern, die per Zug anreisen möchten. Es gibt hier einen Huttopia-Campingplatz, der während des ganzen Jahres geöffnet ist.

Die D902 setzt sich über Bourg-Saint-Maurice hinaus in Richtung Val-d'Isère fort. Wie sich die Straße über der Isère erhebt und in die Nobel-Skiorte führt, gleicht sie einer alpinen Promenade. Wir waren an einem Tag dort, als es regnete und der Schnee im darunterliegenden Tal weggeschmolzen war. Je höher wir kamen, desto mehr hatten wir das Gefühl, eine ganz andere Welt zu betreten, als die Talsohle aus unserem Blickfeld

verschwand und die Straße sich hinaufschlängelte. Manchmal fuhren wir an steilen Felswänden entlang, und nur eine Betonbarriere trennte uns vom Abgrund. Auf dieser Straße gibt es eine Reihe von feuchten Betontunneln, die nicht sehr hübsch sind, aber die Strecke vor Lawinen und Steinschlag schützen. Dazwischen ist der Blick spektakulär, wenn er nicht gerade von Bäumen verdeckt wird.

Der letzte Tunnel führt Sie zu dem Staudamm, der den Lac du Chevril an seinem Platz über Tignes Le Lac hält. Der Blick ist hier wirklich herrlich, man sieht rundherum Berggipfel, schneebedeckte Bäume und Gesteinshänge. Auch Eisfälle säumen die Straße ab und zu, dort, wo Bäche gefroren sind. Als wir hier waren, war die Straße trotz der Höhe frei und voller Busse und Pkws (es war Samstag). Val-d'Isère liegt kurz hinter dem Lac. Es ist ein belebter Ort voller Skier, Range Rover und wohlhabend aussehender Leute. Die Straßen sind eng, das heißt, es ist schwierig für Wohnmobile, einen Parkplatz zu finden. Es gibt aber außerhalb des Dorfes eine *aire*.

Wenn Sie im Juli oder August kommen, können Sie von hier aus auf den Col de l'Iseran hochfahren. Aber wir auf unserem winterlichen Slow-Road-Abenteuer hatten in Val-d'Isère das Ende der Straße erreicht. Alles, was wir noch tun konnten, war umzudrehen und zurück nach unten in die Schlucht zu fahren. Es ist nicht der schlechteste Weg.

IN DER NÄHE

Route de Baroque Barocke Kirchen auf einer ausgeschilderten Route, die einen Blick wert sind und entlang der gesamten Route zu finden sind.

Seilbahn zur Aiguille du Midi, Chamonix Sie fährt von der Stadt aus hoch zum Gipfel auf 2.700 Metern. Oben gibt es einen Glasboden, durch den man 1.000 Meter in die Tiefe sehen kann. **www.compagniedumontblanc.fr**

Thermalbad Bain Bleu, Genf Okay, wir sind hier in der Schweiz und nicht in Frankreich, aber aller Wahrscheinlichkeit nach müssen Sie auf dem Weg nach Thonon-les-Bains hier vorbeifahren. Es ist ein kostspieliges, luxuriöses Bad und Hammam (türkisches Bad) am Ufer des Genfer Sees mit Freibad und Blick auf den See. Sie sollten es sich nicht entgehen lassen. Und da Sie in der Schweiz sind, müssen Sie keine enge Badekleidung tragen. **www.bain-bleu.ch**

Altstadt von Conflans Conflans Eine Stadt aus dem 14. Jahrhundert mit Stadtmauer. Es sieht hier ein bisschen aus wie in einem *Shrek*-Themenpark, aber es ist niedlich: kopfsteingepflasterte Straßen, Künstler, Töpfereien und so weiter. Ein Bilderbuchstädtchen auf einem Berg. Gute *aire* in der Nähe. **www.savoie-mont-blanc.com/en/offre/fiche/the-medieval-city-of-conflans/105629**

Wasserpark and Sportzentrum Le Signal, Les Saisies Toll für ein Après-Ski-Bad. Bis etwa 18 Uhr geöffnet. Denken Sie an Ihre enganliegende Badekleidung. Mit Kletterwand, Bowling und Bar. Direkt gegenüber der *aire*. **www.lessaisies.com/le-signal.html**

Zahnradbahn, Bourg-Saint-Maurice Lassen Sie den Wagen auf dem Campingplatz stehen, und nehmen Sie die Zahnradbahn nach Les Arcs. Einfach und billig – und es macht Spaß. Steigen Sie in den Bus um, um ins Skigebiet zu gelangen. **www.lesarcs.com/funiculaire.html**

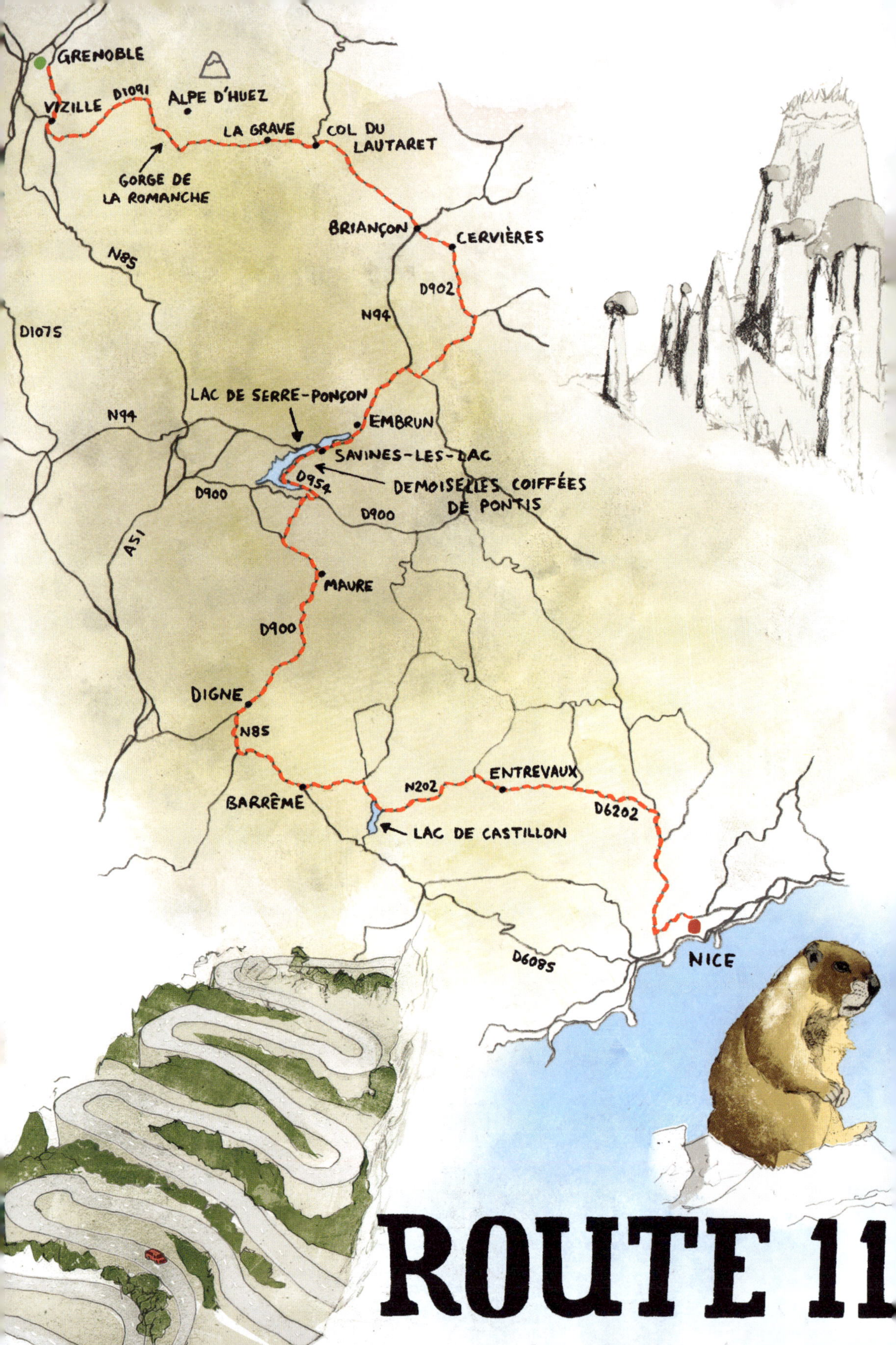
GRENOBLE
VIZILLE
D1091
ALPE D'HUEZ
LA GRAVE
COL DU LAUTARET
GORGE DE LA ROMANCHE
BRIANÇON
CERVIÈRES
N85
D902
N94
D1075
LAC DE SERRE-PONÇON
N94
EMBRUN
SAVINES-LES-LAC
D954
DEMOISELLES COIFFÉES DE PONTIS
D900
D900
A51
MAURE
D900
DIGNE
N85
BARRÊME
N202
ENTREVAUX
D6202
LAC DE CASTILLON
NICE
D6085
ROUTE 11

ROUTE

GRENOBLE-ENTREVAUX SAINT-MARTIN

SOMMER IN DEN ALPEN

Die Alpen! Sie wecken Assoziationen an Wiesen voller Wildblumen, Skifahren, hohe Passstraßen, abgelegene Dörfer und Käse. Viel Käse. Wie immer steckt ein Funken Wahrheit in den Klischees. In einem Skiort ist man im Winter nie mehr als zehn Meter von einem Teller Raclette entfernt und im Sommer nie sehr weit von wunderschönen Blumen. Trotzdem heißt das nicht, dass man an jeder Ecke über den Inbegriff der alpinen Flora, das Edelweiß, stolpert oder über den schwer zu fassenden und sehr scheuen Inbegriff der alpinen Fauna, das entzückende Murmeltier.

AKTIVITÄTEN/ ATTRAKTIONEN
Blumen, Murmeltiere, Gletscher, Biken, Wandern

START:
Grenoble

ZIEL: Entrevaux Saint-Martin

ENTFERNUNG:
250 Kilometer

ZEIT: 4 oder 5 Tage

KARTE (SEITE):
250, 251, 252, 253, 271, 270, 288, 289, 290, 291, 309

ROUTE 11

Das Murmeltier, *Marmota marmota*, ein scheues Erdhörnchen, das man (von Zeit zu Zeit) in den Alpen findet, ist das Maskottchen von Alpe d'Huez, einem östlich von Grenoble gelegenen Skiort. Ich erinnere mich daran, weil meine Freunde Martin und Cath vor Jahren mit ihrem VW-Campingbus dort waren. Sie kauften sich einen Aufkleber des Nagetiers und klebten ihn an die Scheibe ihres Bullis. Jahre später, als sie ihren geliebten VW-Bus restaurierten, haben sie so gut wie alles daran ersetzt, bis auf das Murmeltier aus Alpe d'Huez.

Es ist eins von den Dingen, die sich in mein Gedächtnis eingebrannt haben: Alpe d'Huez ist gleich Murmeltier.

Wir haben versucht, Murmeltiere zu finden, als wir in den Pyrenäen waren (man hat sie dort wieder ausgewildert, nachdem sie ausgestorben waren), hatten aber kein Glück. Als wir dann unsere Reise über die Alpen planten, um einen Teil der Route des Grandes Alpes zu absolvieren, und feststellten, dass die Route an Alpe d'Huez bei Grenoble vorbeiführt, beschlossen wir, dort hinzufahren und nach Murmeltieren Ausschau zu halten – die beängstigenden Serpentinen, für die die Straße berühmt ist, waren uns egal.

Ein weiterer Grund, warum wir diese Strecke fahren wollten, ist der, dass meine Partnerin Lizzy Botanikerin ist und man sie oft beim Fotografieren von Hecken, Straßen- und Wegesrändern sowie Wiesen antrifft. Manchmal geht sie mir auch in der Vegetation verloren. Früher, so sagt sie, als sie zum Radfahren in den Alpen gewesen sei (sie fährt wirklich gern Berge hoch), habe der Anblick der Straßenränder ihr geholfen, die hohen Pässe zu meistern, aber sie bedauere immer noch, damals nicht öfter angehalten zu haben, um sich alles genauer anzusehen. Genau hinsehen – das entspricht ganz dem Slow-Road-Gedanken. Deshalb habe ich ihr versprochen, dass wir uns den hochalpinen Wiesen widmen werden und sie genügend Zeit mit den Blumen in deren natürlichem Lebensraum verbringen kann.

Das erweist sich, zumindest in der Theorie, als einfacher, als ich es mir vorgestellt hatte. Ich entdecke während meiner Last-Minute-Nachforschungen (im Internet, auf einem Campingplatz im Jura), dass die Wiesen oberhalb des Col du Lautaret auf der Straße nach Briançon unter Botanikern weltbekannt für ihren spektakulären Blumenflor sind. Dieser, so lese ich, ist Mitte Juli auf seinem absoluten Höhepunkt. Ich schaue auf den Kalender. Bingo. Wir haben den 12. Und: Wir sind genau auf Kurs und könnten innerhalb eines Tages dort sein. Wunderbar! Ich hänge die Messlatte hoch, auf Edelweiß, und erkläre die Jagd nach den ultimativen Symbolen der Alpen zu unserem Ziel.

Es dauert nicht lange, bis wir unser erstes Murmeltier entdecken, nicht weit von Grenoble, an einem Kreisverkehr, wo wir auf die Straße nach Alpe d'Huez treffen. Es ist etwa 1,80 Meter groß und aus Holz geschnitzt. Als Symbol des Dorfes steht es dort, um uns zu begrüßen, doch alles, was es tut, ist, mich von meinem derzeitigen Job abzulenken, die Straßenschilder zu lesen und den Camper in die richtige Richtung zu lenken, und so nehme ich am Kreisverkehr die falsche Ausfahrt. Als uns klar wird, was passiert ist, sind wir bereits dabei, in die Berge der Gorges de l'Infernet hochzufahren. Man kann hier nirgends wenden, und eine Reihe ungeduldiger französischer Fahrer sitzt uns im Nacken.

Es ist an der Zeit, unseren Plan zu ändern. Und, so sage ich mir, ich wollte sowieso nie diese Serpentinen hochfahren. Lizzy brütet über der Karte, während wir weiter und weiter

in die Berge hineinfahren. Ich starre geradeaus auf die weißen Linien und navigiere den Camper um enge Kurven, wobei ich versuche, nicht über die niedrige Betonbegrenzung zu schauen, die sich am Rand meines Sichtfeldes befindet. Hin und wieder werfe ich einen Blick aus dem Fenster, wo sich zu meiner Rechten eine großartige Aussicht eröffnet. Mit jedem Meter steigen wir höher, mir dreht sich der Magen um, und ich halte das Steuer fest umschlossen, darüber gebeugt, als würde ich in einem gefährlich übermotorisierten Sportwagen an einem Bergrennen teilnehmen.

Lizzy sagt, dass Les Deux Alpes ein paar Kilometer vor uns liege, und da es sich auf einer Höhe von 2.189 Metern befinde, könnten wir über die Baumgrenze und damit zu den Almen gelangen, wo sich die Murmeltiere normalerweise aufhielten. Sie merkt außerdem an, dass wir vom Dorf aus möglicherweise den Glacier de Mont-de-Lans per Seilbahn erreichen könnten. Das klingt interessant!

Wir verbannen den Gedanken an Alpe d'Huez und nehmen den Abzweig, um den steilen und serpentinenreichen Anstieg auf der D213 zu beginnen. Wie üblich halte ich meinen Blick auf die weißen Streifen geheftet, während Lizzy aus dem Fenster schaut. Obwohl es extrem kurvig ist, wird die Aussicht glücklicherweise von Bäumen verdeckt, deshalb fällt es mir nicht schwer, die

Haarnadelkurven hochzutuckern. Kurz vor dem Dorf entdecken wir die *aire de camping car,* die einen Blick ins Tal bietet. Sie ist riesig, und es ist noch jede Menge Platz, sodass wir einen Stellplatz mit Aussicht ansteuern. Wir zahlen, stecken den Stecker ein und fangen an, Pläne zu schmieden.

Wir machen einen Spaziergang ins Dorf, um uns einen Überblick zu verschaffen. Wir finden die Seilbahn zum Gletscher und drehen eine Runde um das Dorf herum. Lizzy ist aufgeregt, als sie wilde Lupinen entdeckt, Fingerhut und Klappertopf sowie ein paar andere Blumen, von denen sie Fotos macht, um sie später identifizieren zu können, während wir ziellos durch ein Feld voller Glocken tragender Kühe mit ihren Kälbern streifen. Der Ausblick hinunter in das im Tal gelegene Mont-de-Lans ist plötzlich schwindelerregend und erhaben. Sogar hier in Dorfnähe befinden wir uns auf einer Höhe von 1.650 Metern – immerhin 300 Meter höher als der höchste Berg Großbritanniens, der Ben Nevis in Schottland.

Am nächsten Morgen stehen wir früh auf, um gleich auf den Berg zu fahren, wenn die Seilbahn öffnet. Wir kaufen unsere Tickets und bewegen uns dann ruckartig aus dem Dorf hinaus, als uns der Jandri Express auf den Gletscher hochträgt, der einmal der schnellste Skilift der Welt war. Als wir oben aussteigen, herrscht dort heller Sonnenschein, und wir fühlen uns in die Zeit vor sechs Monaten zurückversetzt, als wir in Les Gets snowboarden waren. Der Gletscher schimmert weiß, und wir sind umgeben von Skifahrern und Snowboardern in voller Montur. Wir dagegen tragen Shorts und T-Shirts. Ich bin selig, hier zu sein, auf über 3.400 Metern. Das ist mehr als dreieinhalbmal so hoch wie Englands höchster Berg, der Ska Fell mit bescheidenen 978 Metern.

Wir trinken einen Kaffee im Sonnenschein, entdecken eine Höhle im Gletscher, die mit der Kettensäge dort hineingeschnitten wurde, und fahren dann mit der Seilbahn zurück zu einem Stopp auf halbem Weg in 2.600 Metern Höhe, wo kein Schnee liegt und die letzte

alpine Wiese von nacktem Schiefer und Fels abgelöst wird. Wir gehen zu einer Felsspitze, die einen guten Ausblick bietet, um nach Murmeltieren Ausschau zu halten. Wir wissen nicht, ob es hier welche gibt, suchen aber die Grasflecken, auf denen ab und zu hellgelbe Astern oder blauer Enzian wachsen, nach ihnen ab. Auf der anderen Seite eines Abgrunds fällt Lizzy eine Bewegung auf. Wir beobachten die Stelle für einen Moment, bis wir es sehen: Ja, es ist ein Murmeltier. Es ist zu weit weg zum Fotografieren, sogar mit einem 300-Millimeter-Objektiv, und es befindet sich jenseits eines tiefen Abgrunds, den ich mich nie trauen würde zu überqueren.

Stattdessen suchen wir die Wiesen um uns herum nach weiteren Hinweisen auf Murmeltierbewegungen ab. Wir sehen unter uns, auf einem Grasfleck mit Blumen, ein Stück Fell aufblitzen. Dort steht es auf einem Erdhaufen vor seinem Bau. Es schnuppert in der Luft, bewegt seinen langen buschigen Schwanz und beobachtet uns genau. Es sieht aus wie ein Meerschweinchen mit flauschigem Schwanz, ist so groß wie ein kleiner Dachs, hat wachsame schwarze Augen und riesige gelbe Zähne. Genauso wie das Tier auf Martin und Caths Aufkleber. Genauso wie das Murmeltier, das ich gespielt habe, als wir hierhergefahren sind.

Wir bewegen uns langsam näher und klettern vorsichtig den Geröllhang hinunter. Dann entdecken wir einen weiteren Erdhügel in der Nähe und bleiben stehen. Einen Augenblick später steckt ein Murmeltier seinen Kopf heraus und schaut sich um. Es bleibt still stehen, während ich noch näher herankrieche, bis ich ihm zu nahe komme und es davonläuft. Wir ändern unsere Taktik und begeben uns zu einer Stelle, die unterhalb seines Baus liegt, sodass ich es von unten sehen und es uns nicht wittern kann.

Als ich etwa anderthalb Meter vom Bau entfernt bin, bleiben wir stehen und warten. Nach fünf Minuten sehen wir, wie sich eine Murmeltiernase vorsichtig in die Sonne reckt. Dann bewegt sie sich ein wenig weiter heraus und hält inne. Wir wagen nicht zu atmen, weil wir nur einen guten Meter entfernt sind. Ich hebe vorsichtig meine Kamera, stelle sie so schnell es geht ein und mache ein paar Aufnahmen. Erschreckt vom Geräusch des Verschlusses, verschwindet das überdimensionale, aber sehr niedliche Meerschweinchen schließlich in seinem Bau.

Wir wandern zurück zur Seilbahn und nehmen die nächste Gondel ins Dorf.

Der Col du Lautaret ist unser nächster Stopp bei diesem Abenteuer. Nachdem wir die Murmeltiere von Nahem gesehen haben, lautet unsere Mission nun, die hochalpinen Wiesen zu begutachten, für die Lautaret berühmt ist. Der Pass liegt etwa 20 Kilometer das Tal hinauf. Der Weg dorthin führt durch Tunnel, Serpentinen und teilweise verengte Straßen bis auf über 2.000 Meter Höhe. Auf der Karte sieht die Passstraße aus wie eine Hauptstraße,

aber in Wirklichkeit ist sie eine lange, kurvige, sehr schöne und unübersehbare Erinnerung daran, dass die Berge hier das Maß aller Dinge sind.

Als wir ankommen, brauche ich zu lange, um Lizzy meine Kameraausrüstung zu erklären, und dann zieht sie los in die Wiesen, die den Pass umgeben. Hier gibt es sowohl altbekannte Pflanzen als auch eine breite Palette an Blumen, die ich noch nie zuvor gesehen habe. Mit jedem Schritt entdecken wir neue Formen blütenblättriger Schönheit. Ich bücke mich, um eine Nahaufnahme von einem goldenen Löwenzahn (zumindest sieht diese Pflanze so aus) zu machen, da fragt mich eine Dame, ob ich Blumen mag. Das hat mich noch nie jemand gefragt, und so antworte ich mit einem zögerlichen *»Oui«,* bevor sie mir von den Gärten oben auf dem Hügel erzählt. »Wenn Ihnen das hier gefällt, dann warten Sie ab, bis Sie die Gärten gesehen haben«, sagt sie. Ich bedanke mich bei ihr und fotografiere den Bach, der den Berg hinunterfließt, die grüne, bunt gepunktete Wiese und die felsigen, mit Schnee gesprenkelten Berggipfel dahinter. Ehrlich gesagt wäre ich auch ohne die Gärten sehr glücklich gewesen.

Der Jardin Alpin du Lautaret ist genauso schön, wie die Dame ihn beschrieben hat, und sogar noch schöner. Die Wiese, die zu ihm hinaufführt, ist so üppig und so voller alpiner Blumen, inklusive gelbem Klappertopf, blauen Skabiosen, Ackerglockenblumen, Felsennelken und Leimkraut, dass man kaum erkennen kann, wo die Gärten beginnen und wo die Naturwiesen aufhören. Als wir uns jedoch innerhalb der Umzäunung befinden, sehen wir dort Pflanzen aus aller Welt in verführerischen Farben und Schattierungen, Formen und Größen. Eingerahmt von den hohen Gipfeln im Hintergrund, sieht das atemberaubend aus. Ich komme mir vor, als befände ich mich auf der Chelsea Flower Show mitten in einem der Sieger-Gärten; Wege führen mich in verschiedene Teile der Welt, und jede Biegung offenbart neue Freuden. Manche Blumen ziehen mich mehr an als andere. Oft sind es die auffälligen Blüten auf hohen Stielen, die mich ansprechen, dann wieder die zarten Blüten von sehr kleinen Pflanzen. Bienen schwirren umher, besuchen jede Blume. Wie können sie sich nur entscheiden? Bei so vielen Blumen, die alle schreien, so laut sie können: »BEFRUCHTE MICH!« Ich versuche mir vorzustellen, wie schwer es für eine hungrige Biene sein muss, wenn alles im Überfluss vorhanden ist. Eine Biene muss sich in einem botanischen Garten fühlen wie ein Murmeltier mit zwei Schwänzen. Mit welchem Schwanz soll es zuerst wedeln? Schließlich bin ich überfordert und erschöpft, ziehe mich auf ein Stückchen Wiese zurück und überlasse Lizzy, die Botanikerin, ihrem Schicksal. Als sie mich entdeckt, kann ich ihr ansehen, dass ihr Verlangen nach alpinen Wiesen vorerst gestillt ist.

Doch wie bei allen Geschichten gibt es eine Wendung. Sogar nach dieser Postkartenidylle kommt noch mehr. Lizzy findet den Garten toll, aber sie bevorzugt die Naturwiese, »weil sie hierhergehört«.

Als wir Briançon erreichen, steuern wir den Camper auf die D902 und beginnen, uns den Berghang zum Col d'Izoard hinaufzuschlängeln – durch Weiden, Wiesen und Haarnadelkurven und vorbei an langen angsteinflößenden Abgründen. Wir erreichen den Bois de Péméant, einen hoch gelegenen, natürlichen Kiefernwald mit grasbewachsenen Lichtungen zwischen den in regelmäßigen Abständen stehenden Bäumen. Da ist etwas Lilafarbenes auf einem der Seitenstreifen. »Sind das Orchideen?«, frage ich Lizzy, als wir vorbeiflitzen. »Ich

glaube schon«, antwortet sie. Wir sind immer noch am Grübeln, als ich den Camper durch eine Kurve und dann wieder auf einen geraden Straßenabschnitt lenke. Vor uns zwischen den Kiefern sehen wir einen Teppich aus unglaublichen Farben. Wir fahren rechts ran und klettern aus dem Wagen, als würden wir etwas verpassen, wenn wir uns nicht beeilen. Wir entdecken gelben Klappertopf, blauen Ehrenpreis, oranges Habichtskraut und lila Orchideen. Wie eine Biene auf der Suche nach Pollen, ist Lizzy sofort da und umschwirrt alles, was sie finden kann. Besser geht es wirklich nicht, denke ich.

Ich denke an die Frau auf der Wiese. »Lieben Sie Blumen?«

»Ja, echt, und ob«, murmele ich, während ich mich bücke, um eine wild wachsende Orchidee zu fotografieren. Das ist zwar nicht das Edelweiß, das wir gesucht haben, aber irgendwie ist diese Orchidee besser, schöner und bedeutungsvoller als die kultivierten Edelweiße, die wir in den Gärten gesehen haben.

DAS FAHREN

Diese Fahrt ist monumental. Wirklich. Sie führt über hohe Passstraßen, die leicht mit dem Wohnmobil zu fahren sind – obwohl es ein paar haarige Abschnitte gibt –, durch Flusstäler, Wälder und Wiesen. Sogar die langweiligen Abschnitte sind beeindruckend. Da sich die Landschaft ändert, je näher Sie dem Mittelmeer kommen, können Sie sich mehr und mehr entspannen und das Erlebnis genießen, weil Sie wissen, dass Sie den härtesten Teil bereits hinter sich haben. Also, stellen Sie sich drauf ein: Das Nervenaufreibendste kommt zuerst.

Verlassen Sie Grenoble auf der N85 (und folgen Sie der Ausschilderung zur Route Napoleon – auf dieser Route gelangte Napoleon, vom Mittelmeer kommend, nach Grenoble, nachdem er aus Elba entkommen war), und folgen Sie dann, ab Vizille, der D1091 nach Briançon. Nach kurzer Zeit erreichen Sie die Gorges de la Romanche, und die Straße hebt aus der Talsohle ab und verläuft an atemberaubenden Abgründen vorbei, wie ich oben bereits erwähnt habe. Wenn Sie so etwas mögen und schwindelfrei sind, ist es fantastisch. Wenn Sie damit Probleme haben: Versuchen Sie einfach, ruhig zu bleiben und durchzuhalten. Wenn man das Ende der Schlucht erreicht hat, am Abzweig nach Alpe d'Huez, ist man erleichtert, aber, wie immer in den Alpen: Es kommt noch mehr. Und zwar in Form der Gorges de l'Infernet, einer ebenfalls eindrucksvollen – und sehr tiefen – Schlucht, in der die Straße sich mit Asphaltfingerspitzen am Berghang festhält. Das Ende der Schlucht markieren der Barrage (Damm) du Chambon und der dahinterliegende See. Am *barrage* finden Sie den Abzweig nach Les Deux Alpes – eine Straße, die sich ziemlich brav und ohne Probleme zu bereiten zu diesem Ferienort hochschlängelt. Sie müssen mit ungeduldigen Fahrern hinter Ihnen rechnen, aber es gibt hier viele Rast- und Haltemöglichkeiten.

Die Straße setzt sich fort, vorbei an der vielsagenden Cascade de la Pisse und dann weiter nach La Grave und zum Col du Lautaret. Der Abstieg ist ähnlich, aber nicht so

schwierig wie der Aufstieg. Sie kommen an vielen Wiesen vorbei, an Dörfern und einer spektakulären Bergkulisse. Jeder Halt ist mindestens ein Foto wert, und wohin Sie Ihre Kamera auch richten, es lohnt sich. Schließlich erreichen Sie den Stadtrand von Briançon, wo Sie eine großartige Aussicht auf die umgebenden Berge haben.

Folgen Sie der Ausschilderung zur »Citadelle Ancienne«, um zur *aire de camping car* in der Altstadt zu gelangen.

Wenn es Zeit zum Weiterfahren ist, folgen Sie dem Standardschild »Toutes directions« und dann der Ausschilderung zum Col d'Izoard, die Sie durch die Stadt und hinaus auf die D902 in Richtung Südwesten geleitet. In Briançon befinden Sie sich bereits sehr hoch oben, auf etwa 1.300 Metern, aber die Straße zum *col* kostet Sie noch einen weiteren vertikalen Kilometer durch Weideland und Dörfer an den niedrigeren Hängen und dann, kurz vor dem Gipfel, durch den wunderschönen Bois de Péméant. Die letzten paar Kehren sind außerhalb des Waldes und bieten Ihnen eine klassische »Serpentinen-Perspektive« mit Ausblick ins Tal. Oben auf dem Gipfel gibt es ein paar Bäume, einen Souvenirladen und ein Café sowie die üblichen Gruppen von Motorradfahrern, Bikern, Autofahrern und Wohnmobilisten. Die Landschaft sieht ein wenig so aus wie auf dem Mars, weil der Fels rötlich ist und die Hänge darüber nackt sind. Der Typ im Laden hat behauptet, man könne zwischen den Bäumen Edelweiße finden, aber alles, was wir gefunden haben, waren benutzte Feuchttücher.

Der *col* befindet sich in 2.360 Metern Höhe. Seine Südseite ist ein wenig beängstigend. Es dauert eine Weile, bis man die Bäume wieder erreicht hat, das heißt, man muss um viele enge Kurven und durch Engpässe navigieren, umgeben von nacktem Fels und Schiefergestein und ohne Leitplanken. An einigen Stellen kann es vorkommen, dass Sie sehr nah am Abgrund halten müssen, um andere Fahrzeuge passieren zu lassen, wobei einem ganz schön mulmig werden kann.

STELLPLÄTZE: CAMPING

Camping Le Bois de Cornage, Vizille
110 Chemin du Camping, 38220 Vizille, Rhône-Alpes
Internet: www.campingvizille.com
Tel.: 0033/04 76 68 12 39

Einfacher, aber netter Campingplatz in Vizille, gut geeignet für einen Zwischenstopp, bevor Sie zu dieser Tour starten. Gute Pizza auf der Anlage sowie eine schöne, angenehme Bar.

Camping les Deux Glaciers, Le Casset
05220 Le Monêtier-les-Bains, Hautes-Alpes
Internet: www.monetier.com/la-mairie-et-ses-services/services-en-mairie/services-municipaux/115-camping-municipal
Tel.: 0033/07 89 56 58 77

Auf den ersten Blick hielten wir nicht viel von dieser Anlage, aber bei näherer Betrachtung fanden wir es toll. Viele und ausreichend große Stellplätze. Die Lage ist fantastisch. Es gibt einen kleinen Badesee in der Nähe, und bis ins hübsche Dorf Le Monêtier-les-Bains ist es nur ein kurzer Weg zu Fuß oder mit dem Rad. Sehr empfehlenswerter kommunaler Campingplatz.

Camping du Brec, Entrevaux
Le Brec, 04320 Entrevaux, Alpes-de-Hautes-Provence
Internet: www.camping-dubrec.com
Tel.: +33 04 93 05 42 45

Eine großartige Anlage in Laufweite des Dorfes Entrevaux. Gute Stellplätze und ein fantastischer Badesee exklusiv für die Gäste.

STELLPLÄTZE: *AIRES DE CAMPING CAR*

Wie immer gibt es viele *aires* entlang des Weges. Hier sind einige davon:

Les Deux Alpes: *Eine tolle* aire *am Fuße des Dorfes mit Gratis-Busanschluss zu den Seilbahnen, nur einen kurzen Fußweg von den Skiliften entfernt. Wenn Sie für Strom und Wasser zahlen, bekommen Sie einen Platz mit Aussicht.*

Briançon: *Perfekt für einen Besuch der Zitadelle. Es ist ein Parkplatz, aber sehr gut gelegen!*

Wenn Sie sich wieder unterhalb der Baumgrenze befinden, sind Sie vom Blick in die Tiefe abgeschirmt und müssen sich keine Gedanken darüber machen, wie es wäre, dort unten zu liegen. Das Schlimmste ist jetzt vorbei. Aber das heißt nicht, dass es langweilig wird. Es gibt genügend Radfahrer und Motorräder, die Ihre Aufmerksamkeit fordern, und eine grandiose Aussicht, während Sie nach La Chalp hineinfahren, einen kleinen Skiort auf dem Weg ins Tal. Ein Stück weiter trifft die Straße auf die D947, aber Sie fahren weiter (rechts abbiegen), bleiben auf der D902 und kommen an eine Schlucht, die sich weitet und eine atemberaubende Landschaft enthüllt. Die Straße bleibt eng, verläuft weiterhin in großer Höhe und führt durch drei Tunnel mit Ampeln, damit der Gegenverkehr passieren kann. Hier macht das Fahren Spaß.

Am Ende dieser Straße erreichen Sie den Ort Guillestre. Folgen Sie der D902 zur Kreuzung mit der N94 und biegen Sie hier nach links in Richtung Embrun ab, ins Durance-Tal, ein weites, offenes Tal mit einem wunderschönen blauen Fluss. Für Abenteuerlustige werden hier überall Rafting- und Kajaktouren angeboten.

Bei Embrun ergießt sich der Fluss in Frankreichs größtes Wasserreservoir, den künstlich angelegten und beeindruckenden Lac de Serre-Ponçon. Entlang dieses wunderschönen Sees gibt es viele Campingplätze und Wassersportmöglichkeiten. Noch schöner wird es, wenn Sie in Savines-le-Lac die D954 nehmen und diese sich kurvenreich um die Berghänge

am Südufer des riesigen Sees schlängelt. Sie passieren die Demoiselles Coiffées de Pontis, eine Gesteinsformation aus rötlichen Sandsteintürmen, deren Spitzen aussehen wie Haarknoten. Diese Straße ist großartig, und am Seeufer gibt es Möglichkeiten zum Wildcampen. Halten Sie Ausschau nach anderen Wohnmobilen, die dort parken.

Die D954 verbindet sich schließlich mit der D900, die rasch ansteigt und eine atemberaubende Aussicht auf den blauen See bietet. Sie wendet sich dann vom See ab und führt in Richtung Digne-les-Bains sowie hinauf zum Col Saint-Jean auf 1.300 Meter Höhe. Der Weg nach unten ist großartig und geleitet Sie in eine hübsche, von Bergen umgebene Landschaft. Dieser Teil ist recht einfach zu fahren, und man kann das Lenkrad etwas entspannter handhaben. Hier gibt es wunderschönes Weideland, Kornfelder voller Mohnblumen und üppig begrünte Straßenränder, die sich zu den bewaldeten Gipfeln hinaufziehen. Entlang des Weges treffen Sie auf ein paar schöne Schluchten und eine malerische Landschaft. Je näher Sie Digne-les-Bains kommen, desto mehr verändert sich die Architektur. Die Zinkdächer der Skiorte werden von Terrakottaziegeln abgelöst, und die Flora ist weniger alpin. Vielleicht entdecken Sie sogar Ihr erstes Lavendelfeld in voller Blüte.

Ein Abzweig nach rechts, gleich hinter dem Col de Maure, führt Sie zur Site du Vélodrome, einem geologischen Wunder, das wie ein Fahrradweg geformt ist. Aber Achtung: Es gibt viele Tunnel und Brücken auf dieser Straße, deren Höhe um die Drei-Meter-Marke liegt!

Digne-les-Bains ist ein Kurort mit Supermärkten und einem künstlich angelegten See, in dem man im Sommer schwimmen kann. Folgen Sie der Ausschilderung nach Nizza (Nice) sowie der N85 (wieder die Route Napoléon), und nehmen Sie dann in Barrême die N202 (wieder nach Nizza), die Sie zum Fluss Verdon führt und dann weiter zum Lac de Castillon, einem superblauen See mit vielen Möglichkeiten zum Kajakfahren und Rafting. Kurz nachdem Sie den See erreicht haben, wendet sich die Straße enttäuschenderweise vom Blau ab und steuert in Richtung einiger fantastischer, und manchmal enger, Schluchten. Dann erreichen Sie Annot, wo es wirklich beeindruckende Felswände aus Sandstein und Wanderwege gibt.

Fahren Sie weiter in Richtung Nizza und Entrevaux, wo es eine beeindruckende, von Vauban, dem Festungsbaumeister Ludwigs XIV., gebaute Zitadelle gibt und einen großartigen Campingplatz mit sehr hübschem Badesee. Die N202 wir zur D4202 und dann zur D6202, während sie sich durch das Var-Tal nach Nizza schlängelt. Hier ist es idyllisch und zeitlos: ein stetiges, leichtes Dahingleiten zwischen Gipfeln, am reißenden Wasser entlang,

Wildcampen auf der D954 am Lac de Serre-Ponçon

Normalerweise schreibe ich nicht über Wildcamping-Spots, weil ich glaube, dass es im Interesse des jeweiligen Spots ist, dass es dort ruhig bleibt. An der D954 scheinen Campingbusse und Wohnmobile jedoch ohne Probleme parken zu können. Wir haben die Nacht am Seeufer verbracht, und es war fantastisch. Halten Sie es sauber, dann werden wir es alle noch viele Jahre genießen können.

bis Sie zum ersten Mal einen Blick aufs Mittelmeer werfen können, das in der Ferne aufblitzt. Das allein schon ist aufregend. So weit gekommen zu sein, ist für mich eine bedeutende Leistung. Wir sind durch die Alpen navigiert, haben atemberaubende Orchideenteppiche entdeckt, einige der höchsten Passstraßen bewältigt und unter einem der schönsten Gletscher Frankreichs mit Murmeltieren abgehangen. Und jetzt das Mittelmeer – ein funkelndes Klischee für sich –, es liegt vor uns, als wäre es mit Diamanten gepflastert.

Missbrauch von aires

In Les Deux Alpes sind uns einige egoistische Wohnmobilisten aufgefallen. Sie sind spät angekommen, haben Wasser und Strom genutzt und sind früh wieder abgereist, noch bevor der Inspektor herumgegangen ist, um die Tickets zu überprüfen. Ich finde so etwas wirklich unangenehm, weil es die lokale Kommune um Einnahmen bringt und auch nicht besonders schlau oder geschickt ist, sondern einfach nur gemein. Und 13 Euro pro Nacht sind ja wirklich kein hoher Betrag. Wer nicht zahlt, sollte hier auch nicht übernachten..

IN DER NÄHE

Glacier de Mont-de-Lans Fahren Sie mit der Seilbahn Jandri Express von Les Deux Alpes aus hinauf und schauen Sie sich die Skifahrer an, während Sie Ihren Kaffee im Sonnenschein genießen, oder fahren Sie selbst Ski. Man kann auch ins Dorf zurückwandern oder von der ersten Station aus mit dem Rad fahren. Bestes Sommerskigebiet in Frankreich.

Jardin du Lautaret, Lautaret Ein fantastischer Garten, der von der Universität Grenoble betrieben wird und eine Vielzahl von Vorträgen, Shows und Touren anbietet. Extrem spektakulär. **www.jardinalpindulautaret.fr**

La Salle-les-Alpes Eine Stadt mit sehr sportlichem Touch, sogar im Sommer. Viele VTT-(Mountainbike-)Touren sowie Rafting und Kajakfahren. Im Winter ist es ein Skiort.

Briançon Die Altstadt (Zitadelle) von Briançon ist eine von Vauban, dem Baumeister Ludwigs XIV., gebaute Festung und absolut fantastisch. Die *aire de camping car* befindet sich direkt neben der Zitadelle. Mit engen Gassen und unglaublichem Ausblick über die neue Stadt und die Berge, ist sie einen Halt wert. Nehmen Sie ein knuffiges Murmeltier mit!!

Site du Vélodrome, Col de Maure Eine geologische Besonderheit, das Ergebnis vulkanischer Aktivität, wodurch Gesteinsschichten hochgedrückt wurden. So entstand eine riesige Formation, die aussieht wie eine Radrennbahn. An einer kleinen Straße mit tiefen Brücken – große Wohnmobile sollten aufpassen.

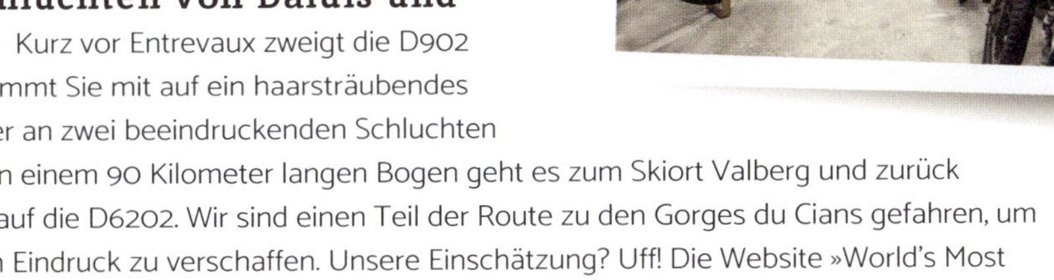

Digne-les-Bains Eine Stadt mit tollem See und viel interessanter Geologie, inklusive Thermalbäder, deren Wasser für alle möglichen Kuren verwendet werden kann!

Die Schluchten von Daluis und Cians Kurz vor Entrevaux zweigt die D902 ab und nimmt Sie mit auf ein haarsträubendes Abenteuer an zwei beeindruckenden Schluchten entlang. In einem 90 Kilometer langen Bogen geht es zum Skiort Valberg und zurück hinunter auf die D6202. Wir sind einen Teil der Route zu den Gorges du Cians gefahren, um uns einen Eindruck zu verschaffen. Unsere Einschätzung? Uff! Die Website »World's Most Dangerous Drives« hat die Route gelistet. Atemberaubend, aber Vorsicht!

Musée de la Moto, Entrevaux Wenn Sie Motorräder und verschrobene Museen lieben, sind Sie hier richtig. Es ist winzig, verfügt aber über einige fantastische Exponate, darunter Maschinen aus dem Jahr 1910 sowie Harleys, BSAs, BMWs und uralte Puchs, die sicherlich ins Museum gehören, wo sie sich ja auch befinden.

DER SÜDEN

Wer träumt nicht von Südfrankreich? Das Mittelmeer ist warm, wunderschön und mancherorts sehr nobel. Wenn Sie einen Blick ins Inland werfen, finden Sie dort Schätze und Naturwunder, die viele Leute übersehen. Die Cevennen und die Schluchten der Ardèche und des Tarn sind wirklich atemberaubend und bieten ein großartiges Fahrerlebnis sowie viele fantastische Unternehmungen, während die Lavendelfelder der Provence in einer ganz anderen Liga spielen.

SAINT-MARTIN
MENTON
A8
NICE
D6007
D6098
M6098
M6007
ANTIBES
CANNES
D6007
BAY OF CANNES
DN7
D6098
CAP ROUX
FRÉJUS
D559
D25
SAINT-RAPHAËL
SAINTE-MAXIME
SAINT-TROPEZ
D98A
D93
D98
RAMATUELLE
D559
PLAG DE L'ESCALET
LE LAVANDOU
CAP TAILLAT
Route 12

ROUTE 12

SAINT-MARTIN-LE LAVANDOU

DIE CÔTE D'AZUR

Monaco, Grace Kelly, James Bond … All das sollten Sie auf Ihrem Slow-Road-Abenteuer an der Riviera besser vergessen. Hier ist harte Arbeit angesagt, von der Parkplatzsuche bis zum Auffinden einer Übernachtungsmöglichkeit in Wassernähe. Harte Arbeit hin oder her – die französische Riviera ist immer noch ein phänomenaler Ort zum Fahren. Zwischen verrückten Radfahrern, hupenden Porsches und ungeduldigen Discoverys kann man Momente schierer Glückseligkeit erleben. Stehen Sie früh auf, sichern Sie sich ihre metaphorische Liege am metaphorischen Pool, und los (oder hinein) geht's. Das Wasser ist angenehm warm.

AKTIVITÄTEN: An der Promenade cruisen, abseits ausgetretener Pfade unterwegs sein, schnorcheln, schwimmen, sich glamourös fühlen

START: Saint-Martin

ZIEL: Le Lavandou

ENTFERNUNG: 180 Kilometer (oder mehr, wegen der Serpentinen)

ZEIT: 5 Tage

KARTE (SEITE): 291, 309, 308, 329

Ich habe zwei Erinnerungen, die ich mit einem Urlaub an der Riviera mit meinen Eltern verbinde. Leider ist eine davon eine kollektive Erinnerung, die mich jedes Mal zusammenzucken lässt, wenn irgendjemand wieder einmal »die Riviera« erwähnt und sie wieder aufgerollt wird. In dieser Erinnerung, wie auch in meiner anderen, persönlichen Erinnerung geht es ums Schnorcheln.

In der Familiengeschichte, die meine Mutter regelmäßig erzählt, bin ich so aufgeregt, weil wir nach Südfrankreich fahren, dass ich auf dem Weg an die Riviera in einem Hotelbadezimmer das Schnorcheln üben will. Es ist irgendwann in den 1970er-Jahren irgendwo in der Mitte von Frankreich, und ich bin wahrscheinlich fünf oder sechs Jahre alt. In dieser Erinnerung nehme ich nichts und niemanden um mich herum wahr und finde das Schnorcheln unter

der Dusche so toll, dass ich das Badezimmer, das Hotelzimmer und einen Teil des Flurs unter Wasser setze. Anscheinend sind ein ganzes Team von halb betrunkenen englischen Touristen (meine Eltern und ihre Freunde) sowie sämtliche Hotelbademäntel und -handtücher nötig, um das Wasser wegzuwischen, bevor die Obrigkeit einschreitet.

In meiner eigenen Erinnerung schnorchele ich wirklich im Meer. Ich schnorchele im seichten Wasser und jage Fische mit einer Gabel, die ich mir aus der Villa, die meine Eltern gemietet haben, ausgeliehen habe. Ich weiß nicht warum, außer dass ich eine Art von natürlichem Verlangen gehabt haben muss, etwas Glänzendes und schwer zu Fangendes zu töten und zu essen. Der Grund, warum ich eine Gabel benutzt habe, war wahrscheinlich, dass meine Eltern mir keine Harpune kaufen wollten. Das mag vielleicht übertrieben erscheinen, aber schließlich war ich ja erst fünf oder sechs, und auch ich hätte damals sicher zugegeben, dass ich noch etwas zu jung für eine solche Waffe war, mit der ich wohl eher mich selbst oder meine Familie umgebracht hätte als irgendeinen winzigen Fisch im Mittelmeer. Zumindest beweist die Gabel meine Erfindungsgabe, und sie war vielleicht ein Anzeichen dafür, dass ich für den Rest meines Lebens eine echte Niete im Angeln sein sollte.

Als wir uns für ein Slow-Road-Abenteuer am Mittelmeer entschieden haben, dachte ich zuerst ans Schnorcheln. Aber diesmal nicht unter der Dusche oder mit einer Gabel im seichten Wasser. Jetzt sollte es um richtiges Schnorcheln gehen, mit normalgroßen Fischen. In sehr klarem Wasser. Wir wollten aufs Ganze gehen.

Wir kommen aus den Alpen und navigieren ans Ende der Route des Grandes Alpes, nämlich nach Menton und zum Cap Saint-Martin. Sofort treffen wir auf ein Schild mit der Aufschrift »Keine Wohnmobile«, sowohl auf der Straße nach Saint-Martin als auch auf dem Parkplatz an der Promenade von Menton. Widerwillig fahren wir weiter, obwohl wir das Mittelmeer ganz nah vor uns sehen – zum ersten Mal seit 40 Jahren.

Es hat ein wunderschönes Blau mit helleren und dunkleren Stellen, dort, wo Sand und Steine sind. Zum Strand hin ist es ein Saphirblau, das wie flüssige Juwelen unter einer stechenden Sonne glitzert. Ich bin gebannt und will dort hinein. Raus aus der Duschkabine, den Korridor entlang, die Treppe hinunter und hinaus in den hellen Sonnenschein der Provence. Nicht mal alle Handtücher der Welt könnten die Flut beseitigen, in die ich mich stürzen möchte.

Aber unsere Pläne werden durchkreuzt. Es ist Nachmittag, und die Strände sind voller Menschen. Die Parkplätze sind überlaufen, und an der Straße kann man auch nicht parken. Es gibt Schilder, die uns warnen, dass es nicht erlaubt ist, hier zu parken. An anderen Stellen verrichten Höhenbarrieren ihren Job. Wir fahren weiter, durch Monaco, auf einer Fahrt des Grauens, die uns durch die Grand-Prix-Tunnel führt, nach Nizza und durch Cannes, während uns das Mittelmeer zu unserer Linken zublinzelt. Weil wir nur langsam vorankommen, können wir es klar und deutlich sehen. Fast sind wir überrascht vom Überfluss und Reichtum, die hier zur Schau gestellt werden. Yachten, die eine Million Euro pro Meter kosten, liegen in jedem Hafen vor Anker, und noch mehr befinden sich draußen vor der Küste. Sie verfügen über Speedboote, deren Außenbordmotoren mehr kosten als mein Auto. Ein paar Segelboote dümpeln auch dazwischen herum, aber die Mehrzahl gehört zur Milliardärskaste. Endlich sehen wir – wenn auch aus der Ferne, weil uns das Parken verwehrt ist –, wie die oberen Zehntausend leben. Ich finde es obszön. Auf den Straßen ist es nicht besser. Wir werden von wütenden Fahrern mit Autos so teuer wie Eigenheimen überholt, die von unserer Gegenwart empört sind, als würden wir weniger Straßenmaut zahlen.

Als wir Cap Roux erreichen, spüren wir sofort, dass wir durchatmen können. Hier gibt es weniger Verkehr, und das Konsumniveau, das vorher industrielle Ausmaße hatte, verebbt in dem Band von heißem Asphalt, das an roten Sandsteinfelsen vorbeizieht und sich durch Pinien und Tamarisken schlängelt. Die Straße verläuft hier direkt an der Küste entlang, gelegentlich trifft man auf Parkplätze. Viele von ihnen sind voll, und ein paar Wohnmobile haben ihr Lager aufgeschlagen, aber schließlich finden wir einen mit einer Lücke, die genau

die Größe unseres Campers hat, und rollen hinein, checken noch einmal die Schilder und ziehen uns aus.

Wie gehen ein paar steile Stufen hinunter, durch Gestrüpp und weiter zu einer kleinen Felsenbucht, wo auf der einen Hälfte des Strandes noch einige Nachzügler in der Sonne liegen. Die andere Hälfte liegt im Schatten. Es gibt ein paar Leute, die schnorcheln, dort, wo die Sonne noch scheint, und einige Boote vor der Küste. Nach einem langen Tag hinterm Steuer ist das Wasser kühl und erfrischend; es hat eine Temperatur, die einen tief durchatmen lässt, wenn man das Wasser betritt, aber ein paar Sekunden später vergessen ist. Im Grunde ist es herrlich.

Lizzy entdeckt als Erste etwas Interessantes im klaren Wasser: einen Tintenfisch, der schnell verschwindet, und zwar in dem Moment, als sie mir von ihm erzählt. Macht nichts. Ich sehe einige Brassen auf dem sandigen Boden und tauche hinunter, um nach ihnen zu greifen, meine wasserdichte Kamera am ausgestreckten Arm, und versuche, sie zu fotografieren. Bevor ich in ihre Nähe kommen kann, um ein halbwegs gutes Foto zu machen, sind sie bereits weg. Ich komme mir ein wenig dumm vor. Jeder, der unter Wasser fotografiert, weiß, dass es schwierig ist, Fische vor die Kamera zu bekommen. Es ist wahrscheinlich sogar schwieriger, als sie mit einer Gabel aus der Ferienwohnung seiner Eltern zu fangen. In meinem Herzen bin ich immer noch fünf Jahre alt und noch genauso optimistisch.

Ich lasse es etwas langsamer angehen und genieße es, zuzuschauen, weil ich weiß, dass ich später darüber in diesem Buch schreiben werde. Auch wenn die Fotos schlecht sind, werde ich sie mir ansehen und sie beschreiben können. Ich tauche unter und knipse stattdessen Lizzy, wie sie über mir schnorchelt. Das ist viel einfacher, aber es ist trotzdem schwierig, ein perfektes Bild hinzubekommen.

Wir sehen gelb-gestreifte Traumfische, den flüchtigen Tintenfisch, kleine, aber geschäftige Regenbogenlippfische, Seebrassen und hellrote Kardinalfische. Außerdem sind da Wachsrosen und Seeigel in Felsspalten sowie Quallen und riesige Schwärme von Jungfischen.

Doch irgendwie hätte unser Schnorchelerlebnis im Mittelmeer besser sein können. Deshalb suchen wir im Internet nach guten Schnorchelspots, sobald wir auf einem Campingplatz gelandet sind. Immer wieder stoßen wir bei unseren Recherchen auf einen bestimmten Ort: L'Escalet. Es ist ein kleiner Badeort in der Nähe von Saint-Tropez auf der Presqu'île de Saint-Tropez, einem Nationalpark. In Richtung Westen gibt es einige kleine und abgeschiedene Strände mit kristallklarem Wasser, die gut zum Schnorcheln geeignet sind. Das Problem ist nur, dass man dorthin wandern oder mit dem Boot fahren muss.

Wir parken auf einer *aire* in der Nähe und stehen früh auf. Wir schleichen uns so leise wie möglich um 7 Uhr morgens heraus. Zehn Minuten später kommen wir in L'Escalet an und finden es verlassen vor.

Eine Frau öffnet gerade ihr Café am Strand, und ein paar Leute baden. Ein kleiner Campingbus campiert auf dem Strandparkplatz; er ist so niedrig, dass er unter der Barriere durchpasst. Wir besetzen einen der wenigen langen Plätze direkt an der Strandpromenade und sondieren den Zugang zum Strand. Es sind immer noch etwa 50 Meter bis zum Wasser – über ein paar Stufen und dann durch ein Gestrüpp auf den Sand. Ganz einfach. Wir laden die Kajaks vom Dach des Campers ab. Das klingt einfach, nimmt aber ungefähr 20 Minuten in Anspruch, und das auch

nur deshalb, weil wir Übung haben. Man muss dabei eine Teleskopleiter benutzen und mit Gurten und Paddeln herumhantieren. In jedem Fall ist das eine Aufgabe für zwei Leute, die noch dazu begnadete Heimwerker sind. Es ist jedenfalls nichts, was man an einem heißen Tag auf einem überfüllten Parkplatz voller sehr teurer Autos tun will.

Wir bringen die Kajaks runter an den Strand, laden Wasser und Proviant ein, Schnorchel, Flossen, Handtücher und Sonnencreme und fahren hinaus in die Bootsrinne, die zwischen gelben Bojen durch den Schwimmbereich führt. Der Strand ist wunderschön: ein Streifen Sand mit eingestreutem rosagelbem Granit und Pinien, Tamarisken sowie leuchtend buntem – und giftigem – Oleander im Hintergrund. Als wir zur Küste zurückschauen, können wir den Berghang sehen, der steil am Ufer aufragt, das gesprenkelt ist mit Villen, Pinien und Zypressen, die sich in den Himmel bohren. Mir wird klar, woher die Kubisten in der Provence ihre Inspiration bekommen haben. Alles hat eine Form: die Dächer der Villen, die Bäume und die Kurven am Hang. Alles scheint eine Art von Geometrie zu haben, als wäre es von einer Gesetzmäßigkeit bestimmt, der es folgen muss. Und während die Formen kubistisch sind, sind die Farben im hellen Sonnenschein stark fauvistisch. Das Wasser ist so blau und klar, als wir in die Bucht hinauspaddeln, dass ich die Wellen des Sandes unter meinem Kajak sehen kann, obwohl das Wasser tiefer wird.

Wir paddeln an ein paar der kleineren Boote vorbei, die vor der Küste ankern, und begrüßen jeden, der zu einer Erwiderung fähig scheint, mit einem fröhlichen *»Bonjour«*. Wir wagen uns nicht in die Parkzone der großen Yachten hinaus, weil wir befürchten, dass sie unsere Boote unter Wasser setzen oder wir von ihren Handlangern an Bord gebracht und befragt werden könnten, oder noch Schlimmeres. Die erste Bucht, die wir erreichen, die Plage Ranc, ist unglaublich klar, aber wir fahren weiter, tragen unsere Kajaks über die schmale Landzunge, die die Baie de Briande von der Baie de Bonporteau trennt, und vermeiden es so, um Cap Taillat herumfahren zu müssen. Auf der anderen Seite entdecken wir einen wunderschönen verlassenen Strand: ein gelber Sandstreifen mit fantastischem Wasser und nur zwei Gebäuden im Uferbereich. Das Problem ist nur, dass hier auf der anderen Seite des Kaps mindestens ebenso viele Luxusyachten und Speedboote vor Anker liegen, wenn nicht sogar mehr, als im letzten Ort. Das bedeutet wohl, dass sich hier der sogenannte Jetset gern aufhält. Wir fahren den ganzen Strand ab und paddeln dann weiter, weg von den Booten. So gelangen wir in eine verlassene Bucht, die hinter einer

kleinen Landzunge liegt, wo wir nichts als Meer, Himmel und Felsen sehen können. Wir ziehen die Kajaks auf den Kiesstrand und gehen ins Wasser. Die Sicht beträgt 20 Meter oder mehr, und es ist warm. Wir schwimmen über wogendes Seegras zu einer Felsenspitze und beobachten leuchtend bunte Lippfische, Riffbarsche, Seebrassen und Quallen. Ich höre mit dem Unterwasserfotografieren auf, weil es schöner ist, die Fische zu beobachten, als ihnen auf die Nerven zu gehen.

Als wir an einer anderen kleinen Bucht halten, nehme ich die Kamera erst gar nicht mit und sehe mir beim Schnorcheln einfach nur alles an. Hier entdecken wir noch mehr Arten, zum Beispiel einen Roten Mittelmeer-Kardinalbarsch, der sich in einer Felsspalte versteckt und hervor- und zurückschnellt, wenn ich ihm zu nahe komme.

Auf dem Weg zurück beschließen wir, um Cap Taillat herumzufahren. Die Fahrt macht Spaß, es gibt ein bisschen mehr Schwell und fantastische Felsformationen, und am Ende liegt eine Insel sowie unser letztes Schnorchelrevier. Wir steuern die Kajaks zu einem flachen Felsplateau in einer kleinen Bucht und ziehen sie an den Strand, dann nutzen wir das Plateau, um die tiefe Felsnische unter uns in Angriff zu nehmen. Die Unterwasserarchitektur hier ist fantastisch, und wir schwimmen zu tiefen, mit großen Steinen gefüllten Spalten. Die Sicht ist unglaublich.

Lizzy beschließt, dass jetzt der Moment für sie gekommen ist, um das Nacktschnorcheln auszuprobieren. Da niemand hier ist, außer der anonymen Multimillionenyacht, die ein paar Hundert Meter vor der Küste liegt, reißt sie sich ihren Bikini vom Leib und wirft ihn auf die Felsen. Dann taucht sie ins Blaue ab wie eine Meerjungfrau, die in ihre Höhle zurückkehrt.

Und das ist der Moment, in dem meine Kamerabatterie versagt.

DAS FAHREN

Lassen Sie sich nicht von den Schildern abschrecken, die besagen, dass Sie an der Riviera nicht willkommen sind. Sie sind natürlich willkommen – solange Sie sich anpassen. Ich kann es ja verstehen. Die Straßen sind eng, es ist sehr bergig, es gibt nicht viel Platz, nur wenige Campingplätze, und wenn Sie ehrlich sind: Sie sind ein wenig lästig. Außerdem haben die anderen mehr Geld, was bedeutet, dass sie Parkprivilegien genießen.

Wir haben Menton verlassen, die Stadt, die der italienischen Grenze am nächsten liegt und das inoffizielle Ende der Route des Grandes Alpes darstellt – widerwillig, weil wir keinen Platz zum Halten und Baden im Meer gefunden haben. Es sah so toll aus, aber wir konnten nirgends anhalten. Wohnmobile dürfen nicht an der Promenade parken. Es gibt zwar einen Campingplatz etwa einen Kilometer vom Strand entfernt (**www.campingscotedazur.com/francais/camping-menton-cote-azur.php**), aber keinen passenden Parkplatz. Wenn Sie also keinen Platz auf dem Campingplatz finden, müssen Sie die Stadt verlassen.

Leider könnte das auch für die nächsten Kilometer gelten. Bei uns war es so. Nehmen Sie die Küstenstraße D6098 in Richtung Monaco und Monte Carlo. Dieser Straße führt Sie an der Küste entlang und durch die Tunnel in Monaco (beängstigend), also werden Sie wenigstens einen halbwegs guten Blick auf den Hafen und die ganze Pracht erhaschen können, bevor Sie aus der Stadt gejagt werden. Es ist eine aufregende, großartige Straße, die sich am Rand der Alpes-Maritimes entlangschlängelt und einen verlockenden Ausblick aufs Meer, die Boote und alles andere

STELLPLÄTZE: CAMPING

Le Camp du Domaine, Le Lavandou
La Favière, 2581 Route de Bénat, 83230 Bormes-les-Mimosas, Provence-Alpes-Côte d'Azur
Internet: www.campdu domaine.com
Tel.: 0033/04 94 71 03 12

Ein riesiger Campingplatz direkt am Strand mit Stellplätzen in erster Reihe den ganzen Strand entlang. Näher am Wasser geht nicht. Wenn Sie also Kajaks, SUPs oder andere Wasserfahrzeuge (außer vielleicht Luxusyachten) mitbringen, ist das ideal. Der Strand ist auch sicher, und Sie können südlich der Anlage vor der Pointe de la Ris schnorcheln. Achtung: Die Stellplätze können über 60 Euro kosten!!!

Le Paradis des Campeurs, La Gaillarde
Plage de la Gaillarde D559, 83380 Les Issambres, Provence-Alpes-Côte d'Azur
Internet: www.campasun.eu/paradis-des-campeurs/en
Tel.: 0033/04 94 96 93 55

Schöner, gehobener Campingplatz in La Gaillarde. Der Strand ist großartig, und die Einrichtungen sind gut. An einigen Stellplätzen können Sie sogar Ihre Toilette entleeren, ohne den Weg der Schande gehen zu müssen – lohnenswert.

Camping de la Plage, Grimaud
2226 Route du Littoral, 83310 Grimaud, Provence-Alpes-Côte d'Azur
Internet: www.camping-de-la-plage.fr
Tel.: 0033/04 94 56 31 15

Großer Campingplatz direkt am Strand von Grimaud. Gut gelegen, um die Wasserwege der Stadt zu erkunden.

STELLPLÄTZE: *AIRES DE CAMPING CAR*

Zwischen Saint-Tropez und Nizza gibt es nicht allzu viele *aires*, aber hinter Nizza findet man ein paar (z. B. auf **www.searchforsites.co.uk**).

Die *aire* in Ramatuelle ist riesig und direkt neben einem schönen Strand, der Plage de Pampelonne, gelegen. Sie ist eher Park- als Campingplatz, aber von Schilf umgeben und abgelegen.

gewährt, was dieser Teil der Welt zu bieten hat. Die D6098 führt an der Uferpromenade von Nizza entlang und am Flughafen vorbei in Richtung Antibes. Sie ist ziemlich einfach zu fahren, aber nicht die ganze Zeit, deshalb sollten Sie die Augen offenhalten! In Golfe-Juan wird die Straße zur D6007. In La Batterie gibt es einen Kreisverkehr, wo Sie den Boulevard de Croisette nach Cannes am Wasser entlang nehmen können. Wenn nicht, folgen Sie weiter dem Einbahnstraßensystem und machen Sie dann auf dem Boulevard du Général Vautrin einen U-Turn, um weiter zur Strandpromenade zu gelangen. Das ist etwas knifflig, lohnt sich aber, weil Sie so an der Promenade von Cannes entlangfahren können, am Carlton Hotel vorbei, dann weiter auf der Croisette (bekannt durch die Filmfestspiele) und am roten Teppich vorbei.

Praktischerweise gelangen Sie so auf die D6098 zurück, das heißt, dass Sie den ersten Teil der Reise erfolgreich gemeistert haben und nun der beste Teil beginnt. Folgen Sie der Ausschilderung nach Saint-Raphaël und bleiben Sie dem Meer so nah wie möglich, dann fahren Sie die seewärtige Seite von Cap Roux hoch – raus aus dem Wahnsinn zu einem wirklich fantastischen Straßenabschnitt, der eine großartige und schwindelerregende Aussicht über die Küste bietet. Die Straße ist kurvig und verengt sich manchmal, aber sie ist genauso, wie man es vom Mittelmeer erwartet. Es gibt Parkplätze und Möglichkeiten zum Wildcampen entlang der Straße und die Chance, abgeschiedene Spots zu finden, wenn man durchs Buschland in die kleinen Buchten hineingeht. Straße und Eisenbahn wechseln sich damit ab, jeweils näher am Meer zu sein, und an einem dieser Abschnitte könnten Sie Ihr persönliches Paradies finden. Seien Sie mutig und parken Sie jetzt, wenn Sie können.

Hinter Cap Roux fahren Sie hinunter nach Saint-Raphaël und nach Fréjus Plage, wo Sie sehen, dass die D6098 sich in die D559 verwandelt hat. Das ist gut.

Folgen Sie ihr entlang der Küste, und lassen Sie sich von ihr auf die bestmögliche Weise nach Saint-Tropez bringen: mit dem glitzernden Mittelmeer zu Ihrer Linken. Sie fahren durch eine Reihe von entspannten Küstenorten mit Campingplätzen, an der Pointe des Sardinaux vorbei und ins große »St-T«, das ein bisschen verwirrend ist, weil es nicht dort ist, wo man es erwarten würde. Bevor Sie dort eintreffen, passieren Sie an der Promenade exklusive Restaurants, Bars und Privatstrände mit Parkservice, identischen Sonnenblenden auf den Windschutzscheiben der davor parkenden Wagen und eine Menge sehr teurer Fahrzeuge. Auch wenn Ihr Wohnmobil Sie Ihre ganzen Ersparnisse gekostet hat und mehr wert ist als Ihr Eigenheim, ist das nichts dagegen. Seien Sie froh, dass Sie nicht das Bedürfnis haben, ein exklusives Leben zu führen, weit weg von den neugierigen Blicken des gemeinen Volkes. Wir gehören zum gemeinen Volk und, ganz ehrlich, mir ist es lieber so. Ich kann mir ja schließlich die Leute aussuchen, die ich in meinem Camper haben möchte.

Folgen Sie der D98A nach Saint-Tropez in Richtung Hafen und der plages, und biegen Sie dann rechts ab auf die D93 in Richtung Ramatuelle. Sie kommen an der Rückseite der riesigen Plage de Pampelonne vorbei, wo Sie ein paar pseudoexklusive Strandbars finden, aber Sie können einfach daran vorbeigehen und so zu Ihrem eigenen, kostenlosen Strandabschnitt gelangen. Wer hat gewonnen? Sie natürlich.

Folgen Sie der D93 an Ramatuelle vorbei und dann in die Hügel des Nationalparks hinein. Es ist eng und ein wenig schwierig zu fahren, weil Baumwurzeln die Fahrbahn gefährlich machen, aber es lohnt sich. Diese Straße ist wunderbar. Die Aussicht ist zeitweise großartig. Machen Sie in L'Escalet halt, das ein Paradies für Schnorchler ist, und bewundern Sie den Wald aus Korkeichen, Pinien und Olivenbäumen sowie die hübschen vertikalen Formen der Zypressen und den Duft der gelben und rosafarbenen Mimosen. Runden Sie das Ganze ab mit dem »geometrischen« Ausblick, den Maler, die unter der heißen Sonne der Provence nach neuen Wegen suchten, geliebt haben. Atemberaubend.

Schließlich treffen Sie wieder auf die D559, die Sie brav nach Le Lavandou führt, den Ort, den wir als Endpunkt unserer Tour festgelegt haben, bevor es zu den Gorges du Verdon gehen soll. Im Vergleich zu Saint-Tropez fühlen die sich ein bisschen billig an, aber was soll's, hier ist es auch warm und der Strand ist schön, und es gibt eine tolle kleine Strandbar am Anleger am Ende der Plage Beau Rivage, die total bodenständig ist. Bestellen Sie ein 1664, ziehen Sie sich am Barhocker hoch und stoßen Sie mit Ihren Reisegefährten an, um das gute Leben an der französischen Riviera zu feiern.

IN DER NÄHE

Schnorcheln auf den Inseln vor Port La Favière

Auf der Île du Levant brauchen Sie keinen Bikini, auf Port-Cros und Porquerolles allerdings schon. Auf jeden Fall sollten Sie Schnorchel und Maske mitbringen. Im Mittelmeer gibt es kaum saubereres Wasser. Schiffsverbindungen ab Bormes-les-Mimosas. **www.latitudeverte.fr**

Kajaks mieten, um einsame Strände zu finden Verleihe für Kajaks, SUPs und Kanus gibt es in L'Escalet und an der Plage de Pampelonne (nahe der *aire*). Diese Fahrzeuge eignen sich am besten, um wilde, vergessene Strände zu erreichen. Wer braucht da eine Superyacht? **www.peps-spirit.fr**

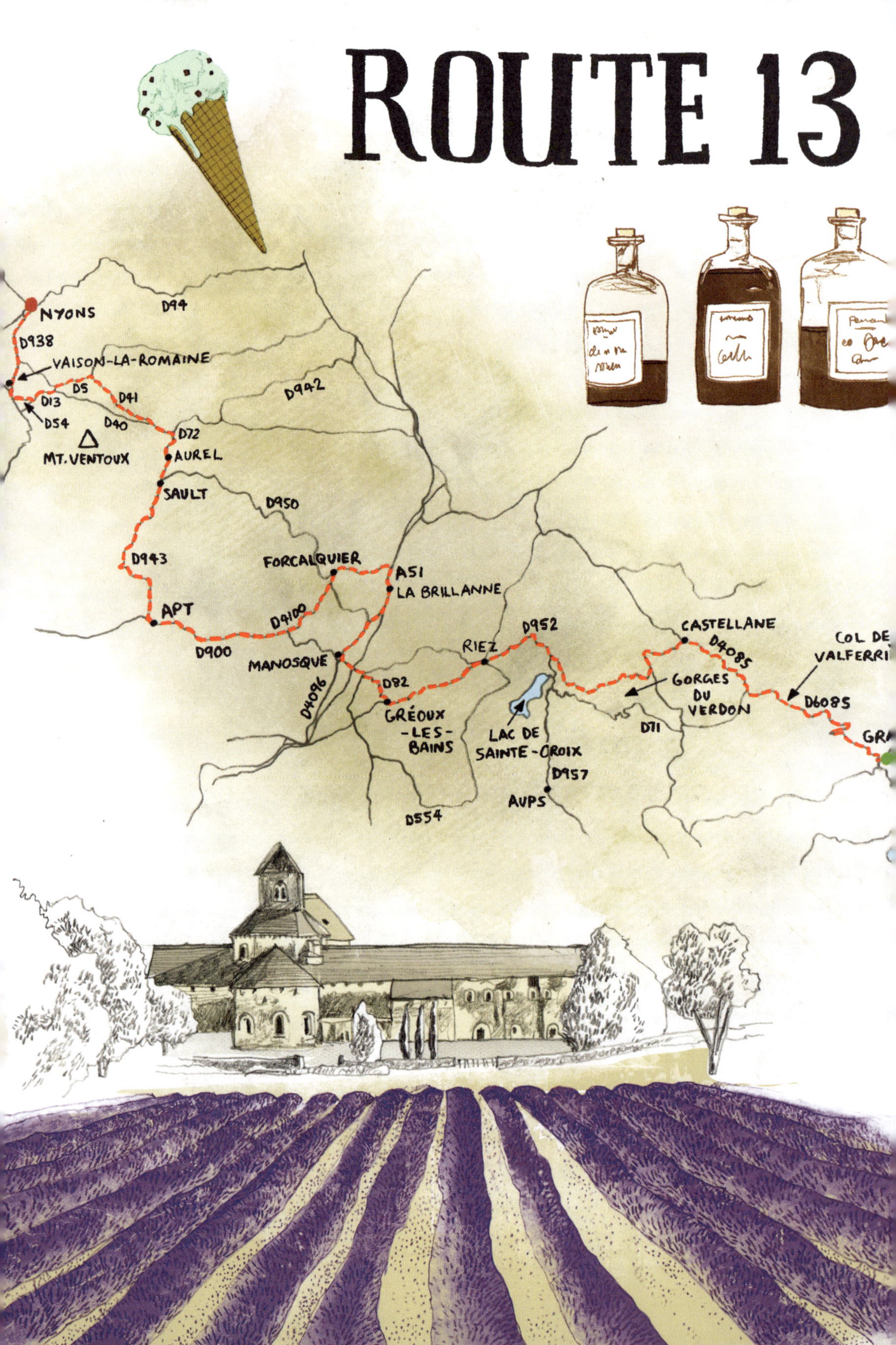
ROUTE 13
NYONS
D94
D938
VAISON-LA-ROMAINE
D5
D13
D41
D942
D54
D40
D72
MT. VENTOUX
AUREL
SAULT
D950
D943
FORCALQUIER
A51
LA BRILLANNE
APT
D4100
D952
CASTELLANE
D900
MANOSQUE
RIEZ
D4085
COL DE
D82
GORGES DU VERDON
D6085
D4096
GRÉOUX -LES- BAINS
LAC DE SAINTE-CROIX
D71
D957
AUPS
D554

ROUTE 13

GRASSE-NYONS

DIE LAVENDELROUTE

Influencer und Fotografen lieben die Lavendelfelder der Provence. Sie kommen hierher, wenn sich diese von ihrer besten Seite präsentieren, in ihrer ganzen violetten Herrlichkeit. Es ist wirklich fantastisch, all die Reihen mit wunderschönem blühendem Lavendel von Schmetterlingen umschwirrt zu sehen – ein sicheres Zeichen dafür, dass man sich in Frankreich befindet und auf dem richtigen Weg ist. Aber da ist natürlich noch eine Sache, die ein Instagram-Bild nicht einfangen kann, und das ist der Duft. Den gibt es nur, wenn man selbst hierherkommt.

AKTIVITÄTEN: **Die Jagd nach dem perfekten Foto, die echte Provence sehen, Dörfer und Städte entdecken, schwitzen, der eigenen Nase folgen**

START: **Grasse**

ZIEL: **Nyons**

ENTFERNUNG: **320 Kilometer**

ZEIT: **4 Tage**

KARTE (SEITE): **309, 308, 307, 306, 287, 305, 286, 285**

Wir beginnen dieses Abenteuer - die Suche nach dem perfekten Lavendelfeld, um es vielleicht als Coverfoto für dieses Buch verwenden zu können – in Grasse. Die Stadt ist das Zentrum des weltweiten Parfümhandels und hat einige der besten »Nasen« der Welt hervorgebracht, so habe ich mir sagen lassen. Sie liegt außerdem in der südlichsten Ecke der Lavendel produzierenden Regionen der Provence und ist somit ein guter Ort, um unsere Reise zu beginnen.

Wir nehmen die D6085 stadtauswärts, die über eine Reihe von Serpentinen ansteigt und einen fantastischen Blick zurück nach unten in Richtung des glitzernden Mittelmeers sowie nach Grasse und den Städten und Dörfern in seiner Umgebung bietet. Dies ist ein Teil der Route Napoléon, die nach Grenoble weiterführt, aber wir befahren sie nur bis nach Castellane. Unsere ersten flüchtigen Eindrücke vom Lavendel sind kleine, wild wachsende Flecken auf dem Kalkstein am Wegesrand, während die Straße ansteigt und dabei wie gewöhnlich den verschlungenen Konturen der Seealpen folgt.

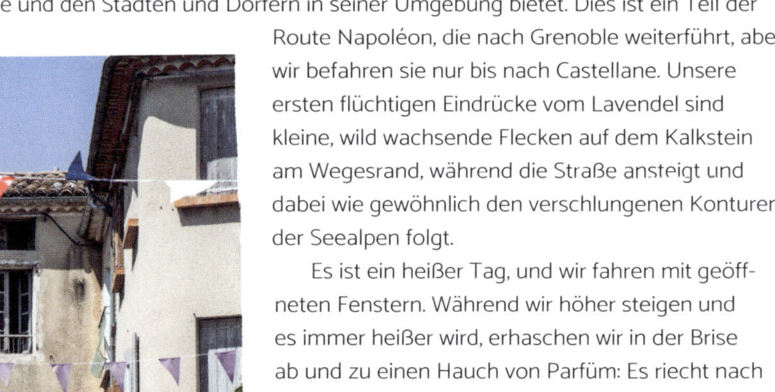

Es ist ein heißer Tag, und wir fahren mit geöffneten Fenstern. Während wir höher steigen und es immer heißer wird, erhaschen wir in der Brise ab und zu einen Hauch von Parfüm: Es riecht nach Blumen und Pinien und einem heißen, trockenen Tag in der Provence. Das hat etwas. Gerüche können ja bekanntlich starke Erinnerungen hervorrufen. Ich verbinde damit die Sommerferien und wie ich durch steile Gassen ans Meer hinuntergelaufen bin. Lizzy erinnert es daran, wie sie mit dem Rad Gebirgsstraßen hochgefahren ist, und an Wildcamping im Wald.

Wir fahren, ohne zu reden, nehmen alles in uns auf und genießen die Sinneseindrücke, die uns die Straße bietet.

Wir halten über Nacht in Castellane und

wandern durchs Dorf. Es ist das Tor zur Verdon-Schlucht und eine Touristenhochburg, sowohl wegen der Lavendelroute als auch wegen des Wildwassersports. Während wir spazieren gehen, riechen wir das Essen aus den Restaurants: Knoblauch und Kräuter attackieren unsere Riechorgane und machen uns hungrig. Wir haben schon etwas fürs Abendbrot, also essen wir einfach das Süße zuerst, während wir zur *aire de camping car* zurückwandern: ein aromatisches Pistazieneis. Diesen Geschmack verbinde ich immer mit dem Sommer.

Am nächsten Tag fahren wir in die Verdon-Schlucht. Es ist eine beängstigende und spektakuläre Fahrt an Abgründen entlang, die mindestens 700 Meter in die Tiefe gehen, direkt ins türkisfarbene Wasser des Flusses. Wieder einmal ist es heiß, und als die Straße beginnt abzufallen, strömt das Aroma heißer Pinien in den Camper hinein. Es ist ein unverwechselbarer Geruch nach Camping im Wald und sehr sonnigen Tagen im Schatten – das Aroma der Provence und von Frankreich selbst. Ich mag wegen der Fahrt am Rand der Schlucht entlang vielleicht ängstlich gewesen sein, aber der Geruch der Pinien hilft mir dabei, mich zu entspannen und es mehr zu genießen. Als die Straße am Ende der Tour auf Flussniveau angekommen ist, parken wir, laufen über den heißen Asphalt zum Fluss Verdon und gehen schwimmen –

inmitten der Tretboote und Kajaks, die zwischen den hohen Kalksteinwänden des Canyons, Frankreichs Grand Canyons, flussaufwärts fahren.

Wir bekommen unsere erste ordentliche Lavendel-Überdosis auf der D952 direkt vor Valensole, einem Dorf, das seit Langem mit der Lavendelroute assoziiert wird. Wir riechen ihn, bevor wir ihn sehen. Und dann, als wir um eine Biegung fahren, liegt er vor uns: Lavendelfelder zu beiden Seiten der Straße. Leider sind sie gerade geschnitten worden, also fehlt uns der optische Eindruck, aber vor uns zieht ein Traktor gerade einen riesigen (lavendelfarbenen) Anhänger voller frisch geschnittener Lavendelblüten hinter sich her. Was auch immer daraus gemacht wird – ob Seife, Parfüm oder ob er auf dem Markt verkauft wird oder als Strauß an Touristen –, sein Aroma erobert den Camper und unsere Geruchsorgane und bringt uns dazu, einen tiefen Seufzer auszustoßen und ein »Wow!«. Es ist ein modriger, erdiger Geruch, der Geruch von geschnittenem Gras oder Gartenarbeit, kombiniert mit den satten und parfümierten Noten von purem Lavendelöl. Himmlisch.

Wir fahren weiter. Während wir tiefer ins Lavendelland vordringen, sehen wir, dass viele Felder bereits geschnitten worden sind, vielleicht aufgrund eines guten Frühjahrs und einer frühen Wachstumsperiode. Einige Felder, die wild wuchernden oder die jüngsten, werden anscheinend nicht bestellt. Über die Felder hinweg und an Berghängen sehen wir vereinzelte Streifen von leuchtendem Violett, die bisher noch nicht geschnitten wurden. Sie sind außerhalb unserer Reichweite auf einer landwirtschaftlichen Fläche, wo wir nicht hinwandern dürfen.

Als wir weiter nach Norden kommen, sehen wir noch mehr Lavendel, manchmal geschnitten, manchmal nicht, sowie Felder mir hellgelben Sonnenblumen und Fenchel. Es ist nicht ganz so, wie ich es mir vorgestellt hatte; das Violett der Lavendelfelder ist nicht einheitlich. Es ist schwer zu fassen und immer wieder anders. Es kommt auch darauf an, wie man den Lavendel betrachtet. Steht die Sonne dahinter, sieht er blass und ausgewaschen aus, und wenn man ihn von der Seite aus ansieht, wirkt die Farbe ebenfalls weniger kräftig. Am besten sieht er aus, wenn man in die Reihen hineinschaut und die Sonne im Rücken hat. Dann bekommt er eine ganz besondere Intensität.

Wir erreichen Sault. Die Lavendelbegeisterung ist hier sehr groß. Es ist einer der Orte der Lavendelroute und voller gut gekleideter Touristen. Die Fensterläden sind lavendelfarben gestrichen, und die Geschäfte sind voll davon. Heute ist Markttag, und es gibt Stände, die Lavendel, Lavendelseife und das ganze Sortiment an Provence-typischen Produkten verkaufen. Eine Mischung, von der einem der Kopf schwirrt. Ich kaufe mir einen Hut. Wir blicken über das Tal zwischen Sault und dem Mont Ventoux und können die fein säuberlich geordneten Reihen der Lavendelfelder sehen. Wir bewundern die Geometrie der Landschaft und die Felder, die wie ein Flickenteppich aussehen, den Wechsel zwischen gelbem Stroh, grünen Wiesen und violettem Lavendel, unterbrochen von den markanten Säulen der dunkelgrünen Zypressen und den knolligen, wolkenähnlichen Formen der apfelgrünen Platanen, die aufgereiht in den Alleen stehen.

Als wir das Dorf verlassen und in Richtung Norden nach Nyons fahren, treffen wir überall auf Touristen, die anhalten, um Fotos von dem tiefvioletten Lavendel zu machen, der in dieser Gegend angebaut wird. Er ist intensiv gefärbt und wunderschön, besonders mit einem cremefarbenen Bergdorf im Hintergrund, dessen geometrisch geformte Dächer mit den fließenden Reihen des Lavendels kontrastieren. Und die ganze Zeit über, auf Schritt und Tritt, riechen wir die Parfüms der Provence.

Auf der Nordseite des Mont Ventoux machen wir einen Umweg auf einer Straße, die von einem Wegweiser als »bemerkenswert« *(remarquable)* beschrieben wird. Sie führt hinauf zum Col de l'Aire und bietet eine unglaubliche Aussicht auf die darunterliegenden Täler. Wir sind jetzt abseits des Weges, und die nach unten verlaufenden Serpentinen bieten uns neue Ausblicke in Richtung Norden. Im Vorbeifahren bemerke ich ein violettes Feld im Rückspiegel. Ich halte an und setze in die staubige Straße zurück, die daran entlangführt. Im Hintergrund sind die felsigen tieferen Hänge des Mont Ventoux zu sehen, davor Walnussbäume, Pinien und Eichen und im Vordergrund ein wild wachsendes Lavendelfeld voller Insekten und Schmetterlinge. Ich überlege mir: Wenn wir das Foto richtig hinbekommen, könnte es ein Kandidat für das Buchcover sein.

Ich setze meinen Hut auf, ziehe mein gestreiftes T-Shirt an und baue meine Kamera auf.

Als ich aus dem Camper steige, spüre ich die Intensität eines sonnigen Provence-Tages auf meinen Schultern. Die einschläfernden Dämpfe des Lavendels steigen mir in die Nase. Die Zikaden zirpen laut in den Bäumen. Unter meinen Füßen wirbelt Staub auf. Meine Sinne stehen auf Overdrive.

DAS FAHREN

Nehmen Sie in Grasse, Ihrem Startpunkt, die D6085 stadtauswärts. Dies ist die Route Napoléon, die im Stadtzentrum auch als solche ausgeschildert ist. Das Parken ist in Grasse ein Problem, da es für größere Campingbusse und Wohnmobile nur einen kleinen Abschnitt dafür im Zentrum gibt, nicht weit von der Touristeninformation entfernt.

Die D6085 ist großartig. Nachdem man die Vororte verlassen hat, steigt sie über eine Reihe von Kurven an, bis man die Stadt überblicken kann, und dann über Kalkstein und Buschwerk noch höher zum Col de Valferrière auf 1.169 Meter hinauf. Es ist eine schöne Straße, die einen tollen Ausblick über die provenzalische Landschaft mit Kalksteinfelsen, Eichenwäldern und Buschwerk, Pinien und Zypressen bietet.

Der erste größere Halt auf dieser Straße ist Castellane, ein wunderschöner Ort unter einem riesigen Berg, auf dessen Spitze eine Kirche steht (Chapelle Notre-Dame du Roc). Es gibt im Dorf auch eine Kirche aus dem 13. Jahrhundert und viele Restaurants. Wenn Sie auf dem Verdon raften oder auf dem Fluss Jabron canyoning gehen wollen, ist Castellane das Tor zu den Gorges du Verdon. Diese Schlucht ist Frankreichs Version des Grand Canyon und sehr beeindruckend. Man kann eine Rundtour durch sie machen. Dazu starten Sie auf der D952 und kehren auf der D71 über die Corniche Sublime zurück, wobei Sie ein zusätzliches Neben-Abenteuer abseits der D952 einschieben können, auf der Route des Crêtes, die zusätzliche Aufregung für nervöse Fahrer bereithält. Wagen Sie es einfach, oder lassen Sie es bleiben. Die Hauptstraße durch die Schlucht (die D952) ist aufregend genug. Hier gibt es überhängende Felsen und tiefe Abgründe. Für riesige Wohnmobile kann

es etwas schwierig werden, aber ein Durchschnitts-Campingbus schafft das.

Wenn Sie sich auf dem Abstieg befinden, bietet sich ein anderer Umweg auf der D957 an, zur Brücke über die Schlucht, dort, wo diese auf den Lac de Sainte-Croix trifft. Sie können vor oder hinter der Brücke parken, wobei die Möglichkeit zum Parken für hohe Fahrzeuge begrenzt und auf den hinteren Bereich beschränkt ist. Dort können Sie sich auch ein Kajak mieten und damit eine Flussfahrt unternehmen oder im perfekt blauen See baden. Es ist sehr voll und sehr unterhaltsam, sich das Tohuwabohu anzusehen, wenn Hunderte von Fahrzeugen den Fluss hochfahren. Es ist ein beeindruckendes menschliches Schauspiel. Und auch die Schlucht ist beeindruckend. Wir sind eine paar Hundert Meter hinaufgeschwommen und dabei Tretbooten, SUPs, Kajaks und Elektrobooten ausgewichen.

Wenn Sie auf der D952 weiterfahren, kommen Sie in ein lieblicheres Gebiet, wo die hohen Gipfel aufhören und von Feldern abgelöst werden. Es gibt immer noch viele Kurven, jedoch keine Abgründe und Serpentinen. Bis nach Reiz und Gréoux-les-Bains ist die Straße kaum frequentiert, spannend und leicht zu fahren mit einigen kleinen Schluchten und Lavendelfeldern als Zugabe. Sie folgen eine Zeit lang dem Verdon-Tal, bevor Sie die D554 nach Manosque (die zur D4 wird) nehmen, auf der D907 die Durance überqueren und sich dann auf der ziemlich unspektakulären D4096 nach Norden wenden. In diesem Tal wird Gemüse angebaut. Das Fahren ist nicht aufregend, aber mit den Bergen zu beiden Seiten des weiten Tales bekommt man hier einen guten Eindruck von der geografischen Lage.

In La Brillanne, wieder auf der D4100, fahren Sie in Richtung Forcalquier in hügeliges Land hinauf. Diese Straße ist großartig und führt durch eine idyllische Landschaft, die mit Lavendel, Wiesen und Gemüsefeldern gesprenkelt ist. Vielleicht sehen Sie jetzt auch bereits Reben, da hier die Region Côtes du Rhones beginnt.

Nehmen Sie in Apt die D943 stadtauswärts in Richtung Sault. Während Sie sich die kurvige Straße entlangschlängeln, sehen Sie in der Talsohle oder dort, wo das terroir dafür geeignet ist, Flecken von Lavendel. Mit seinem lebhaften Violett zeichnet er sich von den landwirtschaftlich genutzten Flächen ab. Je näher Sie Sault kommen, desto schöner wird es. Sault selbst ist hübsch. Die Straße stadtauswärts in Richtung Aurel ist toll; sie führt am Rand des Tals entlang und bietet einen beeindruckenden Blick auf die darunterliegende Landschaft. Versuchen Sie, die Lavendelfelder unter Ihnen zu entdecken. Aurel ist hinreißend, und die darunterliegenden Lavendelfelder gehören zum Schönsten, was wir auf unserer Reise gesehen haben: Die Reihen des Lavendels leiten das Auge des Betrachters zum Dorf hinauf, das auf einem Hügel liegt.

Nehmen Sie hinter Aurel die D72 in Richtung Vaison-la-Romaine und dann, kurz danach, die D41 nach Eygaliers, die mit dem Schild »Route remarquable« gekennzeichnet ist. Dies ist ein schöner kleiner Umweg in die Berge mit großartigem Blick auf den Mont Ventoux im Süden, während man über den Col de l'Aire fährt. Sie werden Olivenhaine sehen, ab und zu Lavendel sowie Sonnenblumen und Rebstöcke. Es könnte kaum provenzalischer sein.

Die D72 trifft schließlich auf die D5. Biegen Sie hier nach links ab, und folgen Sie der Ausschilderung nach Vaison-la-Romaine auf der D13, D54 und dann auf der D938. Vaison-la-Romaine ist eine Stadt, in der es immer noch sowohl römische als auch mittelalterliche Gebäude gibt.

Von Vaison-la-Romaine aus fahren Sie auf dem letzten Abschnitt der Tour auf der D938 und dann auf der D538 nach Nyons, das für seine schwarzen Oliven und sein Olivenöl berühmt ist.

IN DER NÄHE

Les Gorges du Toulourenc, Malaucène Schwer zu finden und voll, aber fantastisch. In diesen Schluchten können Sie durchs Wasser waten und wandern; es gibt Schwimmbecken, Wasserfälle und Schatten. Hier kann man gut den Tag verbringen. Parken Sie außerhalb von Vaison-la-Romaine auf der D40A, und gehen Sie dann ein paar Kilometer flussaufwärts.

Citroën-Museum, Castellane Diese Privatsammlung mit mehr als 100 fantastischen unrestaurierten Citroëns verbirgt sich hinter einer bescheidenen Fassade. Die Wagen sind umso bemerkenswerter, als sich alle im Originalzustand befinden. Unglaublich. Ein Muss, wenn Sie den 2CV mögen!
www.citromuseum.com

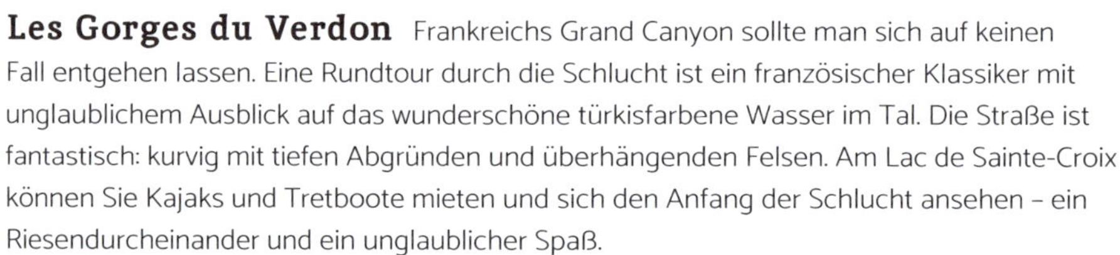

Les Gorges du Verdon Frankreichs Grand Canyon sollte man sich auf keinen Fall entgehen lassen. Eine Rundtour durch die Schlucht ist ein französischer Klassiker mit unglaublichem Ausblick auf das wunderschöne türkisfarbene Wasser im Tal. Die Straße ist fantastisch: kurvig mit tiefen Abgründen und überhängenden Felsen. Am Lac de Sainte-Croix können Sie Kajaks und Tretboote mieten und sich den Anfang der Schlucht ansehen – ein Riesendurcheinander und ein unglaublicher Spaß.
www.verdontourisme.com

Wildwassertouren, Castellane Das Zentrum für Wildwasseraktivitäten in Verdon ist Castellane. Hier haben Sie überall die Möglichkeit, Rafting- und Canyoningtouren zu buchen.

Sault Eine wunderbare Stadt mit Blick auf den Mont Ventoux und die Felder des Vaucluse. Viele Läden mit Kunstgewerbe und Lavendelprodukten. Kunsthandwerkermarkt und viel provenzalische Atmosphäre.

STELLPLÄTZE: CAMPING

Camping du Théâtre Romain, Vaison-la-Romaine
205 Chemin du Brusquet, 84110 Vaison-la-Romaine, Vaucluse
Internet: www.camping-theatre.com
Tel.: 0033/04 90 28 78 66

Gegenüber dem römischen Amphitheater und den Ruinen gelegen, ist dieser Campingplatz perfekt für die Stadt, ihre Restaurants, Theater, Ruinen und Brücke.

Les Framboiselles, Castellane
La Lagne, 04120 Castellane, Alpes-de-Haute-Provence
Internet: www.lesframboiseilles.fr
Tel.: 0033/06 31 26 20 89

Nahe Castellane. Großartige gemischt genutzte Anlage mit ein paar Wohnmobil-Stellplätzen in einem hübschen Tal.

STELLPLÄTZE: *AIRES DE CAMPING CAR*

Villeneuve: *Es gibt eine sehr schöne* aire *hinter dem Friedhof. Kostenlos.*

Castellane: *Eine tolle* aire *direkt in der Stadt unter dem imposanten Roc. 9 Euro für 24 Stunden.*

Parfümherstellung in Grasse Wenn Sie sehen möchten, wie die besten Düfte der Welt entstehen, können Sie in Grasse Führungen bei den Parfümherstellern machen. Fragonard ist einer der ältesten und berühmtesten
www.fragonard.com

Abbaye Notre-Dame de Sénanque Als berühmte Station der Lavendelroute empfängt dieses immer noch von Mönchen bewohnte Kloster jährlich Tausende Besucher, die Fotos vom Lavendel machen wollen, wenn er im späten Juni und Juli blüht.
www.senanque.fr/en

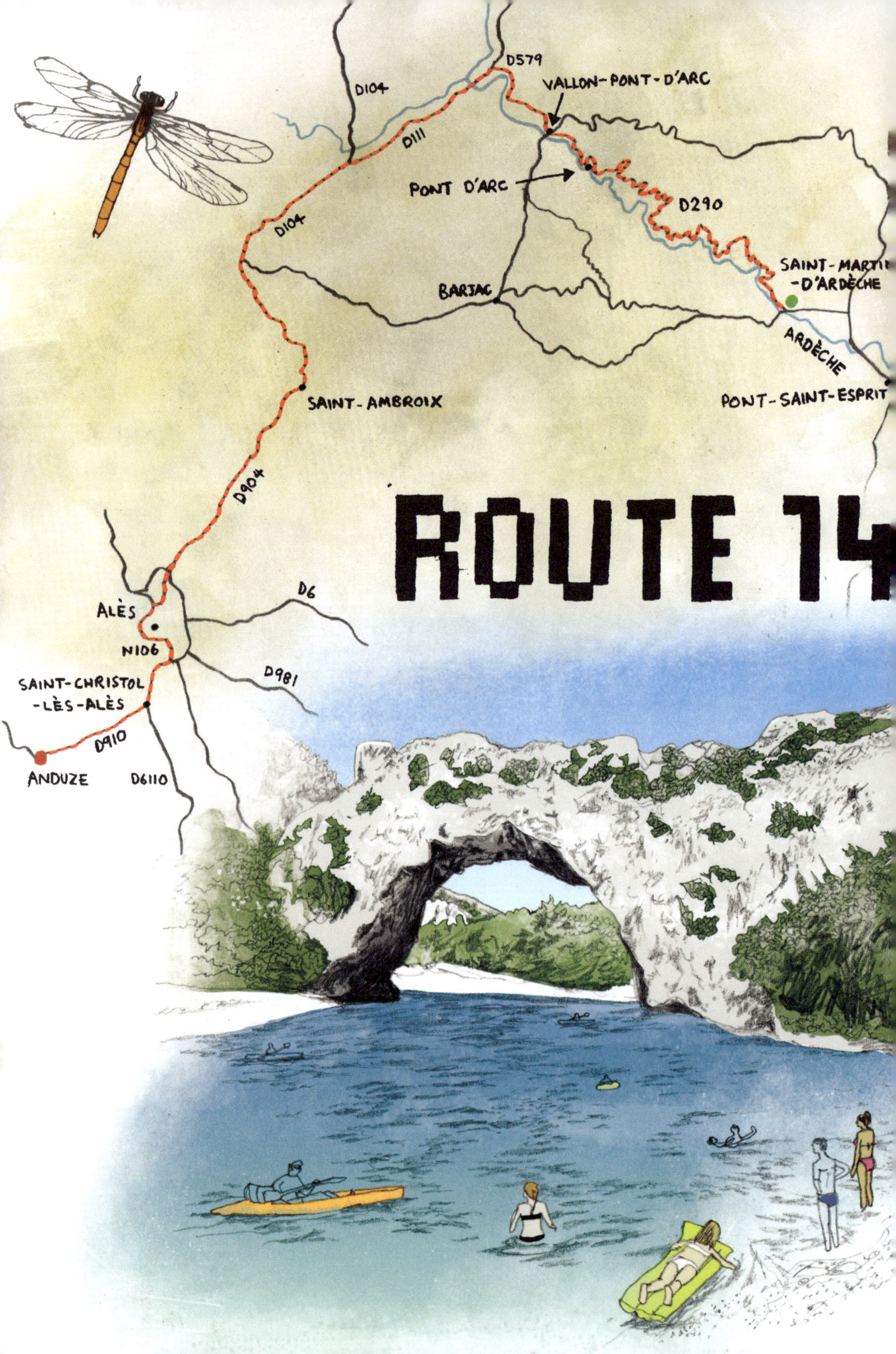
D579
VALLON-PONT-D'ARC
D104
D111
PONT D'ARC
D290
D104
SAINT-MARTI
-D'ARDÈCHE
BARJAC
ARDÈCHE
SAINT-AMBROIX
PONT-SAINT-ESPRIT
D904
ROUTE 14
D6
ALÈS
N106
D981
SAINT-CHRISTOL
-LÈS-ALÈS
D910
ANDUZE
D6110

ROUTE 14

SAINT-MARTIN-D'ARDÈCHE-VALLON-PONT-D'ARC

KAJAKFAHREN IN DEN SCHLUCHTEN

Mit dem Auto oder dem Kajak durch die Gorges de l'Ardèche zu fahren, ist eine klassische französische Tour, die jeder einmal ausprobiert haben sollte. Die Schlucht selbst ist ein Ort von ungeheurer Schönheit und Großartigkeit. Sie ganz zu durchfahren, dauert nicht lang und bietet viele Möglichkeiten, um anzuhalten und ihre schiere Größe zu bestaunen. Eine Kajaktour auf dem Fluss ist etwas ganz Besonderes. Sie kommen an Nudisten vorbei, rasen durch beängstigende Stromschnellen und bestaunen riesige Felsmassive, während über Ihnen die Raubvögel kreisen. Und wenn es zu heiß werden sollte, ziehen Sie einfach Ihre Sachen aus und springen ins Wasser. Wunderbar!

AKTIVITÄTEN: Schwimmen, Kajakfahren und sich von Canyons stürzen

START: Saint-Martin-D'Ardèche

ZIEL: Alès

ENTFERNUNG: 100 Kilometer

ZEIT: 3 Tage

KARTE (SEITE): 284, 266, 283

Wir erreichen Saint-Martin-d'Ardèche mit einer Mission: nämlich die Schlucht in ihrer ganzen Länge mit dem Kajak zu durchfahren. Das wollte ich schon lange tun. Als ich Bilder von Leuten gesehen habe, die unter den riesigen Kalksteinwänden dieser ungeheuren Schlucht – Frankreichs Antwort auf den Grand Canyon – flussabwärts gefahren sind, habe ich mir gedacht: Das will ich auch! Also sind wir jetzt hier, um es zu tun. Wir haben später noch Zeit, die Schlucht mit dem Auto abzufahren, aber jetzt besteht der Plan erst einmal darin, herauszufinden, wie wir unsere Kajakmission in die Tat umsetzen können.

Es müsste eigentlich leicht machbar sein. Wir haben Kajaks und die Ausrüstung. Jetzt brauchen wir nur noch eine Mitfahrgelegenheit für uns und unsere Ausrüstung flussaufwärts oder eine Mitfahrgelegenheit zurück flussaufwärts, um den Camper, und damit dann die Ausrüstung am Endpunkt der Tour abzuholen. Klingt einfach? Nicht ganz. Das Problem beim Kajakfahren ist, dass es immer nur in eine Richtung geht, wenn man es auf einem Fluss betreibt. Man braucht entweder zwei Fahrzeuge oder irgendeine Art von Transportmöglichkeit dorthin, wo man gestartet ist.

Saint-Martin ist ein kleines Dorf am Ende der Schlucht, dort, wo sie sich weitet und ihre Steilwände im Nichts verschwinden. Das Dorf befindet sich auf der Nordseite des Flusses, und Aiguèze, eine kleine mittelalterliche Stadt, liegt fast gegenüber oben auf der Klippe, die sich über dem Fluss erhebt. Man könnte auch sagen, dass sie bedrohlich über Saint-Martin aufragt, aber dafür ist sie viel zu nett. Sie ist ein Ort voller Cafés und Künstler und Glyzinien und kleiner Gassen.

Wir lassen uns auf dem Campingplatz Camping des Gorges nieder, der in Sauze liegt, dem Endpunkt der meisten Ardèche-Abenteuer. Während wir vor dem Camper sitzen, kommt ein Wiedehopf aus einem Baum in der Nähe angeflogen, um dann hinter Lizzys Stuhl etwas aufzupicken. Er ist wunderschön, hat einen kecken Kamm,

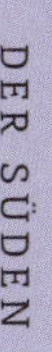

gestreifte Flügel und einen langen spitzen Schnabel. Ich habe noch nie einen Wiedehopf gesehen und bin ganz aufgeregt. Leider fliegt er weg, noch bevor ich an meine Kamera komme. Es ist wirklich eine schöne Gegend.

Wir fahren mit unseren Rädern auf einem Pfad, der am Fluss entlangführt, ins Dorf, um zu versuchen, unser Kajakdilemma zu lösen. Es ist steinig und sandig, und überall gibt es Strände, wo Leute baden, Kajak fahren und SUPen. Je näher wir dem Dorf kommen, desto voller wird es, bis wir an den Strand des Dorfes, mit Blauer Flagge und Rettungsschwimmern, gelangen. Hier sind Hunderte von Menschen, die Kajak fahren, auf aufblasbaren Booten oder Matratzen sitzen oder schwimmen.

Wir entdecken die Anlandestelle für Kajaks, wo es vier oder fünf Veranstalter gibt, die die Kajaks am Ende des Tages wieder einsammeln. Ihre Minibusse stehen aufgereiht am Ufer und haben Anhänger dabei. Wir gehen auf einen der Mitarbeiter zu, der uns rät, zum Firmenbüro zu gehen. Wir sehen drei Engländer, die die Kajaks aufladen, und fragen sie, ob sie irgendjemanden kennen, der uns mitnehmen könnte. Sie schlagen Cyrile vor. Wir gehen zu ihr, und sie sagt, sie hätten viel zu tun und die Anhänger seien voll. Wir sprechen mit einem anderen Veranstalter, aber dort ist es das gleiche. Es ist Hochsaison: Sie haben keinen Platz. Es ist überall das gleiche. Wir hören von einem Veranstalter am anderen Ende der Schlucht, der vielleicht helfen könnte. Als ich zum Camper zurückgehe, schreibe ich ihm eine E-Mail. Dann beschließen wir, schwimmen zu gehen. Wir gehen ein paar Hundert Meter flussaufwärts und versuchen, einen Plan auszuarbeiten. Wenn wir keine Transportmöglichkeit finden, müssen wir die Kajaks am Startpunkt der Tour abladen, den Camper parken und dann nach der Tour per Anhalter zurückfahren oder ein Taxi nehmen. Das klingt nicht sehr realistisch. Wir beschließen, dass uns schon noch irgendetwas einfallen wird, und vertagen das Problem erst einmal, denn wir glauben an glückliche Zufälle. Dann wandern wir am Ufer, einer flachen Kalksteinplatte, entlang, bis wir einen Platz finden, wo man gut schwimmen kann. Wir springen hinein. Das Wasser ist angenehm, und wir schwimmen zurück zum Strand, der gegenüber von unserem Campingplatz liegt.

Als wir zu unserem Stellplatz zurückgehen, entdecke ich einen Veranstalter, der etwas weiter entfernt steht und den ich bisher noch nicht angesprochen habe. Ich beschließe, die Sache anders anzugehen und frage ihn, wie viel es kosten würde, wenn er uns mitnähme, anstatt zu fragen, ob er uns mitnehmen würde. Es scheint kein Problem zu sein. Wir buchen einen Bus, der uns am nächsten Morgen um 8 Uhr zum Abfahrtspunkt 24 Kilometer flussaufwärts bringen soll.

Wir sind rechtzeitig da, zahlen das Geld und warten, während unser Veranstalter etwa 30 Leute einsammelt und in einen Bus verfrachtet, der alle zum Startpunkt bringt. Wir müssen auf einen Anhänger warten, der uns mitnehmen soll und kurz nachdem die anderen abgefahren sind, mit dem Chef und seinem alten orangen Campingbus eintrifft. Wir laden unsere Sachen ein, setzen uns nach hinten und fahren in Richtung Schlucht. Die Fahrt dauert etwa 40 Minuten. Wir werden am Startpunkt abgesetzt und uns selbst überlassen, während der Chef zur Gruppe hinübergeht, die vor uns abgefahren ist. Sie haben ihre Ausrüstung bekommen und warten jetzt auf ihre Anweisungen. Es wird viel über Stromschnellen geredet und über »Rettungsschläge«, aber so gut ist mein Französisch nun auch nicht, also höre ich nicht weiter hin, mache unsere Ausrüstung fertig und stoße mich vom Ufer ab.

Die ersten Schläge, bei denen ich meine Arme warmmache, sind eine wahre Freude. Es sind noch viele andere Leute auf dem Fluss, die meisten auf Sit-on-top-Kajaks. Es gibt sogar Kinder und Hunde, die in Kajaks sitzen – anscheinend ist Kajakfahren hier total angesagt, nicht nur bei uns, sondern auch bei allen anderen.

Abgesehen von all den Leuten, ist der Fluss wunderschön. Die Wände der Schlucht verlaufen vertikal und bilden Felsenkessel aus flachem grauem Gestein, die Hunderte von Metern hoch sind. Manchmal sieht es so aus, als würden die Wände auf den Fluss zustürzen und über dem Wasser hängen, dann wiederum öffnen sie sich. Dort, wo der Fluss mäandert, bilden die steilen Felswände riesige Kessel. An einigen Stellen mit scharfen Kurven gibt es Strände aus Kalkstein oder kiesigem Sand, wo das Wasser über die Felsblöcke strömt. Es

ist tiefer auf der Außenseite der Kurven, fließt dort schneller und hat weniger Widerstand. Zwischen dem Fluss und den Felswänden ist Wald gewachsen, überall dort, wo er Halt gefunden hat. Es gibt Kiefern und Wacholder, und als wir eine Pause machen und anhalten sehen wir Salbei, Majoran und Thymian in den Kalksteinritzen. Es ist eine unberührte Landschaft, und wir fragen uns, inwieweit sie vom Menschen beeinflusst worden ist. Sie ist unzugänglich und deshalb nicht für die Land- oder die Waldwirtschaft zu gebrauchen, aber Menschen leben hier bereits seit Tausenden von Jahren, wie Höhlenmalereien in der Schlucht beweisen. Das Wasser ist klar und grün, Fische springen im seichten Wasser umher. Vom Wasser aus haben wir eine unglaubliche Sicht auf die Schlucht und ihre unbezwingbaren Steilwände. Wir sehen einen riesigen Raubvogel über uns hinwegfliegen, während Felsenschwalben, Verwandte der Ufer- und Mehlschwalben, umherflitzen. Schmetterlinge, Käfer und Libellen schwirren übers Wasser.

Als wir auf unsere ersten Stromschnellen stoßen, paddle ich so kräftig ich kann dagegen an und verfolge eine Linie, die direkt über den tiefsten und schnellsten Teil führt. Es ist aufregend, obwohl mein Kajak sich ein wenig mit Wasser füllt, da ich keine Spritzdecke verwende. Ich frage mich, wie es den anderen ergeht. Einige Leute hören auf zu paddeln, wenn sie auf die Stromschnellen treffen, andere kentern und wieder andere verlieren komplett die Kontrolle, schaukeln und schreien, während sie flussabwärts getrieben werden. Ich hoffe, sie machen sich nicht zu viele Gedanken über das, was noch kommt: Es sind noch weitere 23 Kilometer zu paddeln ...

An einer weiteren Stromschnelle sehen wir, wie Rettungsschwimmer die Paddler auf die sicherste Linie um einen großen Felsblock herum dirigieren, und an einer weiteren, wo keine Rettungsschwimmer sind, sehen wir gekenterte Kanus, Leute, die sich im Wasser an Felsen festhalten, und Schwimmwesten, die flussabwärts treiben. Wir helfen bei der Bergung eines gekenterten Sit-on-top-Kajaks und bringen es wieder mit seinem Mieter zusammen. An einigen Stromschnellen entsteht ein ziemliches Chaos; wenn vorn jemand stoppt oder wieder in Fahrt kommt, muss man ihm ausweichen. Da uns ständig Leute folgen, können wir aber nicht warten, sondern müssen mit dem Strom mitschwimmen.

STELLPLÄTZE: CAMPING

Camping des Gorges
Quartier de Sauze, 07700 Saint-Martin d'Ardèche, Ardèche
Internet: www.camping-des-gorges.com
Tel.: 0033/04 75 04 61 09

Toller Campingplatz, nur zwei Minuten zu Fuß vom Strand in Sauze in Saint-Martin-d'Ardèche entfernt. Großartiger Pool und gute, terrassierte Stellplätze. Wohlgemerkt: Ein Bad im Fluss ist nur einen kurzen Gang entfernt.

Camping du Pont d'Arc
07150 Vallon-Pont-d'Arc, Ardèche
Internet: www.campingdupontdarc.com
Tel.: 0033/04 75 88 00 64

Näher am Pont d'Arc kann man nicht parken. Das untere Ende der gut beschatteten Anlage führt Sie direkt zum Strand neben dem Bogen. Toll.

STELLPLÄTZE: *AIRES DE CAMPING CAR*

Die *aire* in Vallon-Pont-d'Arc *ist nicht gerade aufregend, aber vielleicht notwendig, weil es in der Stadt keine Parkplätze für Wohnmobile gibt.*

An einer Stelle passieren wir einen Campingplatz für Nudisten – einen der wenigen flussabwärts liegenden Zugangspunkte. Es trifft mich völlig unvorbereitet, als ich eine Frau ausgestreckt auf einem Felsen liegen sehe, gerade in dem Moment, als ich eine Stromschnelle erreiche. Dann sehe ich noch andere: ein Pärchen mit dunkelbrauner, lederner Haut steht im seichten Wasser und beobachtet, wie wir vorbeifahren. Meine Augen werden größer, und ich bemerke noch mehr Leute, die am Ufer liegen, schwimmen oder uns beobachten, und alle sind nackt. Es ist, als wäre ich in eine andere Welt gepaddelt, wo Menschen mit Textilien, wie ich, gefürchtet oder verehrt, gegessen oder wie Könige behandelt werden. Ich bleibe nicht (kann nicht bleiben), um das herauszufinden, obwohl ich selbst Lust auf ein Nacktbad hätte, und schon trägt mich das Wasser weiter flussabwärts.

Unsere Kajaks – lange, schnittige Hybridkajaks mit versenkbarer Flosse – sind schneller als die meisten Sit-on-tops, deshalb paddeln wir schnell und überholen so viele Leute wie möglich. Je näher die Mittagessenszeit rückt, desto mehr scheint die Menge sich zu zerstreuen – zweifellos frönen die Menschen der französischen Kunst des langen und guten Essens –, und an manchen Abschnitten sind nur noch wenige andere Kajakfahrer neben uns.

Wir halten schließlich selbst an, um etwas zu essen, und zwar an einer rutschigen Kalksteinplatte vor einem tiefen Wasserbecken direkt vor einem Abschnitt mit Stromschnellen. Es ist heiß – und schön, aus unseren Auftriebshilfen heraus- und ins Wasser hineinzukommen, um zu schwimmen. Es gibt kleine Fische im seichten Wasser und größere, die im tieferen Wasser umherschwimmen. Lizzy setzt sich auf einen Felsen, um ihr Croissant zu essen, als sie eine Schlange im Wasser bemerkt: Es ist eine kleine Vipernatter. Danach gehen wir nicht mehr schwimmen. Stattdessen suchen wir den Streifen Blau zwischen den Felswänden nach Raubvögeln ab und genießen die Hitze auf dem Rücken. Einige andere Paddler kommen vorbei, und wir beobachten, wie sie die Stromschnellen in Angriff nehmen. Wir fragen uns, ob manche Leute auf dem Fluss in Panik geraten. Aber was sollen sie machen? Es gibt keinen Weg hier raus, außer über den Fluss.

Der Fluss verlangsamt sich, je näher wir Saint-Martin-d'Ardèche kommen. Die Felswände verschwinden und machen Platz für die Leute, die vom Dorf aus hierherwandern wollen. Das Wasser ist tief und dunkel, und überall sind Menschen, die springen, schwimmen und Kajak fahren. Wir paddeln zum Landungssteg und kämpfen uns aus unseren Booten heraus. Wir waren fünf Stunden auf dem Wasser. Es war fantastisch, da sind wir uns einig. Wir haben eine wunderbare Tier- und Pflanzenwelt gesehen, uns ein wenig gefordert, das Chaos an den Stromschnellen beobachtet und festgestellt, dass viele Leute viel Spaß an einem unglaublich schönen Ort hatten.

Ich möchte das alles noch einmal erleben.

DAS FAHREN

Diese Route beginnt in Saint-Martin-d'Ardèche, dem Dorf am Eingang der Ardèche-Schlucht, direkt westlich der Rhône zwischen Orange und Montélimar. Es ist ein kleiner Ort mit einer schmalen Hängebrücke, die den Fluss Ardèche überquert und zu einem mittelalterlichen Dorf am anderen Ufer (Felswand) führt. Im Osten ist es meist flach, doch in Richtung Westen steigt das Land steil an bis hoch zum Plateau des Gras, einer Kalksteinebene, die seit Jahrtausenden bewohnt ist. Auf dieser Tour kann man sich praktisch nicht verfahren, weil man nur der D290 folgen und das Dorf in westlicher Richtung verlassen muss. Diese kurvenreiche Route verläuft nahe am Fluss, jedoch in größerer Höhe, am Ostufer entlang. Tatsächlich wurde die Straße erst 1969 mit dem erklärten Ziel gebaut, die Schlucht für den Tourismus zu öffnen, weshalb sie breit und leicht zu fahren ist.

Während Sie dahinrollen, können Sie nicht die ganze Zeit ins Tal blicken oder den Fluss unter Ihnen sehen, sind sich aber immer des gähnenden Abgrunds zu Ihrer Linken bewusst. Sogar wenn der Blick von Bäumen – wie Kiefern, Steineichen und Olivenbäumen – verdeckt ist, wissen Sie, dass er da ist. Manchmal macht die Straße sehr scharfe Kurven und Haarnadelkurven, während sie Zuflüssen in das Plateau hinein folgt. Dann wieder befindet sich zwischen Ihnen und dem Fluss praktisch nichts, außer ein paar Steinblöcken am Rand der Straße. Nichtsdestotrotz ist es keine spektakuläre Fahrt, sondern nur eine Fahrt in großer Höhe. An verschiedenen Stellen auf dem Weg gibt es jedoch Aussichtspunkte, die aus Steinen und wettergegerbtem Stahl gebaut sind und einen tollen Blick über Hunderte von Metern in die Tiefe des Canyons bieten, der sich unten auftut. Das ist wirklich fantastisch. Es gibt nur einen Zugangspunkt zum Fluss, der kurz vor dem Pont d'Arc zur Kajakstation in Chames führt.

Das Highlight dieser Fahrt ist sicherlich der Augenblick, wenn man zum ersten Mal nach dem steilen Abstieg in Richtung Chames den Pont d'Arc sieht. Er ist ein spektakulärer Kalksteinbogen, der 59 Meter breit und 34 Meter hoch ist und andere Bögen, zum Beispiel in England, vor Neid erblassen lässt. Der Fluss, der sich in Jahrtausenden durch den Kalkstein gegraben hat, verläuft direkt hindurch. Vor und hinter dem Bogen gibt es Naturstrände in den Flussbiegungen. Parken kann man nur ein paar Hundert Meter vom Bogen entfernt. Man muss dann einige Minuten zurücklaufen, damit man ihn vom Aussichtspunkt aus gut sehen kann. Wenn Sie in Vallon-Pont-d'Arc zu einer Kajaktour aufbrechen, kommen Sie durch den Bogen.

Vom Bogen aus sind es noch einmal fünf Kilometer nach Vallon-Pont-d'Arc, dem traditionellen Tor zur Schlucht und dem Ort, wo viele Kajakverleiher und Tourenveranstalter

ansässig sind. Er ist sehr touristisch und bietet eine große Auswahl an Campingplätzen und Veranstaltern.

Wenn man der Straße durch Vallon-Pont-d'Arc folgt, wird sie zur D579 (in Richtung Balazuc) und folgt weiterhin dem Fluss, obwohl sie abflacht. Die Landschaft ist hier ganz anders, jetzt, wo Sie von der Ebene heruntergekommen sind: Es ist flacher, aber das Fahren ist immer noch sehr angenehm. Folgen Sie der D579, bis Sie an einen Abzweig nach links auf die D111 kommen, die Sie in Richtung der D104 nach Alès führt. Diese lange, gerade Straße führt zwischen zwei Bergmassiven durch Ackerland. Wenn Sie sich auf der D104 befinden (nachdem Sie nach links in Richtung Alès abgebogen sind), geht es weiter durch flaches Gebiet, bis Sie die Cevennen erreichen und es wieder eine Zeit lang interessant und kurvig wird. Leider verdirbt einem die furchtbare Ringstraße in Alès jeglichen Fahrspaß. Eine Anzahl von Kreisverkehren und Ampeln geleiten Sie auf die D6110 in Richtung Montpellier und Saint-Christol-lès-Alès. Nehmen Sie in Saint-Christol die D910 nach Anduze – und zu Ihrem nächsten, ganz anders gearteten Abenteuer in den Cevennen.

IN DER NÄHE

Kajakfahren Es gibt einige Veranstalter in Saint-Martin-d'Ardèche und noch mehr in Vallon-Pont-d'Arc. Wir sind mit Patou Bateau gefahren, weil sie als Einzige unsere Kajaks und unsere Ausrüstung mitgenommen haben. Volle Punktzahl! **patou-bateau.fr/en**

Grotte de la Madeleine, Saint-Remèze Diese Höhle voller Stalagmiten und Stalaktiten gehört zu den schönsten Frankreichs. Mit Son-et-Lumière-Show. Es sind eigentlich zwei Höhlen, die zu einer verbunden wurden. **www.grottemadeleine.com**

Grotte Chauvet 2 Ardèche Die Chauvet-Höhle wurde 1994 entdeckt und avancierte sofort zu einer der wichtigsten UNESCO-Weltkulturerbe-Stätten. Hier gibt es die ältesten menschlichen Fußspuren, Höhlenmalereien sowie viele Knochen und Artefakte. Sie ist jetzt geschützt und abgeriegelt, aber es gibt eine Nachbildung – die größte ihrer Art – bei der Caverne du Pont d'Arc. **www.grottechauvet2ardeche.com**

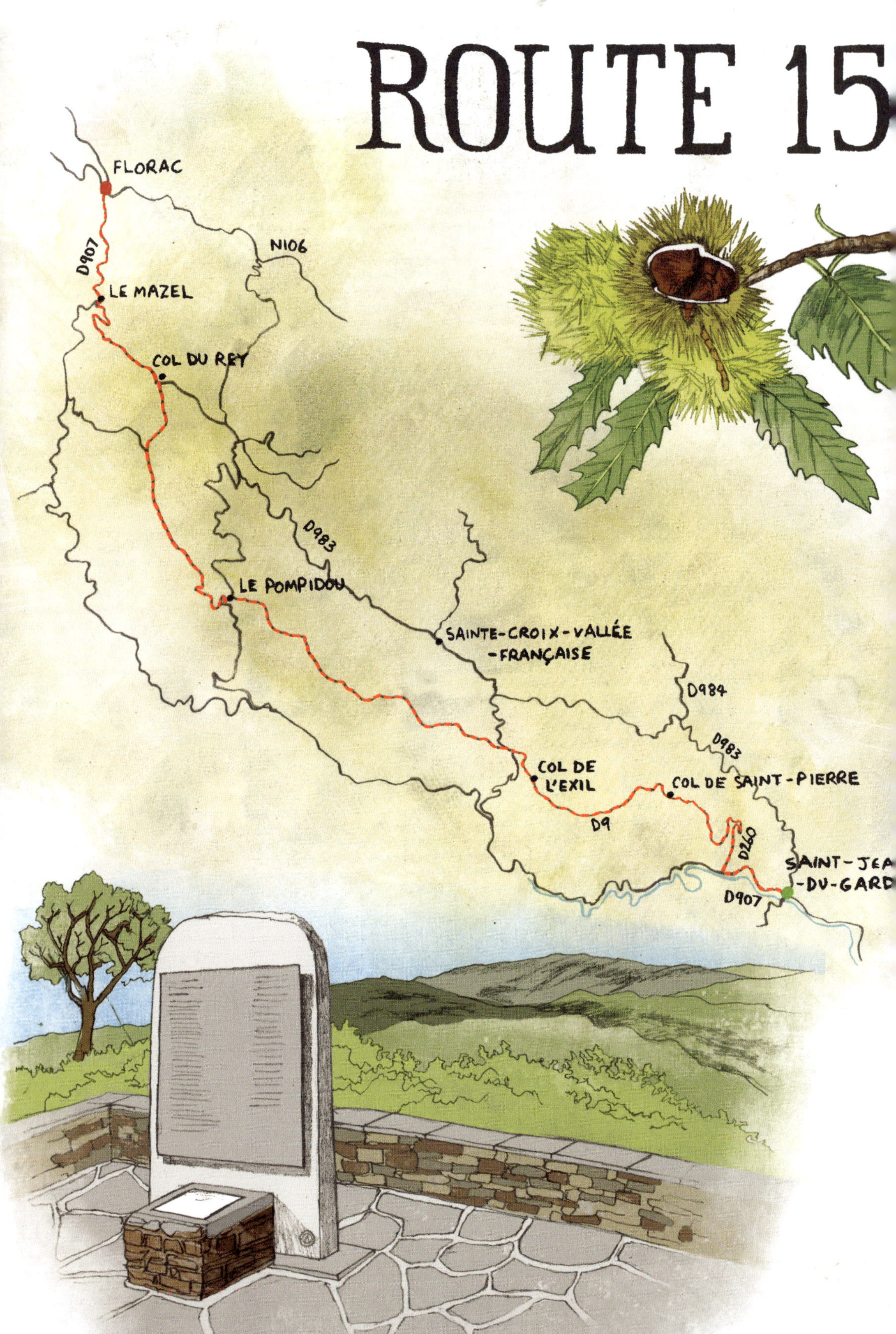
ROUTE 15
FLORAC
N106
D907
LE MAZEL
COL DU REY
D983
LE POMPIDOU
SAINTE-CROIX-VALLÉE
-FRANÇAISE
D984
D983
COL DE
L'EXIL
COL DE SAINT-PIERRE
D9
D260
SAINT-JEA
-DU-GARD
D907

ROUTE 15

SAINT-JEAN-DU-GARD-FLORAC

DIE CORNICHE DES CÉVENNES

Die Corniche des Cévennes ist eine großartige Straße. Sie führt hoch in die Cevennen, eine der am dünnsten besiedelten Regionen Frankreichs. Die Route bietet fantastische Ausblicke auf bewaldete Hänge und von Dunst umgebene Berge. Die Cevennen wurden durch Robert Louis Stevenson und seine Eselin berühmt. Auf diesem herrlichen Streifzug durch die Berge können Sie seinen Spuren folgen. Und wenn Sie genau hinschauen, können Sie diese sogar entdecken.

AKTIVITÄTEN/ ATTRAKTIONEN: **Aussicht, Wald und Wandern**

START: **Saint-Jean-du-Gard**

ZIEL: **Florac**

ENTFERNUNG: **50 Kilometer**

ZEIT: **1 bis 2 Tage**

KARTE (SEITE): **283, 282**

Als wir losfahren, um der Corniche des Cévennes zu folgen, diskutieren wir über die Bedeutung des Wortes *»corniche«*. Laut Internetrecherche handelt es sich um eine »Straße an einem steilen Berghang«, was mir ziemlich zutreffend erscheint. Dies trifft jedoch eher auf die Straßen zu, die wir in der Ardèche- und der Verdon-Schlucht gefahren sind. Dort waren die Berghänge steiler, als mir lieb war.

Die Corniche de Cévennes wurde durch Robert Louis Stevensons Buch *Reise mit dem Esel durch die Cévennen* berühmt, das nach seiner Cevennen-Überquerung in den 1870er-Jahren entstand. Es ist immer noch ein Klassiker der Outdoor-Literatur. Obwohl Stevenson die Straße bekannt gemacht hat, war die Corniche schon seit Jahrhunderten zum Überqueren der höchsten Gipfel der Cevennen benutzt worden.

Als wir Saint-Jean-du-Gard verlassen und die Straße ansteigt, beschreibt sie alle möglichen Formen und folgt dabei den Umrissen der Landschaft. Wir treffen auf Haarnadelkurven und Serpentinen, sanfte Biegungen und scharfe Kurven. Es ist nicht gerade furchterregend, wie der überwiegende Teil der Waldstrecke, aber die gelegentlich auftauchenden Abgründe rauben uns den Atem, als wir auf dem Weg zum Col de Saint-Pierre auf die Berge unter uns schauen.

Der Col ist mit 592 Metern Höhe nicht gerade der höchste Pass, den wir je überquert haben. Die Straße fühlt sich eher so an, als würde sie auf eine Hochebene hinaufführen und

nicht über eine Reihe von *cols*. Eine Serie von Haarnadelkurven führt uns an einer riesigen Kalksteinwand vorbei, die sich in die Ferne erstreckt. Wir fahren nach oben auf den Gipfel der Schlucht und lassen die Täler hinter uns.

An einem Waldstück mit einer Lücke in den Bäumen halten wir an, um den Blick zu genießen und alles in uns aufzunehmen. Ich steige aus und schaue mir den Wald unter uns und um uns herum an. Er besteht aus Kiefern, Steineichen und Edelkastanien mit Wacholderbüschen im üppigen Unterholz. Schmetterlinge und Bienen umschwirren die Wildblumen am Straßenrand. Auf den Bäumen sehen wir Zeichen von neuem Leben: Kiefernzapfen, Edelkastanien in ihren stacheligen grünen Schalen, kleine Eicheln

und Wacholderbeeren, deren charakteristisches Blauviolett sich erst noch herausbilden muss.

Die Gipfel auf der anderen Talseite sind verwittert, abgerundet und von Wald bedeckt, ab und zu bildet eine Wiese oder ein Haus einen starken Kontrast. Vom Standpunkt des Fotografen aus ist es reizvoll: Die Gipfel verblassen in der Ferne in einer perfekten Farbperspektive, als wären sie gemalt.

Als ich zum Camper zurückgehe, suche ich nach einem erhöhten Platz, wo die Perspektive auf die Biegungen der Straße besser ist und ich vielleicht eine gute Aufnahme hinbekomme, auf der man erkennen kann, wie kurvig die Strecke ist. Ich finde einen Vorsprung an einer kleinen steilen Felswand und fange an hochzuklettern. Bald bemerke ich eine Plakette, die an dem Felsen befestigt ist. Grob übersetzt, lese ich, dass dies ein alter Eselspfad aus dem 17. bzw. 18. Jahrhundert ist. Wieder betrachte ich den Vorsprung, und dabei fällt mir auf, dass er mit tiefen, runden Löchern von der Größe eines Eselshufs in einer versetzten Linie übersät ist. Natürlich ist das nicht die Spur eines einzigen Esels. Die Hufspuren sind aufgrund Hunderter von Reisen durch den Wald auf der Corniche de Cévennes entstanden und stammen aus einer Zeit, als sie noch keine befestigte Straße war. Ich frage mich, ob Stevensons Esel etwas zu diesem Stück Geschichte beigetragen hat. Es ist eine reizvolle und interessante Vorstellung, und ich würde die Spur gern durch den Wald oberhalb der Straße weiterverfolgen. Ich vermute, dass viele andere Spuren der Reisen, die über Hunderte von Jahren in dieser Region stattgefunden haben, inzwischen von Asphalt und Kilometersteinen bedeckt sind.

Einige Kilometer weiter, an einem Aussichtspunkt auf dem Pass mit dem treffenden Namen Col de l'Exil, entdecken wir ein Denkmal für die Résistance. Es dokumentiert die Namen derer, die beim Kampf gegen die Nazis gestorben sind, unter ihnen Deutsche, Juden und Russen. Es ist genauso eine Gedenktafel für Anti-Rassisten und Anti-Faschisten wie für die Franzosen.

Die Bewohner der Cevennen, einst als Hugenotten verfolgt, hießen alle willkommen, die gegen Intoleranz und Ungerechtigkeit kämpften.

Wir blicken über die Weiten der Cevennen. Die Ardèche ist ganz in der Nähe, und doch ist es hier ganz anders. Die Straße führt am Berghang entlang, aber sie klammert sich nicht so an ihn, als ginge es dabei um alles, wie die Straße, die hoch über der Ardèche-Schlucht verläuft. Sie fordert die Reisenden nicht dazu heraus, in den Abgrund zu blicken – es gibt ja auch keinen –, sondern lässt sie das Land mit all seiner Wärme und Behaglichkeit betrachten. Es ist einladend, überwältigend, freundlich und mild. Diese Route über die Gipfel lässt die Reisenden unbeschadet passieren.

Auch wir kommen unbeschadet davon, aber nicht unberührt.

STELLPLÄTZE: CAMPING

Eco-camping La Tière
La Tierre, 48400 Florac-Trois-Rivières, Lozère
Internet: www.camping-la-tiere.fr
Tel.: 0033/07 88 17 82 88

Kurz vor Florac, am Ufer des Tarnon, befindet sich dieser Campingplatz. Er ist ruhig und hat einen guten Zugang zum Fluss. Wenn Sie den richtigen Stellplatz erwischen, könnten Sie von dort aus sogar nackt baden, ohne dass es jemand bemerken würde.

STELLPLÄTZE: *AIRES DE CAMPING CAR*

Die *aire* in Saint-Jean-du-Gard *ist in Privatbesitz und verfügt über ein einfaches Barrierensystem. Sie ist ruhig und sauber und hat großzügige Stellplätze mit Rasen dazwischen. Das Dorf ist schnell mit dem Rad zu erreichen.*

Die *aire* in Anduze *liegt neben einer Museumseisenbahn. Toll, wenn Sie Museumseisenbahnen mögen, aber ansonsten nichts besonderes.*

DAS FAHREN

Die Cevennen erstrecken sich über ein riesiges Gebiet und sind Teil von Frankreichs Massif Central. Ihre Berge sind nicht besonders hoch oder mächtig, nur von der Zeit gezeichnet und weise.

Wenn Sie in Saint-Jean-du-Gard starten, führt die D907 Sie nach Westen aus der Stadt heraus und ein paar Kilometer am Fluss Gardon de Saint-Jean entlang. Während Sie der Ausschilderung nach »Florac par la Corniche« folgen, nehmen Sie die D260 nach rechts, die Sie im Nu in die Berge bringt, hinaus aus dem Flusstal, in einen Wald und hinauf zum Col de Saint-Pierre. Sofort ist es ein ganz wunderbares Fahren, und man merkt, warum die Strecke bei Motorradfahrern so beliebt ist. Ein paar von ihnen werden Sie sicher überholen. Wenn Sie erst einmal auf der D260 sind, ist es praktisch unmöglich, sich zu verfahren, weil es nicht viele Möglichkeiten für Nebenrouten gibt, es sein denn, Sie biegen auf irgendeine kleine Bergroute ab. Am Col de Saint-Pierre passieren Sie die Grenze zu einem anderen Departement (Lozère), und die Straße wird zur D9. Verfolgen Sie sie weiter bis zum Col du Rey, wo sie wieder ihren Namen ändert und als D983 nach Florac und ins Tarn-Tal hinunterführt. Dieser Abschnitt ist fantastisch, und die Aussicht während des

Abstiegs auf Flussniveau, das Sie bei Le Mazel erreichen, unglaublich. Dort nehmen Sie die D907 in Richtung Florac. Die D907 trifft in Florac auf die N106 und bietet einen verlockenden Blick auf den darunterliegenden Fluss. Halten Sie an der richtigen Stelle, dann können Sie schwimmen gehen. Wenn Sie die N106 noch ein Stück weiterfahren, wartet die nächste Herausforderung auf der D907B.

IN DER NÄHE

Wandern auf dem Stevenson-Weg Der GR70 ist ein Fernwanderweg, der Stevensons Wanderung aus *Reise mit dem Esel durch die Cévennen* folgt. Er verläuft von Alès im Süden nach Le Puy-en-Velay im Norden und ist ausgeschildert.
www.gr70-stevenson.com

Outdoor-Aktivitäten Wie immer gibt es vor Ort Möglichkeiten zum Radfahren, Wandern, Höhlenwandern, Kajakfahren (auf dem Tarn) und Canyoning.

ROUTE 16

SAINTE-ENIMIE
D31
D907B
ISPAGNAC
FLORAC
N106
LA MALÈNE
LES VIGNES
D907
LE ROZIER
D809
A75
MILLAU
VIADUC DE MILLAU

FLORAC-MILLAU

DIE TARN-SCHLUCHT

Für Slow-Road-Reisende, denen nicht ganz wohl dabei ist, auf Straßen unterwegs zu sein, die bei einer falschen Bewegung des Lenkrads in den Abgrund führen könnten, ist die Tarn-Schlucht ideal geeignet. Hier gibt es jede Menge Dramatik, aber kaum etwas von der allgegenwärtigen Gefahr, die andere, hoch gelegene Straßen mit sich bringen. Das Fahren ist herrlich, und es gibt viel Interessantes zu sehen, aber nicht so viel, dass Sie sich hinterher hinlegen müssten, um sich auszuruhen. Trödeln sich einfach vor sich hin, halten Sie an, wenn Ihnen danach ist, und lassen Sie es langsam angehen. Gehen Sie schwimmen. Mieten Sie sich ein Kajak. Machen Sie das Beste draus.

AKTIVITÄTEN: **Wildschwimmen, Kajakfahren, anhalten und ausspannen**

START: **Florac**

ZIEL: **Millau**

ENTFERNUNG: **110 Kilometer**

ZEIT: **1 bis 2 Tage**

KARTE (SEITE): **282, 281**

Was mir als Erstes auffällt, als wir zu unserer Fahrt in die Tarn-Schlucht aufbrechen, ist die Höhe der Straße. Sie ist nicht einfach zu fahren, doch verläuft sie meist auf Flussniveau oder zumindest leicht darüber, sodass wir eher durch den Fluss fahren als um ihn herum, darüber hinweg oder über ihm. Für mich macht diese Tatsache das Fahren verlockender und aufregender, da man die Möglichkeit hat, anzuhalten und sich darauf einzulassen, statt nur von oben herunterzustarren und dabei schwindlig zu werden. Bei einer Fahrt durch die Tarn-Schlucht wird man deshalb schwindlig, weil man nach oben schaut und die riesigen Kalksteinwände über sich sieht, die dort kreisenden Raubvögel, die Felsenkessel mit überhängenden Steilwänden und die Bergspitzen aus mächtigem, nacktem Fels, die Hunderte von Metern über einem aufragen.

Die Wände der Tarn-Schlucht bestehen aus Kalkstein, der jedoch nicht grau und einfarbig ist. Anders als an anderen Orten, die wir kennengelernt haben, sehen wir hier eine ganze Palette an Farben, von tiefem Ocker bis zu einem hellen Gelbgrau und alles, was dazwischenliegt. Vom Wasser verwaschene Grautöne verlaufen an den vertikalen Wänden entlang, während andere Abschnitte durch Flecken von verbranntem Umbrabraun gekennzeichnet sind, deren Schichten vor Tausenden von Jahren entstanden. Dort, wo es Erde gibt, hat diese einen verbrannten Umbraton, ein tiefes Rot, während Strände aus sandfarbenem Kies jede Flussbiegung markieren.

Die Fahrt ist spektakulär. Wir durchqueren Tunnel und Felsbögen und fahren unter überhängenden Felsen hindurch, was ziemlich beunruhigend ist. Wir haben

zwei Kajaks auf dem Dach, wodurch wir auf etwa 3,20 Meter Höhe kommen. An einigen Stellen hupen wir und fahren lieber dort, wo die Straße am höchsten ist, um auf Nummer sicher zu gehen. Ich bin darauf gefasst, plötzlich das beängstigende Kratzen von Kajaks an Fels zu hören. An manchen Stellen, wo die Felswände nicht vertikal verlaufen, hat man die Landschaft terrassenförmig angelegt, in schmalen Streifen aus roter Erde, die von Steinmauern gehalten werden. Es sieht so aus, als wäre hier seit langer Zeit nichts mehr angepflanzt worden.

Einmal kommen wir an einer schattigen Wiese vorbei, wo der Fluss tief wirkt und langsam zu fließen scheint. Ein Campingbus parkt dort am Ufer. Dies zeigt uns, dass der Zugang möglich ist, deshalb nehmen wir den nächsten Abzweig nach links und folgen einem Weg durch den Wald, der am Fluss entlangläuft. Wir kommen an eine Lichtung, wo einige Kajaks bereit zur Abfahrt herumstehen und es einen Zugang zu einem tiefen Wasserbecken gibt. Ich parke zwischen ein paar Pappeln, wegen des Schattens, aber auch, weil ich niemandem im Weg sein will, auch wenn kaum jemand hier zu sein scheint.

Picknickplätze wie dieser sind schwer zu finden – wir verpassen sie oft oder kommen nicht durch die kleinen Straßen –, also lassen wir uns Zeit. Es ist heute besonders heiß, deshalb entscheidet sich Lizzy für ein erfrischendes Bad vor dem Mittagessen. Das Wasser sieht unglaublich einladend aus, und ich kann Forellen erkennen, die träge gegen die Strömung anschwimmen.

Lizzy klettert zum Ufer hinunter, zieht sich aus und springt ohne Bikini oder Badeanzug ins Wasser. Schließlich ist es hier ganz abgeschieden und heiß. Sie macht ein paar Schwimmzüge hin zu einem Flecken Sonnenschein, dreht sich und taucht ihr Haar ins grüne Wasser. Es ist ein wunderschöner Augenblick, und ich komme mir vor wie ein Voyeur, der zufällig jemanden in einer intimen Situation überrascht.

Zu Lizzys Pech bin ich nicht der Einzige in der Nähe. Aus Richtung der Stromschnellen über uns sehe ein Kanu flussabwärts auf uns zukommen. Ich schreie Lizzy eine Warnung zu, und sie schwimmt ans Ufer zurück. Aber es ist zu spät, um jetzt noch herauszukommen. Also bleibt ihr nichts anderes übrig, als im Wasser auszuharren. Das Kanu treibt auf sie zu. Die Insassen, die plötzlich ihre Nacktheit bemerken, richten Ihre Aufmerksamkeit auf etwas Interessantes am anderen Ufer, als wollten sie Lizzys Keuschheit schützen, und erhöhen die Geschwindigkeit. Die wenigen Augenblicke, die sie brauchen, um mit der Strömung vorbeizufahren, ziehen sich lang genug hin, sodass ich Zeit für ein paar Schnappschüsse habe. Mit dem richtigen Objektiv bekomme ich den Fluss, das andere Ufer und die Wände der Schlucht, die über uns aufragen, mit aufs Bild. Ich fange auch Lizzys Lächeln ein – und die Verlegenheit der Kanufahrer, die weggucken.

Zum Mittagessen gibt es bei uns das Übliche: terrine de champignons, ein paar Scheiben Käse und geräucherten Schinken aus der Region auf Baguette mit einer Tasse Tee. Wir sitzen an unserem Lieblingsplatz auf den Stufen des Campers und genießen den Schatten. Weitere Kajaks ziehen an uns vorbei, aber abgesehen davon ist es ruhig. Wir beenden unser Essen und begeben uns ins Wasser, dieses Mal mit Schwimmkleidung. Das Wasser ist herrlich: genau das Richtige an einem heißen Tag.

Danach setzen wir unsere Reise fort, bis sich die Schlucht bei Millau öffnet und von dem riesigen Viaduc de Millau überspannt wird, der mit 2.640 Metern längsten Schrägseilbrücke der Welt mit den höchsten Brückenpfeilern (bis zu 270 Metern) der Welt. Eine aufregende Tour, vom Charakter her ganz anders als durch die Ardèche-Schlucht, die Gorges du Verdon oder auf der Corniche des Cévennes zu fahren. Es ist eine der schönsten Touren: mit herausfordernden Abschnitten und tollen Ausblicken, Schlössern und Dörfern, die an den Felswänden kleben. Das Beste daran ist, dass man durch die Schlucht fährt, auf Augenhöhe mit den Steilwänden, dem Wald, den Terrassen und zeitweise sogar mit dem Fluss. Wer weiß, was Ihnen auf Ihrer Tour begegnet!

DAS FAHREN

Was soll ich sagen? Diese Straße ist eine der schönsten und interessantesten in Frankreich. Sie ist nicht nur wunderschön, sondern auch aufregend zu fahren. Sie bietet Tunnel und Brücken, Bögen und überhängende Felswände sowie viele Haltemöglichkeiten, wo man aussteigen und schwimmen, picknicken oder einfach nur die Aussicht genießen kann. Die Straße verläuft innerhalb der Schlucht, was die Tunnel und Überhänge erklärt.

Starten Sie in Florac auf der N106 nach Norden in Richtung Mende. Nehmen Sie ein

STELLPLÄTZE: CAMPING

Camping Huttopia Gorges du Tarn
La Bouldoire, 48210 Massegros Causses Gorges, Lozère
Internet: https://europe.huttopia.com/en/site/gorges-du-tarn/
Tel.: 0033/04 66 48 64 97

Bei Huttopia weiß man, was man hat: tolle Stellplätze, gute Sanitäreinrichtungen und nette Leute.

Camping l'Aubigue
12720 Mostuéjouls, Aveyron
Internet: www.campingdelaubigue.fr
Tel.: 0033/05 65 62 63 67

In der Nähe von Mostuéjouls gelegen, am Ende der Schlucht bei Millau, macht dieser Campingplatz den fehlenden Charme des Eigentümers durch seine tolle Lage am Fluss wett. Hier haben wir junge Raubvögel flügge werden sehen.

STELLPLÄTZE: *AIRES DE CAMPING CAR*

Es gibt eine *aire* in Florac.

Stück außerhalb der Stadt die D31 mit der Ausschilderung »Gorges du Tarn«. Diese führt Sie durch Ispagnac zu einer Kreuzung mit der D907B. Biegen Sie hier nach links ab, und folgen Sie der Auschilderung zur Schlucht. Jetzt sind Sie auf der Straße! Die nächsten 30 Kilometer werden spannend, und Sie werden enttäuscht sein, wenn es vorbei ist, gleich hinter der Kreuzung mit der D996 (der Straßenname ändert sich an der Departement-Grenze in D907) in Le Rozier, wenn die Schlucht sich weitet und Platz macht für den spektakulären und etwas moderneren Viaduc de Millau, den Sie in der Ferne sehen. Die D907 führt Sie auf die D809 und dann auf die A75, auf der Sie das Viadukt überqueren und an der *aire* halten, von wo aus Sie einen tollen Blick auf die Schlucht und die Brücke haben.

Anmerkung: Einige der Felsbögen sind 3,30 Meter hoch, an einigen Stellen tiefer, sodass Sie dann auf der entgegengesetzten Fahrbahn fahren müssten. Wenn Ihr Fahrzeug höher ist, können Sie die Strecke nicht fahren. Sorry!

IN DER NÄHE

Kajakfahren Im Vergleich zur Ardèche-Schlucht ist die Tarn-Schlucht ruhig, besonders wenn es ums Kajakfahren geht. Das liegt wohl an ihren seichten Stellen, wo umgetragen werden muss, aber die Teile dazwischen sind überwältigend und sehr friedlich. Es gibt viele Verleiher in Sainte-Enimie.

Angst haben Für Leute, die so etwas mögen, gibt es in der Tarn-Schlucht einen Klettersteig. **www.millau-sports-nature.fr/cordes/ferrata**

Château de Castelbouc, Sainte-Enimie Der Legende nach wurde der Herr dieser Burg, die jetzt nur noch eine Ruine und unzugänglich ist, mit den Frauen des Dorfes allein gelassen, als der Rest der Männer auf Kreuzzug ging. Er war sehr gefragt und starb an Auszehrung, bevor die anderen Männer zurückkehrten. Deshalb haben so viele Leute im Dorf denselben Nachnamen ... Gut für einen Zwischenstopp zum Schwimmen und um die Gegend zu erkunden.

Troglodyten-Dorf (Höhlendorf), Saint-Marcellin

Saint-Marcellin ist ein Dorf, das in die Felsen am Cirque de Saint-Marcellin hineingebaut wurde. Es gibt einen Wanderweg hinauf (etwa 45 Minuten). Er geht von der Straße ab, kurz bevor diese auf die D996 trifft, die zu den Gorges de la Jonte führt.

Viaduc de Millau, Millau

Das Viadukt ist wie eine gigantische, wunderschöne Erscheinung, nachdem man alle Kurven der Schlucht bewältigt hat. Diese 2,5 Kilometer lange Brücke überspannt die sich weitende Schlucht und hat die höchsten Brückenpfeiler der Welt. Der Blick von der *aire* an der Autobahn lohnt sich. Die Brückenmaut beträgt 30 Euro.

www.leviaducdemillau.com/fr

DIE MITTE

Frankreichs Mitte wird vom Massif Central beherrscht, einem Gebirge, das ebenfalls seine Gipfel hat. In der Auvergne gibt es die mächtigen Berge Puy Mary und Puy de Dôme sowie mehr als 70 andere erloschene Vulkane. Die Fahrt durch die Vallée du Lot ist atemberaubend. Die Dordogne hingegen hat einfach alles: beeindruckende Sehenswürdigkeiten, wunderschöne Ausblicke, historische Dörfer und großartige Straßen.

CLERMONT-FERRAND
PUY DE DÔME
A89
D68
D942
D27
N89
D983
D996
LE MONT-DORE
PUY DE SANCY
D922
D978
D678
RIOM-ÉS-MONTAGNES
MAURIAC
D3
D62
D922
D17
N122
AURILLAC
ARPAJON-SUR-CÈRE
N122
D920
MAURS
D963
FIGEAC

ROUTE 17

ROUTE 17

PUY DE DÔME-FIGEAC

DIE AUVERGNE

Die Auvergne ist eine ausgedehnte Region im Zentralmassiv, die sich von Moulins im Norden nach Aurillac im Süden erstreckt. Sie ist berühmt für ihre Vulkane und gewinnt als Outdour- und Abenteuerurlaubsziel zunehmend an Beliebtheit. Wir sind am Puy de Dôme gestartet und haben einen Kurs nach Süden bzw. Südwesten über die Vulkankette in Richtung ihres höchsten Gipfels, des Puy Mary, eingeschlagen. Hier gibt es einfach alles: ehrfurchtgebietende Berge, gemütliche Straßen durch perfekte Täler und entspanntes Fahrradfahren in den Bergen über Le Mont-Dore. Auch einsame Straßen mit überwältigender Aussicht konnten wir genießen. Zweifellos eine Lieblingsstrecke.

AKTIVITÄTEN: Vulkane, Fahrradfahren, Wandern

START: Puy de Dôme (Clermont-Ferrand)

ZIEL: Figeac

ENTFERNUNG: 300 Kilometer

ZEIT: 4 oder 5 Tage

KARTE (SEITE): 209, 227, 244, 245, 262, 261

Anmerkung: Der Puy Mary ist zwischen 12 und 24 Uhr für Wohnmobile gesperrt (geparkte und fahrende). Die Straße ist eng und hat wenige Haltebuchten, deshalb ist sie nur in den frühen Morgenstunden befahrbar (nicht zu empfehlen) oder morgens.

Wir erwachen morgens in einer *aire* direkt unter dem Puy de Dôme, dem bekanntesten Touristenhotspot der Auvergne. Er ist das »Flaggschiff« der Chaîne des Puys (einer 45 Kilometer langen Kette von 80 Vulkanen) und wird seit 2018 auf der UNESCO-Welterbe-Liste geführt. Er ist der höchste Punkt der Kette und bietet einen besonders guten Ausblick auf die ihn umgebende Landschaft und Clermont-Ferrand.

Heute Morgen ist es allerdings windig und regnerisch, und die Spitze des Berges in 1.450 Metern Höhe ist in dicke Wolken gehüllt. Wir fahren zum Parkplatz für Wohnmobile am Fuß des Berges neben der Zahnradbahn, die uns im Nu auf den Gipfel bringen könnte, sollten wir uns dazu entschließen, es zu wagen. Wir parken und machen uns Frühstück, wobei wir einen Blick auf das Wetter draußen werfen und die Prognosen im Internet checken. Der Wind pfeift durch die Bäume, und es regnet. Wir laufen hinüber zur Endhaltestelle des Zuges und recherchieren den Fahrplan und die Preise, bevor die Kasse öffnet. Es gibt einige Optionen für den Fall, dass sich das Wetter beruhigt, also beschließen wir, erst einmal abzuwarten. Alle Hinweise sprechen für klaren Himmel um die Mittagszeit. Wir begeben uns zurück zum Camper, trinken noch eine Tasse Tee und warten. Dabei bemerken wir einen Regenbogen über dem Wagen. Wenn das kein Zeichen ist! Schließlich gibt es keinen Regenbogen ohne Sonnenschein, also stimme ich dafür, dass wir es wagen und mit der nächsten Bahn hochfahren sollten. Sie geht um 11 Uhr.

Bis dahin werden die Wolken doch sicherlich verschwunden sein. Wir machen uns fertig, ziehen warme Sachen und Regenkleidung an und gehen zum Bahnhof. Es sind nur etwa fünf oder sechs weitere Leute in der Bahn, als sie losfährt und anfängt, den Berg hochzutuckern, wobei sie spiralförmig um ihn herumfährt.

Nach kurzer Zeit erreicht die Bahn den Gipfel, ohne dass wir einen guten Ausblick gehabt hätten, wie wir es uns erhofft hatten. Wir steigen aus und begeben uns zu einem Aussichtspunkt. Es ist sehr windig, und durch die Wolken ist die Sicht auf etwa zwölf Meter geschrumpft. Wir können Baumwipfel unter uns erkennen und einige Gebäude über uns am Gipfel, aber abgesehen davon ist alles weiß. Wir ziehen uns auf eine Tasse Kaffee in ein Café zurück. Nach etwa einer halben Stunde sieht es immer noch genauso aus, und wir können nicht länger warten, also mummeln wir uns ein und gehen zum Chemin des Chèvres (Ziegenpfad), dem Wanderweg, den uns die Frau am Fahrkartenschalter empfohlen hat. Der andere, der Chemin des Muletiers (Maultierpfad), sei steil, rutschig und bei diesem Wetter gefährlich, hat sie gesagt.

Wir überqueren die Bahnlinie, entdecken den Pfad und beginnen unseren Abstieg über eine lange Reihe von Holzstufen, die sich den steilen Berghang hinunter in die Wolken hineinschlängeln. Als wir nach etwa 500 Metern das Ende der Stufen erreicht haben, gelangen wir an einen gewellten, offenen Hang mit dunklem vulkanischem Gestein, Gras und kurzem Gestrüpp. Die Sicht ist jetzt ein wenig besser, und wir können die Umrisse des Vulkans über uns sehen, allerdings nicht den Gipfel. Es ist immer noch kalt und windig, und ich verstecke meine Hände in den Ärmeln meiner Jacke, um sie warm zu halten. Wir folgen dem Pfad talwärts in einen wunderschönen Wald mit Haselnusssträuchern, Buchen und lichtem Unterholz, wo es viel Licht und Schatten gibt. Der Boden knirscht unter unseren Füßen, während wir über den rotschwarzen Bimsstein laufen.

Als wir den Wald verlassen, haben sich die Wolken so weit verzogen, dass wir auf die Landschaft hinunterschauen können. Wir sehen die Erhebungen der anderen *puys* (Berge). Jeder ist ein Minivulkan aus einer anderen Epoche, als dieses Gebiet von Eruptionen und vulkanischer Aktivität geprägt war. Deshalb gibt es hier Heilquellen und Thermalbäder.

Als wir den Wald an den tiefer gelegenen Hängen erreichen, ist der Himmel klar. Manchmal erhaschen wir einen Blick auf den Gipfel hinter uns, wenn er in unser Sichtfeld gerät.

Wir gehen weiter und kommen uns etwas dumm vor, weil wir nicht darauf gewartet haben, dass es aufklart, sind aber froh, dass wir uns zu dieser Wanderung durch die Berge entschlossen haben. Wir fahren in Richtung Süden, um der Vulkankette zu folgen, lassen den Puy de

Dôme hinter uns und schauen voraus auf die Berge, die wir in jeder Kurve durch unsere Frontscheibe sehen können. Die meisten sind absolut konisch, von Bäumen bedeckt und sehr anders als alles, was wir bisher auf unserer Reise gesehen haben. Es scheint eine freundliche Landschaft zu sein, mit weit geschwungenen Kurven, gemäßigten Höhen, Laubwald und Wiesen – ganz anders als die brutalen Alpen oder die zerklüfteten Kanten der Pyrenäen. Es gefällt mir, und ich genieße die Fahrt zu unserem nächsten Halt: Le Mont-Dore, einem Kurort südlich des Puy de Dôme.

Wir verbringen ein paar Tage in Le Mont-Dore und erkunden einige der vielen Biketrails der Region. Sie sind gut ausgeschildert und führen auf dramatischen Routen hoch in den Wald, der das Tal umgibt. Wir fahren nach Le Capucin und dann durch wunderschönen Mischwald, hohe Wiesen und hinunter nach La Bourboule (falscher Abzweig). Zurück müssen wir schieben – einen sehr steilen Weg hoch, der uns auf den ursprünglichen Trail zurückbringt und zu einer spektakulären, schnellen und technisch anspruchsvollen Abfahrt zurück in die Stadt führt. Es ist eine der besten Offroad-Touren, die wir je gemacht haben – eine Kombination aus technisch schwierigen Abfahrten, harten Anstiegen und langen, flowigen Abschnitten auf Gebirgsstraßen.

Le Mont-Dore zu verlassen, fällt uns schwer. Die Landschaft ist hier anders. Der Puy du Sancy ist mit 1.885 Metern der höchste Berg dieser Region (eine Seilbahn führt nach

oben). Von Le Mont-Dore aus ist er ein imposanter Anblick. Das Terrain ist von hier an ernstzunehmender: Wie gepresst wirkende Berge erheben sich in Form von beeindruckenden Basaltsäulen. Einige Abschnitte, wie der Roche Tuilière, ein riesiger Felsen an der Straße vor Le Mont-Dore, sehen aus wie die Gebirgsversion des Giant's Causeway in Nordirland.

Das Highlight ist die Vallée de Cheylade, ein ausgedehntes, U-förmiges Gletschertal, eines von sieben, die aus dem Puy Mary (1.783 Meter) hervorgegangen sind. Die Talsohle ist großflächig und wird landwirtschaftlich genutzt, während die Seiten des Tals steil ansteigen und dicht bewaldet sind. Es gibt auch einige Dörfer an der Straße. Es ist perfekt; ein Ort, an dem man sich ein glückliches Landleben vorstellen könnte, wo man in den Hügeln spazieren gehen, Vögel beobachten, wandern und Fahrad fahren könnte. Nur der Puy Mary verdirbt alles – die Bedrohung am Ende des Tals, der höchste Gipfel des Zentralmassivs und eine gewaltige physische Barriere, die den Weg nach Süden blockiert. Wie er dort im Gegenlicht vor sich hinbrütet, ist dieser erloschene Vulkan fast immer in meinem Blickfeld, wenn ich die Talsohle entlangfahre, und scheint mich zu erdrücken wie Granit.

Wenn man ihn erklimmen möchte, ist erst einmal alles gut, solange die Straße sich in Serpentinen durch den Wald nach oben zum Col de Serre schlängelt, wo es einen Aussichtspunkt gibt. Wir halten dort und blicken über das Tal. Die letzten 200 Meter geht es dann vertikal hinauf zum Col d'Eylac (1.442 Meter) direkt unter dem Gipfel. Ich halte mich am Steuer fest, denn die enge Straße zwingt mich, näher an der Leitplanke zu fahren, als mir lieb ist. Das ganze Tal befindet sich in meinem Blickfeld, und ich muss meine ganze Willenskraft aufwenden, um nicht hinunterzuschauen, während die Straße wieder eine unübersichtliche Kurve macht. Als wir den Pass erreichen, verspreche ich Lizzy Kaffee und Kuchen, aber wir finden keinen Parkplatz, und die Straße ist eng; sie verläuft auf einem Grat zwischen zwei Tälern. Auf einer Strecke von ein paar Hundert Metern geht es zu beiden Seiten der Straße steil bergab, bis man eine Felsnase umrundet und der quälende Abstieg in ein wunderschönes Tal, die Vallée de la Jordanne, beginnt. Zum Glück begegnen uns keine anderen Fahrzeuge (allerdings fahren wir rechts ran, weil ein rasender Postbote uns überholt), und ich bin erleichtert, als wir die Baumgrenze überschreiten, weil die Straße breiter und das Fahren wieder idyllisch und leicht wird. Wir schlängeln uns sanft den Berg hinunter, vorbei an Scheunen mit steilen Dächern und unfassbar schönen Häusern. Außerdem brauche ich mir jetzt nicht mehr den Puy Mary anzusehen.

DAS FAHREN

ACHTUNG: Die Straße, die auf den Puy Mary führt, ist eng. Busse und Wohnmobile dürfen sie zwischen 12 und 24 Uhr nicht befahren. Das heißt, dass der Morgen die einzige Zeit ist, in der Sie über den Pass fahren dürfen. Für große vollintegrierte Wohnmobile ist die Strecke nicht empfehlenswert; ihnen würde ich einen Umweg durch Murat auf der N122 vorschlagen. Kleinere Campingbusse dürften keine Schwierigkeiten haben, weil genug Platz ist, dass zwei Autos sich begegnen können. Größeren Fahrzeugen würde ich davon abraten, die Strecke zur falschen Zeit in Angriff zu nehmen.

Die Chaîne des Puys ist eine 40 Kilometer lange Kette von Schlackenkegeln, Lavadomen und Kraterseen im Zentralmassiv, die, beginnend nordwestlich von Clermont-Ferrand, zunächst etwa von Norden nach Süden und dann leicht nach Südwesten verläuft.

Der Puy de Dôme, der berühmteste Berg der Region, ist mit seinen 1.465 Metern der höchste von allen und erhebt sich direkt westlich von Clermont-Ferrand. Wir wählen ihn als unseren Startpunkt, weil er vom Autobahnnetz aus einfach zu erreichen und nur eine kurze Fahrt von der Stadt entfernt ist.

Der Parkplätze für Besucher des Puy de Dôme liegen an der D68, die Sie erreichen, wenn Sie von der D942 abfahren, der Straße, die Sie aus Clermont-Ferrand herausbringt und zu den Ausläufern des Puy de Dôme führt. Die Chaîne des Puys wurde 2018 mit dem UNESCO-Welterbe-Status ausgezeichnet, und das Besucherzentrum ist groß, wunderschön gebaut und sehr beeindruckend. Vom Besucherzentrum aus können Sie die Zahnradbahn Panoramique des Dômes nehmen (die Fahrt dauert etwa 15 Minuten). Alternativ können Sie auf dem Chemin des Chèvres oder dem Chemin des Muletiers hochwandern.

Fahren Sie vom Besucherzentrum aus auf der D68 zurück in Richtung Clermont-Ferrand. Am ersten Kreisverkehr nehmen Sie den ersten Abzweig nach Tulle auf die D942. So fahren Sie in südwestlicher Richtung direkt an der Kette entlang, wobei sich der Puy de Dôme zu Ihrer Rechten befindet und die anderen Gipfel zu Ihrer Linken beziehungsweise vor Ihnen. Dieser eindrucksvolle Beginn führt Sie über das Hochplateau, vorbei an Wiesen und Feldern, durch Schonungen, und immer sind Sie von perfekt konisch geformten, oft bewaldeten Bergen umgeben. Gelegentlich kann man weit in die Ferne blicken und weitere Gipfel entdecken.

Nehmen Sie am Abzweig zur D2089, an einem großen Kreisverkehr, die Ausfahrt mit der Aufschrift Clermont-Ferrand (D2089 E709). Nach ein paar Kilometern gelangen Sie in

ein kleines, an einer Kreuzung gelegenes Dorf namens Randanne. Nehmen Sie den rechten Abzweig mit der Beschilderung Col de Guéry. Die Straße steigt an und verläuft wieder durch wunderschönes Weideland und Schonungen, sie führt stetig aufwärts und weg von der Hochebene zu Ihrer Rechten. Es dauert ein wenig, bis man richtig in die Gänge kommt, doch wenn Sie erst mal am Abzweig zum Lac de Servière vorbeikommen, wird es richtig schön, während man den stetig ansteigenden Konturen der Hügel folgt. An der Kreuzung mit der D27 (bleiben Sie auf der D983) sehen Sie zu Ihrer Rechten einige unglaubliche Gesteinsformationen. Dies sind der Roche Tuilière (1.288 Meter) und der Roche Sanadoire (1.286 Meter), zwei bedeutende vulkanische Aufschlüsse mit fantastischen Basaltsäulen. Halten Sie am Parkplatz und machen Sie ein Foto von diesem bemerkenswerten und oft fotografierten Paar. Dann geht es weiter zum Lac de Guéry, einem wunderschönen See, der in einem Becken vulkanischer Berge liegt.

Jetzt, wo Sie den Col überquert haben, beginnt der Abstieg nach Le Mont-Dore. Die Straße ist fantastisch; sie schlängelt sich durch Laubwald und bietet zeitweise atemberaubende Ausblicke. Etwa fünf Kilometer hinter dem Col treffen Sie auf die D996 (obwohl es eine Nebenstraße ist). Bleiben Sie auf der Hauptstraße (sie ändert ihre Nummer) und folgen Sie ihr nach Le Mont-Dore, wenn Sie dort anhalten wollen. Wenn Sie lieber weiterfahren möchten, dann biegen Sie an der Kreuzung nach links ab und nehmen Sie die D996 in Richtung Murol.

Diese Straße macht fast eine 180-Grad-Drehung auf die D2089 und steigt dann an, wobei sie einen Blick auf spitze Vulkane vor Ihnen bietet. Diese schöne Gebirgsstraße führt zunächst durch Wald und dann durch eine offene, hügelige Berglandschaft zum Col de la Croix-Morand. Es sind keine beängstigenden Berge, sondern eher idyllische und freundliche, sanft geschwungene Anhöhen; es sind vulkanische Gipfel, die im Laufe der Zeit abgetragen wurden. Es ist wirklich wunderschön, und der Ausblick während des Abstiegs ist fantastisch – eine der schönsten Gebirgslandschaften, durch die ich jemals gefahren bin. Vom Col aus kann man die konischen Formen ganz deutlich erkennen. Wir haben auch eine Herde Steinböcke an einem Berghang gesehen. Der Abstieg nach Chambon-sur-Lac ist geradezu erhaben. Der Lac Chambon ist ebenfalls großartig, es gibt dort einen Strand und Toiletten.

Fahren Sie weiter auf der D996 durch Murol und Saint-Nectaire Le Bas, bis Sie auf die D978 stoßen. Biegen Sie nach rechts ab, überqueren Sie die Brücke, und folgen Sie der Ausschilderung nach Besse-et-Saint-Anastaise. Folgen Sie dieser Straße – sie ist ein echter Knüller und schlängelt sich um dômes und Berge sowie durch bewaldete Täler – durch Besse-et-Saint-Anastaise, wo sie als Einbahnstraße an einem wunderschönen Tal entlangführt, vorbei am Lac Pavin und dem Abzweig nach Super-Besse, dem größten Skigebiet der Region. Die Straße führt in Richtung Süden weiter nach Riom-ès-Montagnes. Dieser Abschnitt ist wieder überwältigend (ihr Name ändert sich direkt hinter Égliseneuve-d'Entraigues in D678) und führt hinter Condat durch ein hübsches enges Tal und eine atemberaubende Landschaft, eine Mischung aus Laubwald, Schonungen und offenem Ackerland.

Ihre Ankunft in Riom könnte ein wenig enttäuschend ausfallen – hier gibt es einen Kreisverkehr und einen Supermarkt –, aber keine Sorge: Das Beste kommt noch. Es ist ein guter

Zwischenstopp, um auf den richtigen Zeitpunkt für die nächste Etappe zu warten –den Puy Mary –, den Sie morgens in Angriff nehmen müssen. Wenn nicht, gibt es später noch viele schöne Orte in der Vallée de Cheylade.

Folgen Sie am ersten Kreisverkehr in Riom der Ausschilderung nach Murat/Apchon/ Le Claux auf der D3 (es geht im Wesentlichen geradeaus), die Sie aus der Stadt heraus- und zurück in eine atemberaubende Gebirgslandschaft führt. Nach etwa zehn Kilometern stoßen Sie auf die D62, die zum Col de Serre und Pas de Peyrol ausgeschildert ist. Jetzt sehen Sie auch die Verbotsschilder, die Sie natürlich beachten sollten.

Die D62 führt durch die Vallée de Cheylade, eine der perfektesten Gegenden, in denen ich jemals gewesen bin. Es handelt sich dabei um ein langes Gletschertal, dessen Talsohle und flachere Hänge landwirtschaftlich genutzt werden, während es weiter oben und an den steileren Hängen bewaldet ist. Das Tal wird vom Puy Mary, der sich an seinem Ende befindet, beherrscht. Es ist atemberaubend, perfekt, einfach elysisch. Das Problem ist nur, dass Sie am Ende den Col de Serre (1.335 Meter) bewältigen müssen. Aber eigentlich ist das gar nicht so schlimm, die Straße ist nämlich wirklich fantastisch und schlängelt sich in Serpentinen durch einen schönen Wald den Berg hinauf zum Col, wo sie die Baumgrenze überschreitet und einen großartigen Ausblick über das Tal von Cheylade und das Tal der Impradine, eines Nebenflusses der Santoire, bietet.

An diesem Punkt der Route möchte ich alle Besitzer von großen vollintegrierten Wohnmobilen, Doppelachs-Modellen und solchen mit langem Achsenabstand mit Gespann dringend bitten, der D62 zu folgen, dann der D680 sowie der D3 nach Murat und schließlich der N122 nach Aurillac.

Wenn Sie es mit dem Pas de Peyrol aufnehmen möchten, biegen Sie am Col de Serre nach rechts ab, und fahren Sie den Berg hoch, an der Seite des riesigen, steil abfallenden Beckens entlang, das den westlichen Anfahrtsweg zum Puy Mary kennzeichnet. Es ist ein schönes Stück Straße, das zum Col d'Eylac hinaufführt und dann ins Nirgendwo zu gehen scheint, bis Sie die scharfe Haarnadelkurve zum letzten, beängstigenden Anstieg auf den Pas de Peyrol erreichen, der mit 1.589 Metern der höchste Pass des Zentralmassivs ist und den Gipfel des Puy Mary umrundet, der mit 1.787 Metern nur ein paar Hundert Meter höher ist.

Auf dem Pass gibt es eine auberge, und ich wünschte, ich könnte behaupten, dass Kaffee und Kuchen dort einen Halt wert sind, aber als wir dort waren gab es keinen Parkplatz, und ehrlich gesagt wollte ich auch so schnell wie möglich wieder vom Berg herunter.

Nehmen Sie an der Gabelung auf dem Pass den linken Abzweig, und folgen Sie der D17 nach Aurillac. Dieser Weg führt Sie an der Südseite des Puy Mary entlang (atemberaubender Ausblick) und dann auf einen Bergsattel zwischen Gipfeln, der Sie auf einer steilen, kurvenreichen und manchmal sehr engen Straße hinunter in die Vallée de la Jordanne geleitet. Eine Haarnadelkurve markiert den Beginn des Abstiegs; es gibt eine Haltemöglichkeit, die es Ihnen erlaubt, auszusteigen und die Straße, Hunderte von Metern unter Ihnen, zu überblicken. Rasch gelangen Sie wieder unter die Baumgrenze, und anstatt Sie in Angst und Schrecken zu versetzen, wendet sich die Straße zum Guten und führt über eine Reihe von scharfen und weniger scharfen Kurven ins Tal hinunter.

Auf der Talsohle angekommen, verläuft die Straße an der Südseite des Tals entlang und bietet eine wunderschöne Aussicht auf Dörfer und Berghänge. Die Häuser hier haben außergewöhnlich steile Schieferdächer, sodass der Schnee gut heruntergleiten kann.

Es ist ein hübsches offenes, von Bergen umgebenes Tal, das bei Fahrradfahrern beliebt ist. Es ist etwa 25 Kilometer lang und geleitet Sie nach Aurillac, wo Sie die N122 nach Figeac erreichen. Die N122 ist zwar eine größere Straße, führt Sie aber durch eine fantastische Landschaft und aus der Auvergne heraus. In der Nähe von Figeac hat sie großartige Abschnitte, dort, wo sie dem Célé folgt – dem Fluss, der durch Figeac fließt.

STELLPLÄTZE: CAMPING

Camping Municipal Esquiladou, Le Mont-Dore
Route des Cascades, 63240 Mont-Dore, Puy-de-Dôme
Internet: www.campyng.com/camping.aspx?id=6050
Tel.: 0033/04 73 65 23 74

Schöner kommunaler Campingplatz in Le Mont-Dore. Kurzer Fußweg in die Stadt. An vielen Fahrrad- und Wanderrouten gelegen. Wird von Wanderern und Radfahrern gern als Basis zur Erkundung der Sancy-Berge genutzt. Preiswert und nett.

Le Camping du Lac d'Aydat
16 Boulevard du Lac – Fôret du Lot, 63970 Aydat, Puy-de-Dôme
Internet: www.camping-lac-aydat.com
Tel.: 0033/04 73 79 38 09

Gut gelegene, das ganze Jahr über geöffnete Anlage am Ufer des Lac d'Aydat. Direkter Zugang zum Seeufer zum Schwimmen und für andere Wasseraktivitäten.

STELLPLÄTZE: *AIRES DE CAMPING CAR*

Orcines, Puy de Dôme *Die dem Puy de Dôme am nächsten gelegene aire befindet sich in schöner Umgebung gleich nördlich und nahe des Puy de Pariou (des Vulkans aus der Volvic-Werbung).*

Figeac *Vor der Stadtmauer, nur einen kurzen Fußweg von Bars und Restaurants entfernt. Außerhalb der Saison kostenlos, mit allen üblichen Einrichtungen.*

Velzic *Schöne aire im Dorf, nahe des Flusses. Gut gelegen für den Puy Mary.*

IN DER NÄHE

Wandern Es gibt zwei Wege auf den Puy de Dôme, aber Hunderte in der gesamten Region. Alle sind sehr gut ausgeschildert, Karten sind online verfügbar. Es ist eine wirklich unverfälschte Region, und Wandern ist hier sehr beliebt. **www.clermontauvergnetourisme.com/de/aktivitaeten/wanderungen/**

Panoramique des Dômes Die kleine Zahnradbahn, die Sie auf den Puy de Dôme bringt. Modern, schnell und ihr Geld wert. Mit der Bahn hoch, zu Fuß runter. . **www.panoramiquedesdomes.fr**

Vulcania, Saint-Ours Vulkan-Themenpark, der mir als Vergnügungspark für Nachwuchs-Geologen beschrieben wurde. Wenn Ihre Kinder Vulkane mögen, sollten Sie reingehen. **www.vulcania.com**

Mountainbiken Es gibt Hunderte von Kilometern an Offroad-Trails sowie Downhill-Strecken mit Liften in den Sancy-Bergen, inklusive Le Mont-Dore und Super-Besse. **www.sancy.com/destination/ete/velo/vtt-de-descente**

L'Aventure Michelin, Clermont-Ferrand Ein Museum für alles, was mit Michelin zu tun hat, am Original-Firmenstandort. Wenn Sie Ihre Reifen lieben, können Sie hier etwas über deren Geschichte lernen. **laventure.michelin.com**

Thermalkuren, Le Mont-Dore Architektur für die Seele und Wellnessanwendungen für den Körper – das gibt es in den traditionellen Thermalbädern in Le Mont-Dore. **www.chainethermale.fr/le-mont-dore**

FIGEAC
D653
D820
A20
CABRERETS
D24
D662
VERS
CAJARC
D662
SAINT-CIRQ-LAPOPIE
RIVER LOT
CAHORS
D653
D19
VILLENEUVE
D911

ROUTE 18

FIGEAC-CAHORS

DAS LOT-TAL

Diese Tour ist als Erweiterung zu Route 17 gedacht. Dennoch ist sie auch als einzelne Route fahrbar, die zielstrebig einem einzigen Kurs folgt: dem kurvenreichen und wunderschönen Lot und dem Tal, durch das er fließt. Sie hat sich ihren eigenen Platz in diesem Buch wirklich verdient. Die Fahrt von Figeac nach Cahors ist atemberaubend und bietet im Sommer Gelegenheiten zum Schwimmen und Bootfahren. Während des ganzen Jahres können Sie sich außerdem eines der schönsten Dörfer Frankreichs erwandern.

AKTIVITÄTEN: **Anhalten, Wandern, Fahrad-fahren**

START: **Figeac**

ZIEL: **Cahors**

ENTFERNUNG: **83 Kilometer**

ZEIT: **1 oder 2 Tage**

KARTE (SEITE): **261, 260**

Ich habe das Gefühl, wir sollten etwas langsamer fahren. Wir sind schon seit einigen Stunden im Lot-Tal unterwegs und halten regelmäßig an, um Fotos zu machen und zu Mittag zu essen. Wir hatten eine kleine Straße entdeckt, die zu einer Lichtung am Flussufer führte, wo wir anhielten, ein Stück flussaufwärts gingen und unterhalb eines Wehrs auf einen Strand stießen. Obwohl es so spät im Jahr ist, zogen wir uns aus und gingen in der starken Strömung schwimmen, fühlten uns vom kalten Wasser auf unserer Haut erfrischt und lebendig. Während wir durchs Wasser wateten, verlangsamte ein Auto am anderen Ufer seine Fahrt. Der Fahrer starrte uns durchs Fenster an, wie wir dort bis zu den Schenkeln im Wasser standen. Ich winkte ihm ganz schamlos zu, und er winkte zurück – vielleicht war es ihm ein bisschen unangenehm, dass wir ihn dabei erwischt hatten, wie er uns beobachtete.

Es ist nicht so, dass wir uns während des Reisens beeilen würden. Überhaupt nicht. Das könnten wir auch gar nicht. Wir müssen Fotos und Notizen machen, damit ich unsere Erlebnisse aufschreiben kann, noch während wir unterwegs sind. Wenn wir losfahren, haben wir zwar immer einen Plan, der eingehalten werden muss – jedenfalls ganz grob –, aber normalerweise sind wir offen für Neues und achten sehr auf alle Details. Irgendetwas, das auf der Reise passiert, könnte mir eine Idee für etwas liefern, das ich dann später detailliert aufschreibe.

Als wir um eine Kurve biegen, sehe ich eine stählerne Brücke. Da ist ein Schild, das zu einem Campingplatz führt, also fahre ich langsamer, überquere die Brücke und steuere den Camper auf einen großen Parkplatz, der sich auf einer Grasfläche befindet. Der Campingplatz ist geschlossen, aber ein paar Campingbusse stehen an der Seite des Parkplatzes in einer Linie aufgereiht. Wir folgen der Straße um das Parkgelände herum und passieren Torpfosten zu einer Wiese am Flussufer. Dort stehen Picknicktische neben einigen Stellplätzen für Wohnmobile. Wir besetzen einen von ihnen und steigen aus, um uns umzuschauen. Es gibt eine Bezahluhr zum Übernachtparken, einen Wasserhahn und eine Entsorgungsstation für die Toilette und für Grauwasser. Ich denke mir, dass dies ein guter Platz zum Übernachten wäre. Es ist ein guter Platz zum Übernachten. Normalerweise würde ich mir jetzt Notizen machen, die Website aufschreiben und ein paar Fotos schießen, bevor wir weiterfahren würden, aber etwas an diesem Ort veranlasst mich zum Bleiben, obwohl wir vor Kurzem zu Mittag gegessen haben und unsere Haare noch nass vom Schwimmen sind.

Wir beschließen, zu bleiben und uns ein wenig umzusehen. Nachdem wir Wasser nachgefüllt haben, suchen wir uns den Platz aus, der dem Fluss am nächsten ist und einen tollen Ausblick auf das gegenüberliegende Dorf, die riesigen Kalksteinfelsen und Saint-Cirq-Lapopie auf dem Berg bietet. Die Kirche, die direkt auf dem Kalkstein gebaut ist, überblickt das Dorf und das Tal.

Wir laden die Räder ab und machen uns für eine Ausfahrt fertig, um die Gegend zu erkunden. Es ist ein warmer, aber nicht heißer Nachmittag, einige dunkle Wolken sind aufgezogen, doch es sieht nicht nach

Regen aus. Voller Optimismus machen wir uns ohne Regenkleidung auf den Weg, fahren über die Brücke und am Fluss entlang.

Der Lot mäandert durch das Tal und dreht von Zeit zu Zeit eine 180-Grad-Schleife zwischen den senkrechten Wänden der Schlucht. An den Außenseiten der Flussbiegungen fallen die Felswände direkt ins Wasser ab. Auf der Nordseite des Tals wurde die Straße teilweise aus dem Felsgestein herausgehauen, an anderen Stellen verläuft sie frei durch die flache Talsohle. Es ist eine dramatische Kulisse und toll zum Fahrradfahren: Die Straße ist flach und bequem, und es gibt immer etwas zu sehen. Wir passieren Tunnel, fahren unter Überhängen hindurch und überqueren stillgelegte Eisenbahngleise. Zu Hause in England wäre dies eine größere Touristenattraktion, aber hier in Frankreich ist es nur eine von vielen Schluchten – nicht so tief wie die Ardèche, nicht so lang wie die Tarn, das Wasser nicht ganz so klar wie in den Becken, in denen wir in der Provence gebadet haben.

Wir fahren ein paar Kilometer flussabwärts, bis wir an eine schmale Hängebrücke kommen. Wir überqueren sie und erreichen eine stille, verlassene Gegend mit einer Uferpromenade, geschlossenen Eisbuden und Wassersportveranstaltern, die jetzt, nach Ende der Saison, zugemacht haben. Einige Wanderer sind mit Rücksäcken auf dem Camino de Santiago unterwegs, der hier entlangführt. Wir gehen wieder zurück, flussaufwärts, und folgen einem Schild zum Chemin de Halage, der uns zu einem Pfad bringt, welcher am Fluss zwischen den Bäumen entlangführt. Wir folgen ihm bis zu einer Stelle, wo die Felswände direkt ins Wasser abfallen. Anstatt hier zu enden, verläuft der Pfad weiter am Fuß der Felsen entlang, wo er in den Kalkstein hineingehauen wurde, etwa drei Meter oberhalb des Wassers. Der Ausschnitt ist etwa 2,50 Meter hoch und zwei Meter breit – ausreichend, so nehmen wir an, für Pferde, die Lastenkähne ziehen. Der Boden wurde durch Tausende von Fußpaaren in seinen rutschigen Zustand versetzt, während die Wände rau und feucht sind und man noch die Abdrücke sieht, die beim Heraushauen entstanden sind. Wasser tropft von der Decke und von den Felsen und lässt Pfützen auf dem Boden entstehen. Wir fahren noch ein Stück und beschließen zu schieben, als es noch rutschiger wird. Beim Gehen auf diesem in den Felsen gehauenen Einschnitt haben wir einen Ausblick auf den Fluss und das andere Ufer im 16:9-Format. Das gefällt mir. Der Pfad ist nur etwa 500 Meter lang, aber er ist

etwas Besonderes. Als wir uns seinem Ende nähern, sehen wir Gravuren an der Wand. Der grob behauene Kalkstein kontrastiert mit Elementen aus glattem, auf Hochglanz poliertem Stein, der aussieht wie eine Küchenarbeitsplatte.

Als dieser Teil des Pfades endet, treten die Felswände zurück und machen Platz für Schleusentore und einen Kanalabschnitt, der dem Pfad einen gewöhnlicheren Verlauf an einem matschigen Ufer zwischen Weiden und Eschen erlaubt.

Später mündet der Pfad in eine ruhige Straße, die sich an einen Abschnitt mit Felswänden schmiegt und durch eine niedrige Mauer vom Fluss getrennt ist. Sie führt uns schließlich zurück zum Campingplatz und zum Camper. Wir haben nur ein paar Kilometer zurückgelegt, aber es war eine tolle Fahrt, auf der wir einige Dinge entdeckt haben, die wir vielleicht verpasst hätten, wenn wir nicht langsamer gemacht und uns noch mehr Zeit genommen hätten als sonst.

Wir kochen uns etwas zum Abendessen, setzen uns zum Essen nach draußen und beobachten Fledermäuse, die über das Wasser schießen, während Fische an der Oberfläche auftauchen und kreisförmige Wellen unter Mückenschwärmen hinterlassen. Als die Sonne verschwindet und die Sterne beginnen, in der dunklen, klaren Nacht zu leuchten, bauen wir die Kamera auf und machen Aufnahmen vom Campingplatz mit langer Belichtungszeit. Es ist ein schöner, sicherer Ort, und wir sind froh, hier zu sein. Ich hole sogar die Gitarre heraus, und wir singen zusammen ein paar Lieder in der Dunkelheit.

Am nächsten Morgen stehen wir früh auf und wandern den Berg hoch nach Saint-Cirq-Lapopie. Wir hatten es schon lange auf dem Radar, aber es ist natürlich etwas Besonderes, dass wir jetzt von unserer Übernachtungsbasis aus zu Fuß dorthin gehen können. Als wir den Pfad hochlaufen, genießen wir den ersten guten Blick auf das Dorf durch einen Steinbogen. Es ist großartig. Die Häuser stehen kreuz und quer und ergießen sich über den steilen Berghang wie ein Wasserfall, wobei ihre mit Lehmziegeln gedeckten Dächer geometrische Muster über den cremefarbenen Steinmauern erzeugen. Die Straßen sind mit Kalkstein in der gleichen Farbe wie die Mauern gepflastert, sehen aber polierter aus. Töpfe mit Geranien stehen draußen vor den Häusern und fügen Farbtupfer hinzu. Zypressen, groß und schmal, erheben sich über den Dächern und versuchen es mit dem Kirchturm aufzunehmen und seine erhabene Dominanz zu bedrohen – aber nicht wirklich. Viele Türen sind geschnitzt und mit Metall beschlagen, und ihre Fenster sind mit mundgeblasenem Glas bleiverglast. Überhängende Holzbalken ragen in den ersten Etagen einiger Häuser zwischen Fächern aus hellem Putz hervor. Wir streifen voller Ehrfurcht

vor der Schönheit dieses Ortes durch die Straßen. Das Dorf sieht wirklich aus wie eine Film-Location, und ohne Zweifel war es das auch bereits. Jeder Balken und jede Fensterscheibe aus bemaltem Glas sind hier genau am richtigen Platz. Das Einzige, was nicht hierhergehört, sind wir mit unseren Anti-Corona-Masken und unserer Kleidung aus Gore-Tex. Es sind kaum Leute hier, weil es immer noch früh und keine Hauptsaison ist, und wir fühlen uns privilegiert, weil wir Fotos machen können, auf denen niemand anders zu sehen ist.

Wir umrunden die Kirche, gehen zu einem von einem rostigen Eisenzaun umgebenen Aussichtspunkt und schauen hinunter auf den dunklen Fluss und über die Dächer. Der Wind bläst gelbe Blätterschauer von den Bäumen, im darunterliegenden Tal nicken hohe Pappeln zustimmend und verlieren dabei ihren Sommerschmuck. Der Winter kündigt sich bereits an. Dieser Ort ist außergewöhnlich. Und wir dürfen das alles hier genießen, weil wir einer Laune gefolgt sind.

Wir schwören uns, dass wir es in den kommenden Tagen etwas langsamer angehen lassen werden. Schließlich sind wir auf dem Slow Road unterwegs.

DAS FAHREN

ANMERKUNG: Auf einigen Abschnitten dieser Tour gibt es überhängende Felswände, andere verlaufen durch Tunnel, die nur 3,10 Meter hoch sind, der tiefste ist der in Bouziès.

Diese Route ist wirklich sehr simpel. Sie beginnt in Figeac und folgt dem Lauf des Flusses Lot bis nach Cahors. Folgen Sie der Ausschilderung zur D662 »Valle de Lot« stadtauswärts nach Südwesten, und bleiben Sie dann auf der D662 nach Faycelles. Den ersten Eindruck davon, was Sie erwartet, bekommen Sie in Figeac, wenn Sie um eine Kurve biegen und das Tal zum ersten Mal zu Ihrer Linken liegen sehen. Vor und über Ihnen bietet die Stadt einen eindrucksvollen Anblick mit einem Kirchturm und prächtigen Häusern mit farbigen Fensterläden. Wenn Sie das Tal erreichen, immer noch auf der D662, sehen Sie kleine Ackerflächen, Obstbäume, Walnussplantagen und Pappeln, die aufgereiht im flachen, weitläufigen Tal stehen, während Kalksteinfelsen darüber aufragen. Auf der gesamten Tour folgen Sie der Trasse einer stillgelegten Eisenbahnlinie, die immer wieder von der Straße überquert wird. Von Zeit zu Zeit fahren Sie durch Tunnel, über Brücken und vorbei an Eisenbahngebäuden, die zu Wohnhäusern umgebaut wurden.

Die Straße folgt mehr oder weniger den Biegungen des Flusses und nimmt unter den hohen Kalksteinfelsen manchmal einen kurvigen Verlauf. Sie durchquert Tunnel oder duckt sich unter überhängenden Felsen, während sie an anderen Stellen direkt durch offene Sonnenblumen- oder Maisfelder führt. In La Toulzanie hat man einige Häuser hoch über der Straße in den Felsen hineingebaut.

Ein paar Kilometer hinter Saint-Géry trifft die D662 auf die D653, auf der Sie den letzten Teil der Strecke nach Cahors absolvieren und direkt in die Mitte der Stadt gelangen.

IN DER NÄHE

Saint-Cirq-Lapopie Dieses 100 Meter über dem Lot gelegene Dorf wurde 2012 in einer TV-Sendung zum schönsten Dorf Frankreichs gewählt. Und es hat diese Ehre verdient: Es ist eine Schönheit in einem Tal voller Mitbewerber. Die Lage ist Teil seines Reizes, der von einem guten Mix aus Geschäften, Bars, Restaurants und altertümlichem Charme abgerundet wird.

Cahors Berühmt für Wein, Trüffel und Foie gras und in einer Biegung des Lots gelegen, verfügt Cahors auch über archäologischen Charme: Der Pont Valentré gehört zum UNESCO-Welterbe. **www.tourisme-lot.com**

Figeac Die Altstadt ist wunderschön, man kann dort gut umherschlendern (und dabei die mittelalterliche Stadt bewundern). Abends hat sie eine tolle Atmosphäre und samstags einen Markt. L'arrosoir ist eine coole, von einem Kollektiv betriebene Bar mit Musik, Kunst und nettem Familien-Vibe.

Grottes de Pech Merle Beachtliche 20.000 Jahre alte Malereien zieren die Wände dieses zwei Kilometer langen Höhlensystems. Während man anderswo nur Reproduktionen zu Gesicht bekommt, sieht man hier die echten Malereien. Nur geführte Touren. Vorab buchen. **en.pechmerle.com**

STELLPLÄTZE: CAMPING

Camping de la Plage, Saint-Cirq-Lapopie
Porte Roques, 46330 Saint-Cirq-Lapopie, Lot
Internet: www.campingplage.com
Tel.: 0033/05 65 30 29 51

Vier-Sterne-Anlage mit eigenem Strand am Ufer des Lots unterhalb eines der schönsten Dörfer Frankreichs.

STELLPLÄTZE: *AIRES DE CAMPING CAR*

Figeac *hat eine großartige* aire *gleich hinter der Stadtmauer. Ein kurzer Fußweg führt Sie zu den Bars und Restaurants dieser hübschen mittelalterlichen Stadt.*

Saint-Cirq-Lapopie *hat zwei* aires*, die beide etwa gleich teuer sind. Eine liegt etwas vom Fluss zurückgesetzt, die andere ist eine nur für Wohnmobile reservierte Fläche direkt am Flussufer.*

Lamagdeleine *hat eine schöne* aire *mit Duschen und Toiletten, die während der Saison geöffnet sind.*

Saint-Géry *heißt Wohnmobile willkommen (zumindest besagt das die Beschilderung). Die* aire *ist direkt im Dorf auf einer schönen Fläche neben dem Supermarkt.*

ROUTE 19
BRIVE-LA-GAILLARDE
D940
D38
MONTIGNAC
NESPOULS
COLLONGES -LA-ROUGE
D706
SAINT-GENIÈS
D60
BEAULIEU-SUR -DORDOGNE
N21
D47
SARLAT-LA-CANÉDA
SOUILLAC
CAMPAGNE
BRETENOUX
BERGERAC
D660
CALÈS
D29
D703
RIVER DORDOGNE
ALVIGNAC
LE BUISSON -DE-CADOUIN
D820
D673
D807
COUZE-ET-SAINT-FRONT
SIORAC-EN-PÉRIGORD
GRAMAT

ROUTE 19

BRIVE-LA-GAILLARDE-MONTIGNAC

DIE DORDOGNE

Das Tal der Dordogne ist bei Touristen sehr beliebt. Als Urlaubsziel hat es eine Menge zu bieten: einen wunderschönen Fluss, einen gemächlichen Lebensrhythmus, gutes Essen, Schlösser, tolle Ausblicke und eine unglaubliche Geschichte. Diese Tour führt Sie zu den interessantesten Touristenattraktionen und über die interessantesten Straßen. Von den fantastischen roten Dörfern von Collonges-la-Rouge über die vertikalen verlaufenden Pilger-Stationen von Rocamadour bis hin zu den unglaublichen Höhlenmalerei-Nachbildungen von Lascaux ist dies ein Slow-Road-Abenteuer, das Sie auf keinen Fall verpassen sollten. Aber kommen Sie besser nicht im August.

ATTRAKTIONEN: Prähistorische Stätten, mittelalterliche Dörfer

START: Brive-la-Gaillarde

ZIEL: Montignac

ENTFERNUNG: 350 Kilometer

ZEIT: 4 Tage

KARTE (SEITE): 242, 243, 261, 260, 259, 258, 240, 241

Wir erreichen die Grotte de Rouffignac kurz vor der Mittagszeit. Wir parken und gehen zum Eingang der Höhle, einer Spalte in einem Berghang, die etwa zehn Meter breit und zwei Meter hoch ist. Auf den ersten Blick wirkt sie ziemlich harmlos und unauffällig, deshalb glauben wir, eine Entdeckung gemacht zu haben. Was genau wir erwartet haben, ist schwer zu sagen, aber wir haben gelesen, dass es hier einen auf die Wände einer Höhle gemalten Fries mit Mammuts geben soll. Dem Eingang und den wenigen Leuten nach zu urteilen, erschien es uns wenig touristisch, weshalb wir uns mit Taschenlampen und warmen Mänteln bewaffnet haben. Der romantische Teil von mir stellt sich bereits vor, dass wir hier eine große Entdeckung machen oder die Höhle zumindest ganz allein erforschen werden. Wie unrecht ich doch habe.

Wir treten durch ein Eisentor ein und stehen dann in der Eingangshalle, wo sich die Höhle weitet. Sie ist gut beleuchtet, es gibt einen Laden, Schilder mit Erklärungen und eine Kasse. Nichts davon konnte man von draußen sehen. Wir gehen auf einen Mann und eine Frau hinter einer Plexiglasscheibe an der Kasse zu. Sie sind sehr freundlich, sagen aber, es sei gerade Mittagszeit und die Höhle sei geschlossen. Sie erklären uns, dass die Besichtigung auf einem elektrischen Zug stattfinden werde und dass sich das Warten lohne. Wir sollen in zwei Stunden wiederkommen.

Das ist etwas, das ich an Frankreich nicht verstehe und niemals verstehen werde: Sie haben eine lange Mittagszeit, und dann stehen die Uhren still. An beliebten Touristenattraktionen geht dann gar nichts mehr, weil alle Tagesaktivitäten in den Morgen und den Nachmittag gepresst sind. Man kann dann zwar in ein Restaurant gehen, braucht dafür aber zwei Stunden, weil alle anderen auch dort sind!

Da ist nichts zu machen, also gehen wir und parken für anderthalb Stunden, um ebenfalls zu mittag zu essen: Baguette und Pâté – herrlich.

Wir kehren um etwa 13:45 Uhr zur Höhle zurück, wo sich bereits einige Leute eingefunden haben. Ich weiß aus dem Gespräch vorhin, dass die Züge zu bestimmten Zeiten fahren und will nicht noch länger warten, also treibe ich Lizzy zur Eile an, und wir stellen uns in die Reihe. Wir hatten sogar vorgehabt, heute noch andere Höhlen zu besuchen, aber das erscheint uns jetzt sehr unwahrscheinlich. In Lascaux könnten wir eine Besichtigung um 16 Uhr buchen, aber das kommt uns nicht realistisch vor, und so beschließen wir, es nicht zu tun, weil wir es wohl nicht schaffen werden. Wir stellen uns also in die Schlange, wehren Vordrängelversuche ab und halten unsere Position. Wir werden einen Platz im ersten Zug bekommen, koste es, was es wolle.

Der Kiosk öffnet genau um 14 Uhr, und einer der Mitarbeiter kommt zur Schlange herüber und erklärt uns, dass jeder Zug Platz für 25 Leute habe. Wenn diese 25 Sitze vergeben seien, müssten die anderen auf den nächsten Zug warten. Ein erwartungsvolles Raunen geht durch die Menge, und jeder zählt insgeheim. Ich schätze, dass wir auf Platz 22 und 23 sein müssten. Es besteht also Hoffnung.

Wir gelangen an den Kassenschalter und zahlen: Es sind die letzten Tickets für den ersten Zug. Wir bekommen unsere Audioguides und stürzen los, bevor irgendjemand sich vordrängeln kann. Dann nehmen wir unsere Plätze ein, und der Zug fährt los.

Der Zug bewegt sich in das Höhlensystem hinein und versetzt uns, wörtlich und im übertragenen Sinn, Tausende von Jahre zurück in die Vergangenheit. Die Höhle besteht aus Kalkstein mit Knollen aus Feuerstein – das Ergebnis von unterirdischen Flüssen, die das Gestein vor Millionen von Jahren unterspült haben. Insgesamt ist das Höhlensystem acht Kilometer lang, doch wir fahren nur zwei Kilometer zu den Passagen, wo sich die Malereien befinden. Während der Zug auf seinen engen Schienen dahinrollt, benutzt unser Guide eine Taschenlampe, um Besonderheiten im Fels und an den Wänden hervorzuheben. Dies ist das einzige vorhandene Licht, abgesehen von einigen Baulampen, die sparsam eingesetzt

werden, um die Auswirkungen auf die Höhle zu minimieren. Nur 500 Besucher dürfen täglich hinein (das soll bedeuten: Buchen Sie im voraus!).

Der Guide zeigt uns Kratzer, die von Höhlenbären stammen und Tausende von Jahren bevor Menschen hierherkamen entstanden sind. Wir sehen auch Aushöhlungen auf dem schlammigen Boden, die ebenfalls von Bären hinterlassen wurden, für den Winterschlaf. Während wir immer weiter in die Höhle hineinfahren, sehen wir mehr und mehr. Wir halten an einem Wandabschnitt, auf dem ein paar Kratzer zu erkennen sind. Der Guide deutet mit seiner Taschenlampe darauf und sagt, dies sei das erste der etwa 100 Mammutbilder, die man hier finden könne. Ich kann nichts erkennen. Die Kratzer sehen aus, als wären sie zufällig entstanden.

Der Guide macht einen Schritt nach rechts und lässt das Licht seiner Taschenlampe wieder auf das Bild fallen, diesmal von der Seite. Plötzlich erwachen die Kratzer zum Leben, und ein Raunen geht durch den Zug. Jetzt können wir es erkennen: ein Mammut, mit wunderbar einfachen Linien gemalt, mit Stoßzähnen und einer riesigen Stirn. Es ist ein Wunder. Wirklich.

Von hier an wird die Tour immer interessanter, je tiefer wir in die Höhle vordringen. Es gibt weitere Malereien, ebenfalls mit leichter Hand gezeichnet. Wir erreichen den Fries mit den zehn Mammuts, und ich bin von Ehrfurcht ergriffen angesichts dessen, was ich da sehe. Da sind auch Wisente, Steinböcke und Pferde, alle in Schwarz dargestellt und alle wunderschön gezeichnet. Es gibt auch Fingerabdrücke an der Decke und an den Wänden, von denen einige – so lese ich später – von Kindern stammen sollen. Die Zeichnungen sind etwa 13.000 Jahre alt, so sagt man uns, und wurden wahrscheinlich von einem oder zwei Künstlern innerhalb eines kurzen Zeitraums angefertigt. Es ist unglaublich. Ein Wunder, wie weder Lizzy noch ich es je gesehen haben. Wir sind ziemlich überrascht von dem Grafitti, das wir ebenfalls in der Höhle sehen: Es stammt aus dem Jahr 1764. Ich habe so viele Fragen. Ich schätze, dass dies der Grund ist, warum ich mir so etwas gern ansehe. Dies ist ein Teil unserer Geschichte, ein Schnappschuss unserer Entwicklung, aus dem man etwas lernen kann. Die eine Stunde, die wir hier unten verbringen, geht schnell vorbei, und ehe wir uns versehen, sind wir schon wieder am Eingang und blinzeln ins Tageslicht. Der Besuch hat uns in eine andere Welt versetzt.

Wir sind ganz berauscht, als wir durchs Tal zurück und dann in Richtung Lascaux fahren, wo uns ein ganz anderes Erlebnis erwartet. Lascaux IV, Centre International de l’Art Pariétal ist die vierte Version der Höhlen, die sich hier befinden. Entdeckt im Jahr 1940 von vier Jungen, die ihren Hund suchten, gelten sie als Inbegriff der Höhlenmalerei und sind seit ihrer Ent-

deckung eine ungeheuer populäre – und wichtige – Attraktion. Die Originalhöhle wurde im Jahr 1963 geschlossen und ein Faksimile angefertigt, wegen der Auswirkungen, die Tausende von Besuchern pro Tag auf die Höhle hatten. Ich bin skeptisch, weil wir eine Kopie sehen werden, aber erpicht darauf, die beiden Erlebnisse miteinander vergleichen zu können.

Wir erreichen das Centre um 16 Uhr, ohne Tickets. Die letzte Tour beginnt gerade. Es ist voll, und alle Tickets sind bereits verkauft. Der Guide bietet uns welche für den nächsten Morgen an. Wir verlassen das Gebäude und setzen uns auf die niedrige Mauer vor dem Centre. Ich schaue es mir an: Es ist eine flache Betonkonstruktion, die wie eine Höhle aussehen soll. Es ist riesig. Sehr eindrucksvoll. Und es ist voll. Wir besprechen unsere Pläne. Morgen müssten wir uns eigentlich auf die Rückfahrt begeben. Ich versuche, die Enttäuschung darüber zu unterdrücken, dass wir Lascaux eventuell verpassen werden, aber das Gebäude hat etwas, das mich zum Bleiben veranlasst, wenn auch nur, um die Erfahrung, das Echte (und Unglaubliche) gesehen zu haben, mit der Kopie vergleichen zu können. Wenn es nicht gut wäre, warum sind dann so viele Leute hier? Warum sollte es dann so schwierig sein, hineinzukommen?

Wir gehen zur Kasse zurück, kaufen Tickets für die erste Tour am kommenden Morgen, checken in eine private *aire* in Montignac ein und verbringen den Abend damit, Crazy Golf auf der angrenzenden Anlage zu spielen. Ich gewinne übrigens.

Am nächsten Morgen stehen wir früh auf und können es kaum erwarten, die Höhle zu sehen. Als wir beim Centre International ankommen, ist es bereits voller Menschen, die Tickets kaufen und auf ihre Tour warten. Da wir schon gebucht haben, gehen wir direkt hinein und schließen uns unserer Führung an, zusammen mit etwa 15 anderen Leuten. Wir werden durch eine Reihe von Zimmern und Betonkorridoren geleitet, wo wir uns eine visuelle Darstellung des Klimas und des Zustands der Höhle zur Zeit der Entstehung der

Malereien ansehen. Unsere Tourführerin identifiziert sich sehr mit ihrem Thema. Sie benutzt Sprache und Intonation, um bestimmte Dinge hervorzuheben und uns zu begeistern, je nach Stimmung und Thema, um das es gerade geht. Obwohl ich nicht alles, was sie sagt, genau verstehe, spüre ich ihre Leidenschaft. Man kann sich ihr kaum entziehen.

Dann betreten wir »die Höhle«.

Unsere Führerin öffnet eine Tür, die sich auch in einem Bürogebäude oder einem Kino befinden könnte. Wir betreten einen dunklen Gang, biegen um eine Ecke und stehen zum ersten Mal den Faksimiles der Höhle gegenüber. Wir sind nahe am Eingang, so wie er damals war, als sie entdeckt wurde. Es ist kühl – etwa acht Grad –, und die klimatischen Bedingungen sind hier genau so wie in der richtigen Höhle. Es ist unglaublich. Ich bin sofort völlig gefangen genommen von der Nachbildung, bin hin und weg von den Malereien, die wir sehen, während wir weiter in die Höhle hineingehen. Die Führerin benutzt ihre Taschenlampe genauso, wie es der Guide in der Rouffignac-Höhle getan hat, und strahlt die Zeichnungen und Malereien an, über die sie gerade spricht. Wir sehen Pferde – diesmal in verschiedenen Ocker-, Schwarz-, Gelb- und Weißtönen –; sie sind einfach wunderbar. Ich strahle über das ganze Gesicht, glücklich, dass sich unsere Bemühungen gelohnt haben, und glücklich, an diesem erhabenen Ort zu sein. Auch wenn es nicht der echte Ort ist, spüre ich die Bedeutung dieser Erfahrung. Dass diese Faksimiles von wilden Tieren, die vor 14.000 Jahren genau hier durch die Tundra gestreift sind, so perfekt sind, ist ehrfurchtgebietend, und es ist etwas, das geschützt werden muss. Ich habe noch nie so etwas gesehen. Sogar die Mammuts verblassen dagegen. Die Malereien sind anatomisch perfekt. Sie zeigen Perspektive und Bewegung. Sie zeigen Steinböcke, Ziegen, Pferde, Auerochsen, Wisente und, in einem tieferen Bereich der Höhle, einen Mann, einen Vogel, ein Nashorn und Löwen. Die Führerin erklärt, was wir sehen, aber ich bin in einer anderen Welt und stehe nur mit offenem Mund da. Es gibt hier so viele Tiere (über 900 sind es in der Originalhöhle), als würde man die Welt zu einer anderen Zeit betrachten, als es noch so viele Tiere gab und die Menschen in der Minderheit war. Man schätzt, so hören wir, dass es zu dieser Zeit etwa 100.000 Menschen in Frankreich gab und nur eine Million auf der ganzen Welt. Wir waren damals nicht die Spitzenprädatoren, doch abgesehen davon waren wir im Grunde genau das, was wir heute sind. Das ist wirklich erstaunlich und bewirkt bei mir eine starke emotionale Reaktion, die ich nicht erklären kann. Ich bin weder glücklich noch traurig. Es ist etwas Tieferes.

Wir bewegen uns durch die Höhle und an der anderen Seite heraus in einen Raum, in dem gezeigt wird, wie die Höhlen zusammengefügt sind. Obwohl wir die Machart und

die Konstruktion sehen können, an denen die Fiberglaswände befestigt sind, ist es immer noch erstaunlich, aber aus einem anderen Grund. Einige Augenblicke zuvor haben wir die Leistungen unserer Vorfahren bestaunt, jetzt bestaunen wir das Werk unserer Zeitgenossen. Das Ganze ist einfach fantastisch. Absolut fantastisch. Ich habe unglaublich viel Respekt vor jedem, der etwas mit diesem wunderbaren, aufregenden Ort zu tun hat. Wenn ich könnte, würde ich die Tour noch einmal mitmachen. Sie ist nur leider ausverkauft.

Wenn Sie einen Grund suchen, um in die Dordogne zu reisen: Hier ist er. Aber buchen Sie lieber im Voraus.

DAS FAHREN

Diese Tour führt Sie von Brive-la-Gaillarde aus durch eine großartige Landschaft. In einer großen Schleife geht es zuerst nach Süden und dann nach Westen bis nach Bergerac, danach zurück bis nach Les Eyzies-de-Tayac-Sireuil und durch das Vézère-Tal hoch nach Montignac. Es ist fast eine Schleife, aber nicht ganz, obwohl es leicht eine werden könnte. Wenn man die interessantesten Teile der Dordogne abfahren möchte, kann man ganz einfach dem Fluss Dordogne von Souillac nach Westen folgen und dann dem Vézère-Tal. Wir wollten auf dieser wunderbaren Reise durch Kastanienhaine, Täler und eine fantastische Landschaft ein bisschen mehr als nur die Hauptattraktionen sehen. Denn es gibt ja auch noch andere interessante Dinge …

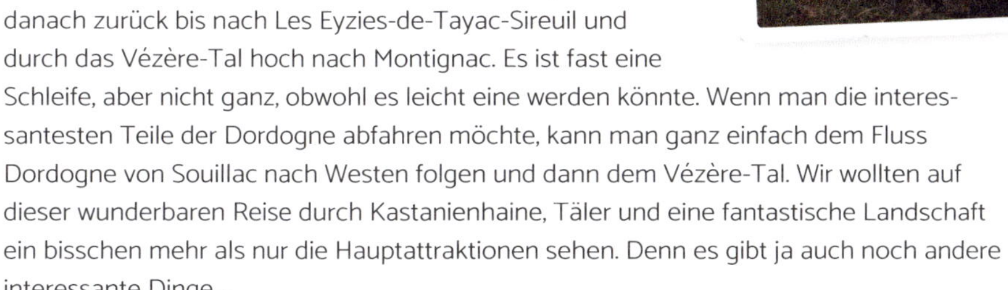

Fahren Sie von Brive-la-Gaillarde aus auf der D38 nach Süden – diese Straße ist großartig und schlängelt sich durch Wald und Felder – bis zur D940, und biegen Sie dann nach rechts ab in Richtung Beaulieu-sur-Dordogne und Bretenoux. In Bretenoux trifft die D940 auf die D803 – an einem Kreisverkehr, kurz vor einer Brücke über die Cère. Biegen Sie nach links ab, überqueren Sie die Brücke, und folgen Sie dann der Straße in Richtung Saint-Céré.

An der Kreuzung mit der D807 nehmen Sie den Abzweig nach rechts in Richtung Gramat. Sie verlassen die Küstenebene und fahren hoch auf das Kalksteinplateau, wobei Sie an den Grottes de Presque und vielen Walnussplantagen vorbeikommen. Biegen Sie etwa 7,5 Kilometer später nach rechts ab, und fahren Sie einen Berg hoch auf die D673, die nach Rocamadour führt. Es ist ein großartiges Fahren durch Felder, hoch oben auf dem Plateau. Wenn Sie in Rocamadour halten wollen: Es gibt nur einen Parkplatz für Wohnmobile, und der befindet sich in der Nähe der Burg. Direkt neben dem Aufzug!

Verlassen Sie Rocamadour auf der D673, und genießen Sie eine fantastische Abfahrt ins Tal, während Sie sich am Steilhang entlangschlängeln – Kalkstein auf der einen Seite und ein wunderbarer wilder, bewaldeter Abgrund auf der anderen. Sie fahren dann unter der Autobahn A20 durch und treffen in Payrac auf die D820. Biegen Sie hier rechts ab, und fahren Sie auf der D820 nach Souillac. Die Straße ist »schnell«, fährt sich aber toll – und auch der Blick ist toll –, während Sie über eine Reihe von steilen Kurven rasch ins Dordogne-Tal hinunterfahren. Auf Flussniveau angekommen, überqueren Sie die Dordogne und erreichen Souillac. Die Straße, die Sie nehmen müssen, um auf dem nächsten Tourabschnitt nach Westen zu gelangen, ist die D804. Sie kommen auf einer von Bäumen gesäumten, geraden Straße nach Souillac hinein, die Sie auf die Hauptstraße führt. Wenn Sie nach etwa der Hälfte der Hauptstraße nach links abbiegen, erreichen Sie die D804, die nach Sarlat und Lascaux ausgeschildert ist. Die D804 führt Sie in die klassische Dordogne-Region hinein, direkt am Fluss entlang und zu all den bekannten Städten und Dörfern wie etwa La Roque-Gageac, Marqueyssac und weiter nach Trémolat und Limeuil. Diese Straße ist großartig, schmiegt sich teilweise an Felswände und bietet eine wunderbare Aussicht. Aber passen Sie auf: Ein paar Kilometer hinter Souillac ändert sie ihren Namen in D703.

Dieser Abschnitt ist der interessanteste, wenn ich ehrlich bin, also genießen Sie ihn, halten Sie, so oft es geht, und denken Sie daran, alles in sich aufzusaugen. Achten Sie auf die steilen Dächer der Häuser, den Mix aus Lehm, Kalk und Schiefer und die cremefarbenen Steine. Es gibt hier viele Orte, in denen man einen Zwischenstopp einlegen kann. Sie finden schattige Plätze mit Sonntagsmärkten, tolle Ausblicke, Walnuss- und Kastanienhaine, Möglichkeiten zum Schwimmen oder Kajakfahren und jede Menge mittelalterliche Geschichte. La Roque-Gageac ist mein besonderer Favorit; hier gibt es Häuser, die in die Felsen gebaut sind, eine Burg und schicke Restaurants direkt am Fluß. Wunderbar!

In Siorac-en-Périgord kommen Sie an einen großen Kreisverkehr. Folgen Sie der Ausschilderung zur D25. So gelangen Sie nach Le Buisson-de Cadouin und zum Abzweig auf die D29, die Sie über die D660 nach Bergerac bringt – berühmt durch Old Big Nose persönlich, nämlich Cyrano. Wenn Sie sich die Statue des Mannes mit dem gigantischen Riechkolben nicht ansehen möchten (Bergerac hat natürlich noch mehr zu bieten, aber Cyrano ist hier allgegenwärtig), dann können Sie, nachdem die D29 in Lalinde den Fluss überquert hat, nach rechts abbiegen und auf die D703 ausweichen (ausgeschildert nach Mauzac-et-Grand-Castang und Sainte-Alvère).

Wenn Sie Bergerac verlassen, verfolgen Sie auf der D660 Ihre eigenen Spuren zurück nach Osten am Fluss entlang – eine schöne Fahrt mit viel Grün, größtenteils direkt am Fluss. Folgen Sie in Lalinde der Ausschilderung nach Sarlat und zur D703. Wenn Sie die Kirche an der Brücke erreichen, fahren Sie geradeaus weiter,

immer noch auf der D703, und bleiben Sie auf der Nordseite des Flusses.

Folgen Sie der D703 durch dichten Mischwald, vorbei an Sonnenblumenfeldern und winzigen Dörfern auf einem kurvenreichen, verschachtelten Weg in Richtung, und durch, Le Bugue. Bleiben Sie hinter Le Bugue auf der D703, und überqueren Sie den Fluss Vézère. Gleich danach macht die Straße einen Knick nach links. Die D703 führt weiter nach rechts in Richtung der Höhle Gouffre de Proumeyssac, aber Sie müssen geradeaus weiterfahren, auf der D706 in Richtung Les Eyzies. Dieser Abschnitt ist großartig zu fahren: Er führt am Château de Campagne vorbei und am Südufer der Vézère entlang, dem flacheren Ufer, wodurch Sie die Felswände auf der Nordseite oft sehen können. Wenn Sie Les Eyzies erreichen, sehen Sie rechts einen überhängenden Felsen und kommen dann an einen Kreisverkehr. Nehmen Sie die erste Ausfahrt nach Sarlat und zur Autobahn A89, und folgen Sie der Straße (immer noch die D706) zum nächsten Kreisverkehr. Nehmen Sie hier den Abzweig nach links, und folgen Sie der Auschilderung nach Montignac und zur A89. Von hier aus führt die D706 Sie nach Montignac und Lascaux, wobei Zwischenstopps an der Grotte de Rouffignac (folgen Sie den Schildern) und in Le Village de la Madeleine, einem Troglodyten-Dorf, möglich sind.

Von Montignac aus können Sie über die D704 die A89 erreichen oder auf der D6089 ins Périgord fahren.

STELLPLÄTZE: CAMPING

Camping du Pont de Vicq en Périgord, Le Buisson-de-Cadouin
Avenue de la Dordogne, 24480 Le Buisson-de-Cadouin, Dordogne
Internet: www.campinglepontdevicq.com
Tel.: 0033/05 53 22 01 73

Ewas Besseres als diesen Campingplatz werden Sie kaum finden. Er ist direkt am Ufer der Dordogne gelegen und sehr gut geeignet, um das Tal zu erkunden.

Camping La Pelouse, Bergerac
8 bis Rue Jean-Jacques Rousseau, 24100 Bergerac, Dordogne
Internet: www.entreprisefrery.com/camping-la-pelouse
Tel.: 0033/05 53 57 06 67

Gut gelegener kommunaler Campingplatz mit Stellplätzen am Wasser, der nur einen zehnminütigen Spaziergang von Bergeracs Zentrum entfernt ist.

In dieser Gegend gibt es viele weitere Camping-Optionen.

STELLPLÄTZE: *AIRES DE CAMPING CAR*

Turenne *Eine schöne* aire *unterhalb eines Châteaus. Der Zugang ist etwas schwierig, aber es ist ein toller Platz.*

Collonges-la-Rouge *Der einzige Parkplatz, auf dem Wohnmobile erlaubt sind. Gut geeignet, um das Dorf zu erkunden. Schön ländlich.*

Beaulieu-sur-Dordogne *Guter Platz unter der Brücke, neben dem Sportzentrum. Nur einen Katzensprung vom Fluss und der Stadt entfernt.*

Montignac *Hier gibt es zwei* aires, *die nahe beieinander und nahe am Fluss liegen. Beide sind schön.*

IN DER NÄHE

Das Vézère-Tal Dieser Nebenfluss der Dordogne steht im Fokus des prähistorischen Tourismus der Region. Es ist ein hübsches Tal, und obwohl es nur kurz ist, hat es eine erstaunliche Anzahl an Sehenswürdigkeiten zu bieten: Lascaux, das Nationale Prähistorische Museum in Les Eyzies, die Grotte du Grand Roc und das Troglodyten-Dorf Le Village de la Madeleine.

Collonges-la-Rouge Ein mittelalterliches Dorf, das ganz aus dunkelrotem Sandstein erbaut wurde. Schön für einen Spaziergang. Die Messerherstellung spielt hier eine Rolle. Viele Töpferwaren gibt es auch.

Rocamadour UNESCO-Welterbe-Stätte und sehr beeindruckendes Dorf an einer 120 Meter hohen Felswand unterhalb einer Kirche und einer Burg. Als Wallfahrtsort wird es seit Langem für seine Reliquien und seine Schwarze Madonna verehrt, eine Statue, die vom heiligen Amadour geschnitzt worden sein soll und sich in einer wunderschönen Kapelle befindet. Oben auf dem Felsen gibt es Wegstationen, die von den Gläubigen auf Knien bewältigt werden müssen. Weniger gläubige Büßer nehmen den Aufzug (ja, es gibt wirklich einen Aufzug!).

Lascaux IV, Centre International de l'Art Pariétal Dies könnte der Höhepunkt Ihrer Reise sein. Es ist sehr bedeutend, aufregend und wirklich ehrfurchtgebietend. Buchen Sie im Voraus, da es sehr überlaufen ist. **www.lascaux.fr**

Les Jardins Panoramiques de Limeuil Höhle mit Zeichnungen von Mammuts und einem elektrischen Zug, der Sie dorthin bringt. Wirklich wunderbar. Von internationaler Bedeutung. Seien Sie früh dort. **jardins-panoramiques-limeuil.com**

Grotte de Rouffignac Höhle mit Zeichnungen von Mammuts und einem elektrischen Zug, der Sie dorthin bringt. Wirklich wunderbar. Von internationaler Bedeutung. Seien Sie früh dort. **www.grottederouffignac.fr**

Gabares Norbert

DER WESTEN

Von den tief gelegenen Wäldern Aquitaniens und den extravaganten Schlössern des Loire-Tals über die beängstigend hohen Pässe der Pyrenäen bis hin zu den mächtigen Burgen des Pays Cathare, gibt es in Frankreichs Westen auf allen Ebenen Großartiges zu entdecken. Steigen Sie auf Europas höchste Düne, und überblicken Sie Hunderte von Quadratkilometern an Wald und Strand, oder schwingen Sie sich aufs Rad, und erklimmen Sie den Tourmalet. Wohin Sie auch schauen – immer gibt es noch mehr zu sehen, noch mehr zu entdecken und noch mehr zu bewundern.

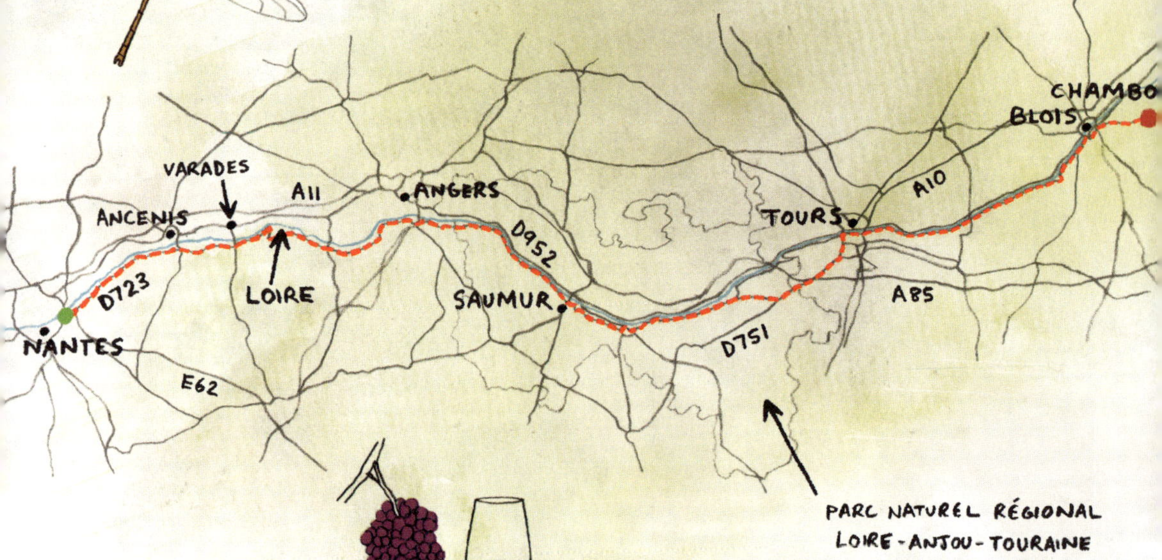

CHAMBO
BLOIS
VARADES
A11
ANGERS
A10
TOURS
ANCENIS
D952
LOIRE
SAUMUR
A85
D723
NANTES
D751
E62

PARC NATUREL RÉGIONAL
LOIRE-ANJOU-TOURAINE

CHÂTEAU D'AZAY-LE-RIDEAU

ROUTE 20

ROUTE 20

NANTES-CHAMBORD

DAS UNTERE LOIRE-TAL

Das Loire-Tal ist einfach wunderschön. Abgesehen von Paris, ist es eine der meistbesuchten Regionen Frankreichs und voller beeindruckender Schlösser und königlicher Paläste. Die Landschaften sind ebenfalls wunderschön: Gemüsefelder in den Ebenen werden abgelöst von Weinbaugebieten an den Hängen. Aus Autofahrersicht ist die Loire einfach großartig. Die Route, die ich ausgewählt habe, folgt dem Fluss so nahe wie möglich und führt über Straßen, die auf Deichen verlaufen – aus Stein und Erde gebaute Wälle am Ufer, die Schutz vor Überschwemmungen bieten.

ATTRAKTIONEN: **Schlösser, Schlösser**

START: **Nantes**

ZIEL: **Chambord**

ENTFERNUNG: **280 Kilometer**

ZEIT: **Mindestens 4 Tage**

KARTE (SEITE): 147, 148, 149, 150, 151, 152, 153, 132

Wir sind auf Schlösser-Jagd. Schließlich befinden wir uns im Loire-Tal; es gehört zum UNESCO-Welterbe und ist berühmt für seine Schlösser, von denen es über 300 gibt, also sollte die Jagd nicht so schwer werden. Wir sind außerdem auf der Suche nach interessanten Kajakmöglichkeiten. Die Loire, breit und langsam wie sie ist, hat uns ohne einen zusätzlichen Anreiz nicht viel zu bieten, also fahren wir den Fluss Indre hinunter in der Hoffnung, dass das Schloss in Azay-le-Rideau sich angesichts seiner Lage auf einer Insel im Fluss als interessant erweisen wird.

Wir folgen den Schildern zur *aire de camping car,* die uns ins Stadtzentrum führen, über den mit Fahnen geschmückten Marktplatz, vorbei an einladend aussehenden Restaurants, steinernen Häusern und Geschäften mit Fensterläden. Uns gefällt, wie es hier aussieht. Französisch natürlich, aber ganz besonders französisch. Es ist ordentlich, friedlich und heiter. Wir kommen an einem *tabac,* einer *boulangerie* und einigen belebten Bars vorbei.

Die Straße führt uns zu einem großen Parkplatz und dann über eine Betonbrücke zur *aire,* eine geräumige Fläche in einem Waldgebiet mit einigen Parkbuchten und Stromanschlüssen. Etwa 20 Wohnmobile stehen bereits hier. Wir folgen dem Kiesweg am Zaun entlang ans Ende der Anlage, wo wir eine ruhige Ecke direkt neben dem Fluss und ein paar Anglern finden. Es ist heiß, deshalb verlassen wir unsere Sessel und genießen den Halbschatten, den die Bäume uns bieten. Wir lassen den Blick über den Fluss schweifen und beobachten, wie die Libellen übers Wasser schwirren. Wir fragen uns, ob wir die Kajaks hier zu Wasser lassen können.

Bei unseren Nachforschungen am Flussufer entdecken wir einen Platz, wo wir über ein paar Felsplatten zum Wasser hinuntersteigen können. Einige unserer Mitcamper angeln ein paar Meter entfernt von ihren Stellplätzen aus, also beschließen wir, bis zum Morgen zu warten und die Kajakbedingungen vorher gründlich

auszukundschaften. Ich bin bei so etwas immer vorsichtig. Andere hätten ihr Boot vielleicht einfach so zu Wasser gelassen, aber ich weiß immer gern, was vor mir liegt, damit ich dann entscheiden kann, was ich tue. Wenn dort Gefahr lauern sollte (die sehe ich überall – umso mehr, je älter ich werde), will ich wissen, wie ich mich dann verhalte. Ich fahre noch nicht lange Kajak und habe daher Angst vor Stromschnellen und Abschnitten, mit denen ich körperlich nicht zurechtkomme. Außerdem mag ich es nicht, andere um Erlaubnis zu fragen oder jemand anderen beim Angeln zu stören. Ich bin lieber auf mich allein gestellt, um sicherzugehen, dass ich niemanden um Erlaubnis oder Hilfe bitten muss! Wir fahren also zu Erkundungszwecken ins Dorf.

Der Ort ist hübsch, typisch für die Gegend und anscheinend bei Touristen sehr beliebt. Wir streifen durch die Straßen und versuchen dem Fluss so weit wie möglich zu folgen, um

ein Gefühl dafür zu bekommen, wo wir morgen früh paddeln können. Wir finden heraus, dass die Insel, auf der das Château d'Azay-le-Rideau steht, nicht mehr als 50 Meter von unserem Stellplatz entfernt ist, obwohl wir es nicht sehen können, wegen der Trauerweiden, die über dem Wasser hängen. Die andere Uferseite, so finden wir heraus, ist Teil der Schlossanlage. Wir schlendern durch die Straßen und eine lange Allee mit immergrünen Bäumen entlang zu einem großen, offenen Platz, wo eine Verteidigungslinie aus riesigen Nebengebäuden des Schlosses unseren Weg blockiert. Die Anlage ist geschlossen, außer für die, die eine Karte für die *Son-et-lumière*-Show besitzen, die heute Abend stattfinden soll. Wir gehen weiter, überqueren Brücken und umrunden das Schloss fast, obwohl wir wegen der Bäume nicht viel davon sehen können. Manchmal hören wir Geräusche von der Show, dann dringen atmosphärische Klänge durch die Zweige.

Das Dorf ist voller Menschen, die draußen vor Cafés und Bars sitzen, und wir kommen an Touristen vorbei, die Italienisch, Spanisch und Englisch sprechen, während wir zwischen cremefarbenen Gebäuden mit Fensterläden umherschlendern, die mit hängenden Körben voller Geranien geschmückt sind und von einem Wirrwarr aus grauen Schieferdächern gekrönt werden. Wir halten vor einem Restaurant und essen draußen unter einem Schirm, während immer mehr Touristen vorbeiflanieren.

Am nächsten Morgen wachen wir früh auf und ziehen leise unser Kajakoutfit an. Unsere Kajaks sind auf dem Dach unseres Campingbusses verzurrt, deshalb müssen wir unsere ausziehbare Leiter benutzen, um an sie heranzukommen (ein tolles Ausrüstungsteil!). Ich klettere hinauf, um die Gurte zu lösen und die Boote vom Gepäckträger zu Lizzy herunterzulassen, die unten wartet. Dieses Prozedere haben wir unzählige Male geübt, und es wird jedes Mal einfacher. Wir beide wissen genau, was wir tun müssen, damit es keine laute, zeitraubende und nervtötende Angelegenheit wird, besonders für mich, der ich die Leiter

einige Male hoch- und runterklettern muss. Zum Glück schaffen wir es geräuschlos, wecken die Nachbarn nicht auf und legen rasch unsere Spritzdecken und Auftriebswesten an.

Lizzy geht als Erste, lässt ihr Kajak über den Uferrand gleiten und zieht es längsseits, um sich ins Cockpit sinken zu lassen. Es weht kein Lüftchen, und das Wasser ist ruhig, wie eine Glasscheibe, die langsam flussabwärts treibt. Libellen schießen vorbei und fangen die Strahlen der Morgensonne ein, während sie über die Wasseroberfläche schwirren. Sonnenstrahlen tanzen auf dem Fluss und erleuchten Flecken in hellem Orange, frühes Morgenlicht. Ich lasse mein Kajak ins Wasser hinunter, klettere hinein und befestige meine Spritzdecke, während ich flussabwärts treibe.

Wir paddeln in Richtung Schloss und bahnen uns einen Weg durch die Wasserlilien. Kaum haben wir die erste Biegung umrundet, als wir – durch dunkle, überhängende Äste – den ersten Blick auf das Schloss werfen können. Seine weißen Steine leuchten hell in der Sonne, während wir im Schatten bleiben, versteckt unter dem Bodenniveau. Je näher wir kommen, desto höher ragt das Schloss über uns auf, weiß, betürmt und mit grauen Schieferschindeln gedeckt.

Es ist nicht mit einem englischen »castle« vergleichbar. Zunächst einmal ist es vollständig und hat runde Türme mit verzierten Spitzen obendrauf, große dekorierte Fenster, ein steiles

Dach und kunstvoll gestaltete Kamine. Es ist so, wie Walt Disney es sich vorgestellt oder kopiert hat, und ich bin beeindruckt von seiner Schönheit und Größe. Wir paddeln auf der Höhe des Wassergrabens unter einer Mauer entlang, die sich 1,80 Meter über unseren Köpfen befindet, und schauen nach oben auf die hoch aufragende Steinwand. Ich versuche mir vorzustellen, wie schwierig es für einen Eroberer gewesen sein muss, den Fluss zu überqueren und die Mauern zu erklimmen. Aber dann finde ich es schwierig, mir in so einer wunderschönen Szenerie irgendeine Art von Gewalt vorzustellen. Aber so ist es tatsächlich geschehen. Im Jahr 1418 wurde die vorherige Version dieses Gebäudes an gleicher Stelle vollkommen zerstört, und 350 Soldaten wurden drinnen massakriert. Es wurde 1527 als Residenz des königlichen Generalschatzmeisters zum Teil wieder aufgebaut: im damals populären Renaissancestil mit Andeutungen von Befestigungsanlagen aus Gründen der Effekthascherei, weshalb es für mich mehr aussieht wie eine Torte als eine Festung, die Angreiferhorden widerstehen soll.

Trotz seiner Extravaganz und den falschen Pecherkern ist es immer noch ein imposantes Bauwerk. Wir paddeln langsam in Richtung der hölzernen Zugbrücke, die den Burggraben überspannt. Ein Mann steht auf ihr und steuert eine Drohne, die wir über uns surren hören. Er bemerkt uns und weist sein Gerät an, über uns hinwegzufliegen, während es vermutlich die ganze Zeit filmt. Wir fahren unter der Brücke durch, dahinter wird der Fluss breiter, sodass wir einen Blick auf das gesamte Gebäude haben. Es ist großartig, ein Monument des Pomps und der Extravaganz, ein goldener Käfig für die Aristokraten, die dort lebten.

Die Sonne erleuchtet jetzt das gesamte Schloss, und von hier aus haben wir einen fantastischen Blick darauf. Wir sind hier mehr unter freiem Himmel und haben eine bessere Sicht, was mir Gelegenheit bietet, Bilanz zu ziehen. Die Sonne wärmt uns, und es sieht so aus,

als würde es wieder einmal ein herrlicher Tag werden. Ich bekomme eine Gänsehaut, als die Wärme auf meine Haut trifft. Es ist eine emotionale und körperliche Reaktion auf das, was wir hier tun: Wir paddeln an einem frühen Sommermorgen im Loire-Tal an einem Château vorbei. Doch es ist mehr als das: Ich bin zusammen mit Lizzy hier, der Frau, die meine Abenteuer mit mir teilen will und mir den Mut gibt, Dinge zu tun, ich schon lange tun wollte, es aber nicht konnte. Und das erfüllt mich mit freudiger Erregung. Ich habe das Gefühl, dass ich meine Träume wahrmachen und eine Art von emotionalem und körperlichem Potenzial ausschöpfen kann. Ich kann bestimmte Dinge tun, weil ich den richtigen Menschen an meiner Seite habe, mit dem ich sie teilen kann. Das ist befreiend und sehr befriedigend.

Wir drehen um, bevor wir die zweite Brücke erreichen, wo eine stärkere Strömung herrscht, und entkommen so dem Sog des äußeren Burggrabens. Während wir unter dem tief herunterhängenden Laub der Bäume hindurchfahren, halten wir uns nah am Ufer, das dem Schloss gegenüberliegt, um einen besseren Blick darauf zu erhaschen. Dabei paddeln wir flussaufwärts zu unserem Übernachtungsplatz zurück. In dieser Richtung sieht alles genauso beeindruckend aus. Wir fahren an der *aire* vorbei und dann ins freie Gelände. Der Fluss wird flussaufwärts breiter, deshalb paddeln wir im Sonnenschein. Wir kommen an Fischern vorbei, an Schuppen, die am Wasser stehen, und an wackligen, selbst gebauten Anlegern, auf denen die Leute wahrscheinlich angeln. Zwischen den Bäumen am Ufer sehen wir marode Wohnwagen und Gärten ohne Häuser – Parzellen, so nehmen wir an, die Anglern bisweilen als Unterschlupf und Quartier dienen. Wir fahren an einem Mann im Netzhemd vorbei, der seine Angelschnur ins Wasser wirft, während am Ufer ein paar Kinder spielen.

Es ist ruhig und friedlich am Fluss, und wir sind die Einzigen, die Geräusche machen – das Platschen des Paddels und ein gelegentlicher Kommentar. Wir sprechen darüber, wie schön dieser Tag ist, und sind entschlossen, alles aufzusaugen und uns später genau daran zu erinnern – die Hitze der Sonne auf unserer Haut, der Geruch des Flusses und das Summen der Insekten auf der Wasseroberfläche. Ich paddele zu einer Stelle, wo Wasserlilien stehen, und versuche ein Foto von einer der Blumen zu machen.

Wir paddeln eine halbe Stunde, bis wir eine Mühle am Fluss erreichen und ein Wehr, welches das langsam fließende Wasser in einen Kanal leitet. Die Mühle, aus Stein gebaut und mit einem Dach aus Lehmziegeln, hat einen gerundeten Turm, ähnlich wie beim Schloss. Es ist die bäuerliche Version von Vornehmheit, ein Arbeitsgebäude mit einem Rad, das stillsteht, obwohl die Strömung weiterfließt. Lizzy klettert aus ihrem Kajak heraus, um die Bedingungen weiter flussaufwärts zu begutachten. Der Fluss sieht seicht und breit aus, deshalb drehen wir um und fahren zurück zum Camper, um zu frühstücken.

Als wir die *aire* wieder erreichen, haben sich die Angler bereits positioniert und ihre Angelschnüre über den Fluss verteilt. Sie begrüßen uns mit einem fröhlichen *»bonjour«* und holen die Schnüre ein, damit wir an Land gehen können. Wir hieven die Kajaks aus dem Wasser und setzen den Wasserkessel auf. Es ist erst 8 Uhr, und der Tag ist noch lang genug, um mehr Châteaus zu entdecken. Nach dem Frühstück packen wir unsere Sachen zusammen, fahren zurück in Richtung Loire und langsam nach Villandry, wo wir noch mehr Opulenz sehen werden, die im Loire-Tal hinter jeder Kurve wartet.

STELLPLÄTZE: CAMPING

Camping d'Angers – Lac de Maine, Angers
Avenue du Lac de Maine, 49000 Angers, Maine-et-Loire
Internet: www.campingangers.com/de
Tel.: 0033/2 41 81 97 37

Eine Huttopia-Anlage in der Nähe des Zentrums von Angers und des Lac de Maine. Beheiztes Schwimmbad und großzügige Stellplätze. Gute sanitäre Anlagen.

Camping le Sabot, Azay-le-Rideau
1 Rue du Stade, 37190 Azay-le-Rideau, Indre-et-Loire
Internet: www.onlycamp.fr/les-campings-au-coeur-des-pays-de-la-loire/
Tel.: 0033/2 47 45 42 72

Direkt am Fluss in Azay-le-Rideau und neben einer aire de camping car. *Toll gelegen, um das Schloss und das hübsche Dorf zu erkunden.*

Camping Chaumont-sur-Loire
Camping Municipal, 41150 Chaumont-sur-Loire, Loire-et-Cher
Internet: www.camping-chaumont-sur-loire.com
Tel.: 0033/2 54 20 95 22

Ein kommunaler Campingplatz in fantastischer Lage am Ufer der Loire. Sehr beliebt, deshalb sollten Sie früh dort sein, um einen Stellplatz am Fluss zu ergattern.

Camping Au Bord de Loire, Gennes-Val-de-Loire
1 Place du 19 Mars, 49350 Gennes-Val-de-Loire, Maine-et-Loire
Internet: camping-auborddeloire.com
Tel.: 0033/2 41 38 04 67

Sagenhaft gelegene Anlage östlich von Saumur.

STELLPLÄTZE: *AIRES DE CAMPING CAR*

An der Loire gibt es viele *aires*. Im *Guide officiel – Aires de services camping-car* finden Sie Genaueres zu Standorten und Ausstattung. Wir waren hier:

Azay-le-Rideau: *Großartige Anlage, direkt am Flussufer unter den Weiden. Zahlen Sie in der Bude, oder warten Sie auf den Mann. Sehr nett.*

DAS FAHREN

Die N/A844 (französische Straßen werden oft mit mehr als einem Buchstaben bezeichnet; N steht für *Route Nationale*, A steht für *Autoroute*) ist die *autoroute* bzw. Autobahn, die Nantes umgibt. Auf der Ostseite, an der Anschlussstelle 44 nach La Porte du Vignoble (N249), führt die D751 nach Osten. Nehmen Sie am ersten Kreisverkehr die zweite Ausfahrt, die mit »D751 Route des Bords de Loire« ausgeschildert ist. Wenn Sie aus Norden kommen, folgen Sie den gleichen Angaben zur Ausfahrt 44 und zur N249 und dann der Route des Bords de Loire.

So gelangen Sie geradewegs ans Ufer der Loire, wo auf der einen Seite riesige Gewächshäuser stehen und sich irgendwo unter den Weiden der Fluss befindet. Nach etwa ein bis zwei Kilometern kommen Sie richtig an den Fluss, sie fahren oben auf dem Levée de la Divatte – einem riesigen Deich, der zwischen 1847 und 1856 gebaut wurde, um das Ackerland vor Überschwemmungen zu schützen und die fruchtbare Schwemmlanderde landwirtschaftlich nutzen zu können. Der Damm verläuft auf 15 Kilometern Länge nach Île Moron und führt dabei durch flache Felder, Dörfer und an Gewächshäusern vorbei. Die Strecke bietet eine gute Aussicht, und das Fahren ist leicht und macht Spaß.

In La Varenne steigt die D751 an und führt für einige Kilometer vom Flussufer weg. Sie bekommen einen Vorgeschmack auf die Weinbauregion, da sich die Straße eine Zeit lang durch sanft hügeliges Land mit Weinreben schlängelt, manchmal wieder auf Flussniveau

zurückführt und Sie nach Saint-Florent-le-Vieil bringt. Nachdem Sie das Dorf durchquert haben, biegen Sie nach links ab auf die D210 in Richtung Ingrandes-Le Fresne sur Loire. Sie fahren wieder am Fluss entlang nach Montjean-sur-Loire, wo es an einer Kreuzung im Dorf eine hübsche Hängebrücke gibt. Wenn Sie nach rechts abbiegen und der Ausschilderung zur Église Saint-Symphorien folgen, schlängeln Sie sich durch einige kleine Straßen, bis Sie den Aussichtspunkt bei der Kirche erreichen – Ihr erster Blick von oben auf die Loire, die ausgebreitet vor Ihnen liegt. Es lohnt sich!!

Wieder unten auf Flussniveau, müssen Sie der D751 folgen, um dieses Abenteuer fortzusetzen. Sie führt durch Montjean, hinter der Kirche entlang, und dann langsam zum Fluss zurück, den sie in Chalonnes-sur-Loire wiedertrifft. Es gibt einen Campingplatz direkt vor Chalonnes am Flussufer: Les Portes de la Loire.

Die D751 bringt Sie weiter nach Mûrs-Erigné direkt vor Angers, wo Sie die Brücke über den Fluss auf der D160 nehmen können. Biegen Sie an der T-Kreuzung in Mûrs nach links ab auf die D160, und folgen Sie der Straße durch die Stadt, überqueren Sie den Fluss Louet, dann die Loire und schließlich den Fluss Authion. Jetzt treffen Sie auf die D4, wo Sie nach rechts in Richtung der A87 abbiegen müssen. Anstatt weiter zur Autobahn zu fahren, folgen Sie der Straße über einige Kreisverkehre, bis Sie den Kreisverkehr mit der D952 erreichen, der nach Saumur *(»touristique«)* ausgeschildert ist. So gelangen Sie an die Loire zurück und unternehmen auf dem Deich eine fantastische Fahrt nach Saumur. Mit großartigem Ausblick auf den Fluss und einigen Picknickmöglichkeiten, ist diese Straße eine wahre Freude und einfach zu fahren. Sie führt durch einige kleine Dörfer, bis sie Les-Rosiers-sur-Loire erreicht, wo es wieder eine Hängebrücke gibt. Wir haben auf dieser Brücke den Fluss überquert, um wieder auf die D751 zu gelangen, auf der wir die letzten Kilometer nach Saumur zurückgelegt haben. Die Fahrt geht durchs Grüne, wobei der Fluss zu Ihrer Linken liegt und das Gelände zu Ihrer Rechten steil ansteigt. Sie fahren durch wunderschöne Dörfer, deren Häusern aus cremefarbenem Stein bestehen oder weiß verputzt sind, und vorbei an einigen großen Anwesen und Weingütern sowie viel Grün.

Wir sind auf der D947 in Saumur (schönes Château) ans Nordufer gewechselt, um wieder auf die D952 zu gelangen, die dem Ufer bis nach Langeais folgt, wo es wiederum ein Château und einen Bergfried aus dem 10. Jahrhundert gibt. Es ist sehr schön und gut für einen Spaziergang geeignet. Wir haben in der Stadt in einem *maison des vins* namens Vins de Bourgueil (www.vinbourgueil.com) direkt vor dem Schloss fantastischen Wein gekauft. Es gibt eine *aire de camping car* neben dem Schloss.

In Langeais überqueren Sie den Fluss, indem Sie auf der D57 über den Pont de Langeais in Richtung Azay-le-Rideau fahren. Diese Straße führt Sie vom Fluss weg ans Ufer der Indre, eines Nebenflusses der Loire, und hoch nach Azay-le-Rideau, zum Schloss und zur D84. Bevor Sie Azay-le-Rideau erreichen, biegen Sie in Lignières-de-Touraine nach links ab auf die D7, um zum Château in Villandry zu kommen, einem märchenhaften Anwesen mit schönen formalen Gärten und einem U-förmigen Gebäude, das zu den bedeutendsten an der Loire gehören soll. Es hat keine Disney-Türmchen wie Chambord, aber es ist ein großartiges Schloss – und nicht so voll wie einige andere (zumindest unserer Erfahrung nach).

Wenn Sie Ihre Spuren entlang der D7 zur D57 zurückverfolgen (biegen Sie links ab nach Azay-le-Rideau), führt Sie dies direkt durch Azay-le-Rideau und weiter auf einen interessanten Umweg entlang des Flusses und der Route de la Vallée de Luys, bis Sie schließlich zu einem weiteren atemberaubend schönen Château in Chenonceau gelangen. Das Château in Azay befindet sich direkt am Fluss, die Stadt ist fantastisch, und die *aire de camping car*, wie oben und unten beschrieben, ist wunderbar – ein großartiger kleiner Zwischenstopp. Fahren Sie hinter Azay stadtauswärts weiter auf der D84, einer tollen kleinen Straße, die am Rand des Indre-Tals durch Wald führt, während das Wasser unter Ihnen dahinmäandert. Nach der großen Loire ist es schön, an einem Fluss entlangzufahren, der weniger breit, weniger gut besucht und weniger wie eine Wasserstraße ist. Sie können hier viele Hütten am Flussufer sehen, wo Leute picknicken oder angeln.

Die D84 stößt in L'Alouette auf die D17, wo Sie nach links abbiegen müssen, um weiter dem Indre zu folgen. Wie immer ist es hübsch und grün, während Sie durch Dörfer und Siedlungen fahren, durch Platanenalleen und Wiesen, umgeben von einem Laubwalddickicht. Alles in allem: fantastisch. Biegen Sie in Reignac-sur-Indre, direkt im Dorfzentrum, nach links ab auf die D58, die Sie auf die D31 und nach Bléré führt. Auf die D31 treffen Sie in einer großen offenen Ebene, wo es wieder einen Kreisverkehr gibt. Folgen Sie der Ausschilderung nach Bléré und Chenonceau. Überqueren Sie in Bléré den Fluss Cher auf der steinernen Brücke (sehr malerisch), und biegen Sie dann an einer Kreuzung in La Croix-en-Touraine nach rechts ab auf die D40. Folgen Sie der Ausschilderung nach Chenonceau. Biegen Sie nach rechts ab auf das Schlossgelände, um das Château zu besichtigen. Obwohl es heiß und sehr voll war, als wir dort waren, ist dieses außergewöhnliche Schloss, das direkt über den

Cher gebaut wurde, einen Besuch wert. Ein Teil davon zieht sich ganz hinüber. Man versteht, warum Diana von Poitiers, die Geliebte Heinrichs II., und Katharina von Medici es so sehr liebten.

Wenn Sie das Château verlassen, biegen Sie nach rechts ab auf die D40 (sie wird zur D176) nach Montrichard. Biegen Sie vor Montrichard beim Supermarkt Super U nach links ab, und folgen Sie den Eisenbahngleisen auf der nördlichen Seite bis zur D115, die Sie nach Amboise und zurück an die Loire führt. Irgendwo im Wald an der Departmentgrenze ändert die D115 ihren Namen in D61. Fahren Sie in Amboise durch die Stadt (das kann verwirrend sein) und dann in östlicher Richtung auf der D751 am Südufer der Loire entlang.

Das märchenhafte Château de Chaumont thront über dem Dorf und lohnt den Umweg, allein schon wegen der Gärten und dem Blick auf die Loire. Oh ja, und natürlich auch wegen allem möglichen Renaissance-Schnickschnack, wenn Sie nicht schon genug davon gesehen haben.

Folgen Sie von Chaumont aus der D751, und fahren Sie ostwärts weiter nach Candé-sur-Beuvron. Überqueren Sie den Fluss, und biegen Sie dann sofort nach links ab auf die

D173, eine kleine Straße, die am Ufer der Loire entlang- und aufs Land hinausführt, um dann kurz vor Blois auf die D751 zu treffen. Folgen Sie am Kreisverkehr bei der Brücke in Blois dem Flussufer nach Blois Sud (nicht den Fluss überqueren) und dann, wenn Sie auf die zweite Brücke treffen, biegen Sie nach rechts in die Stadt ab (Sie können hier nicht geradeaus weiterfahren) und dann nach links (dritte Ausfahrt am Kreisverkehr) auf die D951. So gelangen Sie zurück an die Loire und schließlich durch den Wald und dann ans Ziel dieser Tour nach Chambord, über die D84, zum größten und aufgebretzelsten Château überhaupt, das mit zahllosen Türmchen verziert ist und aussieht wie ein gedoptes Disney-Schloss. Hier gibt es auch eine ausgewiesene *aire de camping car* beim ersten Parkplatz, sodass Sie eventuell Ihr Fahrrad benutzen könnten, um die ganze Anlage zu sehen. Sie ist riesig!

IN DER NÄHE

Die Schlösser der Loire

Bei dieser Route geht es um Schlösser, Schlösser und noch mal Schlösser. Im Loire-Tal (und an ein paar ausgewählten Nebenflüssen) gibt es mehr als 300 davon, die von mittelalterlichen Bergfrieden bis zu ausgefallenen, tortenähnlichen Beispielen französischer Renaissance-Frivolität reichen. Einige sind berühmter als andere, wieder andere sind von historischer Bedeutung oder einfach nur total atemberaubend.

Im späten 15. Jahrhundert wurde das Loire-Tal zum Spielplatz der Aristokratie. Viele Edelleute kauften Ruinen und bauten diese zu architektonischen Fantasiegebilden um, was ihre hohe Konzentration in diesem kleinen Gebiet erklärt. Manche befinden sich heute in Privatbesitz, während andere, wie das Prunkstück Chambord, Staatseigentum sind.

Die Entscheidung, welche Schlösser man sich ansehen sollte, fällt nicht leicht. Wir haben eine Route gewählt, die ein wenig von der Loire wegführt, weil wir die Gelegenheit zum Kajakfahren nutzen wollten, und die Loire dafür vielerorts zu groß erschien. Deshalb verschlug es uns nach Azay-le-Rideau. Diese Route umfasst einige der wichtigsten Schlösser, aber natürlich nicht alle, bei Weitem nicht alle!

Dies sind meine Favoriten:

Chambord Chambord ist großartig. Es ist riesig und liegt inmitten seiner eigenen Seen und seines eigenen Waldes. Es wird von Türmchen und Zinnen gekrönt und verfügt über alle möglichen wundersamen Türme. In einigen werden bestimmt noch Prinzessinen gefangen gehalten. Wenn man doch nur den Schlüssel finden könnte! Der frühere Eigentümer dieses Schlosses, Franz I., war selbst nur ein paarmal hier, er bevorzugte es, damit anzugeben und seine Macht zu demonstrieren. Die berühmte Doppelhelix-Wendeltreppe wurde von Leonardo da Vinci entworfen. **www.chambord.org/de**

Azay-le-Rideau Ein unvollendetes Meisterwerk der Renaissancearchitektur, das um die Ruinen eines ehemaligen Bergfrieds aus dem 12. Jahrhundert herum errichtet wurde, der 1518 niedergebrannt war. Es steht auf einer Insel in der Indre und kann besichtigt werden; Eigentümer ist der Staat. Man kann das Château fast ganz mit dem Kajak umfahren; in der Nähe der Schlossmauern gibt es eine Verleihfirma. Es wird oft als eines der schönsten Loire-Schlösser bezeichnet. **www.azay-le-rideau.fr/en**

Chenonceau Ein Meisterwerk, das den Fluss Cher überspannt und sowohl Brücke als auch Festung darstellt. Es wurde Diana von Poitiers (Geliebte Heinrichs II.) von der Regentin Katharina von Medici abgeluchst, die es sehr liebte und umbauen ließ. Sie veranstaltete hier verschwenderische Partys und Frankreichs erstes Feuerwerk. Später wurde Chenonceau von Louise Dupin, die im 18. Jahrhundert die Kunst ins Schloss gebracht hatte, vor der Französischen Revolution gerettet. Ein bemerkenswerter Ort mit einer bemerkenswerten Geschichte von drei sehr starken Frauen. Jetzt in staatlicher Hand. **www.chenonceau.com**

Chaumont An einem Steilhang über der Loire mit wunderbarem Ausblick auf das Tal gelegen, ist Chaumont außergewöhnlich – nicht nur wegen seiner Lage, sondern auch, weil seine betürmte Fassade aus einem Disneyfilm zu stammen scheint. Man erwartet fast, dass Tinkerbell gleich zwischen den Türmen angeflogen kommt. Glücklicherweise kann man das gesamte Schloss besichtigen und sich die Lebens- und Wohnverhältnisse der früheren Eigentümer ansehen, inklusive Warzen. Einiges davon ist glanzvoll, anderes nicht. Auch die Gärten sind fantastisch, oft finden dort große Kunst- und Gartenveranstaltungen statt. **domaine-chaumont.fr/de/schloss-historischer-park-und-stallungen**

AURAY
VANNES
D768
N165
D780
LA ROCHE-BERNARD
ARZON
QUIBERON
PARC NATUREL
RÉGIONAL
DE BRIÈRE
D774
GUÉRANDE
LE CROISIC
NANTES
SAINT-NAZAIRE
D213
PORNIC
NOIRMOUTIER-EN-L'ÎLE
D758
D38
LA ROCHE-SUR-YON
LE SABLES-D'OLONNE
D46
LE TRANCHE-SUR-MER
SAINT-MARTIN-DE-RÉ
ÎLE DE RÉ
D137
N11
LA ROCHELLE
E602
SAINT-DENIS-D'OLÉRON
ÎLE D'OLÉRON
D123
MARENNES
ROUTE 21

ROUTE 21

QUIBERON–LES PORTES-EN-RÉ

DIE PRESQU'ÎLES

Diese monumentale Tour, die in Quiberon in der Bretagne beginnt, führt über einige der westlichen Inseln und »Fast-Inseln« bzw. Halbinseln Frankreichs, die durch Sandbänke, Nehrungen oder Watt mit dem Festland verbunden sind. Es sind zwar Inseln, aber keine richtigen. Jede hat ihren eigenen Charakter, aber wunderbar sind sie alle. Die Route fährt sich großartig, wenn sie auch manchmal ein wenig verschachtelt ist. Auf dieser Fahrt haben Sie Gelegenheit, über verschiedenste Straßen zu cruisen – von langen Strandpromenaden bis hin zu holprigen Dämmen, die durchs Watt führen. Es ist einfach umwerfend!

AKTIVITÄTEN: Inselleben

START: Quiberon

ZIEL: Les Portes-en-Ré

ENTFERNUNG: 410 Kilometer

ZEIT: 1 bis 2 Wochen

KARTE (SEITE): 123, 124, 125, 146, 145, 164, 182

Es ist Juli, und es ist heiß. Richtig heiß. Die Temperatur im Camper liegt seit ein paar Tagen bei etwa 40 Grad, während wir die Küste herunterfahren. Unser erster Halt, ein Campingplatz mit Meerwasserschwimmbad und eigenem Sandstrand, den wir durch Zufall gefunden haben, nachdem wir uns irgendwo in der Bretagne verfahren hatten, war fantastisch: Nach einem Bad im kalten Wasser haben Lizzy und ich uns eine Karaffe kühlen Roséwein geteilt, begleitet von einer hausgemachten Pizza und einem netten Gespräch mit der Kellnerin. Es war unser erster Abend auf unserem ersten Abenteuer, das wir für dieses Buch unternommen haben. Er war etwas Besonderes und sollte unsere Devise für die kommenden Wochen prägen: Auch wenn wir uns mal verfahren sollten, am Ende wird alles gut.

Das Wetter wird immer wärmer, je weiter wir nach Süden kommen. An einem heißen Nachmittag baden wir an der Côte Sauvage (der Wilden Küste) auf der Île de Quiberon. Speerfischer tauchen in den Felsspalten nach Barschen, während wir zwischen kleinen Sandbuchten an ihnen vorbeikraulen.

Ein wenig unangenehm überrascht von der Promenade in La Baule, fahren wir an diesem längsten Strand Frankreichs entlang, der uns auf seinen sieben Kilometern einen Vorgeschmack davon gibt, was uns in Frankreichs beliebtesten Ferienorten erwartet. Die gesamte Länge des Strandes ist mit Apartmenthochhäusern bebaut: Sand und Meer auf der einen Seite und Kilometer um Kilometer von Gebäuden mit Balkonen auf der anderen. Es sieht hier mehr nach Spanien aus als nach dem Frankreich, wie ich es kenne.

Wir wohnen auf der Île de Noirmoutier, fahren auf dem Damm über das Watt, wo Hunderte von Menschen Herzmuscheln und Felsenaustern sammeln. Es sieht nach einem Meeresfrüchte-Festival aus: Die Leute beugen sich vornüber und scharren im matschigen Sand herum. Noirmoutier mit seinen Salzgärten und schwarzen Fischerhütten ist hübsch, und der Campingplatz direkt am Strand ist bei Hochwasser toll zum Schwimmen geeignet.

An einem sehr heißen Nachmittag baden wir am Strand von Sauveterre, nachdem wir durch den Forêt d'Olonne gewandert sind. Der Strand ist voller Menschen, und wir müssen oberhalb der Flutlinie über den Sand laufen, so heiß ist er. Obwohl die französischen Ferien noch gar nicht richtig begonnen haben, sind Strand und Parkplatz sehr voll.

Schließlich schaffen wir es auf die Île de Ré. Wir richten uns auf dem Campingplatz ein und gehen dann zu Fuß zur Hauptstraße der Insel, wo wir am Straßenrand auf den Bus zum Flughafen warten; meine Töchter und drei ihrer Freundinnen sollen jeden Augenblick ankommen, um für eine Woche zu uns zu stoßen. Der Bus hat sehr viel Verspätung. Eine Zeit lang teilen wir uns den Platz an der Bushaltestelle mit einer Familie, die sich mit ihrer pubertierenden Tocher darüber streitet, was sie als Nächstes tun sollen. Sie rennt tränenüberströmt davon, und lässt die anderen an der Bushaltestelle zurück, die kein Wort sagen, während wir unsere Füße betrachten. Nach weiteren zehn Minuten des Wartens – der Bus hat mittlerweile 30 Minuten Verspätung – geht auch der Rest der Familie. Wir warten weiter, wissen aber nicht genau, was wir tun sollen, weil unser Plan, die Mädchen abzuholen, gerade schiefläuft.

Ein paar Minuten später hält neben uns ein Auto. Es ist die Familie. Sie bieten an, uns mitzunehmen, ganz gleich wohin, und liefern uns dann am Flughafen ab, der fast auf ihrem Weg liegt. Sie kommen aus Belgien. Ihre zweite Tochter, ein Teenager von etwa 14 Jahren, spricht hervorragendes Englisch, Spanisch und Deutsch und freut sich, mit uns über ihre Schule, ihre Fächer und ihre Ferien plaudern zu können. Sie geht auf eine englischsprachige Schule und hat sich auf Naturwissenschaften spezialisiert. Ich wünschte, meine Kinder würden auch so gut Fremdsprachen sprechen!

Die Mädchen kommen an und bringen jede Menge Hüte und Sonnencreme mit. Wir quetschen uns lieber in ein siebensitziges Taxi, anstatt darauf zu warten, dass uns der Bus über die riesige Brücke bringt, welche die Île de Ré mit dem Festland, nur ein paar Kilometer von La Rochelle entfernt, verbindet. Unser Plan war, ein wenig Zeit mit meinen Kindern und ihren Freundinnen zu verbringen, bevor sie wieder nach Hause fliegen und wir unseren Weg fortsetzen. La Rochelle scheint der perfekte Ort dafür zu sein. Unser Campingplatz liegt gleich hinter der Brücke und hat ein Schwimmbad und eine Pizzeria.

Mit sieben Leuten in einem Campingbus zu reisen, der nur Sitzplätze für vier bietet, ist ein Problem, das wir lösen, indem wir Fahrräder mieten. Obwohl diese Idee einem Zufall entsprungen ist: Wir hätten es nicht besser planen können, denn auf der Île de Ré kann man hervorragend Fahrrad fahren. Es gibt überall Fahrradrouten, die jedes kleine Dorf durch autofreie Wege mit dem Rest der Insel verbinden. Oft führen sie durch Wald und über Land. Es gibt auch viele Fahrradverleihe. Obwohl Wohnmobile hier gut versorgt sind, ist es manchmal einfacher, sein Lager aufzuschlagen und dann zu Fuß zu gehen, weil man sonst Ewigkeiten brauchen würde, um einen Parkplatz zu finden.

Deshalb erkunden wir die Insel mit dem Fahrrad. Wir fahren nach Saint-Martin-de-Ré, die Hauptstadt der Insel, und essen am Hafen *moules-frites* zu Mittag. Es ist heiß und schön, und der Hafen, der durch eine Fußgängerbrücke in zwei Teile geteilt wird, ist umgeben von cremefarbenen Steingebäuden mit Fensterläden und Restaurants. Es gibt viele Geschäfte und Kunstgalerien, und sehr viele Touristen aller Nationalitäten drängen sich hier. Wir erspähen geschniegelte Bootsbesitzer, die auf den Oberdecks ihrer Sunseeker ein Glas Wein genießen und diesem Ort einen Touch von Opulenz verleihen. Nach dem Mittagessen schlendern wir durch die Gassen und erkunden die kleinen Läden, die allen möglichen Tand für Touristen, schicke Kleidung, Essen und Firlefanz verkaufen. Wir kommen an Geschäften mit Espadrilles, Leinenhosen und Panamahüten vorbei. Ich überrede Lizzy, ein Paar Birkenstocksandalen anzuprobieren, da ihr heiß ist, sie aber keine Flip-Flops trägt. Sie sehen toll aus, und als sie darin aus dem Geschäft geht, sieht sie mit ihrem gemusterten Kleid und ihren braunen Gärtnerinnenbeinen ganz wie ein Glamping-Girl aus. Ich kann einen stillen Erfolg gegen eine Frau verbuchen, die Sandalen eigentlich hasst.

Der 14. Juli – der französische Nationalfeiertag oder auch Tag der Bastille – ist da, und wir haben gehört, dass es in La Flotte, einer Ortschaft auf der anderen Seite der Insel, ein Feuerwerk geben soll. Praktischerweise ist es der letzte Abend, bevor die Mädchen nach Hause fliegen, also fahren wir mit den Rädern hinüber, bevor es dunkel wird. Wir erreichen

den Hafen, wo das Feuerwerk stattfinden soll. Das Dorf ist nicht so groß wie Saint-Martin-de-Ré, aber genauso hübsch und hat ebenfalls typisch französische Häuser mit Fensterläden, die über den Bars und Restaurants mit ihren auf dem Gehweg verteilten Tischen und Stühlen aufragen. Man hat eine Bühne für die Musik vorbereitet, und ein Team installiert gerade das Feuerwerk an der Hafenmauer.

Die Stadt ist vollgestopft mit Menschen, die umherlaufen, zu Abend essen, schick und mondän aussehen in Leinen und mit Panamahüten. Wir entdecken eine kleine Bar und trinken Bier, während die Mädchen den Nachtmarkt erkunden. Nachdem die Nacht hereingebrochen ist, wird es voller und voller, bis es am Kai nur noch Stehplätze gibt. Von der untergehenden Sonne sieht man nur noch einen weit entfernten Schein, als das erste Feuerwerk den Himmel erfüllt – eine spektakuläre Explosion von Farben, begleitet von Gedichten und Musik.

Wir bekommen eine komplette *Son-et-lumière*-Show zu sehen, die uns ein Wechselbad der Gefühle beschert, obwohl Lizzy und ich uns wundern, als ein paar Raketen zu *We Are the World* von Michael Jackson losgelassen werden. Wir fragen uns, ob die Leute hier nicht mitbekommen haben, worum es in dem Lied geht.

Abgesehen davon ist es eine spektakuläre Veranstaltung, die sich immer mehr steigert und in einem atemberaubenden Crescendo endet, sodass wir es als erhebend empfinden, diesen wunderbaren Abend mit den Franzosen teilen zu können. Wir wünschen uns, dass unser eigenes Land auch einen besonderen Tag feiern könnte, ohne Hurrapatriotismus, Ausländerfeindlichkeit und Rassismus, aber wir hatten ja bisher noch keine Bastille. Vielleicht ist es an der Zeit, uns wieder zusammenzuschließen, die Houses of Parliament zu stürmen und die Politiker, Bankiers und Milliardäre abzusetzen, die das halbe Land betrogen und den Rest von uns hängen gelassen und ihrem persönlichen Vorteil geopfert haben.

Heute Abend denke ich unvermeidlicherweise an den Brexit. Wenn Sie dies lesen, ist er bereits in irgendeiner Form vollzogen worden, nehme ich an. Ich kann nur hoffen, dass wir zur Vernunft kommen und den Europäern weiterhin gute Nachbarn bleiben werden – unseren wunderbaren, kreativen, stolzen und aufsässigen Partnern. Sie machen bessere Croissants, trinken preiswerteren (und besseren) Wein, lieben ihre Nation inniger und leben im Sonnenschein. Warum sollten wir den leichten Zugang zu all dem einfach wegwerfen? Wenn wir das nicht wollen, dann sollten wir hoffen, dass die guten alten Zeiten nicht in Vergessenheit geraten und sie uns immer noch zu ihren stolzerfüllten und ergreifenden Feiern willkommen heißen werden.

Am nächsten Tag buchen wir ein Taxi zum Flughafen, verabschieden uns tränenreich von den Mädchen und machen uns auf den Weg zu unserem letzten Abenteuer auf der Insel. Wir fahren an deren äußerste Spitze, erkunden den Phare des Baleines (Leuchtturm der Wale) und entdecken einen herrlichen Strand im Wald in Le Lizay. Bevor die Sonne untergeht, finden wir eine *aire* in Les Portes-en-Ré, direkt an der Spitze des *point* neben einem schönen Strand. Es ist ein großartiger Platz, und wir möchten unbedingt die Nacht hier verbringen, aber wir haben nichts zu essen im Camper. Es ist Flut, also wandern wir ein wenig am Ufer entlang, bis wir hinter einer Ecke eine Bretterbude mit ein paar Tischen davor am Strand entdecken, wo gerade fürs Abendessen eingedeckt wird. Ich erkundige mich, ob ein Tisch frei sei. Sie haben einen, in 20 Minuten, wenn wir essen möchten. Ich sage Ja, *absolutement!*

Wir gehen rasch zum Camper zurück, wechseln unsere Kleidung und schlendern dann zurück, ein bisschen adretter in Birkenstock-Schuhen und weißen Baumwollhemden, um den Abend so schön wie möglich zu gestalten. Wir fühlen uns sehr »continental« und bestellen *fruits de mer* inklusive Austern, Meeresschnecken und Garnelen als Vorspeise sowie Fisch als Hauptgericht und Bier. Lizzy probiert mutig die Schnecken, die kalt sind, aber lecker. Die Austern rührt sie nicht an, obwohl ich ihr verspreche, dass sie der Höhepunkt des Abends sein werden. Es ist ein wunderbarer Abend am Strand unter den Sternen, und wir sind ganz davon erfüllt und ausgelassen, als wir zur *aire* zurückgehen, einem

ruhigen Parkplatz mit einer Toilette, die nicht einmal 100 Meter entfernt ist. Wir googeln kurz die hiesigen Immobilienpreise, geben aber schnell auf. Anscheinend ist das hier eine sehr beliebte Gegend.

Wir wachen früh auf und machen uns auf den Weg nach Le Lizay, um bei Sonnenaufgang die Wellen in Augenschein zu nehmen. Es ist wieder einmal ein wunderschöner Morgen, und die Luft ist warm, als wir den kalten Sand betreten. Wir genießen die Zeit außerhalb des Campers, bevor wir weiterfahren müssen. Die Wellen sind zwar gut, aber klein, also bleiben wir lieber im Trockenen. Obwohl ich enttäuscht bin, dass ich auf dieser Tour nicht gesurft bin, empfinde ich es als ein Privileg, hier sein zu dürfen – um diese Tageszeit, in dieser wunderschönen Ecke von Frankreich, mit unserem Campingbus.

Als wir aufbrechen müssen, verabschieden wir uns von Le Lizay und fahren auf der Hauptstraße zurück zur Brücke, die zum Festland führt.

DAS FAHREN

Diese Route ist ein wenig verschachtelt und erfordert deshalb die Dienste eines guten Kartenlesers auf dem Beifahrersitz. Trotzdem werde ich versuchen, Ihnen eine grobe Beschreibung unserer Reise zu geben, inklusive der Highlights, die Sie am Wegesrand finden. Es ist eine heitere Tour, auf der es gibt viel zu sehen und zu erleben gibt, auch einiges an großer landschaftlicher Schönheit, besonders an der Küste unterhalb von Saint-Nazaire. Wenn Sie also in Richtung Süden fahren, denken Sie daran, dass Sie auf dem Slow Road sind. Suchen Sie sich das Beste aus und nehmen Sie sich Zeit, um es zu genießen.

Quiberon

Die erste von Frankreichs *presqu'îles* (Halbinseln) ist Quiberon, eine lange, dünne Epiglottis-förmige Fast-Insel mit einer Straße, die hinein- und einer, die hinausführt. Dabei handelt es sich um die D768, die Sie in Plouharnel, nicht weit von Carnac, erreichen, wo sie die D781 kreuzt. Sie verläuft zwischen der Bucht von Plouharnel und der langen *grande plage* über die Westseite der Halbinsel. An der Stelle, wo sich das Land verengt und nicht mehr ist als ein Streifen Sand mit Eisenbahnschienen und einer Straße und Sie die Schienen überqueren, sehen Sie das Meer zu beiden Seiten der Straße – ein fantastischer Anblick, der verdeutlicht, dass es sich wirklich um eine Insel handelt, obwohl sie durch einen engen Damm mit dem Festland verbunden ist.

Die D768 führt zwar bis in die Stadt Quiberon hinunter, aber Sie nehmen die D186A nach Portivy, die am schönsten zu fahren ist. Sie geht etwa 800 Meter hinter dem Damm rechts ab in Richtung Côte Sauvage zur Westküste der Insel. Diese ist weniger besiedelt

als die Ostseite, weil hier eine starke Brandung herrscht. Die D186A bringt Sie an die Küste, nachdem sich die Straße durch einige Dörfer geschlängelt hat, obwohl Sie auch schon früher an die Küste gelangen könnten, wenn Sie wollten. Die Fahrt an der Westküste entlang ist sehr schön, und es gibt eine *aire* mit direktem Zugang zur Küste in Kerne, neben dem *camping municipal*. Die Küstenstraße führt direkt nach Quiberon und an die hübsche *grande plage*, den Hauptstrand der Stadt. Hier gibt es ein Einbahnstraßensystem, weshalb Sie ein Stück ins Inland fahren müssen; biegen Sie am ersten Kreisverkehr nach links ab, am zweiten nach rechts und dann wieder rechts in Richtung Port-Haliguen, um zum Hauptplatz zu gelangen, und dann nach rechts auf den Boulevard Chanard, um wieder die Küste zu erreichen. Der Boulevard Chanard führt als enge Einbahnstraße am Meer entlang zum alten Hafen an der Ostküste. Es ist eine fantastische, entspannte Tour, die sich lohnt. Sie sollten nur besser nicht im August zur Mittagessenszeit kommen, dann dürfte es sehr voll sein.

Von hier aus kommen Sie sehr leicht zurück auf die D768 und damit direkt aufs Festland. Biegen Sie an der Kreuzung mit der D781 nach rechts ab in Richtung Carnac, und nehmen Sie dann unbedingt die D196 (beim Lidl-Markt) nach links, um auf die Straße zu gelangen, die an den Alignements de Carnac (Steinfeldern von Carnac) vorbeiführt, einem bemerkenswerten »Rollfeld« voller aufgereihter Megalithen. Die Straße führt Sie auf die D186 und nach La Trinité-sur-Mer und dann zurück auf die D781, die Sie wiederum zur D28 bringt und dann zur N165, über die Sie den nächsten Stopp unserer kleinen Tour erreichen, die uns über Vannes am Golf von Morbihan entlangführt.

Le Croisic

Die N165 bringt Sie weiter nach La Roche-Bernard, wo Sie an der Anschlussstelle 17 abfahren auf die D765 und dann die D774 nach La Baule-Escoublac nehmen. In La Roche-Bernard kann man sehr gut übernachten (wir haben auf dem größten Parkplatz gestanden, aber es gibt auch einen Campingplatz am Fuß der Anhöhe am Fluss), wegen der fantastischen Restaurants und dem hübschen mittelalterlichen Zentrum. Die D774 ist großartig und führt durch Dörfer, Städte (mit einigen Kreisverkehren), Felder und Wald – typisch für die Bretagne. Um nicht nach Guérande hineinfahren zu müssen, nehmen Sie die D99E nach Osten, um dann am *rond-point* (Kreisverkehr) de Villeneuve wieder die D774 zu erreichen und nach Le Croisic weiterzufahren. So gelangen Sie zu den *marais salants,* den Salzgärten. Sie fahren an Salzpfannen, Gräben und Marschen vorbei, wo Sie Reiher beobachten können, die im Wasser Fische jagen. Schließlich erreichen Sie den Kreisverkehr, an dem die D774 auf die D245 trifft, ausgeschildert nach Batz und Le Croisic. So gelangen Sie schließlich an die Küste (und auch auf die *presqu'île).* Folgen Sie der D245 weiter nach Norden, und lassen Sie sich von ihr an die Nordküste und dann auf die D45 bringen. Sie durchqueren den hübschen und idyllischen Fischerort Le Croisic, der einen Zwischenstopp wert ist, auf dem man eine Crêpe essen oder durch die ruhigen Gassen schlendern kann. Am Kai gibt es genügend Parkplätze.

Während Sie weiterfahren, wird die D245 zur D45, zur Küstenstraße, die Sie um die Halbinsel herumführt, vorbei an wunderschönen, eleganten, aus Granit gebauten Häusern mit Fensterläden auf der einen Seite und felsigen Buchten mit großen, gerundeten Granitblöcken auf der anderen.

Direkt hinter La Govelle und der Grotte de Korrigans wendet sich die D45 landeinwärts und in Richtung La Baule. Folgen Sie der Ausschilderung nach La Baule und dann zum Centre Ville, La Plage und nach Pornichet. Sobald Sie sich auf der Avenue du Maréchal-de-Lattre-de-Tassigny befinden, navigieren Sie baldmöglichst in Richtung La Plage. So gelangen Sie sehr wahrscheinlich auf die Avenue Drevet, eine Einbahnstraße, die Sie auf die Promenade bringt. Wenn Sie das Meer erreicht haben, können Sie sich erst mal entspannen und eine sechs Kilometer lange Fahrt entlang einer der merkwürdigsten und wildesten Strandpromenaden Frankreichs genießen. Täuschen Sie sich aber nicht, es ist eine ganz schön lange Fahrt vorbei an Hochhäusern aus den 1970er-Jahren und modernen Apartmentanlagen mit Balkonen, die Seite an Seite mit Fin-de-Siècle-Häusern und betürmten Villen stehen. Wenn Sie einen Parkplatz finden, halten Sie und genießen Sie die Umgebung auf einem Spaziergang oder einer Fahrt mit dem Fahrrad, oder schauen Sie sich einfach nur um. Hier kann man wunderbar Leute beobachten.

Biegen Sie am Ende der Promenade (Pornichet) am Kreisverkehr nach links ab und folgen Sie der Ausschilderung nach Nantes und zur D92 (dann D492), die Sie auf die D213 bringt, die Schnellstraße, die über die riesige Brücke in Saint-Nazaire und weiter zu Ihrem nächsten Ziel führt: auf die Île de Noirmoutier.

Île de Noirmoutier und die Gezeitenstraße

Es ist ganz einfach: Folgen Sie der D213 bis dorthin, wo die D13 abzweigt, und nehmen Sie dann in Bourgneuf-en-Retz die D758 durch den *marais* (Sumpf) nach Beauvoir-sur-Mer, wo Sie auf der Gezeitenstraße, der D948, über die Passage du Gois auf die Insel fahren können. Diese Straße ist gezeitenabhängig und nur bei Ebbe passierbar, deshalb sollten Sie sich im Internet über die entsprechenden Zeiten informieren, ansonsten bleiben Sie stecken, entweder auf halbem Weg oder auf dem Festland. Es lohnt sich, auch wenn es an einigen Stellen etwas holprig ist, da die Straße größtenteils mit Kopfstein gepflastert ist, aber Sie können auch anhalten (wenn Zeit dazu ist) und auf einen der Rettungstürme klettern, die am Weg verstreut sind. Sie dürfen bloß keine Panne haben oder sonstwie steckenbleiben, denn sonst müssten Sie auf einen der Türme klettern und warten, bis das Wasser wieder zurückgeht. Unter **www.ile-noirmoutier.com/de/der-gois-zur-insel-noirmoutier.html** finden Sie Informationen zu den Gezeiten in Echtzeit – sehr nützlich. An manchen Sommertagen sind bei Ebbe Hunderte von Menschen auf dem Damm, die im Watt Schalentiere (Muscheln) sammeln. Wenn Sie die Ebbe verpasst haben sollten, können Sie über die D22 und dann auf der D38 über eine Brücke auf die Insel gelangen.

Noirmoutier ist eine interessante Insel, die etwa 18 Kilometer lang und gut zum Fahrradfahren geeignet ist. Checken Sie auf einem Campingplatz ein, und mieten Sie sich ein Rad, oder bringen Sie Ihr eigenes mit. Es gibt viele Strände, Kiefernwald im Süden, Ackerbau im Zentrum und viele ruhige Dörfer am Rand. Die Ostküste ist windstill und beliebt bei Muschelsammlern, während es im Westen viele Ferienanlagen und Atlantikstrände gibt. Wandern, Fahrradfahren und französisches Essen probieren – alles ist erlaubt. Eine fantastische Insel, auf der man gut ein paar Tage verbringen kann.

Um Noirmoutier zu verlassen, folgen Sie der D38 nach Süden. Diese Schnellstraße ist das Rückgrat der Insel und bringt Sie über die Brücke und zur stark bewaldeten Küste von Pays-de-Monts. An der D38 gibt es einige großartige Orte, obwohl die Straße an sich nicht besonders interessant ist, aber sie bringt Sie nach Saint-Gilles-Croix-de-Vie, wo die D6A Sie auf einen fantastischen Umweg an der Küste mitnimmt. Direkt nördlich von Les Sables-d'Olonne finden Sie den Strand von Sauveterre an der D80 (die Sie in Brem-sur-Mer erreichen). Der Strand ist sagenhaft, mit viel Sand und Riffen und jeder Menge Wald, in dem man picknicken oder sich verlaufen kann.

Wenn Sie sich trauen, nach Les Sables-d'Olonne zu navigieren (nehmen Sie von Sauveterre aus die D87, die Route de la Mer), fahren Sie in die Stadt, überqueren Sie die Brücke und nehmen Sie dann die Küstenstraße La Corniche, die für ein paar Kilometer am Meer entlangmäandert, bis man keine andere Wahl hat, als sich landeinwärts zu wenden und bei Talmont-Saint-Hilaire auf der D949 weiterzufahren.

Die D949 aus Les Sables-d'Olonne bringt Sie nach Luçon und dann in den Marais Poitevin, Frankreichs »Grünes Venedig«, ein weitläufiges Areal aus Kanälen und Flüssen, Sumpf

STELLPLÄTZE: CAMPING

Camping Moulin des Oies, Belz
21 Rue de la Côte, 56550 Belz, Morbihan
Internet: www.lemoulindesoies.com
Tel.: 0033/2 97 55 53 26

Ein Campingplatz-Juwel mit Meerwasserpool und kleiner Pizzeria. Schwer zu finden, aber es lohnt sich. Im Mündungsgebiet des Étel, ein wunderschöner Ort oberhalb von Quiberon.

Camping Mairie, La Roche-Bernard
Chemin du Patis, 56130
La Roche-Bernard, Morbihan
Tel.: 0033/2 99 90 60 13

Kleine kommunale Anlage direkt am Fluss und in der Nähe von Restaurants und des Hafens dieses eigenartigen mittelalterlichen Ortes.

Camping Huttopia, Île de Noirmoutier
Camping Huttopia Noirmoutier,
23 Allée des Sableaux, 85330
Noirmoutier-en-l'Île, Vendée
Internet: europe.huttopia.com/site/camping-noirmoutier
Tel.: 0033/2 51 39 06 24

Dies könnte einer der bestgelegenen Campingplätze sein, auf dem Sie je waren. Er ist gut besucht, aber wenn Sie vorab buchen, könnten Sie einen fantastischen Stellplatz direkt neben Noirmoutiers beliebtem Muschelsucherstrand bekommen. Bei Flut gut zum Schwimmen, bei Ebbe gut zum Muschelsuchen.

und kultiviertem Land. Es ist hervorragend zum Fahrradfahren, Kajakfahren und für Entdeckungstouren geeignet.

Direkt vor Luçon trifft die D949 auf die D137, die Sie durch den Marais führt. Sie ist eine viel befahrene Straße und nicht besonders interessant, aber Sie können die Zeit damit verbringen, in den Gräben nach Nutrias Ausschau zu halten (großen Nagetiere, die im Marais wohnen). Die D137 führt Sie schließlich auf die N11 und dann auf die N237 zur Île de Ré. Die N237 ist eine viel befahrene Schnellstraße, die Sie am Flughafen vorbei- und dann über die Brücke auf die Insel bringt ...

Camping Clair Matin, Noirmoutier
Rue des Sableaux, 85330 Noirmoutier-en-l'Île, Vendée
Internet: camping-clair-matin.ville-noirmoutier.fr
Tel.: 0033/2 51 39 05 56

Dieser kommunale Campingplatz liegt direkt neben der Huttopia-Anlage. Er hat keinen Zugang zum Wasser, ist aber nicht so voll und billiger.

Camping Les Grenettes, Île de Ré
3 Route de l'Ermitage, 17740 Sainte-Marie-de-Ré, Charente-Maritime
Internet: www.campinglesgrenettes.com
Tel.: 0033/5 64 10 20 20

In der Nähe des Strandes, mit Pool und Restaurant sowie Ver- und Entsorgung. Okay, aber etwas kommerziell. Praktisch für die ganze Insel, wenn Sie Räder haben.

Camping Huttopia, Île de Ré
Camping Huttopia Côte Sauvage, Plage de la Basse Benaie, 17740 Sainte-Marie-de-Ré, Charente-Maritime
Internet: europe.huttopia.com/site/camping-cote-sauvage-ile-de-re
Tel.: 0033/5 46 30 21 74

Huttopia hat ein gutes Nachhaltigkeitskonzept und schöne Campingplätze. Es sprechen also viele Gründe dafür, diese kleine Anlage zu mögen, die sich im Südwesten von Ré direkt am Strand befindet.

Île de Ré

Und jetzt wird relaxt. Die D735 führt von der Brücke zum Phare des Baleines ganz um die Île de Ré herum. Sie ist die Hauptverkehrsader der Insel, wobei die D201 die Strände im Westen und die Dörfer am südlichen Ende anbindet. Die Île de Ré ist ein tolles Ziel, obwohl sie für das Umherfahren mit dem Wohnmobil nicht so gut geeignet ist, wenn ich ehrlich bin. Es gibt fünf *aires de camping car* auf der Insel und viele Campingplätze. Damit es ein schöner Aufenthalt wird, würde ich empfehlen, das Wohnmobil abzustellen und Fahrräder zu mieten. Es ist größtenteils flach und einfach, sich zurechtzufinden, und Fahrräder kann man überall mieten (und das meine ich wortwörtlich). Viele Fahrradrouten führen in Gebiete, die man mit dem Wohnmobil nicht erreichen kann. Das Parken kann einem wirklich Kopfschmerzen bereiten; verlegen Sie sich deshalb am besten auf zwei Räder.

Nichtsdestotrotz ist die Île de Ré eine traumhafte Insel. Le Lizay ist toll. Saint-Martin-de-Ré ist geradezu erhaben, und der Wald und der Strand in Ars-en-Ré sind einfach wunderschön.

IN DER NÄHE

Musée Vendée Chouannerie, Plouharnel Untergebracht in einem deutschen Bunker aus dem Zweiten Weltkrieg, ist dieses Museum den Kriegen gewidmet, die genau hier – am Ortseingang von Quiberon – von 1793 bis 1832 stattfanden. **www.musee-chouannerie-vendee.com**

Musée le Grand Blockhaus, Batz-sur-Mer Einer der größten Bunker, die als Teil des Atlantikwalls gebaut wurden. Mit Panzern, authentisch bekleideten Puppen (mehr als 50) und vielen beachtlichen Artefakten. **www.grand-blockhaus.com**

La Roche-Bernard Ein idyllisches Dorf (das zu Frankreichs »Petites Cités de Caractère« gehört) am Ufer der Vilaine mit vielen Künstlern und schönen Plätzen zum Essen am Fluss bei der Marina in der Altstadt. **www.bretagne-reisen.de/reiseziele/die-10-reiseziele/der-sueden-der-bretagne-golfe-du-morbihan/la-roche-bernard/**

Marais Poitevin Dies ist das zweitgrößte Feuchtgebiet Frankreichs. Es wurde im Mittelalter von Benediktinermönchen angelegt, die das Land kultivieren wollten. So entstand ein riesiges Areal mit Deichen und Dämmen. Zentrum des Tourismus ist das Venise Verte (das Grüne Venedig) um das Dorf Coulon. **www.sudvendeetourisme.com/visiter-sud-vendee/les-paysages-du-sud-vendee/marais-poitevin/**

Phare des Baleines, Île de Ré Der Leuchtturm am Ende der Île de Ré ist beeindruckend, die Außenanlage ebenfalls. Auch der Strand in Le Lizay ist sehr schön. Der Ausblick von oben soll legendär sein, habe ich mir sagen lassen, aber ich habe lieber ein Eis gegessen. Es war sehr voll! **lepharedesbaleines.fr**

Île de Saint-Cado Eine kleine Insel am Fluss Étel, die früher ein Hafen für Sardinenfischer war. Erreichbar über eine kleine Steinbrücke, idyllisch und bei Touristen beliebt. Die Restaurants auf dem Festland eignen sich gut für ein Bier oder zum Mittagessen. **www.bretagne-reisen.de/reiseziele/die-10-reiseziele/der-sueden-der-bretagne-golfe-du-morbihan/saint-cado-und-die-ria-etel/**

Steinfelder von Carnac Eine der größten Ansammlungen von neolitischen Menhiren der Welt. Tausende davon stehen, in perfekten Reihen angeordnet, um Carnac herum. Es ist schwierig, ihr ganzes Ausmaß zu erfassen, wenn man neben ihnen entlangläuft, aber ein Ausflug ins Besucherzentrum setzt Sie ins Bild. **www.menhirs-carnac.fr**

La Rochelle Rochelle Der alte Hafen und die Altstadt von La Rochelle eignen sich hervorragend zum Shoppen (wenn Sie das mögen), Bummeln, Essen und Trinken. Der Kai beherbergt zahlreiche Restaurants, Cafés und Galerien, und es gibt einen Strand vor den Stadtmauern, die Plage de la Concurrence. La Rochelle ist von der Île de Ré aus leicht per Bus zu erreichen. **www.larochelle-tourismus.de**

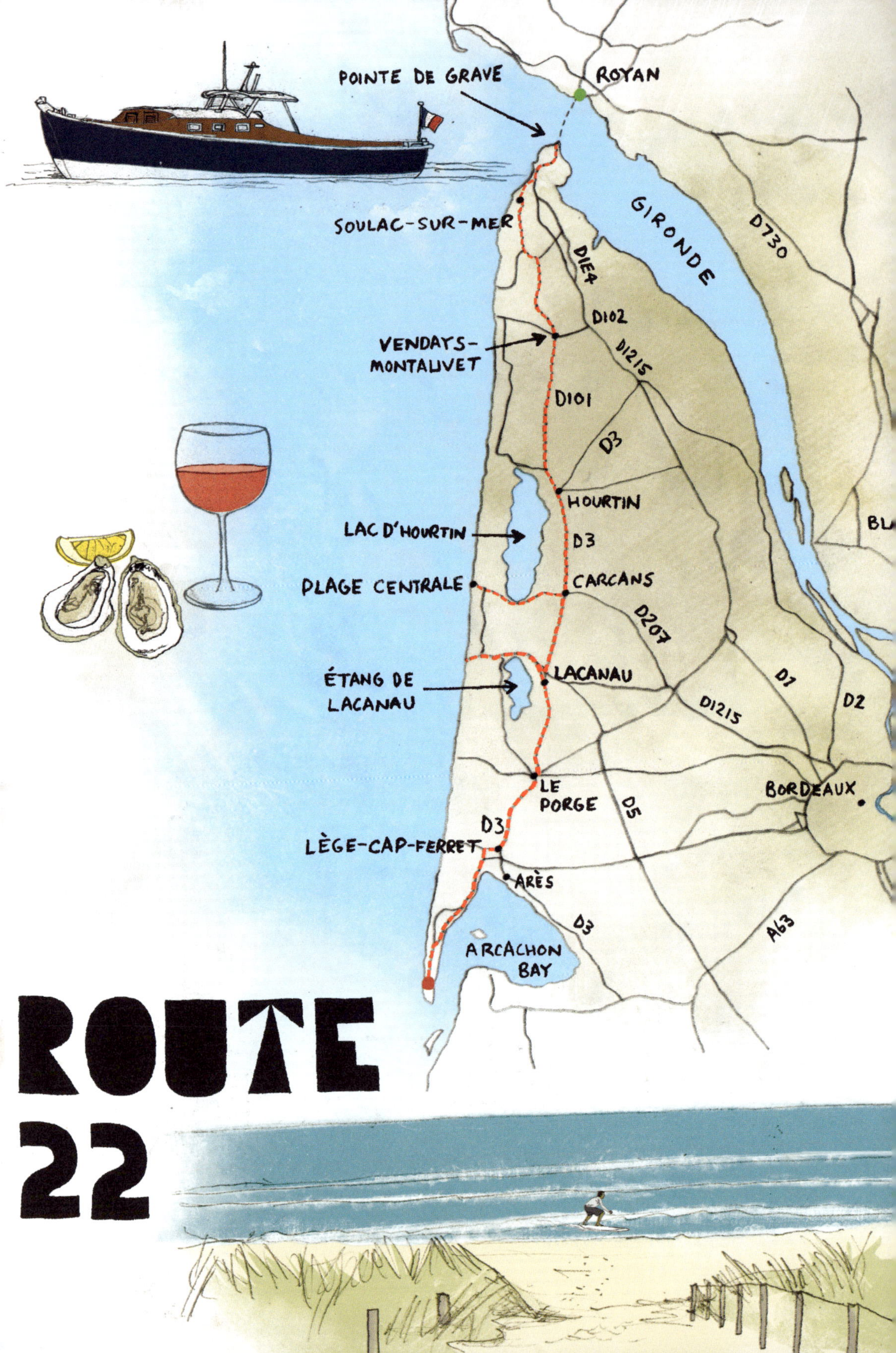
POINTE DE GRAVE
ROYAN
SOULAC-SUR-MER
GIRONDE
D730
D1E4
D102
VENDAYS-MONTALIVET
D1215
D101
D3
HOURTIN
LAC D'HOURTIN
D3
PLAGE CENTRALE
CARCANS
D207
ÉTANG DE LACANAU
LACANAU
D7
D1215
D2
LE PORGE
D5
BORDEAUX
D3
LÈGE-CAP-FERRET
ARÈS
D3
A63
ARCACHON BAY
ROUTE
22

ROUTE 22

POINTE DE GRAVE-CAP FERRET

ROUTE DES LACS

Wenn Sie den wilden Atlantik mit seiner ungestümen Brandung lieben und windstille, warme Seen mit Tretbooten und Wasserrutschen, Camping in den Dünen und viele Kilometer gerader Straßen, die durch Pinienwald führen, dann ist die Route des Lacs einzigartig. Sie verläuft auf gerader Linie durch den größten künstlich angelegten Wald Europas. Am Wegesrand befinden sich ein altmodischer und ein weniger altmodischer Ferienort, einige hippe Surfspots und das wunderschöne und sehr beliebte Cap Ferret am Nordende der Bucht von Arcachon.

AKTIVITÄTEN: **Camping, Surfen, Bootfahren, ein Nickerchen**

START: **Royan**

ZIEL: **Cap Ferret**

ENTFERNUNG: **255 Kilometer**

ZEIT: **2 oder 3 Tage oder 2 Wochen**

KARTE (SEITE): **218, 236, 254**

Für mich ist diese Reise gleichbedeutend mit Frankreich, sie war es immer und wird es immer sein. Im Laufe der Jahre bin ich sie viele Male gefahren: mit meinen Kindern, mit alten Freunden und jetzt mit Lizzy. Je weiter wir kommen, desto mehr Geschichten fallen mir ein – darüber, was ich hier und dort erlebt habe. Während wir zum wiederholten Mal einen langen, geraden Straßenabschnitt durch dichte Kiefernplantagen herunterbrettern (die längste Strecke ohne irgendeine Kurve, die ich mir notiert habe, war fast 16 Kilometer lang), erinnere ich mich an etwas, das vor Jahren passiert ist. Lizzy macht das langsam wahnsinnig.

Meine erste Reise hierher, als ich 1985 mit drei Freunden campen war und gerade meine Führerscheinprüfung bestanden hatte, war aus vielerlei Gründen, die ich hier nicht alle enthüllen kann, unvergesslich. Wir hatten in der Bretagne eine »Intervention« inszeniert

und unseren »Patienten«, einen alten Schulfreund, der sich dort in der Bar seines Onkels in elender Isolation befand, auf einen kleinen Surftrip mitgenommen, zusammen mit zwei Gitarren, einem Kaktus namens Colin und einem Handschuhfach voller Unterhosen. Wir reisten in meinem 1976er VW Käfer und übernachteten auf Campingplätzen. Wir kamen allerdings nicht weit, fanden einen Campingplatz in Maubuisson, der uns gefiel, und blieben, bis wir kein Geld mehr hatten. Das meiste gaben wir für Baguette, Käse und Rotwein aus.

Es war eine der Reisen, die ähnlich sind wie ein Initiationsritus und die man sein Leben lang nicht vergisst. Wir bedienten die Scheibenwischer des Autos mit Bindfäden durch die Ausstellfenster und lachten viel. Wir hatten kein Glück bei den französischen Frauen, wurden fast des Campingplatzes verwiesen und ertranken beinahe bei unseren Surfversuchen. Zum Glück hielt unsere Freundschaft, und so ist die Versuchung groß, die unrühmlichen Ereignisse von damals wieder aufleben zu lassen. Auf dieser ersten Reise schafften wir es nur bis nach Cap Ferret, dem Ziel unserer gegenwärtigen Reise, und einer meiner damaligen Gefährten verbringt dort jeden Sommer mit seiner Familie. Dieser Teil von Frankreich hat etwas – abgesehen von der Brandung –, das uns alle immer wieder hierherzieht. Vielleicht ist es der Wein oder der Geruch der Kiefern, wenn die Sonne den Wald aufgeheizt hat, oder der dampfende Atlantik an einem kalten Herbstmorgen. Vielleicht sind es auch die staubigen Radwege, die langen, leeren, heißen Straßen, eine laut aufgedrehte Musikanlage, ein Kaktus namens Colin und die Erinnerungen an die guten alten Zeiten.

Egal, was es ist, ich bin aufgeregt, als wir in Royan auf die Fähre fahren, die uns über die Gironde bringt. Wir sind die Letzten und rasen die Rampe entlang, Sekunden bevor die Tore geschlossen werden. Wir parken und gehen hoch in die Kajüte, um einen Kaffee

zu trinken und uns die Landschaft anzuschauen. Das Mündungsgebiet der Gironde ist ein Hauptwasserweg, der uns nach Bordeaux bringen könnte, wenn wir ihm flussaufwärts folgen würden. Flankiert von Marschland und Moor, ist es eine gewaltige Wassermasse, die auch das Wasser aus der Dordogne mit sich führt. Die Südseite der Flussmündung und der Ort, an dem wir von Bord gehen – stellt die Pointe de Grave dar.

Wir finden eine *aire* in Soulac-sur-Mer, der ersten Stadt in südlicher Richtung, eine Lieblings-*aire* von Freunden von uns, die diese Gegend schon einmal bereist haben. Sie ist nicht besonders schön, liegt aber direkt am Strand. Es gibt hier einen deutschen Bunker aus dem Zweiten Weltkrieg, den die Flut halb im Sand versenkt hat – eine Erscheinung, die uns immer vertrauter werden soll, während wir unsere Reise fortsetzen, da die Strände von hier bis nach Biarritz mit solchen Bunkern übersät sind. Sie sind Teil von Hitlers Atlantikwall, einer ausgedehnten Verteidigungslinie von 2.687 Kilometern Länge, die von der spanischen Grenze bis an die Spitze von Norwegen verlief.

Der Strand von Soulac ist bei Ebbe weitläufig und zieht sich nach Süden, so weit das Auge reicht. Bis auf einige kleine Flüsse und ein paar von Menschen geschaffene Dinge verläuft eine lange, nach Westen ausgerichtete Dünenlandschaft von hier bis nach Cap Ferret, dem Ende unserer Reise. Wenn man wollte, könnte man die ganzen 113 Kilometer vom Leuchtturm an der Pointe de Grave bis zum Leuchtturm von Cap Ferret am Strand entlang zu Fuß gehen. Wir hingegen fahren auf der Route des Lacs, einer Strecke, die nach Süden verläuft und den Lac d'Hourtin-Carcans und den Étang de Lacanau mit dem Bassin d'Arcachon verbindet.

Am Morgen laufen wir auf der Suche nach Brot und Milch durch Soulac – und finden im Ortskern ein Netz von Straßen mit wunderschönen Villen und Häusern aus Ziegeln und Steinen mit Terrakottadächern. Viele von ihnen sehen verlassen aus, jetzt, wo die Saison vorbei ist. Einige haben Schwimmbäder, viele haben Gärten voller Tamarisken, einige haben dekoratives Mauerwerk, andere hölzerne Balkone, Fensterläden und Namensschilder. Es ist wunderbar vornehm und freundlich – und eine wahre Freude, durch die engen Straßen zu fahren. Am Ortsrand sind die Grundstücke größer mit den dazu passenden Villen, die zwischen den Kiefern verstreut liegen.

Während wir der Route des Lacs nach Süden folgen, kommen wir an verschiedenen kleinen Städtchen und Dörfern vorbei, alle mit ganz eigenem Charakter. Hourtin Plage ist ein kleiner Badeort am Ende einer Straße, die von Hourtin aus durch Wald und am Lac d'Hourtin-Carcans vorbeiführt. Der Ort hat einen hervorragenden Campingplatz, aber die Preise sind während der Saison zum Heulen. Lacanau-Océan ist wegen seiner Nähe zu Bordeaux verbauter. Le Porge ist winzig, genau wie Le Pin Sec und La Jenny.

Als wir in Lège-Cap-Ferret die Bucht von Arcachon erreichen, nachdem wir viele Kilometer durch Wald gefahren sind, ist es ein wenig verstörend zu sehen, wie verbaut der Ort

ist und dass es überall Kreisverkehre gibt. Aber je weiter wir die kleine Halbinsel herunterfahren und je näher wir Cap Ferret kommen, desto mehr verlieben wir uns in diese Gegend. Auf der einen Seite liegt der windstille Bassin d'Arcachon mit seinen Austernbänken und schicken Booten und auf der anderen der wilde Atlantik. Austernbuden und baufällige Bootsschuppen stehen gedrängt an der Uferpromenade und wetteifern mit Ferienunterkünften, Veranden und Restaurants. Viele Gebäude sind aus Holz gebaut, haben verwitterte Fassaden oder sind auf eine traditionerelle Art schwarz gestrichen. Es ist ein markanter Stil, der sehr charmant ist: Altmodisches Küstenflair trifft französisches Chichi, und beides koexistiert Seite an Seite.

Wir stellen den Camper auf der *aire de camping car* am Friedhof von Lège-Cap-Ferret ein wenig außerhalb des Dorfes ab und fahren auf unseren Rädern durch den Wald, um das Haus unseres Freundes zu suchen – und die kleine Austernbude, die er uns zum Mittagessen empfohlen hat. Die Fahrt ist großartig und bietet uns Gelegenheit, den Wald von Nahem zu betrachten. Wir entdecken Erdbeerbäume voller Früchte im Unterholz, eine Pflanze, deren Anblick Lizzy in Erregung versetzt. Der Radweg ist toll und erinnert uns daran, dass diese Gegend ausgezeichnet zum Fahrradfahren geeignet ist: Der Wald bietet Schutz, und viele der Wege führen an Orte, die man mit dem Auto nicht erreichen kann.

Wir senden unseren Freunden Fotos von dem Haus, das sie während der letzten Jahre jeden Sommer gemietet haben, und fahren dann weiter, um Mittag zu essen. Die Austernbude sieht weder geöffnet noch gut besucht aus, aber zum Glück lockt sie mit ihren Meeresfrüchten immer noch Besucher an, obwohl die Saison zu Ende ist. Wir durchqueren die Holzbaracke, bewundern die Bilder von Cap Ferret in alten Zeiten, die an den Wänden hängen, und gelangen auf der Rückseite des Gebäudes zu einer Terrasse. Man lädt uns ein, an einem Zweiertisch Platz zu nehmen, der aus einem alten Weinfass gebaut ist. Wir machen es uns bei einem Glas Rosé gemütlich und sehen uns um. Die Lage könnte nicht besser sein; die Aussicht auf die Bucht, die Austernbänke und La Conche, eine dünne Sandbank, welche die Bucht in Mimbeau vom Bassin d'Arcachon abtrennt, ist wunderbar. Fröhliche regenbogenfarbene Stühle kontrastieren sehr schön mit dem verwitterten, silbrigen Holz des Bodenbelags. Ich verstehe, warum das hier eine beliebte Location ist. In der Ferne, hinter der Sandbank, liegt Arcachon am gegenüberliegenden Ufer der Bucht, und etwas weiter südlich sieht man die Düne von Pilat, das Ziel unseres nächsten Abenteuers. Aber erst mal kommt unser Essen. In französischen Restaurants habe ich immer Bedenken, ob ich das Richtige bestellt habe. Mit meinem passablen Französisch habe ich zwar eine Vorstellung davon, worum es sich handelt, aber ich bin nie sicher, was die Zubereitung und das genaue Aussehen angeht. Diesmal ist jedoch alles perfekt. Unsere Gerichte – *huitres* (Austern), *bulots* (Wellhornschnecken) mit Mayonnaise und *crevettes* (Garnelen) – kommen alle zur gleichen Zeit und sind köstlich. Ich löse die Austern aus der Schale, schlürfe sie und lehne mich in meinem Stuhl zurück, um alles zu verinnerlichen. Besser könnte es gar nicht sein, denke ich bei mir. Wir sind Fahrrad gefahren, haben Cap Ferret erkundet, und jetzt sitzen wir hier, trinken Rosé und essen *fruits de mer*. Ich bin mir sicher: Den Franzosen würde das gefallen.

DAS FAHREN

Die Tiefebene im Westen von Bordeaux ist Teil des größten künstlich angelegten Waldes Europas. Riesige Kiefernplantagen mit Bäumen in verschiedenen Wachstumsstadien sowie weitläufige Felder, auf denen Mais und andere Kulturpflanzen angebaut werden, sind charakteristisch für die Landschaft. Zwischen den Plantagen findet man Wohnhäuser und Bauernhöfe auf großen Grundstücken, oft mit wunderschönen alten Holzscheunen, und Tiere. Die Badeorte sind meist klein und unscheinbar, außer Lacanau, das ein Surf-Mekka ist. Um den Strand zu erreichen, muss man für gewöhnlich Straßen benutzen, die nur an den Strand – und sonst nirgendwohin – führen, und dabei durch das von Wald bedeckte Dünensystem zwischen den Seen navigieren. Mit dem Rad kommt man hier sehr gut überallhin.

Wenn Sie an der Pointe de Grave ankommen, setzt die Fähre Sie an der D1215 ab, einer Straße, die sich durch einige Dörfer schlängelt, bis zur Kreuzung mit der D1E4, die rechts nach Soulac-sur-Mer führt. Die D1E5 zum Centre Ville bringt Sie in Richtung Soulac-sur-Mer. Biegen Sie an der nächsten Kreuzung nach rechts ab, und fahren Sie dann weiter zum Kreisverkehr, wo die Route des Lacs beginnt. Dies ist die D101. Folgen Sie ihr nach Süden, wenn Sie nicht in Soulac anhalten möchten. Nehmen Sie ansonsten am Kreisverkehr den zweiten Abzweig, um ins Stadtzentrum zu gelangen.

STELLPLÄTZE: CAMPING

An diesem Küstenabschnitt gibt es viele Campingplätze. Jeder Ort hat einen. Einige sind fantastisch, mit Schwimmbädern und guter Ausstattung, andere nicht. Aber natürlich ist hier die Hauptattraktion der Strand, dessen Nähe ein Pluspunkt ist.

Camping de la Côte d'Argent, Hourtin Plage
Silver Coast Campsite, 134 Route de Contaut, 33990 Hourtin Plage, Gironde
Internet: www.camping-cote-dargent.com/de/
Tel.: 0033/5 56 09 10 25

Ein absolut fantastischer Campingplatz, nur ein paar Hundert Meter vom Strand entfernt (leicht zu Fuß zu erreichen) mit Schwimmbad und Wasserrutschen. In der Hauptsaison sehr teuer.

Camping Le Truc Vert, Lège-Cap-Ferret
Route du Truc-Vert, 33950 Lège-Cap-Ferret, Gironde
Internet: www.trucvert.com
Tel.: 0033/5 56 60 89 55

Vier-Sterne-Campingplatz an der Truc Vert, einer tollen Straße hinter den Dünen am Atlantik. Eine der Cap Ferret am nächsten gelegenen Anlagen, gut für den Strand, aber bringen Sie Fahrräder mit.

Die D101 führt um Soulac herum, durch einen Wald – eine Mischung aus Laub- und Kiefernwald – und ein paar kleine Dörfer. Wenn Sie vor Montalivet die D102E1 nehmen, kommen sie auf einen großartigen Straßenabschnitt, der eine Zeit lang parallel zur Küste verläuft (hier sehen Sie vielleicht einige abgestellte Wohnmobile), um Sie dann nach Montalivet zu bringen. Die D102 führt aus Montavilet heraus und zurück zur D101, und zwar durch eine hübsche Kiefernallee, die geradeaus bis nach Vendays-Montalivet verläuft, ein

STELLPLÄTZE: *AIRES DE CAMPING CAR*

Die meisten Städte in diesem Teil Frankreichs verfügen über *aires de camping car*, es ist also einfach, einen Übernachtungsplatz zu finden. Einige sind jedoch während der Saison voll. Sie sollten also immer einen Plan B parat haben.

Camping Municipal du Pin Sec, Naujac-sur-Mer
60 Route du Pin Sec, 33990 Naujac-sur-Mer, Gironde
Internet: www.naujac.com/pinsec.html
Tel.: 0033/5 56 73 00 66

Einfacher und ziemlich billiger kommunaler Campingplatz an der Straße nach Cap Ferret. Da er früh im Jahr öffnet und spät schließt, könnte er außerhalb der Saison Ihre einzige Wahl sein.

Camping Les Pastourelles, Cap Ferret
Route des Pastourelles, Claouey, 33950 Lège-Cap-Ferret, Gironde
Internet: www.campinglespastourelles.fr
Tel.: 0033/5 56 60 70 61

Schöner kommunaler Campingplatz an der Hauptstraße nach Cap Ferret. Saubere Sanitäranlagen und gute Stellplätze. Nur einen kurzen Fußweg vom Strand von Pastourelles entfernt, der auf der Buchtseite liegt.

kleines Dorf mit einer Kirche und allen üblichen Geschäften. Folgen Sie wieder der D101 durch den Wald. Der nächste Stopp ist Hourtin mit Hourtin Port, einem hübschen Ort am Lac d'Hourtin-Carcans. Hier wird die D101, die Route des Lacs, zur D3 in Richtung Carcans, Lacanau und Le Porge. Sie endet in Lège-Cap-Ferret, wo sie auf die D106 trifft, die Straße, die der Bucht von Arcachon nach L'Herbe (Austernbuden), durch Cap Ferrets Seitenstraßen und bis zum Ende der Halbinsel folgt, wo Sie parken und durch den Wald zum Strand gehen können. Hier gibt es einige teilweise versunkene Bunker, die einen Abstecher wert sind.

IN DER NÄHE

Phare du Cap Ferret und Bunker

Der *phare* (Leuchtturm) von Cap Ferret ist 53 Meter hoch und bietet einen unglaublichen Panoramablick auf die Küste und die Bucht. Daneben steht ein restaurierter deutscher Bunker, der weitgehend intakt ist, anders als die Bunker am Strand, die teilweise im Sand versunken sind.

Surfen Frankreichs Atlantikküste ist ein weltberühmtes Surferparadies. Surfschulen gibt es im Überfluss an fast allen Strandzugängen. Ein Surfcamp befindet sich in Le Pin Sec.

Fähre nach Arcachon Sie können von Cap Ferret aus mit der Passagierfähre nach Arcachon oder sogar zur Dune du Pilat übersetzen. Die Fähren verkehren regelmäßig und sind an den Petit Train angebunden, der alle Strände abklappert.
www.bateliers-arcachon.com

Le Petit Train, Cap Ferret Der Petit Train ist ein kleiner Zug auf Schienen, der von der Pier in Bélisaire (dem Hafen, wo auch die Passagierfähre ablegt) am Ostufer abfährt.
www.petittrain-capferret.com

Wassersport und »Die besten Tretboote der Welt«, Hourtin Port Okay, vielleicht übertreibe ich, aber für Kinder sind die Tretboote in Hourtin Port ein großer Spaß. Warum? Weil sie Rutschen haben. Was? Ja, Rutschen. Man tritt vor sich hin, und dann, wenn einem heiß ist, rutscht man ins Wasser. Echt? Toll! Außerdem kann man dort auch Segelboote, SUPs und andere Fahrzeuge mieten.
www.lescalicobas.com

Basilica de Notre-Dame-de-la-Fin-des-Terres, Soulac-sur-Mer
Dieses UNESCO-Welterbe ist eine wichtige Station auf der Pilgerroute nach Santiago de Compostela und ging einst an den vordringenden Sand verloren. Die heutige Kirche wurde um 1300 gebaut und im 19. Jahrhundert wieder ausgegraben. Es heißt, dass es hier bereits seit dem 1. Jahrhundert, nach der Ankunft der heiligen Veronika, eine Kirche gibt.
www.sudouest.fr/2013/07/22/sous-les-sables-il-y-a-un-prieure-et-une-eglise-1120932-4626.php

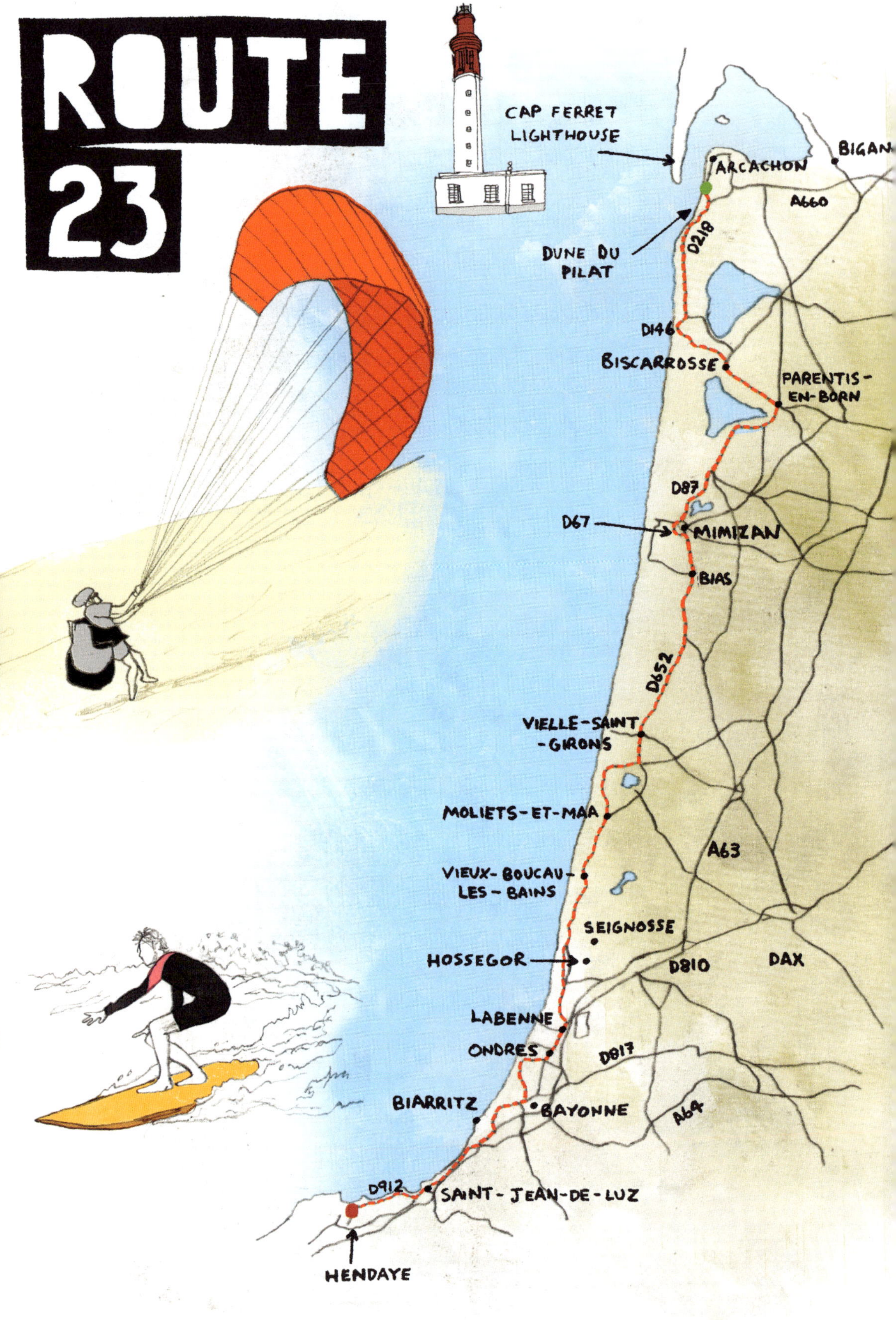
ROUTE 23
CAP FERRET LIGHTHOUSE
ARCACHON
BIGAN
A660
DUNE DU PILAT
D218
D146
BISCARROSSE
PARENTIS-EN-BORN
D87
D67
MIMIZAN
BIAS
D652
VIELLE-SAINT-GIRONS
MOLIETS-ET-MAA
A63
VIEUX-BOUCAU-LES-BAINS
SEIGNOSSE
HOSSEGOR
D810
DAX
LABENNE
ONDRES
D817
BIARRITZ
BAYONNE
A64
D912
SAINT-JEAN-DE-LUZ
HENDAYE

ROUTE 23

PILAT-HENDAYE

DER SAND DER ZEIT

Die Küste der Region Landes ist bemerkenswert. Hier gibt es endlose Strände und viele Tausend Quadratkilometer Kiefernwald. Surfer schätzen sie seit Langem wegen der vom Atlantik hereinbrechenden Wellen. Sie versammeln sich in kleinen Strandorten, die sich hinter den Dünen verstecken, und campen im Wald – vom Bassin d'Arcachon bis nach Bayonne. Darunter sind der World-Championship-Austragungsort Hossegor und das hübsche, abgelegene Biscarrosse. Hinter Bayonne verändert sich die Landschaft; die Buchten und Klippen des Baskenlandes beenden die Monotonie der weiter nördlich liegenden Sandstrände. Es ist ein völliger Kontrast zum Beginn dieser Reise: zu Europas höchster Sanddüne.

ATTRAKTIONEN: **Eindrucksvolle Aussicht, viel Sand und schöne Strände**

START: **Dune du Pilat**

ZIEL: **Hendaye**

ENTFERNUNG: **200 Kilometer**

ZEIT: **4 Tage**

KARTE (SEITE): **254, 272, 292, 310**

Wir stehen auf, bevor das Licht den Kiefernwald ganz durchdrungen hat. Es ist später September, und die Zeitzone – es ist eine Stunde später als zu Hause – bewirkt, dass wir nicht so früh aufstehen müssen, um den Sonnenaufgang zu sehen. Wir wachen auf, ziehen uns leise an und schieben dann die Tür des Campers auf. Der Wind, der aus Westen kommt, ist warm und feucht, gesättigt vom Aroma des Atlantiks: Salz und Seetang.

Wir treten hinaus ins Dämmerlicht und steuern auf einen kleinen Pfad zu, der zur Düne führt. Unser Campingplatz, Panorama du Pyla, liegt direkt neben der Dune du Pilat, Europas höchster Sanddüne. Die Anlage befindet sich fast auf Höhe der Düne, jedoch im Wald in Richtung Süden. Das heißt, man kann die Düne betreten, ohne sich vorher hochschleppen zu müssen. Die Aussicht von der Seite ist spektakulär, und man kann von vielen der seewärtig ausgerichteten Stellplätze einen großen Teil der Bucht von Arcachon überblicken.

Unser Stellplatz liegt ein Stück dahinter, wo es windgeschützter ist, sodass wir nur wenig Meer und Himmel durch die Bäume sehen können.

Wir folgen dem Pfad. Als der Wald spärlicher wird und wir schließlich an den letzten Bäumen vorbeigehen, spüren wir den Wind stärker auf unseren Gesichtern. Wir kommen an einigen Baumskeletten vorbei, die vom Sand überflutet worden sind, und betreten die Düne. Wir befinden uns bereits hoch über dem Meeresspiegel, aber jetzt können wir sehen, dass wir noch einen ganz schönen Weg vor uns haben, wenn wir den Gipfel der Düne erreichen wollen. Sie ist 107 Meter hoch und erstreckt sich über fast drei Kilometer von Norden nach Süden.

Jetzt, wo wir uns im Freien befinden, können wir das Ausmaß der Landschaft vor uns erkennen. Der Wind hat alle Hinweise auf die Fußspuren des vorangegangenen Tages mit frischem Sand bedeckt, wir könnten also genauso gut die Ersten sein, die ihren Fuß auf diesen Boden setzen. Mit dem Wald im Rücken, schauen wir nach Norden über die gesamte Düne. Hier scheint es kein Leben zu geben, nur ein Meer aus gelbem Sand mit bewegungslosen Wellen und Brechern, mit Vertiefungen und Mulden, die nach oben in Richtung des höchsten Punktes führen. Wir folgen einem Dünenkamm aufwärts, weil er so ziemlich das Einzige ist, was wir bei dem schwachen Licht erkennen können. Dort, wo der Sand vom Wind glatt geweht wurde, verliert man das Gefühl für das Gelände; es scheint flach zu sein, ohne Besonderheiten, als wenn man in einen weißen Raum ohne Ecken hineinschaut. Man verliert jegliches Gefühl für Tiefe oder Entfernung. Es ist unangenehm, in diese Verwehungen zu schauen, deshalb blicke ich lieber in die Ferne, wo ich Bezugspunkte habe, an denen ich mich orientieren kann.

Nachdem wir ein paar vermeintliche Gipfel erklommen haben, erreichen wir den, wie wir glauben, höchsten Punkt der Düne und begutachten die Landschaft um uns herum. Wir befinden uns hoch über dem Wald, der sich nach Osten und Süden erstreckt, so weit das Auge reicht. Im Norden sehen wir nur die Düne und Sand und im Westen die Umrisse der Bucht von Arcachon, die Sandbänke in ihrem blaugrauen Wasser, ein paar Boote, die über die Lagune fahren, und das gemächliche Blinken des Leuchtturms von Cap Ferret.

Der Sonnenaufgang ist wegen der Wolken enttäuschend, deshalb erleben wir nicht den Wow-Effekt, den wir uns erhofft hatten, aber es ist trotzdem ziemlich beeindruckend. Abgesehen von ein paar Wanderern sind wir die Einzigen hier auf diesem riesigen Wahrzeichen, das heißt, wir befinden uns auf dem höchsten Punkt, den es in einem Umkreis von Hunderten von Kilometern gibt. Wir blicken nach unten über den Wald in Richtung des Meeres, und als wir uns auf den Rückweg über den seewärtigen Rand der Düne machen, sehen wir unter uns Paraglider auf dem Wind reiten.

Dies ist ein idealer Ort für den Beginn einer Reise. Von hier aus machen wir uns auf den Weg nach Süden und folgen der Route des Lacs in Richtung der spanischen Grenze, größtenteils auf der D652. Die Route ist einfach zu fahren und führt oft über viele Kilometer auf geraden Straßen durch Wald, ohne vom Kurs abzuweichen. Wir halten in Biscarrosse in einer *aire*, die zwischen dem *camping municipal* und dem Meer liegt. Ich war hier früher einmal fünf Tage lang gestrandet, weil ich auf ein Ersatzteil für einen alten VW warten musste, und habe es positiv im Gedächtnis behalten: Meiner Erinnerung nach ist es eine tolle *aire* im Wald. Wir schlagen unser Lager auf und wandern über einen Holzsteg an den Strand, der uns auf die Spitze einer anderen Düne führt, die von einem Zaun aus Kastanienholz umgeben ist. Hier wimmelt es nur so von Stranddisteln, Erdbeerbäumen, Strandhafer und Winden. Diese Düne ist ganz anders als die Dune du Pilat, jedenfalls kommt es uns so vor.

Wir stehen oben auf der Düne und überblicken den Strand. Wir schauen nach links, in Richtung Süden, und nach rechts, in Richtung Norden. Der Strand erstreckt sich zu beiden Seiten scheinbar endlos in die Ferne. Im Süden können wir eine Gruppe von Menschen im Meer erkennen, wahrscheinlich dort, wo die Rettungsschwimmer am Hauptstrand von Biscarrosse eine sichere Schwimmzone eingerichtet haben. Dahinter ist der Strand leer.

Endlich scheint die Sonne, und es ist heiß. Die Brandung ist gut, deshalb schlendern wir durch den Wald zurück zur *aire*. Ich hole mein Board, ziehe meinen Neoprenanzug an und laufe auf dem Holzsteg zurück an den Strand. Der Sand unter meinen Füßen ist heiß, als ich oben auf der Düne den Steg verlasse und in die peitschende Brandung laufe.

STELLPLÄTZE: CAMPING

Camping Panorama du Pyla, Pyla-sur-Mer
Grande Dune du Pilat, Route de Biscarrosse, 33115 Pyla-sur-Mer, Gironde
Internet: www.yellohvillage.fr/camping/panorama_du_pyla
Tel.: 0033/5 56 22 10 44

Von den vielen Anlagen in der Gegend ist dies diejenige mit direktem Zugang zur Südseite der Düne und Blick über die Bucht. Die richtige Wahl für Cool-Camping-Liebhaber, oft voll, aber empfehlenswert. Pool und Bar gibt es auch.

Campéole Camping Le Vivier, Biscarrosse
681 Rue du Tit, 40600 Biscarrosse-Plage, Landes
Internet: www.campeole.com/camping/landes/le-vivier-biscarrosse-plage
Tel.: 0033/5 58 78 25 76

Neben der aire de camping car nördlich von Biscarrosse Plage im Wald gelegen. Großartige Lage.

Camping Albert Plage, Messanges
100 Chemin Junca, 40660 Messanges, Landes
Internet: www.albretplage.fr/campingplatz-frankreich-landes.html
Tel.: 0033/5 58 48 03 67

Ein Campingplatz mit Zugang zum Strand zwischen Messanges und Vieux-Boucaules-Bains in einer Gegend voller Campingplätze. Es gibt also jede Menge andere Optionen.

Campéole Camping Domaine de Fierbois, Capbreton
Avenue des Alouettes, 40130 Capbreton, Landes
Internet: www.campeole.com/camping/landes/domaine-de-fierbois-capbreton
Tel.: 0033/5 58 72 12 30

Große Anlage mit einem der schönsten Schwimmbäder überhaupt. Bis spät im Jahr geöffnet. Kommen Sie am besten an einem Tag, an dem Sie den Pool ganz für sich allein haben.

Camping Inter-Plages
305 Route des Plages, Quartier Acotz, 64500 Saint-Jean-de-Luz, Pyrénées-Atlantique
Internet: www.campinginterplages.com
Tel.: 0033/5 59 26 56 94

Direkt nördlich des fantastischen Strandes von Lafitenia zwischen zwei Stränden gelegen. Großartige Aussicht.

STELLPLÄTZE: *AIRES DE CAMPING CAR*

Moliets Plage: *Hübsche aire in grüner Lage mitten in der Stadt, mit Sanitäranlagen. Praktisch, um in der Stadt zu essen oder ein Glas Wein zu trinken.*

Biscarrosse Plage: *Am Rand der Stadt mit direktem Strandzugang, im Kiefernwald neben dem camping municipal gelegen. Empfehlenswert. Wahrscheinlich die beste aire in Aquitanien.*

Contis Plage: *In der Mitte der Stadt neben dem Leuchtturm gelegen, bietet diese aire nicht viel Schatten, aber man ist schnell am Strand. Die Stadt ist klein und hübsch.*

Capbreton: *Große aire, südlich der Stadt, scheinbar auf einem Parkplatz, hinter den Dünen in Capbreton. Gut zum Surfen direkt vom Wohnmobil aus oder um abends in die Stadt zu gehen, ansonsten etwas seelenlos.*

DAS FAHREN

Die Dune du Pilat liegt direkt südlich von Arcachon an der D218, einer schönen Straße, die durch sanft hügeligen Kiefernwald führt und über verschiedene Park- und Campingplätze einen direkten Zugang zur Düne ermöglicht. Ein Fahrradweg führt an einem Teilstück der Straße entlang. In Richtung Süden verläuft die D218 weiterhin durch Wald und wird an der Departement-Grenze zur D83, kurz vor Biscarrosse Plage, einem hübschen Badeort mit toller, freundlicher Atmosphäre und einer fantastischen *aire de camping car.*

Weiter geht es auf der D146 in Richtung Inland und Biscarrosse; der Wald südlich von hier bis nach Mimizan ist Militärgelände. Das heißt, Sie müssen auf der D146 nach Biscarrosse fahren und dann am Kreisverkehr geradeaus, wobei Sie der Ausschilderung nach Mimizan und zur A63 folgen. Sie befinden sich jetzt auf der D652, die Sie durch Parentis-en-Born bringt und dann nach Mimizan (aber vorher ändert sie noch Ihren Namen in D87).

Mimizan und Mimizan Plage sind das nächste Hindernis, es sei denn, es wird Ihnen zu warm und Sie möchten den Strand ansteuern, um zu baden. Ansonsten führt die D87 Sie zu einer großen Kreuzung, wo Sie an einer Papierfabrik riesige Mengen von Zellstoff sehen. Fahren Sie geradeaus auf die D67 in Richtung Dax und A67, und biegen Sie dann an einer Kreuzung nach rechts ab auf die D652. So gelangen Sie durch Vororte in den Wald, durch Bias und weiter nach Saint-Girons, Moliets, Messanges und Vieux-Boucau-les-Bains.

Südlich von Vieux-Boucau erreichen Sie den mit Abstand verkehrsreichsten Teil der Küste. Die Strecke zwischen Seignosse und Hendaye ist ziemlich zugebaut. Die D652 bringt

Sie in südlicher Richtung aus Vieux-Boucau heraus und dann auf die D79, die Sie erreichen, wenn Sie am Kreisverkehr direkt vor der Stadt nach rechts abbiegen. Die D79 führt in Richtung Süden nach Hossegor (der erste Abschnitt ist lang und gerade und geht durch den Wald), am See von Hossegor vorbei und dann auf die Brücke über den Fluss Bouret, wo sie wieder zur D652 wird. So kommen Sie durch die hübsche Stadt Capbreton und schließlich auf die belebte D810, die Hauptstraße nach Bayonne, die an der Küste entlangführt (um die Autobahn A63 zu meiden). Bis hinter Labenne und Ondres gibt es an der Straße fast nur riesige Supermärkte und Geschäfte, wobei ein Reptilium die Ausnahme bildet. Dann erreichen Sie Bayonne. Folgen Sie der Ausschilderung nach Bayonne Centre, Anglet und Biarritz, und überqueren Sie den Fluss (die rote Brücke). Wenn Sie hinter der Brücke nach rechts auf die Allées Marines und dann die Avenue de l'Adour abbiegen, gelangen Sie über einen sehr schönen Küstenabschnitt, der Boulevard des Plages heißt, nach La Barre (dort gibt es eine *aire* am Fluss), Chambre d'Amour und Biarritz. Anstatt auf Meeresniveau zu bleiben, steigt der Boulevard des Plages an und führt ins Baskenland hinein, weg von den endlosen Dünen Aquitaniens. Die Strände befinden sich unten am Fuß der Klippen und werden durch Buchten und Landspitzen interessanter. Um zu den Stränden zu gelangen, biegen Sie einfach in die Seitenstraßen des Boulevard des Plages ab.

Sich in Biarritz zurechtzufinden, kann schwierig sein, aber es ist machbar, und eine tolle Aussicht gibt es obendrein. Wenn Sie sich der Stadt nähern, fällt die Straße ab und führt an protzigen Hotels vorbei. Biegen Sie nach rechts ab zum Front de Mer (wenn Sie kein übergroßes Wohnmobil haben) und folgen Sie der Straße entlang der Grande Plage und um die Landspitze herum. Aber Achtung: Es gibt ein Gebäude über der Straße, das eine Durchfahrtshöhe von nur 3,80 Meter hat. Die Fahrt lohnt sich – wenn Ihr Wohnmobil nicht zu hoch ist –, weil Sie einen fantastischen Blick auf die Grande Plage haben, den berühmten Strand im Herzen von Biarritz, und auf den alten Hafen und dann durch einen schmalen Tunnel (3,80 Meter) die hübsche Plage de Port Vieux erreichen. Wenn Sie der Straße um den Strand und die Küste herum folgen (an der Spitze des Strandes nach rechts abbiegen), gelangen Sie an die Plage de la Côte des Basques, wo man tagsüber gut parken kann, wenn man einen Platz findet.

Um die Reise nach Süden fortzusetzen, fahren Sie an der Plage de Port geradeaus weiter und biegen dann sofort nach rechts ab, wobei Sie der Ausschilderung Toutes directions und/oder Bidart weiter auf die Perspective Côte des Basques folgen, die Straße, die oben auf den Klippen über der Plage de la Côte des Basques verläuft. Der Ausblick ist wunderbar: Tamariskenbäume säumen die eine Seite der Straße, während auf der anderen betürmte traditionelle Villen Seite an Seite mit modernen Apartmenthäusern stehen. Sie kommen an einen Kreisverkehr: Nehmen Sie den rechten Abzweig nach Saint-Jean-de-Luz, und folgen Sie den Schildern nach Bidart. So gelangen Sie zur Cité de l'Océan, einem modernen Museumsgebäude auf einem großen freien Platz, wo ein Kreisverkehr Sie zur D911 führt, in Richtung Bidart. Folgen Sie dieser Straße, bis Sie die D810 erreichen, die Hauptstraße, die Sie nach Bidart bringt, vorbei an Guéthary (das einen Stopp wert ist, um den *interplages*-Abschnitt in Guéthary zu besuchen, wo es einige fantastische Strände und gute Campingplätze gibt) und dann nach Saint-Jean-de-Luz. Die D810 bringt Sie in die Stadt, am Bahnhof vorbei, an der *aire* vorbei und über die Brücke am alten Hafen. Ordnen Sie sich auf der Brücke rechts ein, und verlassen Sie die Brücke auf der Abfahrt, die Sie auf die D912 nach Hendaye führt. Sie befinden sich jetzt auf der Corniche Basque. Die Fahrt lohnt sich, denn sie bietet eine atemberaubende Aussicht und führt oben auf den Klippen entlang durch offene Felder und an Stränden vorbei bis zur schönen Plage d'Hendaye. Parken Sie neben den anderen Wohnmobilen, setzen Sie Wasser auf, und genießen Sie einen Tee oder Kaffee.

IN DER NÄHE

Dune du Pilat, Pyla-sur-Mer Mit Abstand der interessanteste Ort an der Küste. Sie ist außergewöhnlich, weil sie so riesig ist und an eine Wüste erinnert. Klettern Sie hoch und genießen Sie den grandiosen Ausblick..

Atlantis Loisirs, Contis Plage Kanu- und Kajakverleih für Touren auf dem Fluss Contis. Ein toller Ausflug, bei dem man sich über Mini-Stromschnellen und durch eine schöne Landschaft schlängelt. Auch Schildkröten gibt es hier! **www.atlantisloisirs.fr**

Die Seen Überall an dieser Route gibt es Seen, die Eltern mit Kindern eine gute und sichere Alternative zu den Atlantikstränden bieten; das Meer sieht hier zwar überall schön aus, kann aber für die Kleinen gefährlich sein. Wellen und Strömung machen es zu einem großartigen Surfrevier, sind jedoch für die Zwerge nicht so gut geeignet. An Seen hingegen kann man gut an den von Rettungsschwimmern bewachten Abschnitten baden. Außerdem eignen sich die Seen gut zum Segeln, SUPen und Kajakfahren. Die meisten haben Marinas oder Wassersportzentren und

Strände, an denen man sich Ausrüstung leihen kann.

Die D305, die zwischen Biscarrosse Plage und Biscarrosse am Étang de Cazaux et de Sanguinet entlangführt, bietet gute Parkmöglichkeiten in Seenähe.

Wasserparks Eine weitere Möglichkeit, um Kinder zu beschäftigen, sind Wasserparks, wo die Kleinen (und Großen) sich auf Wasserrutschen und in Schwimmbädern auspowern können. Sie befinden sich hier:

Seignosse: **atlantic-park.com**
Labenne Océan: **www.aquatic-landes.com**

Surf-Outlets Die Surfindustrie hat ihre europäischen Hauptquartiere in Südwestfrankreich. Versteckt in einem kleinen Industriegebiet an der D652, der Route des Lacs, finden Sie Outletstores, die Surfartikel zu reduzierten Preisen anbieten. Wenn Sie an so etwas interessiert sind, können Sie hier ein Schnäppchen machen.

Shopping in Saint-Jean-de-Luz Wie viel??? In Saint-Jean-de-Luz einzukaufen, macht Spaß, solange Sie Ihr Portemonnaie in der Tasche behalten. Baskisches Leinen ist schön – aber was kosten denn diese Outfits? Kinderkleidung, oft im Seemannslook, ist exorbitant teuer. Shoppen Sie auf eigene Gefahr!

Gâteau Basque Diese Leckerei aus dem Baskenland sollten Sie nicht verpassen: ein gedeckter Kuchen mit Vanillecremefüllung, oft mit dunklen Kirschen – einfach der Hammer! Probieren Sie ihn, aber bringen Sie mir ein Stück davon mit. Danke.

SAINT-JEAN
-DE-LUZ
D918
CAMBO-LES-BAINS
ASCAIN
MAULÉON-
LICHARRE
OLORON-SAINTE
-MARIE
PAU
D933
D918
D934
ST-JEAN-PIED
-DE-PORT
ISSOR
ARUDY
LOURDES
D240
LURBE-ST-
CHRISTAU
LARUNS
COL DU
SOULOR
CAUTERETS
D921
D918
PYRÉNÉES
PONT
D'ESPAGNE
COL DU
TOURMALET
GOURETTE
LAC DE GAUBE
GAVARNIE
LOUDENVIELLE
COL DE PEYRESOUR

ROUTE 24

ROUTE 24

SAINT-JEAN-DE-LUZ-COL DE PEYRESOURDE

ROUTE DES THERMES

Wenn Sie die Pyrenäen auf die harte Tour überqueren wollen, sollten Sie sich auf Ihr Fahrrad schwingen und der Route des Cols folgen, einer klassischen Tour-de-France-Strecke von 1910, die im Jahr 1859 vom französischen Kaiser Napoleon III. kreiert wurde. Sie umfasst die großen Passstraßen der Pyrenäen und folgt einem haarsträubenden Haarnadelkurven-Kurs von Saint-Jean-de-Luz an der Atlantikküste nach Argelès-sur-Mer am Mittelmeer. Wir sind bis zum Col de Peyresourde, der Grenze zwischen den Departements Hautes-Pyrénées und Haute-Garonne, gereist. Was Slow Roads angeht, ist dies das absolute Optimum.

AKTIVITÄTEN: Radfahren, steile Pässe, Spa-Besuche, Aussicht bewundern

START: Saint-Jean-de-Luz

ZIEL: Col de Peyresourde

ENTFERNUNG: 350 Kilometer

ZEIT: 4 bis 5 Tage

KARTE (SEITE): 310, 311, 313, 331, 332, 333

Landkarten sind alles für Slow-Road-Abenteurer. Sie erzählen Geschichten, eröffnen Landschaften und setzen Grenzen, und manchmal geben sie auch Geheimnisse preis, wenn man weiß, wo und wie man sie findet. Die Landkarte, die wir heute benutzen, ist eine Karte von ganz Frankreich, eine sehr alte mit Notizen, die zu einem anderen Abschnitt meines Lebens gehören. Ich habe Wildschwimmreviere darauf eingezeichnet, Häuser von Freunden, Wildcampingspots und Sehenswürdigkeiten, an die ich mich nicht erinnern kann, ohne gleichzeitig an schwierigere Zeiten denken zu müssen. Während ich also versuche, die Vergangenheit zu ignorieren – wenn das bei dieser alten, ramponierten Karte überhaupt möglich ist, die ich auch schon an Freunde verliehen und wieder zurückbekommen habe –, suchen wir nach neuen Orten und neuen Ideen. Lizzy spürt eine Straße auf, die vom Baskenland in die Pyrenäen führt. Sie sucht nach Hinweisen, die uns eine Richtung weisen könnten. Ihre Finger halten an einer Stelle inne, wo jemand neben der D918 in kleiner Schrift etwas hingekritzelt hat. Es ist schlecht leserlich. Sie leiht sich meine Brille und nimmt es in Augenschein: »Route des Thermes«, sagt sie, »Was ist das?«

Wir schmeißen das Internet an und googeln sie. Ich finde über diese Straße nichts auf Englisch, deshalb lese ich französische Webseiten. Da gibt es nicht viel zu finden, aber was ich finde, macht uns neugierig: Die Route des Thermes wurde von Napoleon III. gebaut, dem Neffen von Napoleon Bonaparte, um die großen Thermalbäder

und Kurorte der Pyrenäen miteinander zu verbinden. Angesichts seiner sich verschlimmernden Gicht und seiner jungen, aber kränkelnden Frau verbrachte Napoleon viel Zeit damit, die Kurbäder Frankreichs abzuklappern, wie es damals Mode war. Seine neue Straße erleichterte das Reisen, und ein zusätzlicher Vorteil bestand darin, dass man die Pyrenäen für den Bergbau und die Waldwirtschaft öffnen konnte.

Wir verfolgen die Route durch die Berge und stellen fest, dass sie sich über die höchsten Pässe schlängelt: den Col d'Aubisque und den Col du Soulor, um dann auf den gefürchteten Col du Tourmalet hochzusteigen – mit 2.100 Metern der höchste Pass der Pyrenäen. Die Route schließt auch die Thermalbäder in den Tälern mit ein verläuft in der Nähe der beliebtesten Sehenswürdigkeiten: Cauterets, Gavarnie und Pont d'Espagne.

Die Route des Cols ist außerdem berühmt dafür, dass sie im Jahr 1910 Teil der Tour de France war, als diese zum ersten Mal in die Pyrenäen führte. Ein Fahrer soll die Organisatoren »Mörder« genannt haben, nachdem er den Tourmalet erreicht hatte, eine Etappe, die nur zehn Fahrer bis zum Ende absolvierten.

Wir erreichen den ersten *col* an einem heißen, sonnigen Tag, nachdem wir die Nacht auf einem Campingplatz in Laruns verbracht haben. Lizzy, die schon so manchen Berg hochgekurbelt ist, möchte, dass wir den Col d'Aubisque per Fahrrad in Angriff nehmen. Mit seinen 1.700 Metern ist er zwar nicht der höchste von allen, aber nicht weit davon entfernt. Wir parken auf einem großen, leeren Parkplatz beim Skigebiet und der *aire* direkt unterhalb von Gourette, etwa auf halbem Weg nach oben, laden die Räder ab und machen uns fertig.

Ich habe genug, als ich die erste Haarnadelkurve erreiche. Die Muskeln in meinen Beinen schreien vor Schmerz, und meine Lungen betteln um Sauerstoff. Mir ist heiß, ich keuche und bin genervt; ich kann wirklich keinen Sinn in dieser Tortur erkennen. Warum sollte irgendjemand freiwillig einen Berg mit einer Steigung von acht Prozent hochfahren, mit furchtbar steilen Stellen in jeder Kurve? Lizzy fährt wieder los. In einem niedrigen Gang, den Kopf gesenkt und mit langsam rotierenden Füßen schiebt sie sich den steilen, glatten Asphalt hinauf. Auch ich steige auf, ziehe den Kopf ein und fahre wieder los. Ich versuche, den

Teil von mir zu finden, der mental auf der Höhe ist und daran glaubt, dass es Spaß macht, einen Berg hochzuradeln.

Eine Stunde später, nachdem wir etwa zwei Kilometer vor dem Gipfel eine Verschnaufpause an einem Restaurant eingelegt haben (ohne Mittagessen, nur ein Fünf-Minuten-Stopp zur Flüssigkeitsaufnahme), treten wir immer noch. Es gibt keine Gnade vor der Steigung, nirgends. Wir umrunden eine weitere Haarnadelkurve und sehen schließlich den Gipfel. Allerdings liegt er nicht direkt vor uns, sondern über uns, und es ist steil und sieht so aus, als würde es sogar noch steiler werden. Zwischen mir und dem Gipfel liegen noch einige Haarnadelkurven – ein Anblick, der mich den Kampf gegen meinen inneren Schweinehund verlieren lässt. »Scheiß drauf«, sage ich und steige ab. Ich schiebe mein Rad den Berg hoch, während ich nach Luft ringe. Lizzy fährt weiter. 100 Meter vor dem Ziel wartet sie auf mich, damit wir gemeinsam den Gipfel erreichen können. Das ist nett von ihr, aber man sieht ganz deutlich, wer hier die treibende

Kraft ist: Sie hat nicht einen Tropfen Schweiß am Körper, ich dagegen sehe aus, als hätte ich gerade einen Ultramarathon in Papua-Neuguinea absolviert. Trotzdem ist es ein gutes Gefühl, hier oben auf meinem ersten col anzukommen, obwohl ich nicht den ganzen Weg gefahren und nicht ganz unten losgefahren bin. Es zählt trotzdem, oder? Im Leerlauf fahren wir innerhalb von Minuten wieder hinunter und bremsen die ganze Zeit gegen das Gefälle. Es ist wirklich steil.

Wir fahren mit dem Camper hoch, halten an, um Fotos zu machen, und dann geht es auf der Ostseite hinunter in Richtung Col du Soulor. Als wir oben ankommen und die letzten Meter hochkriechen, explodiert die Landschaft vor unserer Frontscheibe in einem überwältigenden blauen Himmel, Bergwiesen, dunklem Wald, grauen Gipfeln und dunstigen Tälern. Bis nach unten ist es ein langer Weg, aber der Blick ist schön. Bevor wir ihn richtig genießen können, müssen wir noch den Cirque du Litor überwinden, eine fast vertikale Felswand, in die man die Straße hineingesprengt hat. Sie ist zwar nicht steil, aber eng, und einige scharfe Kurven vermitteln uns den Eindruck, als würden wir in den Abgrund fahren; die Straße scheint vor uns in die Tiefe zu stürzen. Zum Glück tut sie das nicht, und wir folgen ihr bis auf den Col du Soulor, einen Bergsattel zwischen Tälern. Als wir auf dem Parkplatz ankommen, um dorthin zurückzuschauen, wo wir gerade hergekommen sind, wird mir klar, dass ich das Lenkrad so stark festgehalten habe, dass sich meine Hände wie Klauen anfühlen. Ich mache Fotos von der Straße, die in die riesige Felswand hineingebaut wurde, und frage mich, wie ich dort entlangfahren konnte, ohne durchzudrehen. Diesen Kampf des Willens habe ich immerhin gewonnen.

Wir machen einen Umweg und fahren von der D918 ab, um die Nacht in Cauterets zu verbringen und uns ein Bad in den fantastischen Bains du Rocher zu gönnen. Natürlich verläuft das nicht ohne Probleme, und ein paar Minuten nachdem wir versucht haben, in das Thermalbad hineinzukommen, um uns den Staub des vergangenen Tages abzuwaschen, stehe ich in einem Sportgeschäft und suche nach einer eng anliegenden Badehose. Ich hätte es mir ja denken können. In Frankreich ist es vorgeschrieben, dass Männer in öffentlichen Schwimmbädern keine Shorts tragen dürfen. Auf Campingplätzen kommt man manchmal mit Shorts durch, aber nicht in einem Thermalbad. Zehn Minuten später bin ich Besitzer einer aufreizenden neuen Badehose in Schwarz. Ich stürze mich ins heiße Wasser und schwimme mit der Strömung durch einen Plastikvorhang nach draußen. Ich finde einen Platz, wo ich mich ausruhen und von den Massagedüsen bearbeiten lassen kann. Ich schaue mir die Berge ringsum an. Das Wasser tut meinem Rücken gut, die Luft ist kalt, und die Berggipfel glühen im späten Abendlicht. Ich schaue hoch in den sich verdunkelnden Himmel und denke darüber nach, wie weit wir heute gekommen sind, während ein blubbernder Strahl des schwefelhaltigen Wassers meinen schmerzenden Rücken massiert.

Am nächsten Morgen fahren wir auf einer kurvigen und schwierig zu fahrenden Straße von Cauterets nach Pont d'Espagne, einen Touristenort mit einer Steinbrücke, die sich über eine tiefe Schlucht spannt, dort, wo sich zwei reißende Wildbäche treffen. Pont d'Espagne befindet sich im Nationalpark Pyrenäen und ist bei Wanderern und Familien beliebt. Heute ist Sonntag und gleichzeitig der letzte Tag der Saison, an dem die Lifte noch geöffnet sind. Deshalb ist alles voller Wanderer, als wir zum Frühstück um etwa 8 Uhr auf dem weitläufigen Parkplatz eintreffen. Um 9 Uhr öffnet die *télécabine* (Seilbahn). Wir springen in die erste verfügbare Gondel und fahren den Berg halb hoch zum *télésiège* (Sessellift), der uns noch weiter hochträgt zu dem Tal, an dessen Ende der Lac de Gaube liegt. Zum See ist es ein zehnminütiger Spaziergang auf einem Pfad, der durch einen Kiefernwald und alpine Wiesen führt. Während wir gehen, kommt die Sonne hinter den Bergen hervor und wärmt uns. Als wir den See erreichen, stockt uns der Atem. Er liegt in einem steilwandigen Gletschertal, das am anderen Ende eine Sackgasse bildet. Das Wasser ist klar, blau und sehr kalt, als wir kurz unsere Finger hineintauchen und uns dabei umsehen. An einem Ort wie diesem braucht man einen Moment, um alles auf sich wirken zu lassen. Ich glaube nicht, dass ich so etwas schon einmal gesehen habe, es ist einfach perfekt. Es erinnert mich an ein Bild, das ich irgendwo gesehen habe, vielleicht an der Wand eines Restaurants. Es ist wie eine magische Bergutopie, ein Bild absoluter Vollkommenheit, so beeindruckend ist es.

Wir setzen uns an den Rand des Sees und machen Fotos, dann gehen wir auf einem steinigen und steilen Weg den Berg hinunter, wobei wir auf viele Familien stoßen – Tagesausflügler, die spät dran sind. Auf halbem Weg nach unten verlassen wir den Pfad, um einen kleineren See zu suchen, über den wir etwas gelesen haben. Der Boden ist weich und torfig, riesige Steinblöcke sind über den Talboden verstreut. Wir ducken uns unter Zweigen zwischen den Stämmen der Kiefern hindurch und folgen einem Fluss. Dieser führt uns ans Ufer eines weiteren, etwa 20 Meter breiten Sees mit unglaublich klarem blauem Wasser. Er wird von dem Fluss gespeist, der aus dem Lac de Gaube herausfließt, und, so nehmen wir an, in Pont d'Espagne endet, wo er die Schlucht hinunterstürzt.

Nachdem wir uns versichert haben, dass niemand uns beobachtet, ziehen wir uns rasch aus und gleiten ins Wasser. Es ist sehr kalt, und wir prusten und keuchen, während wir mit raschen Zügen auf die andere Seite und wieder zurück schwimmen. Die Kälte ist betäubend, aber auch anregend, und für mich fühlt es sich unglaublich an, dass wir gerade in einem abgeschiedenen Bergsee schwimmen. Ein paar Minuten später, als ich mich in der Sonne trocknen lasse, kribbelt meine Haut, während sie warm wird. Es ist ein ganz anderes Erlebnis als gestern im Thermalbad. Hier kann man nicht faul in der Sonne herumliegen und sich die Berge anschauen, aber wir nehmen uns einen Moment, um diesen Ort zu würdigen: Wir sind von Berggipfeln und Wald umgeben, die Sonne scheint, und soweit wir wissen sind wir die einzigen Menschen auf diesem Berg.

Eng anliegende Badehosen sind hier nicht erlaubt. Widerwillig ziehen wir uns an und machen uns auf den Rückweg zum Camper.

DAS FAHREN

Bevor ich zur Sache komme, möchte ich Ihnen ein paar Dinge sagen. Von allen Touren, die ich im Zusammenhang mit dieser Buchserie gemacht habe, von Schottland über England und Wales bis hin zu Irland, ist dies die unvergesslichste. Wir haben mit Baden im Atlantik in Saint-Jean-de-Luz angefangen, sind in einem See in der Nähe des Lac de Gaube geschwommen und haben dann zum Schluss in den heißen Quellen unterhalb der Berge in Loudenvielle gefaulenzt. Es war vom Anfang bis zum Ende ein großartiges Abenteuer. Während dieser Reise habe ich mich mehr als einmal einer Herausforderung gestellt: bei der Bezwingung meines ersten Bergpasses per Fahrrad, beim Schwimmen im kalten Gletscherwasser und bei der Fahrt über Straßen, die an gähnenden Abgründen entlangführten. Unterwegs habe ich solche Schönheit und eine solch atemberaubende Landschaft gesehen, dass ich am liebsten alles sofort noch einmal machen würde.

Ich schreibe dies zu Hause in Großbritannien, während das Coronavirus Träume und Hoffnungen zunichte macht, genauso wie es Geschäfte, Firmen und Länder ruiniert. Doch glauben Sie nur nicht, dass meine nostalgischen Anwandlungen bezüglich einer Reise, die ich vor Kurzem gemacht habe, darauf beruhen, dass ich mir alles schönrede, weil ich jetzt drinnen gefangen bin. Es war wirklich die beste Reise, die ich jemals gemacht habe. Da gibt es keinen Zweifel. Und auch Sie sollten losfahren, wenn Sie können.

Die D918, die Route des Cols, beginnt in Saint-Jean-de-Luz an der baskischen Küste. Sie finden sie gleich hinter der Grande Plage – einem fantastischen Stück Strand mit goldenem Sand, gesäumt von Apartments und Spielhallen – an einem kleinen Kreisverkehr, wo sie die

RN 618
de St Jean-de-Luz
à Argelès-sur-Mer
HAUTES PYRENÉES
HAUTE GARONNE
17K5 ARREAU
14K5 BAGNÈRES DE LUCHON
COL DE PEYRESOURDE
ALTITUDE 1563M
vallée de l'Ouzom
gîtes ruraux
cirque du Litor
ancienne mine de Baburet
anciennes forges
SAINT-JACQUES DE COMPOSTELLE

D810 kreuzt. Sie führt direkt nach Osten, überquert die Eisenbahntrasse und verläuft unter der A63 hindurch, um dann dem Fluss Nivelle zu folgen – einem ruhigen, mäandernden Gewässer –, dem sie bis Saint-Pée-sur-Nivelle treu bleibt. Die Straße ist von Grün umgeben und folgt einem Kurs, der fast parallel zur Grenze verläuft und Sie durch Dörfer sowie an Gewerbegebieten und Einkaufszentren vorbeiführt. Vielleicht möchten Sie sich hier für die Reise eindecken.

Es ist ein schönes Fahren durch grüne Hügel und Wald mit Ahorn- und Walnussbäumen, Esskastanien, Eichen und Eschen. Die Pyrenäen erheben sich zu Ihrer Rechten über den Wiesen und kleinen Wäldchen in der Talsohle. Die weiß gestrichenen Häuser mit roten Ziegeldächern und Fensterläden in den Dörfern entsprechen haargenau der baskischen Tradition. Alles ist sehr hübsch.

Die D918 führt Sie bis nach Cambo-les-Bains, wo Sie der D932 in Richtung Saint-Jean-Pied-de-Port eine Zeit lang auf der Ringstraße folgen müssen, wenn Sie die Stadt umgehen wollen. Anstonsten fahren Sie geradeaus weiter und folgen der Ausschilderung. Sie erreichen die Stadt, passieren einen Haufen Kreisverkehre (vier, inklusive der Ringstraße), bevor Sie am fünften nach rechts und am sechsten wieder nach rechts abbiegen, um die Stadt wieder zu verlassen und die D932 zu erreichen.

Von jetzt an wird es etwas hügeliger, und Sie kommen ins Nive-Tal, auf eine saftig grüne und bewaldete Strecke mit großartigem Ausblick. Wenn sich die D918 Saint-Jean-de-Port nähert, ändert sich ihr Name in D933. Folgen Sie ihr in die Stadt hinein, und biegen Sie dann gleich hinter der Stadtmauer am Kreisverkehr nach links ab, um den Fluss zu überqueren. Folgen Sie der D933 weiter durch einige kleine Dörfer, bis Sie nach Larceveau-Arros-Cibits (Arros) kommen, wo Sie an einem Kreisverkehr wieder die D918 erreichen. Fahren Sie weiter! So gelangen Sie auf den ersten der cols, den Col d'Osquich, der lächerliche 392 Meter hoch ist. Sie befinden sich hier schon fast oberhalb der Baumgrenze, aber nur fast, obwohl die Aussicht jetzt schon manchmal großartig ist und Ihnen einen Eindruck davon gibt, was noch vor Ihnen liegt. Nach ein paar engen Kurven erreichen Sie den Pass, von wo aus Sie einen Ausblick auf das Tal in Richtung Norden haben, und dann geht es wieder hinunter, nach Musculdy und schließlich nach Mauléon-Licharre, wo Sie den Fluss überqueren und dann scharf nach rechts abbiegen müssen, um dem Fluss auf der anderen Seite zu folgen, fast den Weg zurück, den Sie gekommen sind. Ab jetzt wird es mit jedem Kilometer interessanter, während Sie weitere Dörfer durchqueren und dem Lauf des Flusses Saison durch eine flache Talsohle folgen, die von weit entfernten Bergspitzen umgeben ist. Je weiter Sie flussaufwärts fahren, desto mehr schlängelt sich die Straße auf ihrem Weg nach Oloron-Sainte-Marie. Gleich hinter Lanne biegen Sie nach rechts ab und folgen der Ausschilderung nach Arette und zur *station d'altitude* (Wintersportort) La Pierre Saint-Martin. Dies ist eine von viel Grün gesäumte Straße, die an kleinen Wäldchen und Wiesen vorbeiführt und durch die Ausläufer der Berge, schöne Täler und kleine Dörfer mäandert. In Issor bilden die Kirche, der Dorfplatz und die Berge ein perfekt gerahmtes Bild. Wenn Sie noch ein paar Ziegen und Kühe mit sanft läutenden Glocken auf alpinen Wiesen hinzufügen, haben Sie in etwa eine Vorstellung davon. Gleich hinter Issor, am Fuß eines steilwandigen und bewaldeten Tales, erreichen Sie die N134. Biegen Sie nach links ab in Richtung Oloron-Sainte-Marie und dann, ein bis zwei Kilometer weiter, nach rechts, um in Asasp wieder der D918 zu folgen, einer Straße, die durch

Wiesen verläuft und dann bald wieder ansteigt, wobei sie schön kurvig nach oben in den Bois du Bager führt, einen wunderbaren Laubwald, der an stark bewaldeten Steilhängen wächst.

In Arudy müssen Sie nach rechts abbiegen auf die D920, um die D934 zu erreichen, die Sie auf die D918 bringt. Das Tal ist flach, hat steile Wände und sieht aus, als würde es Sie direkt ins Herz der Berge führen. Und das tut es auch. In Laruns, dem Hauptort des Tals, führt die D918 über eine Reihe von scharfen Kurven abrupt nach oben, fast sofort hinter der Kreuzung mit der D934. Ab hier wird es ernst. Sie befinden sich jetzt auf dem Anstieg zum Col d'Aubisque und fahren durch Kiefern- und Birkenwälder. Ein paar große Haarnadelkurven bringen Sie zu einem offenen Abschnitt, wo Sie ins Tal nach Laruns zurückschauen können.

STELLPLÄTZE: CAMPING

Camping Amestoya, Bidarray
Route Départementale 918, 64780 Bidarray, Pyrénées-Atlantiques
Internet: camping-bidarray.fr
Tel.: 0033/5 59 37 25 81

Kleiner Campingplatz am Fluss Nive bei Bidarray. Ein unebener Weg führt über die Eisenbahngleise ans Flussufer. Gute Duschen, schöne Stellplätze, Glamping. Tolle Lage.

Camping du Valentin, Laruns
Vieille Route des Eaux-Bonnes, 64440 Laruns, Pyrénées-Atlantiques
Internet: www.ossau-camping-valentin.com
Tel.: 0033/5 59 05 39 33

Tolle Anlage mit Bar und Pool in Steillage am Fuß des Col d'Aubisque. Gut, um die Nerven zu beruhigen, bevor man mit dem Rad hinauffährt. Oder mit dem Wagen.

Camping La Bergerie, Gavarnie
Chemin du Cirque, 65120 Gavarnie-Gèdre, Hautes-Pyrénées
Internet: www.camping-la-bergerie-gavarnie.com
Tel.: 0033/5 62 92 48 41

Der letzte Campingplatz vor dem Cirque. An einem Fluss gelegen und mit Bar auf der Anlage. Wunderbar!!!

STELLPLÄTZE: *AIRES DE CAMPING CAR*

Loudenvielle: *Perfekt gelegen, an der Hauptstraße des Dorfes. Skilifte, das Dorf und die Bäder sind fußläufig zu erreichen. Tolle Entdeckung.*

Cauterets: *Praktisch gelegen für die Bäder und die télécabine hoch nach Pont d'Espagne wie auch für den Ort.*

Es ist spektakulär. Der Aufstieg setzt sich fort – zum Wintersportort Gourette und dann durch eine Reihe von Tunneln und Haarnadelkurven oberhalb der Baumgrenze zum *col*. Die Aussicht von oben ist absolut traumhaft, und es gibt dort ein Café sowie höchstwahrscheinlich viele sehr erschöpfte Radfahrer.

Wenn Sie den *col* überquert haben, ändert sich die Aussicht, während Sie nach Westen fahren. Dieser Straßenabschnitt ist wahrhaft unglaublich und beginnt in offenem Gelände mit seitwärts sanft abfallenden Hängen, die jedoch steiler werden. Schließlich führt die Straße an fast senkrecht abfallenden Felswänden vorbei, die den Cirque du Litor umschlingen, und folgt den Umrissen der Berge. Es ist eine anspruchsvolle Straße mit engen Kurven, beängstigenden Abgründen, Tunneln, steilen Berghängen über Ihnen und mit einem unglaublichen Ausblick auf die Täler hinter den spärlichen Betonbarrieren, wenn Sie es schaffen, den Blick von der Straße abzuwenden. Zum Glück ist die Straße selbst nicht steil, nur die Abgründe daneben sind es. Nehmen Sie sich in Acht vor Radfahrern; dies ist eine der berühmtesten Bergstrecken der Tour.

Nächster Stopp ist der Col du Soulor, ein weiterer atemberaubender Pass. Vergessen Sie nicht, hier anzuhalten und dorthin zurückzuschauen, woher Sie gerade gekommen sind. Es ist eine Bilderbuchlandschaft, ein alpines Nirvana mit hohen Berge, abschüssigen Wegen, die den Berg hinunterführen, und Radfahrern überall. Der Abstieg nach Argelès-Gazost ist erwartungsgemäß wunderbar und nicht ganz so vertikal wie der vorherige Abschnitt. Bei all den Bergen ringsumher, gibt es eine Menge zu sehen: Gipfel, Wiesen und kleine, gedrungene Bauernhöfe mit sanft abfallenden Dächern.

In Arrens-Marsous wendet sich die Straße nach Nordosten in Richtung Argelès-Gazost, wo sie auf die D921B trifft. Wechseln Sie auf diese Straße, indem Sie nach rechts abbiegen in Richtung Cauterets/Col du Tourmalet und Luz-Saint-Sauveur (D921). Die Gorge de Luz ist eine lange, steilwandige Schlucht, auf deren Grund ein schäumender Fluss fließt. Hinter der Schlucht öffnet sich das Tal wieder, hat eine flache Talsohle und steile Wände.

Luz-Saint-Sauveur ist hübsch. Es hat ein Thermalbad, eine Burg und bietet Zugang nach Gavarnie und zum Cirque de Gavarnie, einer der spektakulärsten geologischen Besonderheiten der Gegend. Pont d'Espagne und der Lac de Gaube liegen in der Nähe. Wenn man von Luz aus nicht nach Gavarnie fährt, besteht die einzige andere Möglichkeit darin, auf der D918 nach Bagnère-de-Bigorre und hinauf zum Tourmalet zu fahren, der gefürchtetsten Bergstrecke der Tour de France. Er ist hoch – 2.100 Meter –, aber nicht besonders hübsch und rau in der Nähe des Gipfels, aber die Aussicht von oben ist wirklich großartig. Von Luz aus führt die Fahrt durch ein enges Tal mit Dörfern und reichlich Schutz durch Bäume, der spärlicher wird, je höher man kommt. Der eigentliche Aufstieg beginnt auf dem Parkplatz des Skigebiets. Dahinter geht es über Serpentinen und viele sonstige Kurven weiter. Sie befinden sich ein gutes Stück über der Baumgrenze, und die

Hänge sind voller Skilifte und Pisten, wodurch es ein wenig spartanisch aussieht, aber es ist ein Wahnsinnsaufstieg. Wenn Sie den Gipfel erreicht haben, das heißt die Ostseite des Gipfels, können Sie sich an der unglaublichen Aussicht auf dieser großartigsten aller Straßen erfreuen. Es könnte voll sein, aber das macht nichts. Passen Sie auf die Radfahrer auf.

Als Nächstes fahren Sie hinunter nach La Mongie, einen beliebten Wintersportort mit Apartmenthochhäusern und einer Seilbahn zum Pic du Midi de Bigorre (2.877 Meter) mit seinem Observatorium. Hinter Mongie macht die Straße eine Reihe von Schlenkern und führt durch überdachte Abschnitte. Bei Artigues bietet sie einen atemberaubenden Ausblick hinunter ins Tal. Bei Le Garet verläuft der Abstieg in einem weiten Bogen durch Wälder. Unten angekommen, müssen Sie in Sainte-Marie-de-Campan scharf nach rechts abbiegen und dann scharf nach links, um auf der D918 zu bleiben, diese Straße bringt Sie in ein anderes Tal und hoch in Richtung Col d'Aspin, dem nächsten großen Pass auf Ihrer Reise.

Der Col d'Aspin ist völlig anders als der Col du Tourmalet und der Col d'Aubisque, weil es oben nichts weiter gibt als einen schönen Ausblick. Die Fahrt hinauf durch den Wald ist für weniger beängstigend sensible Gemüter. Oben kann man parken, um den Blick auf Wiesen und Berge zu genießen. Einfach herrlich. Der Abstieg ist interessant, da es viele Serpentinen, offene Wiesen und kleine Dörfer gibt.

In Arreau erreichen Sie die D929, die Sie durchs Dorf, über den Fluss und auf die D618 bringt. Diese Straße ist Ihr nächstes »Band der Schönheit« (die Fortsetzung der D918). Sie fängt gut an, führt durchs Zentrum des hübschen Ortes Arreau, eine enge, zum Teil kopf-

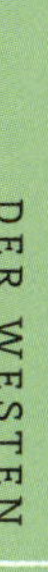

steingepflasterte Straße mit Geschäften direkt an der Fahrbahn. Ab Arreau bleibt die Straße größtenteils hübsch, bis sie Loudenvielle erreicht, eine wunderschöne Stadt in der fantastischen Vallée du Louron. Die Fahrt hinauf zum Pass ist wieder eine klassische Pyrenäen-Tour: Sie schlängelt sich durch den Wald, bietet von Zeit zu Zeit Anlass für »Wows«, einige Haarnadelkurven und zum Schluss eine Fahrt durch hohe Wiesen zum Gipfel. Dieser stellt die Grenze zwischen den Departements Hautes-Pyrénées und Haute-Garonne dar. Möchten Sie weiter ans Mittelmeer fahren? Oder lieber anhalten, umdrehen und in Loudenvielle in eines der schönsten Thermalbäder dieser Route eintauchen? Na dann, los geht's!

IN DER NÄHE

Saint-Jean-de-Luz ist schick und einfach perfekt, der Strand ist toll zum Baden. Es gibt nette Restaurants am Hafen und bei der Marina, aber in die *aire* ist weder Rein- noch Rauskommen. Parken Sie in den Seitenstraßen hinterm Strand.

Saint-Jean-Pied-de-Port Diese hübsche, von einer Stadtmauer umgebene mittelalterliche Stadt liegt unter dem Roncevaux-Pass, dem Übergang nach Spanien für Pilger, die den Jakobsweg nach Santiago de Compostela gehen. In dieser UNESCO-Welterbe-Stätte kann man hervorragend zwischen Pilgern, Souvenirläden und Bäckereien herumschlendern.

Gavarnie Der *cirque* (Felsenkessel) ist spektakulär und toll zum Wandern. Ein riesiger Wasserfall, die Grande Cascade, stürzt 422 Meter in die Tiefe. Eine Wanderung mit dem perfekten »Wow«-Moment. Extrem beeindruckend, ein Superlativ unter Superlativen.

Pont d'Espagne und Lac de Gaube Ein Wasserfall wie ein reißender Wildbach, der unter einer alten Brücke hinabstürzt, die einst ein Grenzübergang nach Spanien war. Zu Fuß, mit der Seilbahn oder dem Sessellift erreichbar. Der Lac de Gaube ist wie ein Gemälde, ein Wunder, ein Bild der Perfektion. Die Wanderung nach unten (oder oben) ist fantastisch.
www.cauterets.com/je-decouvre/vallees-de-cauterets/pont-despagne-ete

Balnéa, Loudenvielle Ein wunderbares Thermalbad, das mehr Freizeitpark für Erwachsene als Schwimmbad ist. Themenräume laden Sie auf eine Reise durch Zeitalter und Kontinente ein. Kurz: ein toller Ort. Der Blick von den Außenpools ist unglaublich. »Es war an der Zeit, heißes Wasser neu zu erfinden«, sagt die Werbung. Genau das hat man hier getan.
www.balnea.fr

Les Bains du Rocher, Cauterets Bringen Sie Ihre eng anliegende Badehose mit, weil Sie sonst nicht reinkommen. Ein großartiges Thermalbad mit Außen- und Innenpool, Saunen, Dampfbad, Whirlpools und allem Drum und Dran. Nicht zum Schwimmen gedacht, sondern nur zum Relaxen unter den Bergen. Fantastisch.
www.bains-rocher.fr

ROUTE 25

CASTRES
D612
MAZAMET
D612
D118
D6113
D610
CARCASSONNE
A61
D118
LIMOUX
DUILHAC-SOUS
-PEYREPERTUSE
TUCHAN
D39
PADERN
QUILLAN
VINGRAU
D14
CUCUGNAN
D12
D19
AXAT
D117
MAURY
RIVESALTES
ESTAGEL
A9
PERPIGNAN

ROUTE 25

CASTRES-PERPIGNAN

DIE FÜNF SÖHNE VON CARCASSONNE

Zwischen Castres und Perpignan liegt ein wohlriechendes Land der Gipfel, Felsformationen, Schluchten, Weinberge und weiten Täler. Einst war es die Hochburg der Katharer, einer Religionsgemeinschaft, die an Reinkarnation und zwei Götter glaubte, einen guten und einen bösen. Nach den katholischen Kreuzzügen des 14. Jahrhunderts und der ersten »Inquisition« gegen die häretischen Katharer wurden diese ausgelöscht. Ihr Erbe jedoch, eine Reihe von hoch gelegenen Burgen, die später von den Franzosen als Grenzposten gegen Spanien genutzt wurden, ist geblieben. Diese Route folgt einer Linie zwischen Castres, Carcassonne und dem Meer und schließt die »Fünf Söhne von Carcassonne« mit ein.

ATTRAKTIONEN:
Burgen, Berge, Mittelalter

START:
Castres

ZIEL:
Perpignan

ENTFERNUNG:
235 Kilometer

ZEIT: 4 oder 5 Tage

KARTE (SEITE):
299, 319, 337, 338

Das Museum der Inquisition hat es mir angetan. Es wirkt ein bisschen gruselig, ein bisschen verschroben und auch ein bisschen heruntergekommen, aber ich mag Museen, die so sind. Museen müssen Angst machen, inspirieren und erziehen und nach Möglichkeit auch ein bisschen Entertainment bieten, und ich habe das Gefühl, dass ich all dies gleich erleben werde, als wir in das kleine Foyer treten und von einem jungen Mann hinter einer Plexiglasscheibe begrüßt werden. Da ist es auch schon zu spät. Wir sind angefixt.

10 Euro pro Person erscheinen uns ganz schön happig, aber der Junge beruhigt uns, indem er uns versichert, dass wir dafür zwei Museen besuchen dürften: Das Museum der Inquisition und das Museum der Instrumente der Inquisition. Wir finden, dass sich das nach einem guten Deal anhört, aber ich bin immer noch ein bisschen skeptisch, obwohl »Instrumente

der Inquisition« irgendwie faszinierend klingt. Als wir durch die Tür in den ersten Raum treten, bestätigen sich meine Befürchtungen: Vor uns steht ein lebendiges Abbild der Inquisition der Katharer. Ein katholischer Priester, der vorher eindeutig als Schaufensterpuppe in einem Kaufhaus gearbeitet hat, eine Robe mit Kapuze trägt und hinter einer Kirchenbank steht, deutet drohend auf eine weibliche Schaufensterpuppe mit wunderschönem langem Nylonhaar, die vor einem Pult kniet. An der Wand hängen Gemälde mit nackten Häretikern, die vor dem Papst knien. Die Wände bestehen aus Sperrholz und wurden grob mit Gips bearbeitet, der aussehen soll wie mittelalterlicher Putz, und bilden einen von mehreren Räumen, die wiederum in einem größeren Raum untergebracht sind. Das besagte Zimmer hat das Aussehen des Gebäudes, in dem wir uns befinden: ein mittelalterliches Stadthaus in Carcassonne, wo wir gerade angekommen sind. Diese großartige alte Stadt beeindruckt uns. Sie ist zauberhaft, Disney-artig mit spitzen Türmen, imposanter Stadtmauer und all dem touristischen Drumherum, das einfach dazugehört, wenn man eine der spektakulärsten Attraktionen Frankreichs besucht.

Drinnen jedoch fühlen wir uns wie auf einer Reise ins Mittelalter, während die Ausstellung im Museum in gleicher Weise weitergeht. Schaufensterpuppen in alten Bettlaken und bedeckt mit falschem Blut stellen Szenen der Inquisition der Katharer dar. Wir sehen eine arme Seele ausgestreckt auf einem Bett liegen, deren Blick eher optimistisch als der eines Märtyrers ist. Wir sehen andere mit verrutschten Nylonperücken, die sich in winzigen Sperrholzzellen zu Tode hungern. Normalerweise würden wir darüber lachen, wenn nur die Wahrheit hinter dem hier Dargestellten nicht so furchtbar wäre. Die Unmenschlichkeit der katholischen Kreuzzüge

gegen die Katharer war brutal und löschte deren Religion in dieser Gegend praktisch aus. Es ist wirklich ekelhaft, dass so etwas überhaupt passieren konnte, und wir sind mehr als abgestoßen von den Verbrechen, die im Namen des Glaubens verübt wurden. Was sind wir Menschen doch für grausame Geschöpfe.

Trotzdem sorgen die Schaufensterpuppen und Nachbildungen für Lacher. So sehen wir zum Beispiel eine Puppe, die gefesselt ist und auf einem Scheiterhaufen verbrannt wird. Sie sieht aus, als stammte sie aus der Bondage-Kollektion eines Erotikversandhändlers. Eine Brust, inklusive rot angemalter Brustwarze, guckt aus den Lumpen hervor, während sie in rotes Licht gehüllt auf einem Haufen Brennholz steht. Sie wirkt, als würde sie es genießen. Der Trick bei solchen Inszenierungen besteht wohl darin, dass für jeden Geschmack etwas dabei ist.

Wir erreichen den zweiten Teil des Museums und sind wiederum schockiert von dem, was wir dort vorfinden: Folterinstrumente, die während der Inquisition und auch noch danach benutzt wurden. Jenseits der wackligen Wände sehen wir Ausstellungsstücke mit wirklich abstoßender (und trotzdem faszinierender) Wirkung. Einige sehen aus wie Originale, während andere offensichtlich nachgebildet wurden. Trotzdem ist jedes Stück dafür gemacht worden, unerträgliche Schmerzen und Qualen bis hin zum Tod zu verursachen. Die Stimmung verändert sich; aus dem »Schrott-Museum« wird ein Haus des Schreckens. Es gibt einen gemeinen Keuschheitsgürtel, wie er von den Kreuzrittern gern benutzt wurde, einen Galgen, eine eiserne Jungfrau und viele andere Arten von Folterinstrumenten. Mir hat es besonders der spanische Esel angetan, ein hölzernes »Pferd«, mit dem man Menschen zweiteilen kann.

Am folgenden Tag wache ich aus einem traumlosen Schlaf auf (Gott sei Dank!). Wir befinden uns in einer *aire* südlich von Carcassonne, direkt unter dem Château de Puilaurens, einem der Fünf Söhne von Carcassonne, einer Festung oben auf einem Berg, das einst eine Zufluchtsstätte für Katharer auf der Flucht vor den Kreuzzügen war. Gestern Abend haben wir es von unserem Übernachtungsplatz aus oben auf seinem Kalksteingipfel stehen sehen,

von blauem Licht erleuchtet, und uns vorgenommen, am nächsten Morgen mit den Rädern hochzufahren.

Wir erklimmen unsere Drahtesel, fahren die enge Straße hoch, die zur Burg führt, und hoffen, dass uns das Gefälle nicht zweiteilt. Die Burg liegt auf 700 Metern Höhe, und wir befinden uns mindestens 200 Meter darunter im Tal. Wir erreichen ein Dorf, in dem uns ein Schild den Weg zur Burg weist, die 40 Minuten Fußweg entfernt ist. Ein anderes Schild zeigt in Richtung Parkplatz, der 150 Meter die Straße hoch liegt. Ich fahre ins Dorf, folge den Schildern zum Fußweg über den kleinen Dorfplatz, dann verschwindet der Weg zwischen zwei Häusern und steigt so steil an, dass er zum Fahrradfahren nicht mehr geeignet ist.

»Ach du meine Güte«, sage ich, »das war's dann wohl. Wir sollten die Räder lieber abschließen und zu Fuß gehen.«

»Ganz bestimmt nicht«, sagt Lizzy und holt ihr Handy hervor. »Es muss eine Straße geben.«

»Natürlich gibt es keine Straße!«, antworte ich. »Das ist eine Burg aus dem Mittelalter. Da hatte man keine Straßen.«

»Ja, aber das kann es nicht gewesen sein.«

»Natürlich war es das.«

»Ich gehe da nicht hoch. Ich habe Fahrradschuhe an.«

»Was hast du denn erwartet? Einen Fahrstuhl? Das ist eine mittelalterliche Burg. Sollen wir trotzdem eine Radtour machen?«

Insgeheim bin ich ganz froh, dass wir nicht mit den Rädern zur Burg hochfahren können. Ich mag die Höhe nicht. Das Radfahren macht mir nichts aus (ich habe seit Kurzem ein E-Bike), aber es sieht nach einem harten Aufstieg aus, auch zu Fuß. Ich fahre davon, und Lizzy hat

mich bald eingeholt. Wir kommen an einen Abzweig nach Rechts; er ist in Richtung Burg ausgeschildert – für Autos.

»Oh«, sage ich, »da muss ich mich wohl bei dir entschuldigen. Vielleicht hatten sie damals Pferdewagen.«

Lizzy beginnt, die Straße hochzufahren, und kommt an einem Schild vorbei, auf dem »15 %« steht – ein schmerzhaftes Gefälle. Ich weiß, dass sie zu allem entschlossen ist, und folge ihr in einem kleinen Gang im Eco-Modus, um ihr meine Solidarität zu beweisen. Mit meinem E-Bike ist der Aufstieg leicht, während der Motor unter mir heult, und Lizzy kommentiert, ich solle nicht so rumjammern, schließlich hätte ich ja das neue Bike. Nach den ersten paar Hundert Metern keucht sie, fährt aber bereits im kleinsten Gang, doch sie ist so sauer auf mich, dass sie bestimmt nicht aufgeben wird. Sie hat in ihrem Leben schon so einige Aufstiege bewältigt und sogar die Anden mit dem Fahrrad überquert, deshalb habe ich kein Mitleid mir ihr. Allerdings halte ich an, um ihr meine Wasserflasche anzubieten.

Als wir zwei Kilometer geschafft und das Besucherzentrum (das sicher später als die Burg gebaut wurde) erreicht haben, fühle ich mich immer noch frisch (möglicherweise habe ich an den steileren Abschnitten doch den Turbo-Modus eingeschaltet), aber ich weiß, dass mir die größte Herausforderung noch bevorsteht.

Es ist 9 Uhr morgens, und das Besucherzentrum hat noch nicht geöffnet. Also schließen wird die Räder an und nehmen eine Geheimroute hinter dem Besucherzentrum entlang (wegen der Security-Kameras) und gehen dann weiter zu dem Pfad, der nach oben führt (wir wollen auf dem Rückweg zahlen), um mit dem Aufstieg zu beginnen. Der Weg ist steil und führt durch den Wald, über große Wurzeln und Felsgestein bis an den Fuß der Treppe, die über den Felsen im Zickzack zur Burg hochführt. Ich senke den Kopf und steige die Treppe hoch, langsam und gleichmäßig atmend, die Augen auf meine Füße gerichtet und überrascht, dass Lizzy trotz der Fahrradfahrt vor mir die Stufen hochspringt. Wir erreichen das Burgtor und betreten die mit Zinnen verzierten Mauern. Wir wandern umher und schauen durch die Schießscharten auf die Berge in der Umgebung und – dort, wo wir die Köpfe über die Festungsmauern strecken können – hinunter auf die Bäume unterhalb des Felsens.

Ich glaube, dass ich alles gestanden hätte, wenn die Katholiken mich hierhergebracht und damit gedroht hätten, mich über die Mauer zu werfen. Aber das gilt natürlich nur für mich ...

Der Weg nach unten ist schwieriger als der nach oben, weil es schwerfällt, sich auf seine Füße zu konzentrieren, statt in den Abgrund daneben zu blicken. Ich begreife jetzt, dass die steinerne Treppe dafür gedacht war, ungebetene Besucher fernzuhalten. Mögliche Angreifer waren hier oben leichte Beute und ungeschützt. Ich verstehe, warum diese Burg ein Zufluchtsort war – die letzte Rettung für Häretiker und enteignete Katharer. Ungläubige werden hier immer willkommen sein, denke ich, während ich über die Kette klettere, die über den Pfad gespannt ist, an den Security-Kameras vorbeigehe und meinen Drahtesel besteige, um mich auf die halsbrecherische Abfahrt zurück zum Camper zu machen.

DAS FAHREN

Castres mag als Startpunkt einer Route ziemlich langweilig erscheinen, aber halten Sie durch, wenn die D612 Sie an französischen Ketten wie Decathlon und Castorama vorbei nach Südosten führt. Es wird noch besser, viel besser, das versichere ich Ihnen. Die Berge in Ihrem Blickfeld und die Platanenalleen vor Ihnen lassen bereits vermuten, dass noch einiges Interessantes kommen wird. In Valdurenque erreichen Sie den Parc Naturel Régional du Haut-Languedoc und danach Mazamet. Folgen Sie an der Kreuzung mit der N112 der Ausschilderung nach Carcassonne und dann der D118. Sie durchqueren Mazamet und fahren über Serpentinen hoch in die Schwarzen Berge. Die Straße ist toll zu fahren, und auf halber Strecke gibt es einen Aussichtspunkt, von dem Sie auf Mazamet zurückschauen können. Die Berge sind bewaldet; Kastanien, Haselnusssträucher, Weiden, Eschen, Buchen und Nadelbäume sorgen auf diesem großartigen Straßenabschnitt für geflecktes Licht, und manchmal fährt man auch durch die Wolken. Ein Freund von uns, den wir besucht haben, bevor wir diese Straße gefahren sind, sagte, dass er immer den Eindruck habe, als fahre er in eine ganz andere Landschaft hinein, wenn er die Schwarzen Berge durchquert habe, und er hatte recht. Für uns schien die Sonne, und der Anblick der Pyrenäen wirkte

STELLPLÄTZE: CAMPING

Wie überall, gibt es auch in dieser Gegend viele Campingplätze. Als wir im Oktober während der Corona-Pandemie hier waren, hatten die meisten geschlossen, entweder früher als sonst oder weil die Saison zu Ende war.

Camping de Montolieu, Montolieu
775 Route de Carcassonne,
11170 Montolieu, Aude
Internet: www.campingdemontolieu.com
Tel.: 0033/04 68 76 95 01

Diese schöne Anlage ist nur einen kurzen Fußweg vom »Bücherdorf« Montolieu in der Nähe von Carcassonne entfernt. Gut geschnittene Stellplätze und nette Besitzer. Auf dem Weg zum Château de Saissac gelegen.

Camping Val d'Aleth, Alet-les-Bains
Val d'Aleth, 11580 Alet-les-Bains, Aude
Internet: www.valdaleth.com
Tel.: 0033/04 68 69 90 40

Diese Anlage liegt zwischen einer verfallenen Abtei und dem Fluss Aude. Kajakfahren und Mountainbiken ist in der Nähe möglich. Das ganze Jahr geöffnet.

STELLPLÄTZE: *AIRES DE CAMPING CAR*

Padern: *Gut gelegen, um die Katharerburgen Peyrepertuse, Quéribus und Aguilar zu besuchen.*

Saint-Cyprien Plage: *Eine sogar im Winter beliebte* aire *mit Blick auf eine schöne Marina und mit Geschäften in der Nähe.*

Lapradelle-Puilaurens: *Vier oder fünf Plätze unter der Burg Puilaurens mit Versorgungseinrichtung in einem Dorf in wilder Landschaft. Hirsche und Spechte in der Nähe!*

auf uns, als hätten wir eine Grenze überschritten. Die Weiterfahrt auf der D118 bringt Sie nach Carcassonne. Wenn Sie die Stadt besuchen möchten, nehmen Sie die D6113 nach Westen, und folgen Sie dann der Ausschilderung in Richtung La Cité und der Parkplätze. Der Parkplatz 2 ist der für Wohnmobile. Wenn Sie ohne anzuhalten weiterfahren möchten, folgen Sie auf der Ringstraße der Ausschilderung nach Limoux und zur D118. Diese Straße ist zunächst unspektakulär, wird dann aber bald interessanter. Sie folgt dem Fluss Aude bis nach Limoux und weiter nach Quillan, vorbei an Dörfern und Weinbergen, wobei man in der Ferne die Berge sehen kann. Biegen Sie in Quillan hinter der Brücke nach links ab auf die D117 in Richtung Perpignan. Hier verändert sich die Landschaft wieder, während Sie steile, bewaldete Berge und den spektakulären Défilé de Pierre-Lys erreichen, eine kurze, aber schöne Schlucht mit überhängenden Felsen und scharfen Kurven. Wir haben Raubvögel über uns kreisen sehen. Danach kommen Sie in eine spektakuläre Landschaft, wenn die Schlucht sich zu einer Ebene hin öffnet und Sie die Pyrenäen zu Ihrer Rechten sehen sowie sagenhafte Platanenreihen neben der Eisenbahnlinie und einer alten Straße. Biegen Sie in Maury nach links ab auf die D19, und folgen Sie der Ausschilderung zu den Châteaus de Peyrepertuse und de Quéribus. Diese Straße ist klein und steigt sanft in die Berge auf der Südseite des Tals hinauf, wobei der Blick zurück nach Süden fantastisch ist. Die Vegetation ist hier außergewöhnlich: Niedriges Buschwerk, roter Sand und Kalkstein bilden die Grundlage für Gamander, Thymian, Rosmarin und Zistrosen. Je höher die Straße ansteigt, desto schwindelerregender wird sie, bis sie einen Abschnitt mit senkrechten Wänden erreicht und dann den Abzweig zum Château de Quéribus, die D123. Biegen Sie nach rechts ab, um zur Burg zu gelangen, passen Sie aber auf: Die Straße ist steil und kurvig und hat ein Gefälle von 15 Prozent. Zwischen dem Abzweig und der Burg liegen 300 Meter Höhenunterschied.

Fahren Sie weiter in Richtung Cucugnan, und biegen Sie links nach Peyrepertuse ab, wenn Sie die Burg besuchen möchten. Wenn nicht, biegen Sie nach rechts ab auf die D14 nach Padern.

Diese wunderbare Straße führt durch Weinberge und Buschwerk. Sie überqueren eine uralte Brücke und kommen dann an einen Abschnitt, der hoch über einer engen Schlucht liegt (die vom Fluss Verdouble durchquert wird). Es sieht so aus, als könnte man unten in den Wasserbecken wunderbar schwimmen. Die Straße bringt Sie vor Tuchan auf die D611. Folgen Sie der Straße durch den Ort, und biegen Sie direkt hinter dem Dorf nach rechts ab auf die

D39, um an die Küste und zum Endpunkt der Reise zu gelangen. Wenn Sie das Château d'Aguilar besuchen möchten, bleiben Sie auf der D611, und nehmen Sie dann eine kleine Straße nach rechts zur Burg. Sie ist eng und deshalb nicht unbedingt für große Wohnmobile geeignet. Es ist unter Umständen besser, den Wagen abzustellen und zu Fuß zu gehen, bevor die Straße anfängt, sich den Berg hochzuschlängeln. Sorry!

Die großartige D39 schlängelt sich sanft nach oben, führt durch wunderschönes, rotsandiges Eichengestrüpp, Kiefern, Wacholderbüsche und Olivenbäume, um dann einen schroffen Steilhang hochzusteuern, bis nach oben auf die Bergkuppen in Vingrau, wo sie zur D12 geworden ist. Diese Straße verläuft durch eine Landschaft aus niedrigem Buschwerk und Kalkstein, fällt dann steil ab auf die Küstenebene und bringt Sie in die Vororte von Perpignan sowie zur Autobahn A9.

IN DER NÄHE

Musée Goya – Musée d'Art Hispanique, Castres Das Museum für spanische Kunst ist einzigartig in Frankreich und beherbergt Gemälde von Goya und Miró sowie auch von französischen Malern mit Bezug zu Spanien.
musees-occitanie.fr/musees/museegoya-musee-d-art-hispanique

Carcassonne Verpassen Sie diese Festungsstadt auf keinen Fall. Probieren Sie die lokale Spezialität *cassoulet,* besuchen Sie das Museum der Inquisition **(musee-inquisition-carcassonne.com),** schauen Sie sich die Burg und die Festungsanlagen an **(www.billets-carcassonne.fr),** und kaufen Sie sich irgendwelchen Touristentand in einem der vielen Läden. Abgesehen von der Disneyfizierung ist es wirklich märchenhaft und außergewöhnlich. Parken Sie auf Parkplatz 2, der für Wohnmobile reserviert ist.

Baudenkmäler des Pays Cathare

In dieser Region gibt es 22 Baudenkmäler des »Katharerlands«, darunter Carcassonne, die Fünf Söhne von Carcassonne sowie andere Burgen, Abteien und Museen. Mehr Informationen unter **www.payscathare.org**

Die Fünf Söhne von Carcassonne Hierbei handelt es sich um fünf über alle Maßen beeindruckende Burgen. Sie sind robust und zerklüftet, wurden in den Fels hineingebaut und sollten Frankreich gegen verteidigen – zu einer Zeit, als die Grenze sich auf der französischen Seite der Pyrenäen befand.

Quéribus liegt auf einem Berg. Von dort oben kann man das Mittelmeer und einen großen Teil der Pyrenäen sehen. Die Straße, die hinaufführt, ist steil und kurvig und definitiv nicht für große Wohnmobile geeignet.

Puilaurens ist ein echte Himmelsburg mit einer kurvenreichen, schwer zu erklimmenden Treppe, die man bewältigen muss, um hineinzukommen. Die Zufahrtsstraße ist steil, aber machbar.

Peyrepertuse ist auf ihrem Felsvorsprung fast unsichtbar und ein Lieblingsspot für Kletterer, was sehr vielsagend ist. Die Burg steht auf fast 800 Metern Höhe.

Aguilar liegt auf einem Felsvorsprung über Feldern, Olivenhainen und Weinbergen in der Nähe von Tuchan in einer wunderbar duftenen und abwechslungsreichen Landschaft voller Rosmarin, Thymian und Lavendel.

Termes ist eine Katharerburg, die auf einem Bergrücken errichtet wurde und durch eine tiefe Schlucht von drei Seiten geschützt ist. Sie wurde 1210 nach viermonatiger Belagerung eingenommen.

Route 26
ÎLE DE BATZ
ROSCOFF
SAINT-POL-DE-LÉON
CARANTEC
PLOUGASNOU
D788
D73
D58
TAULÉ
MORLAIX
E50
D769
D785
BERRIEN
HUELGOAT
D14
D764

ROUTE 26

HUELGOAT - CARANTEC

TAKE THE SLOW ROAD HOME

Es ist verführerisch, am Ende einer Reise nach Hause zurückzurasen, zurück in die Realität, wo Sofa, Arbeit und der Ernst des Lebens warten. Der Weg nach Hause ist mühselig, ein Schritt zurück aus dem Leben, das man während der letzten Wochen oder länger gelebt hat. Wenn es schön war, erscheint einem die Rückkehr nach Hause wie ein Sonntagabend, an dem man noch seine Hausaufgaben erledigen muss: Es muss sein, aber man weiß nicht, wie man diesen Schicksalsschlag erträglicher gestalten könnte. Wie also löst man das Problem? Man beeilt sich? Nein!!! Man kostet den Moment aus! Take the slow road home. Bleiben Sie noch ein kleines bisschen.

AKTIVITÄTEN:
Nach Roscoff trödeln

START:
Huelgoat

ZIEL:
Carantec

ENTFERNUNG:
50 Kilometer

ZEIT: **1 Tag**

KARTE (SEITE):
76, 71

Wir sitzen in einer *aire* in Huelgoat im Camper. Es regnet heftig, und wir wissen nicht, was wir tun sollen. Wir haben Vorräte, Wasser, Benzin und Milch für unseren Tee. Es gibt also eigentlich nichts zu erledigen, erst recht nicht in den nächsten 24 Stunden. Morgen werden wir in Roscoff an Bord der Fähre gehen und in Richtung Heimat nach Cornwall zurückfahren, wo wir uns für zwei Wochen in Corona-Quarantäne begeben müssen. Es wird für längere Zeit unsere letzte Reise nach Frankreich gewesen sein, weil wir jetzt alle geplanten Stationen abgeschlossen haben, die zeitlich möglich waren, bevor mein Abgabetermin verstreicht (wegen der Corona-Pandemie waren wir vier Monate im Rückstand), und jetzt wird es Zeit, unsere Reise zu beenden.

Genau wie bei allen anderen *Take the Slow Road*-Büchern, habe ich auch diesmal das Schreiben ungeheuer genossen. Ich kann gar nicht in Worte fassen, wie viel Spaß mir die Entdeckungstouren durch Frankreich gemacht haben. Ich habe jede Minute genossen, in der ich Neues ausfindig gemacht und Altes wiederentdeckt habe. Sogar hier in Huelgoat, wo ich schon einmal gewesen bin, sind mir neue Dinge aufgefallen. Ich setze den Wasserkessel auf und rede mit Lizzy über unsere Erlebnisse der letzen 15 Monate. Wenn auch nur, um die Erinnerung daran wachzuhalten.
Frankreich hat schon immer eine Faszination auf mich ausgeübt. Aber die Reisen, die ich für dieses Buch unternommen habe, haben mir viel mehr gegeben, als ich erwartet hatte. Ich hoffe wirklich, dass ich Ihnen meine Liebe zu diesem Land vermitteln konnte, während Sie

darin gelesen haben. Wenn es Sie dazu inspiriert haben sollte, selbst auf Abenteuertour zu gehen, dann habe ich meinen Job gut gemacht.

Auf unseren Streifzügen haben wir Steinbockherden gesehen, Otter beobachtet, sind einer Wasserschlange zu nahe gekommen, hatten auf unserem Stellplatz Besuch von einem Wiedehopf, wurden von riesigen Fledermäusen umschwirrt und haben uns an herumtollenden roten Eichhörnchen erfreut. Wir sind in den Bergen, auf Gletschern und durch Wälder gewandert. Wir haben an Stränden gechillt und sind in wunderbar klarem Wasser geschnorchelt. Wir sind durch lang vergessene Schützengräben gegangen und dabei in die Fußstapfen derer getreten, die vor uns hier waren. Wir haben einige der bedeutendsten Kunstwerke der Welt gesehen, haben Schlange gestanden, um den prächtigsten Palast der Welt zu bestaunen, haben Champagner getrunken – in unmittelbarer Nähe zu den Reben, an denen er gewachsen ist – und französische Leckereien unter dem Sternenzelt gekocht. Ich möchte diese Reise nicht beenden, aber es muss sein – obwohl es mir so vorkommt, als hätten wir gerade erst angefangen, dieses wunderbare Land zu erforschen. Es gibt so viel für mich – und für Sie – zu entdecken.

Wir ziehen unsere Regenkleidung an und holen unsere Räder aus der Halterung. Es gibt hier einen ausgeschilderten VTT-Weg, der auf einen Hügel neben unserem Campingplatz führt. Wir haben keine Ahnung, wohin er führt, treten aber in die Pedale. Oben auf dem Hügel führt der Weg in einen grünen Tunnel aus überhängenden Bäumen: Ein Baldachin aus alten Eichen und Haselnusssträuchern sorgt dafür, dass der Regen uns nicht in den Kragen

STELLPLÄTZE: CAMPING

Camping du Lac, Huelgoat
Lieu-dit le Fao, 29690 Huelgoat, Finistère
Internet: mairie-huelgoat.fr/h%C3%A9bergement/camping-municipal.html
Tel.: 0033/09 83 57 28 38

Großartiger kommunaler Campingplatz neben dem See in Huelgoat und nur einen zehnminütigen Fußweg von diesem schmucken bretonischen Dorf entfernt.

STELLPLÄTZE: *AIRES DE CAMPING CAR*

Huelgoat *Direkt neben dem kommunalen Campingplatz gelegen. Leicht zu finden. Gratis mit allen normalen Dienstleistungen.*

läuft. Dort, wo Traktoren tiefe Furchen hinterlassen haben, ist der Matsch teilweise sehr tief. An einer anderen Stelle hat das Wasser eine tiefe Rinne bis auf den Felsuntergrund des Pfades gegraben, der aus hellrosa Granit besteht. Unter unseren Reifen ist es rutschig, was . das Lenken zur Herausforderung macht, doch wir erledigen es mit einem Lächeln. Deshalb sind wir ja hier. Das Wetter macht uns nichts aus, denn wir versuchen, das Beste aus unseren letzten Stunden in Frankreich herauszuholen. Wir sind voller Schlamm, naß, frieren ein bisschen, aber unsere Körper sind voller Adrenalin, Serotonin und Liebe. Wir rasen im Leerlauf durch den Wald, durchs Dorf, um den See und dann zurück zum Camper. Noch bevor wir uns ausgezogen und trockene Sachen angezogen haben, werfen wir den Kessel an. Die Heizung springt an, und die Fenster beschlagen langsam.

»Das war toll«, sage ich.

»Ja, das stimmt«, antwortet Lizzy.

»Alles war toll.«

»Wir haben Snowboarden gelernt.«

»Ich bin den Col d'Aubisque hochgefahren.«

»Fast.«

»Ja, okay.«

»Ich fand das Baden im See unterhalb von Gaube super.«

»Mir haben die Murmeltiere gefallen.«

»Ich will nicht nach Hause.«

»Ich auch nicht.«

Und das war's. Jetzt sind Sie dran. Es ist Zeit für Sie, Ihre eigene französische Liebesgeschichte zu schreiben.

DAS FAHREN

Die D769A verlässt Huelgoat, verläuft nach Osten und verschwindet direkt im Wald. Sie schlängelt sich durch einige Weiler und Dörfer und trifft dann, ein paar Kilometer hinter der Stadt, auf die D769. Diese führt nach Norden und verläuft auf der gesamten Strecke nach Morlaix durch wunderschöne Landschaft. Die D769 führt Sie durch die Stadt (folgen Sie der Ausschilderung nach Carantec) und dann in die Baie de Morlaix. Sie verläuft an der Küste entlang, nur wenige Meter vom Wasser entfernt, bis nach Kerdanet, wo ein Abzweig nach rechts Sie auf die D73 nach Carantec bringt und ein Abzweig nach links schließlich auf die D58 nach Roscoff führt.

REGISTER

Fett gedruckte Angaben beziehen sich auf im Buch vorgestellte Routen.

REGISTER

DANKSAGUNG

Mein Dank gilt:
Lizzy, der Chef-Navigatorin, Routenplanerin und Campingbus-Gefährtin.
Tim und dem Team von **PFD** für ihr gutes Zureden und ihre Unterstützung.
Liz, Kate, Clara, Austin, Lucy, David und dem ganzen Team von **Bloomsbury**.
Richard und **Jo** von **Rhales Conversions.**
Dem Team von **Vicarious Media.**
Francis Duquet et sa famille – für meine Liebe zu Frankreich.
Den **Kays** – dafür, dass sie mir Zugang zu Herberts Unterlagen gewährt haben.
Den Mitarbeitern der Kundenbetreuung von **Brittany Ferries** für ihre tolle Unterstützung in schweren Zeiten.